中国社会科学院老年学者文库

中国社会科学院老年学者文库

前"车"之鉴

中国汽车工业发展道路探索

赵　英/著

社会科学文献出版社

SOCIAL SCIENCES ACADEMIC PRESS (CHINA)

岁月峥嵘（代序）

中国今天已成为汽车年产量居于世界第一位的汽车大国。回顾中国成为汽车大国艰难、曲折的发展过程，感慨万千。作为一个在汽车工业中度过了7年时光的人来说，每忆及此，更是心潮澎湃。

1984年一个偶然的机会使我跨进了中国汽车工业公司的大门。当时，这一机构作为国家经济体制改革的试点，正处于鼎盛时期。中国汽车业的元老都集中在公司里，主要领导者都是中国汽车工业的开拓者、奠基人。公司的工作人员也都是来自汽车业的精英。我之所以能进入中国汽车工业公司，是因为需要有人专门负责新闻报道工作。当时汽车工业的发展急需各方面理解、支持，因此我一方面从事对外新闻策划组织，一方面从事政策研究。新闻工作是我的本行，很容易就愉快胜任了。

从那时起，我在汽车工业的政府管理部门一边做"学徒"，一边工作，度过了自己一生中从32岁到39岁最宝贵的时光。这7年真正决定了我的人生道路。回首前尘，这7年是中国汽车工业在改革开放中奠定新发展基础的时期，是中国汽车工业由计划经济体制向市场经济体制转变的关键时期。后来中国汽车工业的发展、战略格局的形成，都与这7年中的一系列决策密切相关。至今中国汽车工业中商用车领域仍由本土企业主导，说明了那一时期决策的正确、工作的成效。这7年中我目睹了汽车工业全体干部、技术人员、工人为发展民族汽车工业所做的努力，自己也参与其中，略尽微薄之力。重要的是在追随饶斌、李刚、刘守华、陈祖涛、孟少农、冯克、方劼、胡亮等汽车工业前辈奔走的过程中，学习、了解汽车工业，培养了我对汽车工业以及中国工业发展的直觉，为我进一步研究中国工业打下了基础。回首这段岁月，不能不感叹"人生几何"啊！

在中国汽车工业公司的7年时间，除新闻工作外，我参与了这一时期主要政策文件起草工作，包括董事会、公司经理会的文件，汽车工业发展规划以及给国务院的报告等。我还受命为中央领导起草了关于汽车工业的讲话，为有关部门领导（原国家经委、原国家计委、原机械部）起草了讲话。此外，我还参与编写了《汽车工业简报》《汽车工业情况反映》两种内部不定期刊物，根据领导需要进行了有关专题调研。这 7 年里，几乎天天都在参加各种各样的会议和调研，这期间汽车工业的重要文献起草，我均在不同程度上有所参与，让我对所谓"政策研究"深有体会。

"政策研究"从来就不是以寻求、研究事物发展客观规律为目标的，而是研究在既定的现实条件约束下，采取何种路径与方法，能够把事情推进到何种程度。追求真理，是学者们的使命；寻求实际可行之策，是政策研究者的工作。

某位笔者熟识的政府高官曾经言简意赅地说明了探求真理与制定政策的区别：你如果想搞清楚一件事情，必须问专家；如果想办成一件事情，必须问大家。政策，从来就是利益妥协的产物，是在集团利益妥协中追求资源配置相对优化，而非经济学追求的"最优化资源配置"。决策者即便理解了某些政策建议的理论合理性，但是由于决策的轻重缓急、外部环境局限、体制的束缚，乃至自身利益考量等方面的原因，也不一定会马上予以实施。政策的研究与实施，是一个持续的利益权衡、力量博弈过程。做政策研究，不能急于求成，也不必奢望政策建议立刻转化为实际政策。同时政策研究者要看到自己与政策实际决策者、推动者相比，也存在着视野、信息、现场体验等方面的局限与不足。所谓"站着说话不知道腰痛"，政策研究者的职业道德是，在实事求是进行调查研究的基础上，把各种决策方案提出来，比较各种决策方案的利弊，向决策者提出中肯的建议。至于是否采纳，是决策者的责任。根据笔者在中国汽车工业公司做政策研究的体会及后来在中国社会科学院研究政策的体会，短期政策要让决策者理解与采纳，至少需要 1~3 年；重大战略性政策要让决策者理解与采纳则需要 5~10 年，甚至 10~20 年。例如，笔者在 20 世纪 80 年代即提出要"重视和发挥智囊团的作用"。[1] 政府真正大力提倡智库建设，已经是 21 世纪初了。又如，笔者在《新的国家安全观——战

----

[1] 《世界经济导报》1983 年 6 月 15 日。

争之外的对抗与抉择》①一书中对建立国家安全委员会体制进行了探讨，国家
安全委员会真正成立已经是 2013 年了。所以，做政策研究不能急功近利，要
有做学问的心态，要有功成不必在我的胸襟，要有先天下之忧而忧的气度。
这些认识，对于本书中某些文章的形成，影响颇深，对我做学问同样有很大
影响。

除政策研究外，繁忙的日常工作之余，我把剩余时间全部投入对汽车工
业乃至整个中国工业的研究之中。对我们这一代人来说，"先天下之忧而忧，
后天下之乐而乐"始终是挥之不去的情结。我总认为，要使中国强大起来，
必须在经济发展上下功夫，必须从经济基础上了解中国。马克思主义"经济
基础决定上层建筑"的观点，也对我把经济研究作为自己步入中年时的选择
产生了很大影响。

光阴荏苒，我已退休 5 年了。汽车工业的元老重臣已纷纷谢世。他们中的
多数人因为没有看到中国汽车工业的腾飞而抱憾终身。进入 21 世纪，中国汽车
工业终于实现了腾飞，产销量持续居于世界第一位，成为世人瞩目的焦点。对
中国汽车工业，褒奖者有之，批判者有之。无论褒奖还是批判，中国汽车工业
依然在往前发展。尽管如此，为了澄清一些似是而非的评论，为了使后人更加
清楚地看到此前的路是如何走出来的，为了使国人能够以实事求是的态度对待
汽车工业的发展，为了使理论研究者能够对研究对象有一个基本的、真实的、
较深刻的认识，我认为有责任把自己对汽车工业发展的体会、认识写出来，昭
示后人。因此，本书不仅是论文汇编，而且记录了笔者所经历的汽车工业在重
大关口的某些思考，在某种意义上是笔者在现场的直击感受与思考。这些感受、
思考一定程度上反映了当时中国汽车工业不得不面对的困局、局限与改革尝试。
因此，本书除了具有一定的理论意义、政策意义外，还具有一定的历史意义。
读者可以从中看到中国汽车工业发展的历史侧面。

从笔者写出最初的汽车工业论文（1985 年）到今天，已过去 30 余年了。
可以说我一生的黄金岁月都是伴随着汽车工业发展度过的。在中国汽车工业公
司的 7 年中，我以主要精力参与汽车工业的发展，同时进行理论研究；进入中

---

① 赵英：《新的国家安全观——战争之外的对抗与抉择》，云南人民出版社，1992。

国社会科学院工业经济研究所后，我以主要精力进行国家安全、产业经济的理论、政策研究，同时参与汽车工业的发展。汽车工业始终没有离开我的视野。

我从事研究工作20余年，既从事产业经济的研究，又从事国家安全战略的研究。在产业经济研究中，主要集中于产业政策、技术创新等领域。就产业而言，自认为有较深入研究的是汽车工业和军事工业。对军事工业而言，我的微薄贡献是从安全战略、产业发展结合的角度，提出了新见解，对推进某些重大工程提出了具体建议，对军工管理体制改革提出了建议。在研究高技术产业及汽车工业自主研发过程中，我提出了外资企业与内资企业统一赋税，以利于自主研发等一系列政策建议，得到了政府和全国人大的重视。在汽车工业方面，则是从发展道路、改革开放、生产管理、技术路线、产业政策、政府管理体制等方面进行了全面的研究与参与。笔者对论述汽车工业发展的150余篇文章进行了遴选，选择了各个历史时期、各个领域的代表性文章。为全面体现以往的研究历程，有少数并非论述汽车工业，但与汽车工业紧密相关，并且产生了一定政策建议作用的文章也收录进了本书。

本书分为上下两编。上编侧重对汽车工业发展中某些重大问题的政策探讨、理论思考和运行分析；下编侧重于中国汽车工业发展中国际经验的借鉴、比较、对外开放、自主研发中的重大问题分析以及是否需要发展汽车工业的争鸣与评论。

岁月荏苒。我跨进汽车工业门槛时，还是30岁出头的小伙子，如今已是66岁的退休老者。我致力于汽车工业30余年，深知汽车工业强国尚未建成，中国汽车工业仍须努力！回首伴随汽车工业走过的道路，顿生无限感慨。从某种意义上说，汽车工业之兴衰反映了工业之兴衰、经济之兴衰、国运之兴衰。中国成为汽车工业强国之日，即成为工业强国之时，亦即成为经济强国之时。今后我仍将为汽车工业之发展略尽绵薄之力。愿中国汽车工业早日屹立于世界汽车工业最前列。

赵　英

2019 年 3 月 18 日

京东听雨斋

目　录

上编　政策与理论

下编　借鉴与争鸣

上 编 |
政策与理论

20 世纪 80 年代到 21 世纪初，中国汽车产业进入了加速发展的时期，汽车产业在变革与探索中前行。这一时期，中国汽车产业面临着三个主要问题：汽车产业在国民经济发展中如何定位？汽车产业如何由计划经济体制向市场经济体制过渡？汽车产业如何按照自身发展规律（包括经济发展规律和技术进步规律）加速发展？

笔者在这个阶段，先后从业内人士、学术研究者的视角，对汽车产业在国民经济中的定位、汽车产业逐步向市场经济体制过渡、汽车产业应对新技术的冲击与挑战的方法进行了较为深入的研究。

汽车产业是典型的传统制造业，又是技术变革迅速、引领世界制造业发展的产业。对汽车产业进行研究，不仅要从经济学相关理论出发，还要从中国汽车产业发展的特点、规律出发。

本书上编的这些文章，既建立在中国国情、中国汽车产业特点的基础上，又运用了相关产业经济学理论和方法。在理论与实际的结合上对中国汽车产业发展道路，发展中遇到的重大、关键问题予以分析，提出了若干结论和政策建议。这些理论分析和政策建议，有些受到了重视，对制定政策有所助益；有些则对业内人士认识某些问题有所影响。当然，也不可避免地带有那个时代的局限。

试论我国汽车工业战略发展
观念的第二次革命*

新中国成立以来，我国汽车工业发展缓慢。造成这种状况的原因很多，对汽车工业的重要战略地位和作用认识不够是一条很重要的原因。

现在中国汽车工业掀开了新的一页，中国汽车工业的重要战略地位与作用终于得到了肯定，汽车工业要有一个大发展也已被社会所承认。可以说人们对汽车工业战略地位与作用的认识已经完成了一次飞跃，经历了一次革命。

大家今天不仅认识到汽车工业可能成为国民经济增长的支柱，而且认识到汽车是耐用消费品，是人民大众生活中不可缺少的一部分。这个看来浅显的认识，实际上却标志着中国经济发展思想的一个深刻变化。人们得出这个认识需要有产生这种认识的条件与环境。

新中国成立以来，我国的经济发展受到自然经济和产品经济思想的严重影响，汽车工业的战略发展和战略发展观念也受到严重影响。在十一届三中全会前，我国经济基本上是封闭式的循环体系。在这个封闭的体系中，汽车工业被赋予的任务是满足"国家需求"，使中国自给自足的体系不出现空白。需要说明的是，这种"国家需求"是一种被严重扭曲了的需求。这种需求没有考虑国民经济协调发展的经济合理性，排除了社会主义商品生产所特有的属性，排除了经济发展和人民生活的正常需要。确切地说，这种"国家需求"是人为地给汽车工业圈定了一个狭小范围，汽车工业的市场被人为地划小了。这造成了我国汽车工业在品种上、数量上严重不能满足国民经济发展和人民生活需要的局面。"国家需求"被狭窄地圈定为国防和经济建设重点工程及国家机关的需求，这就必然导致我国汽车工业以载货车为主力。这方面，中苏两国的汽车工业发展有相同之处。苏联汽车工业也是首先发展载货汽车，然

---

* 原载《中国汽车报》1985 年 11 月 8 日，《汽车情报》1985 年第 9 期。

后才大力发展小轿车的，因为其正常需求也是从理论到实践上被人为地压抑和扭曲了。

十一届三中全会之后，社会主义有计划的商品经济逐渐被人们所认识，自然经济和产品经济的思想已被冲破，不合理的经济结构得到了调整，经济发展的客观规律已被人们所承认。人们猛然发现我国汽车工业面临着广阔的国内市场，汽车工业也终于被社会所"发现"，引起了人们极大的关注。汽车工业战略发展观念上的第一个飞跃出现了。目前，人们已基本完成了对汽车工业战略发展观念的第一次革命。

这次观念革命确立了汽车工业在国内经济发展中的战略地位和作用。在这次观念革命中，人们为汽车工业奔走呼吁，其主要理由不外有以下三点：列举种种理由论述国内对汽车的巨大的、多种多样的需求，说明发展汽车工业的必要性；从公路运输在整个交通运输体系中的优势，论述公路运输的作用，进而说明汽车工业要大发展；从汽车工业发展所需的国内条件（尤其是石油）来论述汽车工业的发展，不会引起国民经济的不平衡，进而为汽车工业的发展争取"合法权利"。

从以上列举的三点中可以看出，中国汽车工业的大发展伴随着何等艰巨的理论与说服工作。同时也可看到，战略观念正确与否往往决定着某一行业的兴衰。从上面三点还可以看出，第一次战略观念革命中争论的问题，实际上仍局限于对国内市场的认识和分析，对汽车工业的发展还是局限于国内的力量与国内的市场需求。但是人们到底把被扭曲了的"国家需求"，转到了一个真实的社会经济、生活需求市场上来，这不能不说是前进了一大步。

就在我国汽车工业开始大步前进时，国际、国内种种问题也在敲击着汽车工业的大门：新的技术革命在发达资本主义国家勃兴，巴西等发展中国家的汽车工业已开始走向世界，我国汽车工业面临着严重的供不应求的局面，国家采取了前未有的对外开放政策。国际、国内的环境变化，都在促使我们对我国汽车工业的发展做进一步的思考，也促使我们对第一次汽车工业战略发展观念革命中的某些观点进行反思。我们的汽车工业战略发展观念是否需要进一步深化？我们的汽车工业战略发展观念是否具备广阔而深远的视野？我们的汽车工业战略发展观念是否把我国汽车工业的发展置于世界经济的浪潮中？我们的汽车工业是否以原油可用于汽车的产量为发展极限？我个人认为，我们的汽车工业战略发展观念还需要进一步深化，还需要进行第二次战略发展观念革命。

　　从严重扭曲的"国内市场",到真正反映社会、经济发展和人民生活需要的国内市场,严格地说,我们对汽车行业的发展、汽车产品作用的认识,仍然没有完全跳出产品经济的圈子,对汽车行业的发展和汽车产品的认识还仅仅停留在使用价值上,而汽车作为一种商品是具有价值的。在我国经济开放、大步迈入国际经济分工体系中和参与世界经济交流的今天,再把汽车工业的发展完全局限在国内经济发展的消极平衡的基础上,甚至局限在油、材料等国内自然资源的基础上,是十分不够的。正是我国汽车工业没有积极参加到世界经济的发展潮流中去,才导致了汽车工业的落后局面。我认为汽车工业必须有一个第二次战略发展观念革命,它的实质就在于:使汽车工业面向世界市场,积极参与国际竞争,成为能在国际上赚钱的行业,成为我国参加世界"经济奥林匹克运动会"的重要力量。从被扭曲了的"国内市场",到真正反映社会经济发展和人民生活需求的国内市场,再到竞争激烈、前景广阔的国际市场,这是我们战略发展观念的三个不同阶段,也是我国汽车工业战略目标选择的三个阶段。我认为我们应当从认识上尽快完成这一革命,促使我国汽车工业从现在起,在满足国内需要的同时,进入国际市场,逐步向出口导向型转化。这是我国汽车工业健康成长、自立于世界汽车工业之林的必由之路。

　　我之所以这么认为,理由如下。

　　第一,一个国家要真正参与到世界经济的潮流中去,积极参与国际分工,就不能没有自己的高附加值工业产品。

　　目前世界经济发展的大趋势是在国际分工高度发达的基础上,日益融为一体。任何国家想置身于这个潮流之外,等待它的只能是落后、挨打。我国目前在参与世界经济的过程中,在战略上仍处于不利地位。这种不利地位的突出表现就是:在外贸产品中初级产品和低值工业品仍然占很大比重。这种不利地位的造成,与我们的经济发展战略和外贸战略指导思想有关。从总的方面说,我们的工业从结构到组织管理,再到发展方向,仍是围绕国内市场的需求和国内经济的自我发展而设计的,汽车工业也是如此。换句话说,我们没有有意识地从战略上扶持某种行业作为参与国际竞争、在国际上赚钱的领航工业。

　　在长期自然经济和产品经济思想指导下,为建立一个自给自足的封闭式经济体系而发展各种工业是上述情况产生的主要原因。在这种思想指导下,必然建立内向、不参与国际分工、不考虑国际产品成本、不计利润的工业体系。这种工业体系是按照原料－商品－国内市场模式组织的。商品生产取决于国内自然资源的多少，生产商品主要为供应国内市场，自我封闭，产品和技术陷于僵化。

十一届三中全会打破了这种自给自足的经济体系，但我认为要使我国经济进一步面向世界，使我国汽车工业成为面向世界的工业，还必须打破一个束缚人头脑的观念：对社会主义生产的根本目的是满足人民日益增长的需要的狭隘理解。根据这种狭隘的理解，我们就必然围绕国内市场的需要发展生产，经济的外向发展只能是国内经济活动的一种补充，而不是整个经济机体内在机制上的重要组成部分。实际上，任何一个国家要想完全自给自足是不可能的，经济越发达越要参与国际分工、合作。随着我国经济日益成长、成熟，我国经济增长的需求和人民日益增长的需要，不可能在一国经济范围内来满足。这几年汽车工业如没有进口钢材作补充，也不可能在数量上有较大的增长。国际经济交往只能通过商品的交换来实现，进一步说要有钱，要有赚钱的工业和赚钱的工业品。这样，从国际范围也必然加剧了我国国内工业的专业化和调整，这是对外开放带来的必然趋势。国务院领导对我国某些地区提出了按"贸－工－农"、从世界市场需求来安排发展的战略设想，表现了我国政府的改革气魄。我认为这也同样适用于在某些行业中以国际市场的需求为目标来发展，汽车工业就是如此。

第二，从世界各国汽车工业发展来看，汽车工业也应当面向世界，"走出去"参与竞争。

日本、韩国、巴西等国在建立自己的汽车工业伊始，就把眼光放在打进国际市场。尤其是日本，从本国的自然资源条件看（尤其是铁矿和原油），如按以油定产的论点，日本就不能发展汽车工业了。但由于他们把汽车工业置于国家整个对外发展经济战略之中，仍然成功地发展了汽车工业。今天的日本以进口原油开动本国保有的3000多万辆汽车，而这一切的实现，却又来源于汽车的大量出口。

世界发达国家的汽车工业没有不积极参加世界竞争的。激烈的竞争，迫使它们不得不在技术改造、提高产品质量、改进工业组织管理上下功夫。我国汽车工业也必须走这条路。

第三，从当前新的技术革命的角度看，我国汽车工业及时向外发展也是必要的。

目前发达国家有把汽车工业向发展中国家转移的趋势，但应看到资本主义国家的汽车工业并非"夕阳工业"。我个人认为资本主义国家的汽车工业由于高新技术产业的诞生和勃起，退到了一个相对不重要的地位，但绝不是正在衰亡，而是正处于"换羽"阶段。这种"换羽"从产品上看正在使汽车产品日益变成机电合一的产品。大量先进电子设备应用于汽车之上，使汽车在新的技术革命浪潮中跟上了时代潮流。从生产装备上看，机器人和柔性生产线大大降低了劳动成本（劳动成本高是发达国家汽车工业向外转移的重要原因之一）。从原材料看，用于汽车的各种节能、节材新材料不断出现。从上面的分析看，汽车工业非但不会成为"夕阳工业"，相反还有可能为新技术革命中出现的新产品提供市场。同时我们应当看到我国汽车工业所具有的劳动力成本低的优势将要消失。新技术革命使时间差相对拉大，将来五年的差距可能相当于现在的 10 年。因此我们必须抓紧时机，使汽车工业成为外向性的工业，否则将被抛得更远。

第四，从第三点看，我国汽车工业要赶超世界先进水平，必然把引进技术、引进外资作为重要手段。

从世界汽车工业发展看，有效引进外资是提高汽车工业水平的一条捷径。尤其是合资，更能及时引进技术和管理方法。思想再解放些，甚至可以允许外资来我国独资建厂。引进外资就必然使汽车工业面向国外市场。我们在利用国外先进技术和投资时，必然要面向国际市场。在使汽车工业面向世界时，应自己积累实力、积累资金，实现良性循环。

第五，从国内市场看，当前也是我国汽车工业向外发展的大好时机。

国内市场上汽车严重供不应求，应当从两个方面来分析：一方面，可以使汽车工业获得高额利润；另一方面又可能使我国汽车工业在市场保护的条件下产生松懈思想，不注意利用国外先进技术改进产品，只满足于质次价高的老产品，忽视产品的换代。实际上国内许多原来经过规划搞专业化生产的厂家，又恢复了老汽车产品生产，许多企业忙于生产、提高产量，对产品的换代不感兴趣。因此，我认为在目前汽车严重供不应求的情况下，也要考虑产品的出口。国内市场的需求与国外市场的需求有矛盾的一面，又有统一的一面。如果深入思考一下，过去人们常常讽刺的我国轻工产品"出口转内销"现象，正是这种外向性生产，促进了产品改进换型，改变了国内市场上产品几十年一贯制的现象。汽车工业也是如此。从现在起就力争把一部分产品打出去，有利于改进产品，有利于在竞争中提高制造水平，也就能更好地满足国内市场的需要。

目前国内市场正处于黄金时代，汽车工业正可以利用这一条件，以国内市场为培养基地,为"走出去"积蓄力量,上水平、上新产品。如果等国内市场饱和时,再考虑向国外市场发展,将失去目前的有利条件,有些企业将会垮台。

第六,只有面向世界,参加国际竞争,整个汽车行业才能真正成长起来。

国际竞争对一国经济加速发展起着极为重要的作用,它能激励一个国家经济机体的内部活力。马克思在《资本论》中指出,发达商品生产的内在规律是剩余价值规律,但这种内在规律只有通过外在规律的强制作用才会对每个商品生产者发生实际作用。竞争迫使商品生产者按国际的必要劳动量降低成本、改进技术、组织管理。如果不参加国际竞争,已有的先进技术也会退化。由于企业经营管理不急于改进,质量也从无提高。我国工业中常常出现引进技术后墨守成规,一无发展,几十年后又需重新引进的事情。这就是我国工业在国家市场保护下生存,缺乏外来刺激的结果。这种在国家保护下心安理得地生存和发展的模式,必将造成引进—停滞—再引进—再停滞的恶性循环,我国汽车工业将永远不能走在世界的前列!

我国的一些有识之士指出:"我国的造船业和汽车制造业恰恰就是这方面的典型,前者自1979年以来敢于参加国际竞争,结果在几年的时间内就在生产工艺和产品性能方面达到国际先进水平,现在已进入40多个国家的市场,成为国际公认的竞争力量;后者几年来仍未迈向国际市场,因此在生产工艺和产品性能方面仍远远落后于国际先进水平。"

国际竞争与国内市场的保护,是一个问题的两面,只有处理好这种竞争与保护的关系,积极参加竞争,不盲目无限期保护,才能使我国汽车工业健康成长。我国汽车工业多年来未解决的"小而全"、"中而全"、"大而全"、分散化的问题,也才有可能得到解决。

第七,我国汽车工业参加国际竞争需要一段时间,因此必须从现在开始,就使我国汽车工业向外发展。

一个行业从原来基本上对内服务转到向外发展,是需要时间的。因此必须从现在开始就着手做我国汽车工业打入国际市场的工作,使我国汽车工业逐渐向这方面转化。

下面想谈谈我国汽车工业走向国际市场的步骤和建议采取的有关政策。既然参加国际竞争,就不能不把发展我国汽车工业的政策与国际经济发展联系起来考虑。

第一,适当的保护与对外开放相结合。在对我国汽车工业进行必要的市场保护的同时，对汽车工业的国内市场要根据国内汽车工业的具体情况逐步开放。这种逐步开放不意味着坐等国内汽车工业的成熟，而应当有一个具体期限，以激励国内汽车工业提高水平。在一定限期之后，逐年降低关税保护，开展某种程度的自由竞争，以促进我国汽车工业提高水平，促进我国汽车工业的专业化生产。逐步降低关税保护，有利于促进国内企业努力降低成本，使产品水平、质量向国际水平看齐。可以先从汽车零部件做起，到一定限期为止，即取消对某种零部件的保护，使国内汽车厂家能在国际范围内择优选用。这样将会加速我国汽车零部件工业的集中化和专业化进程。

第二，采取优惠政策，促进汽车及零部件出口。严格地说，我国现在对汽车产品和汽车零部件出口，并没有从外贸政策、税收政策上予以扶持。这在目前汽车、汽车零部件产品国内市场利润较高的情况下不利于调动企业的积极性。

应当适当提高汽车、汽车零部件产品出口的外汇分成。这样既有利于调动积极性，又扶持了这些企业的对外开拓力量，可以使它们上批量、上水平，反过来也抑压了落后、分散的中小汽车零部件厂和汽车厂的盲目发展。

对于出口产品所需的进口零部件也应给予一定的优惠。从长远来看，我国汽车工业势必在世界范围内互通有无，什么零件都自己生产是不必要的，也是不经济的。在目前我国汽车生产成本还较高的情况下，对某些为出口产品而进口的零部件予以优惠也是必要的。

除此之外，对汽车生产企业产品出口后上缴的税收也应适当根据出口额予以一定比例的降低。对产品出口后的出国维修，在国外设点等也应有所考虑，给企业一定的便利。否则产品是很难进入国际市场的。

第三，对合资企业、外商独资设厂的产品出口应给予一定的优惠政策，以促使其向国际市场销售。

第四，我国汽车工业的出口应先从零部件和中型载货车做起。我国的一些零部件排头兵企业水平较高，从引进技术到提高水平比较快。零部件首先进入国际市场，在竞争中不断提高水平，有利于提高我国整车的水平，促进整车的出口。

我国第二汽车厂将从法国进口的雷诺发动机装在东风车上出口苏丹，受到好评，在菲律宾进口汽车招标中也中了标。这说明，我国汽车在第三世界国家市场还是有一定竞争力的。关键是要解放思想，不必搞样样国产化的整车出口。实际上，现在世界上有竞争力的汽车产品几乎都是在国际市场范围内进行零部件优选的，以至于有"世界车"这一名词的出现。盲目强调自制率，不利于用国际分工的好处来降低成本。

第五，重视国际汽车工业的信息交流，努力使我国汽车工业技术人员、政策研究人员经常到世界汽车工业的第一线去学习和观察汽车工业的最新动向。某种意义上说，现在在国际经济竞争是技术的竞争、人才的竞争，汽车工业更是如此。我国汽车工业要走向世界，不可不加强对国际市场化动向和市场的调研，以制定我们的出口战略。同时我们应下大力气，舍得花本钱派人出去调研、学习，经常了解汽车技术发展第一线的动向，把这些信息技术向业内传播，以缩短新技术向产品的转化时间。

顺便提一下，汽车工业也要向国内各横向工业开放，及时交流信息，把各横向工业的新技术、新产品及时应用于汽车工业，通过汽车的需求刺激各横向工业的发展。

第六，当我国汽车参与国际竞争到一定阶段时，应根据情况以行政及经济手段促进企业合并、联合，以调整汽车工业产业组织结构。

第七，选择适当时机，向国外投资，通过参与国外厂家的管理获取技术和管理知识。

汽车工业目前谈对外投资似乎时机未到，但我国其他行业已经有这方面的尝试，我们也可以开始探索、思考这方面的问题。

以上是我对汽车工业发展的一点看法，由于平时对外贸方面接触不多，因此有些见解不一定合适，尚请大家指正。

试论乡镇企业发展与我国汽车工业之关系[*]

前一段时间汽车热销，由于汽车供不应求，一些不具备生产条件的乡镇企业甚至个体户也在拼装汽车，引起了汽车界和有关管理部门的注意。在 1986 年汽车滞销以及有关部门采取行政管理措施之后，拼装车的热潮已基本消失。人们对乡镇企业在中国汽车工业中的作用似乎又不太关心了。然而就在今年（1987），一个乡镇企业——杭州万向节厂被列为国家二级企业，并成为汽车零部件的出口重点企业之一。因此，乡镇企业的发展与中国汽车工业之关系，有必要做一较为深入的研究。

一 进入汽车工业的乡镇企业现状

分析乡镇企业与中国汽车工业发展之关系时，有必要对进入汽车工业的乡镇企业的现状进行初步分析。

据 1986 年有关部门初步统计，汽车工业中乡镇企业约为 500 家[①]，其中零部件企业约为 450 家，生产改装车的企业约为 40 家。由于不少进入汽车行业的小乡镇企业旋起旋灭，因而这个数字只能是个大约数字。由于所有制已日趋复杂，有些以乡镇投资为主的民办企业中由于含有国家或企业集团股份，为求对外经营之便已变换"身份"。这种情况尽力加以辨别后，也难以完全分清。不过汽车行业的乡镇企业总数只占全行业企业总数约 1/6 这一事实（全行业企业总数约 3000 家），说明乡镇企业虽然已作为一支力量进入汽车行业，但汽车行业技术复杂、所需投资高（对汽车零部件生产来说也是如此），因此相对较高的进入壁垒使乡镇企业进入汽

---

[*] 原载《武汉汽车》1987 年第 4 期。

[①] 只统计了产品较为像样、有一定技术设备的厂家。

车行业受到了阻碍。乡镇企业的最大特点——资金自筹、自负盈亏以及相对来说各方面的"硬约束",使农民企业家在进入汽车行业时自然要再三考虑。

从进入汽车工业的乡镇企业分布上看,基本上与我国经济发达地区、沿海开放地区、汽车工业发达地区相关度是很大的。北京、吉林、上海、江苏、浙江、安徽、福建、山东、湖北、湖南等省份为一类,这些地区的乡镇企业进入汽车行业的数量一般为 20~30 家,当然这是指较有规模的厂子,小作坊式的尚不在此列。初步分析,这些地区经济较为发达,农村能聚集起相对来说较多的资金进入汽车行业,这是前提。另外,这些地区都有一定的汽车工业基础,有的地区则是我国汽车工业的主要基地,大中型企业及企业集团对乡镇企业起到了一定带动作用。在扩散零部件时,乡镇企业在某种程度上也弥补了大中型企业的资金不足。当然上述地区还有些地方的汽车工业并未实行专业化、大批量、高水平生产,而停留在"中而全""小而全"的相对封闭的体系中,乡镇企业在这方面往往起了勉强为之配套的作用。

河北、山西、辽宁、内蒙古、天津、黑龙江、江西、河南、广东、广西、四川等省份的汽车行业中,乡镇企业的数量一般为 10~20 家。除上述省份及台湾省外,其他省份汽车工业中的乡镇企业寥寥无几。这种分布清楚地说明前面所讲的约束条件对乡镇企业进入汽车工业的有效制约。相对于我国汽车工业中存在的条块分割、分散重复的状况,乡镇企业在汽车行业中的发展基本上是受到经济规律制约的。

从进入汽车行业的乡镇企业生产品种看,除 40 余家改装车厂外,都是生产汽车零部件的企业,其中又以为整车生产配套的较为简易的零部件企业居多。这与我国汽车产品更新换代慢,产品实际使用周期长、进口多,维修件需求量大有关。40 余家改装车厂又集中分布于北京、吉林、江苏、湖北等地。这既反映了这些地区乡镇企业的实力,也反映了汽车生产主要基地四周自然而然地形成一批改装车厂为之配套的状况。

汽车工业中生产汽车零部件的乡镇企业,一般是为汽车厂的整车纵向配套服务的。常常是专门为某一车型配套生产某种零部件,除个别企业(如杭州万向节厂)外,并未形成专业化、系列化的零部件生产规模。

二　进入汽车工业的乡镇企业所面临的问题

1. 技术人员缺乏，缺乏发展后劲

这些乡镇企业在进一步发展中面临的首先是技术问题。进一步提高产品技术水平，最重要的又是技术人员。目前技术人员严重缺乏使乡镇企业进一步发展受到严重困扰，缺乏应变能力。

2. 产品质量差，技术水平低

这一问题固然是与技术人员缺乏相联系的，但也有资金上的问题。乡镇企业在生产一些简易零部件时还可以勉强凑合，但要生产一些精密、高技术零部件就太难了。因为缺乏必要的资金购置必要的加工、检测设备，质量上更难以保证。在我国汽车工业主要产品纷纷上新一代车型时，汽车零部件必须提高等级，这使乡镇企业面临严峻考验。

3. 管理水平低

汽车零部件生产也同样需要专业化、大批量的生产方式。不少乡镇企业负责人由小作坊式的积累起家，在转到大生产方式时，对于管理知识上要求的突变没有理论上的准备，更缺乏实际经验。

三　应当如何看待汽车工业中的乡镇企业

对汽车工业中的乡镇企业，有些同志认为其产品、水平都不值得重视，可以任其自生自灭。应当如何看待汽车工业中的乡镇企业呢？

从当前汽车工业的发展看，汽车零部件专业化、大批量、高水平的生产体系尚未形成，除少数专业化厂能为全行业各种车型进行系列化配套外，大部分零部件厂属于为某一车型进行纵向配套的企业。同时我国汽车使用期相对来说仍是较长的，因此维修配件的需要量仍是很大的。在这种情况下乡镇企业进入汽车行业还是有发展天地的，也就是说我国汽车工业尤其是汽车零部件工业远未发展到高水平、低成本、供大于求的充满竞争的买方市场。首先，汽车零部件中一些生产工艺简单、技术要求低的产品，乡镇企业生产时具有劳动力可以适当密集的特点，有利于发挥劳动力便宜的优势。其次进入汽车工业的乡镇企业资金完全是自筹的，这一点对于发展缺乏资金的汽车工业来说尤为重要。最后，由于乡镇企业与其他企业相比受行政条块束缚较少，

因此利于进行横向经济联合。

从汽车工业的发展来看，到 2000 年汽车工业要有一个大发展，汽车零部件工业要有一个适当超前的发展，因此需要把一切可以调动利用的力量合理地组织起来，发挥作用。而乡镇企业在我国经济体制改革中正方兴未艾，随着这部分企业实力的不断增强，必然要寻找更好的投资方向。因此既不能过高地估计乡镇企业中进入汽车行业的作用也不能完全忽视这一部分力量的作用。

四 引导汽车工业中乡镇企业发展的几点建议

从上述分析看，引导进入汽车工业的乡镇企业进一步发展，应采取如下对策。

1. 加强对乡镇企业的政策、法规引导

乡镇企业的发展应尽量避免盲目性。1985 年汽车供不应求时，仅四川一省的拼装汽车厂家就有几十家。与其事后对其加以管制，不如事前以政策、法规加以引导。除了制订有关的法规予以限制外，还要研究有关的经济政策，如零部件的价格等，如果购买零部件拼装的汽车价格比生产厂家的高，某种程度上就可以抑制拼装车。同时还要通过有关安全、质量的法规对乡镇企业的产品实施监督，防止不合格品出厂。

2. 引导乡镇企业走专业化生产的道路

当前我国汽车工业在零部件生产上缺乏专业化、大批量、高水平的专业厂，汽车零部件现有的生产企业专业化也不够。表现为在汽车零部件生产上分散度不够，乡镇企业在缺乏资金、人才的情况下走专业化的道路是带有方向性问题的。

在某一小零件，甚至某一工艺加工程序上进行专业化生产，就可以使资金、人才缺乏的乡镇企业相对集中资金、人才，在专业化生产方面取得较大进展。在加工工艺、质量保证等方面，乡镇企业就可以相对集中资金、人才，对产品加以提高。

3. 通过集资入股等路径引导乡镇企业向大中型企业、企业集团靠拢

前面讲到乡镇企业受条块制约较少，因此有利于大中型企业、企业集团通过入股的方式进行横向联合。在这方面，大中型企业、企业集团大有可为。可以在择优的基础上，对选定的乡镇企业进行多种形式的联合，从资金入股

到以技术作为投资等。通过这些方式来改造一些有发展前途的乡镇企业。同时也可在某种程度上解决骨干企业进一步发展时，在资金、土地等方面遇到的困难。

4. 通过各种方式对乡镇企业进行扶持

乡镇企业缺乏技术人才，汽车工业可以通过汽车工程学会等组织调动离、退休技术人才的积极性，使之为乡镇企业进行技术服务、咨询。

另外，大中型企业也可以对自己支持的联营企业从人力上予以支持，对联营企业的管理人员加以培训。

汽车工业也有必要从科技上考虑制订振兴汽车工业的"星火计划"。选出一批适合乡镇企业发展的零部件，引导乡镇企业的技术、产品的发展方向，并通过适当的技术扶持，提高其水平。

5. 在规划中对乡镇企业予以适当注意

现在规划中没有考虑到乡镇企业这一块，今后有必要在汽车工业规划中适当考虑乡镇企业力量的发展，并给予适当的引导。这种引导应当是大致的方向、政策上的规划与引导，是指导性的。

建立企业财务公司
解决大企业集团的资金不足问题[*]

  发展企业间的横向联合已成为经济体制改革中的一项重大课题，而其中迫切需要解决的一个具体问题，就是一些大的企业集团资金不足的问题。

  从汽车行业的情况分析，大的企业集团在资金上主要遇到下列问题。

  第一，无法解决资金的横向融通问题。因此在联合体内部相互投融资、相互支持时都遇到了障碍，从某种意义上讲，只有联合体内部实现资金的融通、集聚才是真正的联合。只进行一般的生产、技术上的共同开发、联合生产，是企业联合的初级形式。

  第二，国家宏观控制的财政、金融政策与行业发展、企业集团的微观发展不同步。

  在企业面临着旺盛市场需求、需要有一个大发展时，却往往被国家的财政、金融政策给限制住了。由于我国的中长期投资是由国家五年计划所决定的，因而市场的变化反映在计划的调整上是不灵活的。

  第三，在企业集团内部，遇到流动资金紧张或市场上的意外变化时，往往没有正常的筹资渠道。

  针对上述情况，我认为有必要建立企业财务公司。从经济发展史看，大的工业企业集团的发展是离不开金融机构的合作与支持的。资本主义国家的大企业集团往往是围绕一个金融组织（投资公司或银行），由各类企业组成的。资本主义国家大公司的发展同时伴随着资金的积聚，从生产力的发展史看，生产日益集约化，技术发展、技术装备日益昂贵，以及越来越激烈的市场竞争，都迫使企业必须具备雄厚的金融实力。社会主义国家的企业集团，也离不开金融机构的支持，也应该有一个金融机构作为发展的核心。如果没

  * 原载《经济日报》经济内参清样，1986 年 3 月 13 日。

有雄厚的资金，作为一个大企业集团要进行巨额的科研开发投资，进行大规模建设和技术改造、设备更新、海外投资都是不可能的。

企业联合的实践也表明，企业间资金上的联合是企业集团组成共担风险的命运共同体的纽带。在企业联合中，仅有生产、技术上的联系，对于改变我国企业中存在的"大而全""小而全"的生产格局作用有限。只有在企业内部建立横向联合的金融组织，才能有效地调剂资金使用，及时解决企业集团各成员资金上的困难，同时也可以把分散的资金集中使用，提高资金的使用效益，更合理地控制投资方向。目前这种条条块块的割据状况，往往使企业在搞专业化、联合生产时不放心，因为还要听命于各自的行政领导。通过资金横向联合，组成一个以金融组织为核心，按专业化分工进行生产，相互协调但又都具备独立经营自主权的企业集团，就可以打破条块分割。

建立集团内部的金融组织，也是健全企业自我调节机制、医治"投资饥饿症"的一个手段。当集团内部的金融组织，投资效果好坏、投资来源、投资多少与企业自身利益密切相关时，企业就必然在如何用好这些钱上下功夫。

我认为国家目前给企业留的用于再发展的资金太少，同时又没在经济上把留利的合理应用与企业发展间的机制健全起来。企业实际上是在"投资饥饿症"与"投资严重不足"两种病症之间挣扎，这两种病症是互为影响的。我们只批评企业向上要钱，却没有看到企业面临着严重的资金供给不足问题。因此，我认为国家要对参加集团联合的企业从利税上给予一定优惠，企业多得的这部分钱，可用作企业集团内部的发展资金，存入企业财务公司。同时国家在投资概念上应当打破地区、部门界限，把大的企业集团作为投资主体的一部分。这样企业不得不对资金运用承担更大的经济责任和义务。

由于商品经济的多样化，企业间联合有多种形式，企业财务公司也必然是多种形式的、多层次的。

第一，银行、参加联营的企业共同出资，形成以发展企业集团为主要投资方向的投资银行。

第二，可以由行业内的企业集资与银行兴办支持以某一行业为主要投资方向的投资银行。以上两类银行可以在一定时候通过发行股票、债券吸收资金，在某种条件下也可以吸收外资。

第三，某些中小企业为了共同发展组成的联合体，可以通过基金的形式来支持共同发展所需的科研、建设项目。

上述金融机构应以集资、投资为主，适当地在企业遇到经营困难时予以支持。在进出口方面也可以根据情况予以帮助，但是这类金融机构的经营方向必须限制在一定范围，以利于国家宏观调控。

我国汽车工业规模经济问题探讨[*]

汽车工业在许多工业发达国家被作为支柱产业，在经济发展和开拓国际贸易中起着带动作用。规模经济问题则是一国汽车工业获得最佳经济效益和具有国际竞争力的关键。当前美、日、法、德甚至后起的汽车生产国巴西、韩国都在汽车工业中采取了规模巨大的公司生产体制，并在国际进行广泛的联合，以获取规模经济效益，巩固国际竞争地位。规模经济问题对我国汽车工业也具有同样重要的意义。在这方面，我国与发达国家相比存在着较大的差距，这是我国汽车工业产业组织结构调整中亟待解决的重要课题。

一　汽车工业规模经济的理论探讨

工业生产中的规模经济问题，本质上反映的是生产经营规模扩大而导致的平均成本下降、边际收益递增的现象，即大规模生产导致的节约效应。

英国乔治·马克西和奥布·西尔伯斯通在《汽车工业》一书中提出了一条表明汽车年产量与单位产品成本费用之间关系的曲线，称为马克西－西尔伯斯通曲线（见图 1）。

这条曲线表明，当年产量从 1000 辆增加到 5 万辆时，费用可望下降 40% 左右；增加到 10 万辆时，费用再降 15%；当达到 20 万辆时，费用再降 10%；到 40 万辆时，费用可望再降 5%。以后年产量增加费用下降并不显著。这一规律可供研究我国汽车工业规模经济问题时对比参考。

规模经济的成因是，一次性固定资产投入的不可分性，生产过程中能源、原材料的消耗节约优化，专业化程度提高导致生产效率提高等因素，

---

　　* 原载《中国机械工业产业政策研究》，机械工业出版社，1990。

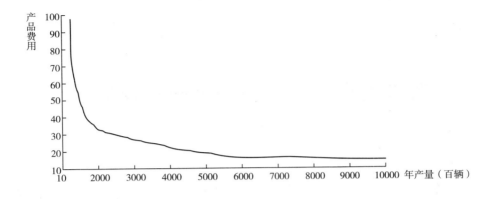

图1 马克西 – 西尔伯斯通曲线

使产量增长的单位成本变化在图上表现为一条稳定的、逐渐向下倾斜的曲线。

根据国外有关的产业实证研究成果，在规模经济中存在着建立在经验统计基础上的所谓"0.6次方"规律，即产量增长后所需投资，是原来产量规模需用投资与产量增长比例的0.6次方的乘积，用公式表示如下：

$$C_2 = C_1 \left(\frac{Q_2}{Q_1} \right)$$

C_2——规模增长后的投资

C_1——原规模投资

Q_2——规模扩张后的产量

Q_1——原规模产量

当然，上述公式只是特定时间针对某些产业的经验统计结果，并非所有企业都是0.6次方。但对所有企业来说，只要存在规模经济效应，这个增长比例都是小于1的。当假定技术装备、工艺水平在一定时点不变，投资只发生规模扩张时，上述公式才是有效的。

研究汽车工业规模经济的具体方法，一般采用在一定工艺水平下对不同生产量进行成本估算，而不是采用各个厂家的历史实际资料。因为用实际资料建立的成本曲线受价格、生产能力利用等因素的影响，不能全面反映规模经济的一般情况。

研究汽车工业的规模经济，还要考虑汽车企业的构成、专业化协作情况，只有对各类专业厂、综合厂进行分类研究，才能得出不同领域企业的具体经济规模。西方汽车产业研究专家比较一致地认为,在汽车工业中,就整车厂而言,铸、锻及冲压加工,是对汽车工业规模经济影响最大的加工工艺环节。其中冲压影响更大,因为冲压要考虑两个方面:连续冲压的自动生产线(包括昂贵的压床和机器手)和模具的使用。

商用汽车的经济规模和轿车的经济规模是完全不同的。整车经济规模和汽车零部件经济规模也是完全不同的。

二 发达国家汽车工业规模经济现状

汽车工业从其诞生之日起,就伴随着规模经济的问题。从某种意义上讲,汽车工业的大发展、汽车产品的普及是与这一问题的持续解决密切相关的。1908 年 10 月 1 日,福特汽车公司开始提供 4 缸、2.0 马力的 T 型汽车,售价825 美元,规定为单一固定形式的大量制造,力图不断降低单位价格。福特汽车公司于 1910 年 1 月 1 日在占地 60 英亩的高原公园建厂,采用了大量专用设备,进行流水线生产,汽车工业大批量生产体制由此确立。流水线生产方式使汽车工业成为需要高投资、专业化生产,必须具有规模经济才能生存的工业。经过几十年发展,汽车工业的规模经济有了巨大变化,主要表现在以下几方面。

1. 公司规模进一步巨人化

经过几十年的淘汰、竞争,国际汽车市场现在已由若干家大型集团公司把控。日本现有汽车公司 11 家,每年生产汽车在千万辆以上。美国汽车工业更是高度集中于通用、福特、克莱斯勒三大家之手,汽车年产量也在千万辆以上。英国汽车年产量为百万辆以上,主要集中在四大公司。联邦德国汽车年产量为300 万~400 万辆,主要集中于五六家汽车公司。法国年产汽车 300万辆左右,90% 以上产量集中于雷诺、雪铁龙两大汽车公司。苏联年产汽车200 万辆以上,汽车厂有 10 余家。巴西年产汽车 150 万辆左右,主要集中于13 家公司。韩国年产汽车 100 万辆,主要集中于现代、起亚、大宇三家,另有巨和、东亚两家小厂生产卡车。以上除苏联外,其他国家均为公司的规模,而非生产厂的规模。这在与我国汽车工业进行对比时,不可忽略。上述情况说明,汽车行业的规模经济已经十分巨大,不仅表现在生产、投资规模等方面,而且与国际分工、科研、销售等方面有关,尤其与产品开发投入日益巨大有关。

2. 投资进入壁垒大为提高

由于当代汽车工业竞争激烈，已形成大公司生产体制，因此新的汽车生产厂家进入这一行业的投资壁垒越来越高。一是必须以很大批量进行生产才能降低成本；二是只有加快产品更新换代，才有生命力。大的汽车厂商除经常推出新的基本车型外，几乎每年都要对现有生产车型进行改进。为了对抗发展中国家廉价劳动力的竞争，发达国家汽车工业大量更新设备，采用机器人、组合机床、柔性生产线。这样就使汽车工业的投资规模进一步扩大，规模经济的最低门槛进一步提高。

3. 国家干预不断增强

由于汽车工业规模较大、影响面较广，各国政府对汽车工业干预增强，表现在规模经济方面主要有两点。

（1）政府给汽车工业以种种政策优惠，促使汽车厂商增加投资，加速更新其装备，进行国际竞争。1951年日本政府就制定了一套基本政策以支持对汽车工业的投资，包括购买设备的政府贷款，批准对汽车公司的商业贷款和特殊折旧计划，允许第一年即可对固定资产折旧50%。美国政府对陷入困境的克莱斯勒公司给予12亿美元的贷款，进行扶持。韩国也有类似扶持汽车工业的法规和政策。

（2）政府对汽车生产企业的数量进行控制。韩国只允许大宇、现代、起亚等三家厂商生产整车，其他厂家一律生产零部件和总成。日本政府则对汽车生产厂家的 "过度竞争" 表示关切，对凡符合增加产量和专业化程度的汽车零部件厂家给予补贴和指导投资，促进汽车零部件厂家向规模经济方向发展。

三 我国汽车工业规模经济的现状

我国汽车工业发展进程中，曾长期无视规模经济客观规律，只是根据计划和需求缓急，确定汽车企业建厂规模，但实际上我国汽车工业中也存在着与英国学者所描述的马克西－西尔伯斯通曲线类似的情况。以第一汽车制造厂为例：年产量从1万辆增至2万辆时，成本下降了27%；进一步提高到5万辆，成本再度下降21%；以后一段变化不显著。可以看出相对经济规模的效益。从全行业来看，1978年共有15家汽车厂生产同类中型载重汽车，除一汽外，其中成本最低的为15882元，为一汽汽车单位成本的1.6倍。有的企业年产量仅为 200~300 辆，成本高达 23000 元每辆。这表明生产规模大的工厂其经济规模效益占有明显优势。

需要指出的是，各个国家生产要素价格不同，实际市场需求不同，也对经济规模产生较大影响。根据不同的市场情况、资金情况、生产力禀赋，必然产生采用不同的规模经济。

根据我国实际情况，目前的研究结果是：轻型载重车的经济规模以年产不超过 10 万辆为宜。轻型载重车厂的发动机变速箱（考虑将来与小轿车通用）年生产规模以不低于 10 万台为宜。车桥厂年生产规模不低于 8 万辆。总装厂（不包括冲压）年生产规模为 2 万~3 万辆，包括冲压可到 6 万~10 万辆。微型汽车的规模可较轻型车大一些。中型载重车可参照一汽、二汽的 10 万辆规模；重型车规模不小于 2 万辆。汽车零部件应与主机厂同步发展，以更大的经济规模保证主机厂配套及社会产品维修的需要，同时考虑到进口车的维修以及出口。普通型轿车的经济规模为 20 万~30 万辆。以上是从国内市场需求及现有生产技术水平出发考虑的。

但是，目前我国汽车工业规模经济的现状很不理想。

1. 中型载重车

一汽、二汽两家企业集团年产量均为 10 万辆，基本上占据了国内市场。其他生产同类车型的厂家或被淘汰，或者转向利用一汽、二汽底盘生产改装车、专用车。从世界范围看，一汽、二汽的规模应当说是接近经济规模的（当然也有问题，后述）。

2. 重型载重车

重型载重车厂点较少，以川汽、陕汽、济汽三家企业为主，按专业化分工到 1990 年产量达到 1 万辆（斯太尔重型车），同时各自还保留一些更新换代产品。二汽按 1 万辆重型车进行建设，现在改建工程为 5000 辆能力。还有几个厂点（主要是军工部门）生产纲领也是按 1 万~2 万辆设计的，这是近于经济规模的。除此之外尚有一些仍在生产老式重型载重汽车的厂家，年产量在千辆上下，产品老化，又没联营，前景困难。

3. 轻型载重车

南京汽车厂正在按 10 万辆的规模进行建设、改造，其他生产能力达到 2 万~3 万辆的厂家有沈阳金杯汽车股份有限公司、天津市汽车工业公司、北京汽车摩托车制造联合公司、北京第二汽车制造厂等。轻型车厂点众多，除上述厂家外，大多在 1 万辆左右。

4. 微型车

共有十几家厂，其中除一汽、吉林轻型车厂、长安机器制造厂、天津微型车厂、柳州微型汽车制造厂、昌河飞机公司等厂家生产能力在 2 万 ~ 3 万辆外，其余厂家仅几千辆年产量。

5. 轿车

根据国家发展规划，一汽一期工程 3 万辆，二期工程 15 万辆；二汽一期工程 15 万辆，二期工程 15 万辆，共 30 万辆；上海 3 万辆；天津、广州标致等厂家生产一些变型轿车。

6. 吉普车

除北京吉普有限公司年产上万辆外，年产几百辆到上千辆的厂已是遍地开花。

7. 大客车

丹东、广州、大连、哈尔滨等厂家已形成年产 1000 ~ 2000 辆的能力。其他厂家多在几百辆，厂点众多。由于大客车属于劳动密集型产品，年产 2000 辆在国际上是近于经济规模的。

8. 零部件企业

据不完全统计，零部件企业现在已达 3000 余家，形成了初具规模、门类齐全的产业部门，但规模经济问题更为严重。全国生产汽车电器的厂家就有 200 多家，生产化油器的厂家有 30 多家，生产汽车齿轮的有 100 多家。技术装备落后，零配件质量不够稳定。

据 1988 年统计，全国汽车生产企业的数量情况如下：生产整车的企业有 118 家（指生产基本型），生产改装车、专用车的厂家遍地开花。江苏省某县就有改装车厂 10 余家。我国汽车厂家的数量为世界之冠，但技术装备普遍落后。38 家重点企业，人均固定资产（劳动装备率）低于万元人民币的有 23 家，远低于巴西人均固定资产（劳动装备率）3 万美元的水平。

四　我国汽车工业规模经济方面存在的问题

1. 重复布点，重复建设，达到经济规模的厂家甚少

由于投资不足、分期进行，建设周期过长，尤其是地方布点建设的汽车厂，从满足本地需要和资金投入可能出发，一般都难以考虑合理的经济规模。

2. 专业化分工不够

专业化分工不够不仅表现为"中而全""小而全"汽车工厂过多，而且表现为大汽车厂自制率过高。

3. 缺乏生产要素的合理流动，根据经济规模调整产业组织结构进程过慢

我国历史上先后出现了三次"汽车热"。第一次是"大跃进"时期；第二次是"文革"中，国家将企业下放地方；第三次是1985年前后。每次"汽车热"冷下去之后，并没有多少汽车厂家倒闭，大企业也并未从兼并中得益。相反，不少应淘汰的工厂，在行政部门支持下勉强生存，待机重新发展，生产要素重组受到极大限制。

导致我国汽车工业规模经济不合理的原因如下。

1. 投资不足而且分散

我国对汽车工业的投资长期以来严重不足。1984年以前30余年共投资40亿元左右，平均每年投资1.4亿元。"七五"期间投资明显增加，全行业（包括中央各部和地方用于汽车工业的投资）共60多亿元。即便如此，这100多亿元只相当于一个大型石油化工生产企业的投资。而且投资使用不集中，分别建了许多"中而全""小而全"的项目，形成"大厂上不去、小厂更成不了气候"的局面。另外，由于投资不足，建设布局只能先整车、后零部件，使汽车零部件企业长期落后。

2. 工业基础差

由于我国工业基础差，沿用苏联的建厂模式，因此一汽、二汽两个大型企业自制率过高。另外，我国汽车零部件企业生产规模小、质量差、成本高、经济合同履约率低，又使大企业在自成体系的轨道上不断继续发展。专业化协作的社会大生产组织不起来，导致大企业经济规模的形成进展迟缓。

3. 行政部门对企业的干预影响

在行政管理部门直接管理的体制下，企业是政府部门的附属物，汽车工业内部生产要素的合理流动受到极大的限制。同时，地方政府的保护政策割裂了统一的汽车销售市场，使具有经济规模的厂家难以发挥优势。一些小型企业得到地方政府的种种优惠政策扶持，发展较快。

4. 市场预测误差太大，造成决策失误

1984年、1985年两年，进口汽车犹如潮涌。这是多年来对汽车工业的发展重视不够，没有预见到对汽车的强烈需求的必然结果。由于国内汽车生产能力有限，在品种上"缺重少轻"，基本上不生产轿车。在市场供求严重失衡的条件下,不正常的高价汽车应运而生,促使"中而全""小而全"的厂点盲目增加,甚至有不少拼装汽车的手工作坊出现,自然谈不到按经济规模进行建设了。

五 对提高我国汽车工业规模经济程度的几点建议

(1)制订产业政策实施细则时,明确规定各类汽车厂(基本车型生产厂、改装车厂、专用车厂)及各类汽车零部件厂的经济规模。实行汽车行业统筹规划,按规定的规模经济标准决定新建企业是否立项。对不符合标准的现有厂家,应根据情况用经济、行政等手段加以限制,促使其向大集团靠拢。

(2)扶持大企业集团进行企业兼并是汽车工业提高规模经济程度的必由之路。汽车生产具有多品种、系列化的特点,如能把现有众多的企业围绕几个大企业集团进行分工合作,组织系列化、专业化生产,并集中科研力量,集中使用资金,在更大范围内共享信息及新技术,就能使基础设施及后勤服务发挥更大的作用,在外贸、国内销售中都能取得更大的效益,做到技术、经济一体化。

扶持大企业集团的一个途径是国家政策支持,使大企业集团尽快成长起来。目前看来,对于中型汽车,一汽、二汽有力地抑制了重复建设、重复生产现象。但对于轿车,现在又出现了各地方、各部门一哄而上的情况,而一汽、二汽等大企业集团有的负债搞建设,它们对生产轿车力不从心。如欲上轿车,势必拖长建设周期,且难以较快地形成规模经济。此时,就需要国家扶持一把。

扶持大企业集团的另一途径是鼓励兼并,从而在集团内部进行优化组合,提高规模经济效益。从当前我国国情看,兼并可以采取行政划转的方式。如吉林省把四个企业划归一汽紧密联营,效果不错。当然,在财力允许的情况下,兼并还可以采取参股、投资、合资等手段进行。现在汽车企业集团中建立了财务公司,应不断扩大财务公司的作用,使企业集团在金融上逐渐融为一体。

(3)突破企业联营中的"三不变"。[①] 企业联营中只要存在"三不变",

---

① 所谓"三不变",是20世纪八十年代改革中,为减少企业重组阻力,企业重组后行政隶属关系不变,上缴利税渠道不变,企业性质不变。

生产要素的重组、企业的优胜劣汰就是一句空话。因此应当突破"三不变"，进行联合的试点。可以考虑以股份制的形式来突破"三不变"。

（4）提高市场预测的准确度，做好长远规划。我国的长远规划是以 5 年为调整周期的，因此如果不提高市场预测的准确度，当供给与需求出现较大差距，产品价格见涨，必然使"小而全"产品、质次价高的企业纷纷出现。当前值得提出的是要加强对轿车市场的预测，而目前对轿车需求的预测并不令人放心，还须要做一些扎实、细致、深入的工作。

（5）减少行政干预。在企业进行改组、改造时，减少行政干预，消除汽车市场中存在的地方保护措施，制定有关法规作为保障。

（6）加强对外资、合资企业的经济规模问题研究。当前已经开办的几个合资企业均远未到达经济规模。这是外资进入时受资金、计划等限制，不得已而为之。可是由于达不到批量经济，有关配套厂家因批量太小无法改用新工艺生产，使国产化严重受阻。同时，由于批量小，成本无法降低，自然出口也谈不上出口，这又促使外汇平衡问题更加尖锐。有必要从计划、行业规划、对外合作诸方面综合探讨这一问题。

（7）大型企业集团在进行改造或上马新项目时，要自觉扩散产品，降低自制率。一汽在由 CA15 转产 CA141 过程中不断扩散零部件，现在自制率已下降到 60% 左右，创造了这方面的经验。

（8）重点扶持一批高水平、大批量、专业化的汽车零部件厂。只有提高汽车零部件的质量、水平，降低成本，才有可能使大企业乐于降低自制率。国家和大型企业集团都要有计划有步骤地做好这方面的工作。

从汽车工业发展史及汽车工业发展的大趋势看，只有随着整个国家经济体制改革的进一步深化、市场竞争的全面展开、企业自主权得到增强，汽车工业中存在的上述问题才能从根本上得到改观。

最后，需要强调的是，上述对汽车工业规模经济问题的研究，只是在目前技术条件下得出的结论。随着技术、企业形态的变化，全球汽车工业规模经济形态在持续变化，改变着国际汽车工业的市场竞争态势，也对我国汽车工业发展形成新的挑战。随着我国汽车企业自身形态（从单一制造企业向公司过渡）、经营方式的变化，我国汽车工业的经济规模也将持续发生变化。

第二座亚欧大陆桥与我国汽车工业[*]

近来第二座亚欧大陆桥的贯通，引起了我国汽车界的关注。第二座亚欧大陆桥将给我国汽车工业带来哪些影响？笔者就这一问题进行了相关调研，现在总结如下。

一 第二座亚欧大陆桥的现状、展望及特点

1. 第二座亚欧大陆桥的现状、展望

确切地说，第二座亚欧大陆桥[①]目前只是全线贯通、接轨，预计1992年才能正式开通国际集装箱联运。第二座亚欧大陆桥的全面发挥作用，也有待于一些问题的解决。首先是运力和运量的问题。第二座亚欧大陆桥东起我国连云港，西至世界第一大港荷兰的鹿特丹，横跨亚欧大陆，连接太平洋和大西洋，穿越中国、苏联、波兰、德国、荷兰，辐射20多个国家和地区，成为亚欧30多个国家和地区共同利用的国际大通道。据了解，西太平经济圈进出口贸易总额中，对欧洲、西亚和北非地区贸易占40%。中国进出口贸易总额中，对这一地区出口也占1/3。因此，有关人士预测，第二座亚欧大陆桥开通后，将是一条日趋繁忙的国际运输线。但是从国内目前状况看，兰新线上，"瓶颈"路段颇多。武威到吐鲁番段年通过能力为1200万吨，而新疆需要运往内地的货物每年达1400万吨，内地运往新疆的货物每年达400万吨。亚欧大陆桥开通后，物流会有所改变，但运量大于运力的"瓶颈"要改善，需大的投资。如果再考虑到扩大运力，则投资更多。国家计委预计将在"八五"期间投资60多亿元对这条线继续进行扩大运输能力的改造。这样，这座大陆

---

[*] 原载《汽车情报》1991年第4期。

[①] 第二座欧亚大陆桥于1990年初步贯通，从我国的连云港跨越亚欧大陆到荷兰的鹿特丹。

桥真正对国内、国际经济发展发挥显著影响将是"八五"以后的事了。

2. 第二座亚欧大陆桥的特点

第二座亚欧大陆桥的特点要从与第一座亚欧大陆桥的比较中才能看出来。第一座亚欧大陆桥从苏联东部的纳霍德卡港到荷兰的鹿特丹，基本上在苏联境内，距南亚、中东较远，辐射面小。自然条件严酷，冰封雪冻，一年有三四个月不能正常运输。这座大陆桥距亚洲的一些经济发达区也较远，我国货物目前经国内铁路与此大陆桥连运，主要是东北三省和华北一些地区。

第二座亚欧大陆桥比第一座亚欧大陆桥距离缩短 1000 多公里，沿途气候条件良好，距南亚、中东诸国较近，辐射地区较广，穿越我国中部、西北部。据铁路部门专家测算，从连云港经新的亚欧大陆桥运货到欧洲，要比绕道印度洋、苏伊士运河走海路缩短时间、距离各一半，运费降低 1/4。由此可见，第二座亚欧大陆桥对世界市场、对我国的经济都是有其优越性、竞争性的。

二　第二座亚欧大陆桥对我国汽车工业将产生什么影响

从前面的分析看，可初步提出以下几点看法。

（1）从亚欧大陆桥的建设进展及运力情况看，"八五"期间对西部经济尚不会起到太大的刺激作用，因而对汽车的需求不会有太大的增加。

（2）国家综合部门认为，西北的主要运输通道，主要由西陇海、兰新、京兰铁路和一些国道干线公路组成。随着西北地区的经济发展，特别是石油、煤炭的开发和过境贸易的开展，以及新的亚欧大陆桥的开通，运输需求将猛增。"八五"期间要着手兰新铁路复线工程，建成宝鸡到中卫铁路和兰州至乌鲁木齐高等级公路，改造青藏、新藏公路，适应西北物资外运和新疆石油开发及外运需要。

由此可见，随着第二座亚欧大陆桥的开建，相应的配套工程已经展开。第二座亚欧大陆桥对西北地区公路运输系统的促进已是十分现实的事了。随着西北地区公路网的建设，将进一步扩大汽车市场。起码目前展开的这些大工程，在"八五"对载货车（尤其是重型车）是一个福音。

（3）随着大陆桥的正式开通使用、西北开发的加快，大客车、专用车的需求会有所增加。我国西北地区丝绸之路旅游区将成为热点。尽管有飞机的竞争，但由于第二座亚欧大陆桥途经苏联、我国的一系列旅游区，坐火车一站一站的旅游仍将是诱人的，也使沿途旅游点开发成为可能。当然，由火车站到旅游点，还需要增加大客车。但是西北地区旅游点的位置大多较偏僻，地形、气候复杂，因此对大客车的性能也提出了某些挑战。

随着大陆桥的开通，西北各省、自治区在"八五"末期，一定会相应地为以后对西亚、南亚、苏联、欧洲的贸易，进行相应的基础设施投资开发及产业结构调整，因此专用车的需求会增加。据目前有关专家的研究。苏联对我国一些资源如磷矿石、铬矿石都有需求。塔里木油田也在加快开发速度。从这个角度看，需要增加一定数量的专用车。

（4）"九五"及其以后的十年，第二座亚欧大陆桥运力的增加，以及西北地区铁路网与公路网的进一步扩充，将会带动西部地区经济的全面增长，因此西部地区对汽车的需求会有较大的增加。但那时经过"八五"的发展，汽车产量也会有相应提高。

（5）根据上述分析，从我国汽车工业的生产能力以及"八五""九五"的增长、发展趋势看，笔者认为，第二座亚欧大陆桥对我国汽车工业带来的挑战并不是总量上的，而是产品水平和性能上的。可以说目前尚不存在由第二座亚欧大陆桥的作用大增，而造成汽车产需相差过大的可能。其对我国汽车工业的布局也不会有太大影响。

（6）第二座亚欧大陆桥的种种便利条件，将对我国汽车工业的对外贸易、对外合作产生一些战术上的影响，如出口产品运输方式、路线的改变，产品出口地区的改变，开展一些合作生产的项目等。

需要指出的是，第二座亚欧大陆桥面临着第一座亚欧大陆桥的竞争。苏联可能采取某些措施，限制第二座大陆桥的业务往来和发展；沿途国家的政治、经济状况也影响着第二座亚欧大陆桥作用的发挥；具体交通运输方面也面临着跨区域的诸多技术、法律问题。种种因素表明，目前环境下，我国西部地区商品在相关区域国际贸易中并不处于有利地位。

从中长期看，随着我国经济实力的增长、国际贸易的繁荣，第二座亚欧大陆桥将对我国经济产生越来越大的影响，成为影响我国经济、安全的重要战略因素，也必将对我国汽车工业发展产生重大影响。

汽车工业产业政策研究[*]

改革开放以来，汽车工业迅速发展，对国民经济及社会生活的各个方面都产生了深刻而广泛的影响。汽车工业的发展为世人所瞩目，受到政府的高度重视。汽车工业已被确定为支柱产业，将对 21 世纪的中国经济和社会生活产生更大的影响。正因如此，汽车工业是我国较早提出并制订产业政策的产业，也是最早把产业政策以政府正式颁布的形式予以推出的产业。对中国汽车工业产业政策的制订、推行进行分析和评价，对认识中国产业政策制订与推行中的机制、动力与问题有着十分重要的意义。

一 制订汽车工业产业政策的背景

（一）国内汽车市场的迅猛发展

1978 年以来，中国汽车市场发生了巨大变化。随着改革开放的不断深入，"三资"、乡镇企业、私人企业及个人迅速进入汽车市场，使中国汽车市场长期存在的较为单一的企事业单位购车占统治地位的状况迅速为之一变。用户对汽车产品的需求，从产品水平到数量均有了巨大变化。中国汽车工业很难一下子适应市场的剧变，不得不力求本行业在尽可能短的时间内、在总量上有较大的发展，以应付市场的需求。汽车行业的决策层较为一致地认识到"随着国民经济的发展、经济改革的深入，汽车产品供不应求将是一个长期趋势"。这种国内市场的强烈需求，既为汽车行业迅速发展提供了依据，也促使政府部门制订汽车工业产业政策，加强宏观调控。

---

* 原载《中国产业政策实证分析》，社会科学文献出版社，2000。

（二）外国汽车产品的强烈冲击

20世纪80年代初开始的国内市场的巨大变化，使中国汽车工业一时难以满足需求，因而外国汽车产品大量进入，对中国汽车工业产生了强烈冲击。仅1985年、1986年两年就进口各类汽车50余万辆，用外汇157.7亿美元。外国汽车的大量进口，加强了中国政府高层及汽车行业领导层加速发展中国汽车工业的迫切感，制订保护政策也成了汽车工业全行业十分关心的问题。

（三）提高产品水平、质量的迫切需要

改革开放后，打开国门，汽车行业的人也大量走向世界。进口车的强烈冲击，更是给汽车行业强烈刺激。人们认识到由于长期封闭，我国与发达国家的汽车工业的差距进一步扩大了，必须充分利用对外开放的机遇，迎接外部的挑战，这种认识转化为一种危机感。汽车行业在改革开放的大形势下，自20世纪80年代初开始，展开了又一轮（50年代是第一轮）汽车技术的引进。引进的方式多种多样，在消化吸收引进技术时遇上了种种意想不到的困难和问题，于是国产化问题、外资进入问题成了汽车工业产业政策不得不予以考虑的问题。推动行业技术进步，则始终是汽车工业产业政策的一个重点。在80年代、90年代，这一问题与国产化问题、外资进入问题，始终紧密地结合在一起。

（四）调整不合理的产业组织结构的需要

汽车工业中长期存在着分散、重复建设低水平的“大而全”“小而全”汽车厂的问题。对这种不合理的产业组织结构进行调整，以合理配置有限资源，一直是中国政府最高领导层和汽车行业领导层孜孜以求的。但是，在这一问题上，中央与地方政府是存在矛盾的。地方政府为使本地企业不被中央支持的重点企业挤垮，千方百计地以各种优惠政策扶持自己的企业，其结果是经济不合理的企业的生存时间被延长了。从积极一面看，这也促进了竞争。因为一些企业怕被挤垮，不得不兢兢业业以求生存，并对中央支持的企业形成了竞争。尽管是中国特色的竞争，但毕竟促进了企业技术水平、管理水平的提高。

改革开放后，随着经济体制的变化，中央、地方、企业在控制资源上的变化，原来运用的单一行政调控手段越来越不灵了。这样，通过制订产业政策，从宏观上予以调控的想法，自然就成了有关部门为适应新的形势而做出

的必然选择。

（五）部门偏好

在分析汽车工业产业政策制订背景时，人们往往忽视了一个问题，即中央政府有关管理部门的偏好对产业政策制订的影响，实际上这种影响是非常大的。中央政府有关宏观行业管理部门中领导人的经历、背景，人员的构成，实际上对政策的制订有着极大的影响。

中央政府对汽车工业的宏观管理，改革开放以来到90年代初是通过中国汽车工业公司来行使的。中国汽车工业公司的历届领导人均出身于第一汽车制造厂这一"中国汽车工业的摇篮"。自成立之日至80年代末，其司局级干部不是来自一汽，就是来自二汽。领导人和主要管理层的背景，使他们对汽车工业的发展有着非常高水平的专业化眼光，有着对大生产、专业化、高技术水平的偏好。这对指导中国汽车工业无疑是有利的，但是也容易产生另一方面的问题，即对有些符合中国国情，又与理想的汽车工业发展模式相冲突的事物缺乏理解和认识。如对农用汽车的发展，一直熟视无睹，直到1996年农用汽车的生产已达260万辆时，汽车行业的管理部门不得不承认农用汽车在中国汽车工业中应有一席之地。

由于主要领导者和相当一批管理骨干出身于一汽这个大厂，因而他们在组织项目、领导生产时颇为得心应手，而对市场经济条件下某些宏观经济调节手段（如金融手段）的运用，显得缺少经验或认识不足。这也对汽车工业产业政策产生了影响。

二　汽车工业产业政策的重点

从汽车工业产业政策制订的背景，我们不难看出汽车工业产业政策的重点所在。

（一）促进汽车工业成为支柱产业

使汽车工业在总体上有一个飞速发展，是制订汽车工业产业政策时各方面首先考虑的重要目标。这一目标在中央关于"七五"计划的建议中，得到了明确的肯定："根据加快运输建设的要求，要把汽车制造业作为重要支柱产业，争取有一个较大的发展。"这样，这一目标就不仅具有行业发展的含义，而且在整个国民经济中占有重要地位。后来对这一目标的提法有了一些改变，但汽车工业作为支柱产业要有一个大发展的内涵并未有大变化。

（二）提高产品水平、质量，加速技术进步

汽车工业大发展，要有量的增长，但质的提高更为重要。改革开放以来，为了迅速缩小与发达国家汽车工业的差距，同时为了解决投资不足问题，中国汽车工业选择了通过引进技术，与外国大汽车公司合资、合作，迅速提高产品水平的道路。这样，加速技术进步的一系列政策实施上与国产化、外资进入政策紧密相连，构成了汽车工业产业政策的一个重要方面。

（三）保护政策

汽车工业作为幼稚产业，自改革开放以来，对外来冲击越来越敏感，危机感越来越重。随着改革开放进程的加快，我国经济与国际经济接轨越来越快，我国参与国际分工的程度越来越深，如何制订保护政策、制订哪些保护政策成为汽车工业全行业关心的重大战略问题。

20 世纪 90 年代以来，随着我国为加入 WTO 参与一系列谈判，汽车工业界人士认识到，汽车行业再也不能设想永远在国家保护伞下过日子了，长期的国家过度保护对汽车工业的发展、竞争力的提高也并无好处，对汽车工业的保护只能是有限度的。但汽车工业毕竟与轻工业不同，难以在短期内迅速赶上或接近国际水平，因此从多方面考虑保护政策，关系到中国汽车工业的兴衰。汽车行业就此进行了深入细致的研究。

（四）调整产业组织结构

调整产业组织结构，是汽车工业的一个老问题。随着我国国门大开，外来的压力日重，加速调整产业组织结构成了行业管理部门关注的重点。汽车工业的组织结构调整问题年深日久。对此，政府有关部门认为，坐待通过单纯的市场竞争淘汰来实现产业组织结构合理化，时间太长，来不及。有必要通过产业政策，对"市场失效"予以弥补。

产业组织结构的调整与实现规模经济、加速推进专业化、促进大企业集团的成长等问题紧密相连。而且实现大批量、专业化、集团化的发展模式，又是汽车工业行业管理部门出于部门偏好所认同的理想的汽车工业发展模式。围绕产业组织结构的调整，尝试了各种政策手段，我们将在下文进一步予以

分析。

三　汽车工业产业政策的形成过程

汽车工业产业政策经历了一个不断调整、修订、完善的形成过程。这一过程与我国向市场经济的转变过程相一致，使汽车工业产业政策由各个单项的政策，变成一个相对完整的政策体系；由政府行政色彩、计划经济色彩很浓的政策变成在相当大程度上适应、考虑市场经济特点的政策；由主要体现政府行业管理部门偏好的政策，变为站在国民经济宏观层次，适当考虑各方面利益、意见的政策。下面对这一形成过程进行详细分析。

汽车工业产业政策的形成可分成三个阶段。第一阶段为 20 世纪 80 年代初期到 80 年代中期，这一时期，有关部门在研究制订产业政策时，主要致力于争取汽车工业的"支柱产业"地位。第二阶段为 80 年代中期至 80 年代末 90 年代初，这一阶段产业政策的研究、制订除在第一阶段基础上做了许多适应市场经济的变化外，主要围绕轿车工业的发展而进行。第三阶段为 90 年代初至今，产业政策正式颁布执行，并在实践中发现了一些有待改进的问题。下面分阶段予以论述。

20 世纪 80 年代初，中国汽车工业的行业管理部门——中国汽车工业公司从机械部独立出来，作为经济体制改革的试点，负责汽车工业的行业发展与管理，并直接管理一汽、二汽、南汽等几家全国最大的汽车公司。这一改革，使中国汽车工业在传统的政府体制中有了强有力的代言人和利益代表。

中国汽车工业公司成立后，针对当时汽车工业的状况，提出汽车工业作为交通运输业的一部分要予以大发展，并从车、油、路等方面的关系综合论证了汽车工业的地位。一开始的论证，还是从汽车的使用效益出发，沿着中央当时要大力振兴交通运输业的思路，去争取汽车工业的地位。汽车工业的地位，在论证中是附属于交通运输业的发展的。这种论证，仍带有较强的计划经济色彩。在中国汽车工业公司给中央、国务院的《关于汽车工业大发展和改革工作的报告》中写道："从当前出现的汽车严重供不应求和堵不住大量汽车进口的被动局面来看，这是我们对这种局面缺乏预见的结果，也是我们长期没有把汽车工业作为交通运输的重要组成部分和缺乏做好计划工作的综合平衡的结果。"这段话清楚地表明了当时汽车工业领导部门受到计划经济体制的影响，同时对汽车工业的认识，也只是将其作为交通运输业的一部分来看的。在同一报告中，中国汽车工业公司还提出了一些发展汽车工业的政策，对改变产业组织结构、走专业化道路、发展大企业集团、多渠道筹资等方面的政策进行了深入论述，但提出的解决问题的措施同样囿于计划体制的束缚，因而并未能实际推行。

中国汽车工业公司的这一报告，得到了国务院有关领导的考虑，汽车工业要大发展，成为国家予以重视的问题。

在这一阶段，由于汽车严重供不应求，军工部门实行"军转民"，向汽车工业发展，地方政府的财力增强，因而汽车工业重复、分散建设"小而全"汽车厂的现象更为严重。在这种情况下，如何控制重复生产、重复建设、重复引进成为制订产业政策的重点之一。中国汽车工业公司多次在报告、文件中提出治理散乱的政策，并且力图在制订"七五"计划时予以体现。

国家计委、机械部、中国汽车工业公司于 1985 年 9 月 28 日向国务院提交了《关于加强宏观管理促进汽车工业健康发展的报告》，该报告的中心是加强政府宏观调控，严格控制乱上汽车建设项目和盲目扩大规模，坚持实行统一的行业规划。这一报告由国务院审批，可以视为这一时期汽车工业产业组织结构调整的代表性政策文件。

20 世纪 80 年代中期至 80 年代末、90 年代初，汽车工业行业管理部门把注意力转移到轿车工业的发展和引进车型国产化方面。

为了研究轿车工业的发展、制订有关产业政策，国务院发展研究中心、国家科委、中国汽车工业公司曾联合或分别召开过若干次大型研讨会，并组织了大型课题论证。

1985 年 4 月，国务院发展研究中心、中国建设银行、中国汽车工业公司共同发起在北京召开了汽车工业发展战略研讨会。1987 年 5 月，国务院发展研究中心、中国汽车工业公司在二汽召开了专门讨论轿车工业发展战略研讨会。1987 年 11 月，国务院振兴汽车工业领导小组邀请一汽、二汽、上海大众公司负责人讨论加快轿车工业发展的问题。

1987 年 7 月，国家科委向国务院报送了《发展轿车工业，促进经济振兴》的报告，中央领导做了重要批示。同月，国务院发展研究中心向国务院上报了《关于发展我国汽车工业的建议》，受到中央领导的高度重视。同年 8 月，国务院北戴河会议确定了加速轿车工业发展，以一汽、二汽、上海大众为轿车工业基地。

在讨论轿车工业发展政策过程中，进行的研讨极为详尽，包括汽车市场、发展模式、经济规模、零部件配套、环境保护、城市建设等方面。

值得提出的是，一汽、二汽等大企业对轿车工业发展政策的制订，起了不可忽视的作用。在讨论中国轿车发展模式时，曾出现过两种意见：一种意见认为，应以当年一汽的建设为模式，由国家集中财力、物力、人力，再建一个新的轿车大项目；一种意见认为，一汽的建设模式在向市场经济转化的时期已无法再现，应当依托已有的汽车大企业集团发展轿车工业。国家科委在报告中持前一种观点。国务院发展研究中心、中国汽车工业公司则持后一种观点。在历次研讨会中，两种观点进行了交锋，展开了充分讨论。一汽、二汽等大企业的领导亲自到现场发言，支持以大企业集团为基地发展轿车工业的意见。一汽、二汽还拿出了自己的轿车发展战略方案。二汽更是发挥主动性，进行了某些前期论证工作。一汽、二汽的巨大影响力、活动力，对我国轿车工业发展战略、政策的制订起到了较大推动作用。今天，我国轿车工业的发展，就是以大企业集团为基地展开的。这场争论的历史意义在于，中国产业政策制订过程中有了企业的声音。大企业开始从自身利益出发，自觉地参与产业政策的制订。中国产业政策的制订方式有了重大变化。

我国 20 世纪 80 年代中期基本完成了主要车型的技术引进签约。引进后的车型如何国产化是一个战略问题，并且牵涉到与合资企业中的外方错综复杂的利益关系。由于对国产化有不同的看法与做法，还曾在北京吉普有限公司发生了一场"吉普风波"。中美双方经过一番较量，才算平息。这场争论的实质是，在中国汽车工业以 CKD 方式起步进入轿车生产领域时，如何在利用国外先进技术的同时，使中国汽车工业不沦为外国汽车工业的附庸，保护中国汽车工业的长远利益。这场争论使中国汽车工业界认识到与外国汽车企业合作中的许多问题，对后来制订有关产业政策产生了较大影响。

为了促进引进车型的国产化，国家计委、中国汽车工业公司采取了两个重大政策：根据引进产品国产化比率，确定进口散装件进口关税税率，国产化率越高，进口散件关税税率越低，反之亦然；从销售引进产品的利润中提取国产化配套费，用于相应的汽车零部件厂的技术改造。同时还制订了《汽车工业引进技术的汽车产品国产化鉴定管理办法》等文件，使国产化政策更易于操作。

1989 年 3 月 15 日，国务院颁布了《国务院关于当前产业政策要点的决定》，据此中国汽车工业公司制订了《当前产业政策实施要点》。20 世纪 90

年代初，政府有关部门陆续提出了《汽车工业管理条例（草案）》《关于加强汽车工业宏观调控的办法》等文件。这些文件的产生，表明汽车工业产业政策的制订，在借鉴以往各单项政策的基础上开始向系统化迈进。

经过中国汽车工业公司、机械部汽车司的持续工作，征求企业的意见，交机械工业规划审议会汽车工业分审议会讨论，形成了汽车工业产业政策的大致轮廓，以文字形式上报国家计委。

国家计委于 1993 年上半年在组织有关部门研究讨论的基础上，起草完成了《汽车工业产业政策》初稿，国务院副总理李岚清同志非常重视，于同年 8 月亲自主持了三天讨论。在讨论会上，李岚清副总理做了重要讲话，他从汽车工业产业政策制订的背景、指导思想、政策目标、主要内容等方面，全面论述了汽车工业产业政策制订中的原则、方法和主要问题，在此基础上，统一了各方认识，大大加快了产业政策制订进程。这一重要讲话对汽车工业产业政策能够制订得比较具体、比较深入，写上了一些有实际可操作意义的政策措施起到了推动作用，也表明中国领导人开始考虑产业政策的执行效果问题，对产业政策相比 80 年代有了进一步的认识。在讨论会后，国家计委根据讨论的意见进行修改。9 月初正式提交全国产业政策工作座谈会讨论，会后又进行了多次修改，于 1994 年初上报国务院。经过中央财经领导小组原则通过后，同年 2 月，李岚清同志又一次主持会议，审议了国家计委上报的送审稿。国家计委在会后，根据有关部门意见和李岚清同志的指示，会同国家经贸委和机械部共同进行了修改。在这一过程中，反复征求了有关部门、地方政府、专家学者、企业的意见，并根据他们的意见进行了修改。最后定稿，于 1994 年 2 月 19 日以国务院文件发布，在全国执行。

从汽车工业产业政策的形成过程可以看出，汽车工业产业政策的制订，是一个广泛征求、听取各方面意见的过程。即使是在国家计委这一经济宏观管理的最高层次，也要听取企业、专家学者、地方政府、其他部门的意见。实际上财政、金融部门的意见，起着十分重要的作用。产业政策的制订过程，既是一个由下而上纵向协调的过程，也是一个横向不断协调的过程。从国务院领导亲自主持有关会议，可以看到协调的难度还是很大的，非国家领导人出面不可。

从汽车工业产业政策的形成过程，还可以看出目前产业政策的制订，在中国已是一个多主体参加的政策协商、形成过程。政府、企业、专家、学者都对产业政策的制订产生影响，虽然程度有所不同。从汽车工业产业政策的制订看，对政策制订起决定作用的力量，按作用大小排序依次是政府综合经济管理部门、政府专业经济管理部门、企业、协会、专家、学者。虽然政府包办产业政策的格局已经结束，但政府主导产业政策制订的状况并未有太大改变，尤其是专家、学者的意见并未真正受到重视，他们往往只能在一些枝节问题上起一些作用，更多的是象征性地参加一些讨论。当然，需要说明的是，受中国的体制所限，中国的专家、学者往往缺乏必要的行业知识和情报，这也限制了他们的发言权。中国专家、学者的这种尴尬，源于中国当前官、产、学三者间没有类似欧美国家的"转门"。日本这方面的情况，介于中、美之间。这表明，产业政策的制订，带有更深刻的社会、文化背景。就这一点来说，中国产业政策制订方式的转变，还需待以时日。

需要补充的是，汽车工业产业政策的制订，某种程度上是对外开放的。这种对外开放是指：借鉴了国外的先进经验，有关人士到国外（如日本、韩国）进行了相关考察；中外有关人士就汽车工业发展的战略、政策问题进行了深入的研究探讨，如1985年夏至1987年5月，由日方专家向坂正男、中方专家马洪主持的中日合作研究——"2000年中国汽车工业发展战略"。在这一研究的最终报告中即提出"国家要加速制订产业政策"，"中国产业政策应包括重点扶持、适度保护和竞争、多方激励、促进出口和国际合作等方面的内容"。中国汽车工业公司与美国密歇根大学也进行过关于中国汽车工业发展的共同研究。中国汽车工业公司曾聘请苏联原汽车工业部部长波里亚科夫、美国福特汽车公司原副总裁麦克唐纳，对中国汽车工业进行过战略咨询。这些合作研究、咨询，无疑开阔了有关人士的眼界，对汽车工业产业政策的制订产生了不同程度的影响。

四　汽车工业产业政策要点概述

正式颁布执行的汽车工业产业政策与以往类似文件相比，有如下特点：针对汽车工业产业组织结构不合理这一突出问题，提出了更为有力的治理措施，充分意识到市场机制、竞争机制对汽车产业振兴的重要作用，并在政策中予以运用；强调对经济手段的运用；对汽车产品发展的技术政策做了明确的规定；强调了汽车工业的投资融资政策；强调了对外开展合资合作时，形成自主开发能力方面的要求；对以 SKD、CKD 方式组装汽车，做出了严格规定；在鼓励汽车消费方面做了较大改进。

汽车工业产业政策主要包括如下要点。

（一）产业组织政策

为了改变汽车工业分散、重复建设、"大而全"、"小而全"等不合理的产业组织结构，汽车工业产业政策做出了明确规定。通过对现有企业提出限期达到的经济规模目标、提高新上项目的规模"门槛"来促进汽车工业产业组织结构的合理化，推动汽车工业的企业集团化，获取规模经济效益。

国家对重点支持的企业或集团在 1995 年底前应具备的条件及发展目标做了明确规定，年生产量达 30 万辆以上、年销售量达 20 万辆以上、用于技术开发的资金不低于年销售额 3% 的企业，国家支持其向年产规模 60 万辆以上目标发展；年生产量达 15 万辆以上、年销售量达到 10 万辆以上、用于技术开发的资金不低于年销售额 2.5% 的企业，国家支持其向年产规模 30 万辆以上目标发展；年生产量达 10 万辆以上、年销售量达 8 万辆以上、用于技术开发的资金不低于年销售额的 2% 的企业，国家支持其向年产规模 20 万辆以上目标发展。

国家新批准的整车、发动机项目（含中外合资、合作项目）原则上按以下规模建设。

（1）普及型轿车项目，年产量不低于 15 万辆；（2）轻型货车项目年产量不低于 10 辆；（3）轻型客车项目年产量不低于 5 万辆；（4）重型货车项目年产量不低于 5 万辆；（5）发动机排量在 1.5 升以下摩托车项目年产量不低于 20 万辆；（6）排量在 2.5 升以下的车用发动机项目，年产量不低于 15 万台；（7）排量在 3.5 升以下的车用柴油发动机项目，年产量不低于 10 万台。

产业政策明确规定新建、扩建、改造和中外合资、合作及技术引进的轿车、轻型车整车项目及发动机项目的承办单位，必须是符合产业政策要求的国家重点支持的企业，其项目由国家审批。其余整车、发动机项目根据国家有关审批权限的有关规定按程序审批。各地区、各部门审批的项目一律报国家计委、国家经贸委、机械工业部备案。1995 年底前国家不再批准新的轿车、轻型车整车项目。

达到国家产业政策规定的汽车企业可享受如下政策：

（1）固定资产投资方向调节税为零税率；

（2）优先安排其股票与债券上市发行；

（3）银行在货款上给予积极支持；

（4）在利用外资计划中优先安排；

（5）经济型轿车，轿车关键零部件优先安排政策性贷款；

（6）企业集团内的财务公司经国家批准可扩大其业务经营范围。

（二）技术进步政策

技术进步政策分成两个部分，一部分是鼓励国内汽车生产企业追求技术进步的政策；另一部分是通过对引进外资、引进技术做出某些限制，来促进中国汽车工业提高技术水平的政策。

鼓励国内企业追求技术进步的政策包括：为促进汽车行业的企业提高自主开发能力，国家鼓励并支持汽车工业企业建立自己的产品开发和科研机构；对企业间联合开发重大科研项目，国家在资金上给予支持；国家鼓励推广使用汽车电子技术及新材料、新工艺，生产节能和低污染的汽车产品，研究开发新型燃料和新型动力汽车。

通过对引进外资、引进技术做出限制，来促进中国汽车工业技术水平提高的政策包括：对汽车企业直接利用外资时选择的合作伙伴，做出限制。

合资、合作对象必须：（1）拥有独立的产权专利权和商标权；（2）具有产品开发技术和制造技术，其生产的产品技术指标符合所在国（或地区）的现行法规；（3）拥有独立的国际销售渠道；（4）有足够的融资能力。

产业政策规定中外合资、合作的汽车工业企业，必须同时满足下列条件方可建立：（1）企业内部建立技术研究开发机构，该机构具备换代产品的主要开发能力；（2）生产具备90年代水平的产品；（3）合资企业应以本企业生产的产品出口为主要途径，自行解决外汇平衡；（4）合资企业在选用零部件时，国产零部件等在同等质量、水平的条件下优先采用。

产业政策规定，外国（或地区）企业同一类整车产品不得在中国建立两家以上的合资、合作企业。生产汽车、摩托车整车和发动机的中外合资、合作企业的中方所占股份比例不得低于50%。

国家在加速国产化方面做出了有关规定，规定引进产品制造技术的汽车企业，必须进行产品国产化工作。引进技术产品的国产化进度，作为国家支持其发展第二车型的条件之一。汽车工业企业不得以半散件（SKD）、全散件（CKD）方式进口散件组装生产。国家根据汽车工业产品的国产化率，制定进口关税的优惠税率。达到不同国产化标准的企业，可享受不同的优惠税率。

（三）投资、融资政策

这部分政策分为两部分：其一为国内范围的投资、融资政策，其二为鼓励利用外资的政策。

国内范围的投资、融资政策包括：国家鼓励汽车工业企业利用多种渠道筹集资金，但资金投入必须避免分散重复。因此，国家引导具有技术和管理优势的企业与具有良好投资环境和资金优势的地方相结合，按国家统一规划，发展汽车工业重点产品。国家制订相应的政策，鼓励跨地区、跨部门进行投资。在条件具备时，经国家有关部门批准，可以建立汽车行业的非银行金融机构。

鼓励利用外资的政策包括：国家鼓励汽车工业企业利用外资发展中国汽车工业。对拥有先进的产品技术、制造技术的汽车工业企业，国家支持直接利用境外金融资本或间接利用外资进行发展。

（四）进口管理政策

在中国汽车工业不具备国际竞争力时，国家对进口汽车、摩托车及关键总成仍采取必要的管理措施。

根据中国汽车工业发展状况，适时降低汽车、摩托车进口的关税税率，并根据中国汽车市场需求和外汇收入状况，安排一定数量的汽车进口以起到调控市场，引入竞争和抑制价格的作用。产业政策明确规定国家指定的四个港口和两个陆地口岸为整车进口口岸，其他口岸不得设立进口整车专营码头或进口车保税仓库。

（五）培育汽车市场的鼓励政策

国家鼓励个人购买汽车，并将根据汽车工业的发展和市场消费结构的变化，适时制定具体政策，逐步改变以行政机关及国有企业为主的公款购买、使用小轿车的消费结构。

国家鼓励使用节能和低污染汽车产品。

任何地方、部门不得用行政、经济手段干预个人购买和使用正当来源的汽车，应采取积极措施在牌照管理、停车场、加油站、驾驶培训学校等设施和制度方面予以支持和保障。

鼓励汽车工业企业按照国际通行的原则和模式自行建立产品销售系统和售后服务系统。

五 对汽车工业产业政策的效果评价

由于汽车工业产业政策的制订与推行是一个自20世纪80年代初期以来陆续推出、不断完善的过程，因此笔者对汽车工业产业政策的评价，是对80年代初期以来陆续形成的汽车工业产业政策的评价，而非仅仅对正式推出的、由国家计委颁布的汽车工业产业政策的评价。

（一）基本失败的产业组织政策

产业组织政策是政府宏观管理部门制订汽车工业产业政策的一个重点。在这一点上，宏观政府综合经济管理部门与行业管理部门的意见是较为一致的。但是自改革开放以来，试图通过各种办法、措施来予以贯彻的产业组织政策基本失败。这一点，从表1可以看出来。

表1 1978～1996年全国整车生产企业数

单位：家

年　份	1978	1982	1983	1986	1988	1990	1992	1993	1994	1995	1996
企业数	55	58	99	115	117	124	124	122	122	122	122

资料来源：《中国汽车工业年鉴》，1997。

从表1可以看出中国汽车工业中的整车生产企业（不包括农用汽车），自1978年至1990年呈稳步上升的趋势。而自1978以来，政府宏观经济管理部门一直试图以行政手段、经济手段加速汽车工业的集中化进程，以获取规模经济效益。"七五"初期，当时的中国汽车工业公司在制订规划时，曾理想化地设计了一个蓝图，东北以一汽为主形成轻型车生产基地，南方以二汽为主发展重型车。沈阳金杯等企业分别并入一汽或二汽。结果，沈阳金杯一度完全自己独立发展，后来并入一汽，完全是市场竞争的结果。其他也大致如此。不到山穷水尽、为市场所逼迫，规划外企业是不会在政府规划的蓝图中就范的。只要存在广阔的市场空间，重复、分散建设就无法通过政府政策得到抑制。正因为如此，中国汽车工业中最散乱的是轻型车项目。

从表2可以看出，1995年中国汽车工业中居于前十名的企业的生产量。

表2　1995年中国汽车工业前十名整车生产厂产量

单位：辆

序　号	企业名称	汽车产量
1	中国第一汽车集团公司	182258
2	上海大众汽车有限公司	160070
3	东风汽车公司	141228
4	天津汽车工业（集团）公司	133885
5	跃进汽车集团公司	82318
6	北京吉普汽车有限公司	80151
7	长安汽车有限责任公司	70070
8	柳州微型汽车厂	50407
9	北京轻型汽车有限公司	50081
10	哈尔滨哈飞汽车制造公司	45331

资料来源：《中国汽车工业年鉴》，1996。

1995年，中国汽车工业共生产汽车1452697辆，前十家的产量加在一起为995799辆。同年位居世界前十名汽车公司末座的日本三菱汽车公司生产汽车908874辆。可见我国汽车工业中的主力汽车企业就经济规模而言，与国外大汽车企业相比，仍有很大差距。除前十名汽车生产企业外，剩下的112家汽车生产企业，共生产了456898辆汽车，平均每家厂年生产4000辆左右的汽车。中国汽车工业分散、重复、"大而全"、"小而全"的不合理产业组织结构，仍未有太大改观。

20世纪80年代末90年代初期就以最严厉的行政手段控制的轿车生产项目，也由原来的所谓"三大三小"共6家，发展到现在的9家，可见政府的产业组织政策是软弱无力的。

汽车工业产业组织结构调整政策失败的原因如下。

1. 中央投资不足，主力汽车生产企业活力不够

中国汽车工业发展中，一直存在着中央投资不足的问题。随着经济体制改革的不断深入，中央、地方、企业在资源配置中作用的变化，中央政府对主力汽车厂的投资在汽车工业全部投资中的比重逐步降低。"八五"计划中，中央安排的各种渠道的投资只占全部投资的30%左右，中央投资不足，地方上汽车项目的积极性很高，使本来就分散、重复的产业组织结构更为不合理。

中央政府财力有限，各主力汽车生产企业均为国有大型企业，在税收上享受的优惠政策远远比不上地方政府支持的汽车生产企业，自我发展能力有限。主力汽车生产企业不能以较快速度发展，为市场提供低成本、大批量、高水平的汽车产品，给中小汽车生产企业留下生存空间与时间。

2. 政府之间的博弈使产业组织结构调整政策无法贯彻

汽车工业产业组织结构调整政策是针对地方政府及其他中央政府工业部门的中小汽车生产企业的，因而产业组织结构的调整成为政府间的博弈。地方政府及其他中央政府专业管理部门千方百计为自己所属的企业争取生存发展权，大致有以下几种方法。

（1）采取技术措施绕过有关政策。如国家计委曾规定 3000 万元以上项目要报批。地方政府就把一个汽车整车厂项目化整为零，自行审批。

（2）进行"游说"。地方政府或其他中央政府专业管理部门（如机械工业部、兵器工业总公司、化工部等），往往通过各种关系，对有关领导、部门进行"游说"，使其网开一面，批准项目。这种"游说"往往能突破有关政策限制，达到目的。

（3）搞假联合。有时地方政府为了规避有关政策往往把有关项目形式上凑成一个，以达到政策要求，实际上却是各干各的，自成体系。

上面仅仅是举了几种主要方法，实际上突破产业政策的方式方法颇多。汽车界人士往往把产业政策的失败归结为缺乏"惩罚政策"。这只是一种极为表面的认识。实际上，政府间的博弈，使有关政策根本难以执行，即使有了"惩罚政策"，也只是摆摆样子而已。

（二）取得一定效果的技术进步政策

自改革开放以来，汽车工业主要汽车生产企业在产业政策的技术进步政策推动下，取得了一定的成效，主要表现如下。

1. 汽车工业整体科研开发水平有了一定提高

各主要汽车生产企业均设立了技术开发中心，形成了自己的人才培养体系；充实了实验设备，工艺装备的水平有了较大提高。CAD、CAM 在主要汽车生产企业已得到了较大程度的应用。

作为汽车工业发展的前沿，电动汽车发动机已开展了全行业攻关、研制。汽油机电控燃油喷射科研项目已全面完成。安全气囊和制动防抱死项目已开展项目前期工作。

2. 国产化工作取得了阶段性成果

到目前为止,汽车工业在"六五""七五"时期引进技术的整车项目,已基本完成了国产化工作(见表3)。

表3　1995 年我国引进的主要汽车车型国产化率

单位:%

序号	汽车型号及名称	引进企业	国外企业	国产化率
1	桑塔纳基本型	上海大众汽车有限公司	德国大众汽车公司	88.56
2	桑塔纳 2000 型	上海大众汽车有限公司	德国大众汽车公司	65.84
3	切诺基 CX1	北京吉普车有限公司	美国克莱斯勒汽车公司	82.26
4	切诺基 CX8	北京吉普车有限公司	美国克莱斯勒汽车公司	83.31
5	夏利 7100	天津汽车工业公司	日本大发汽车公司	89.23
6	夏利 7100U	天津汽车工业公司	日本大发汽车公司	85.36
7	标致 505SW8	广州标致有限汽车公司	法国别儒汽车公司	84.00
8	标致 GL	广州标致有限汽车公司	法国别儒汽车公司	78.20
9	奥迪 C3 V6	中国第一汽车集团公司	德国大众汽车公司	40.86
10	捷达	一汽大众汽车有限公司	德国大众汽车公司	62.35
11	富康	东风汽车公司	法国雪铁龙汽车公司	26.18
12	奥拓	长安汽车有限责任公司	日本铃木汽车公司	64.56
13	云雀	贵州航空工业总公司	日本富士重工公司	46.49
14	斯太尔	中国重型汽车集团公司	奥地利斯太尔汽车公司	93.44
15	依维柯 A40.10	跃进汽车集团公司	意大利依维柯汽车公司	76.77
16	依维柯 A30.10	跃进汽车集团公司	意大利依维柯汽车公司	62.93
17	奔驰	北方重型汽车公司	德国奔驰汽车公司	76.80

资料来源:《中国汽车工业规划参考资料》,机械工业部汽车司,1996。

从表3可以看到,引进车型经过十年左右的努力,已基本实现了国产化。这表明,产业政策中,通过调整关税税率来促进国产化;通过对引进车型的产品征收横向配套费,用于引进车型所需部件项目建设的国产化政策,是有一定效果的。横向配套费通过引进技术产品销售时加价征收,共征收了 50 亿元人民币,在"七五""八五"期间用于与引进技术的整车项目配套进行国产化的汽车零部件厂的技术改造,发挥了较大作用。许多地方汽车零部件厂用这笔费用改造了自身,提高了水平。

从上面两方面看,技术进步政策是有一定效果的,但是也应看到,中国的汽车生产企业的科研开发能力与外国大汽车企业相比仍远远落后。一汽、二汽、上汽、天汽等主要汽车企业,用于研究与开发的费用在销售额中所占比重，除一汽、二汽有些年份略高于 1% 外，其余均低于 1% 。美国通用汽车公司研究与开发费用占销售额的比重为 4.8% ，福特汽车公司为 4.2% ，日本丰田为 5% ，我国汽车企业的研发支出与这些企业相比，就绝对值来说则差距更大。各主要汽车企业的主要开发力量集中于国产化方面，自方开发仅仅在某些企业开始起步。国产化拖得时间也过长，往往国产化完成之时，引进产品在国际市场上，已成为淘汰产品。

这方面政策的成败，不仅在于政策，更在于当前国有企业的机制和所处的宏观政策环境。

（三）前途未卜的产业保护政策

改革开放以来，汽车工业的产业保护政策，经历了由行政手段保护转向关税保护，由高关税保护到逐渐降低关税保护程度的过程。

应当说，产业保护政策还是起了一定作用的。如果不是国家采取了保护政策，民族汽车工业在今天也许已不存在了，但是保护政策产生了两个弊端：其一，国家长时期的保护，使企业缺乏背水一战、努力提高自身国际竞争力的动力；其二，国家过度的保护政策（关税最高时曾为轿车150% 、载货车 70% ），使国内汽车产品在供不应求的情况下，往往可以卖高价，导致产品质量差、批量小的汽车企业也可获利，从而使汽车产业组织结构调整更为困难。

汽车工业保护政策，考虑关税、行政等手段较多，对非关税壁垒的手段则考虑得不够，有些保护手段则受到日益增强的国际压力。看来较大幅度地变换保护手段势在必行。

（四）有一定效果的投资政策

在我国现行体制下，产业政策是否有明显效果，从行业说，必须落实到国家投资政策上。这方面，应当说汽车工业产业政策作用较大。经过不断的"游说"、"宣传"与争取，汽车工业已被列入政府文件，肯定为支柱产业，因而在政府投资序列中，相对处于前列。

"六五"期间，汽车工业全行业的投资为 44.4 亿元；"七五"期间，汽车工业全行业的投资为 167 亿元；"八五"期间，汽车工业全行业的投资为 588亿元。投资增长幅度与其他行业相比，扣除物价上涨因素也是相当大的。但是，分散重复、行政条块分割的投资方式大大削弱了投资大幅度增长本应带来的效果。一方面，国家重点项目资金投入力度不够，往往要较长时间才能建成；另一方面，许多重复建设项目，建成之日就注定没有多大生命力。

（五）效果不明显的汽车消费政策

自 20 世纪 80 年代中期以来，我国汽车市场的消费结构逐步由国家购买向多元化消费结构转变。90 年代中期以来，私人购车已占当年汽车销售量的33% 左右。80 年代中期以来，陆续出台了一些允许农民个人、乡镇企业购车，允许城乡个体运输户购车的政策，推动了汽车消费。然而，在关系整个行业发展的汽车使用税费政策方面，至今仍未有大的进展。1995 年消费者购买一辆富康轿车，市场价为 12.46 万元，企业生产过程纳税 1.06 万元，占 8.5%；销售过税纳税费 3.52 万元，占 28.3%；用户落籍时一次性缴费 6.22 万元，占 49.8%；用户到手每辆车已合计付款 18.68 万元。若用于营运，其牌照拍卖费与轿车市场价格相当，共计缴纳税费达 24 种之多。

自 80 年代中期以来，有关部门出台了各种促进汽车消费的政策，但收效不大。在轿车消费政策方面，更是收效甚微。究其原因，与轿车使用密切相关的各部门，都把对轿车征收税费视为本部门的摇钱树，利之所在，当然不愿意改变现状。而有关产业政策的制订部门，对地方政府、其他有关部门的不利于汽车消费的政策，处于束手无策的境地。这对于我们这样一个轿车刚刚开始进入家庭的国家来说，无疑是十分不利的。

通过上面对汽车工业产业政策效果的分析，我们可以对汽车工业产业政策做出整体的评价：有一定的效果，但在执行中也面临着巨大困难，副作用也略有一点。

汽车工业产业政策在执行中遇到的问题与困难，并不是技术上的原因所致（如某些官员所讲的部门间缺乏协调、缺少惩罚政策等原因），而是深层次的体制问题、企业内部机制问题。如政府间的博弈，既牵涉到经济体制的政策，也牵涉到政治体制的改革。看来在我国，产业政策的制订与执行，均要考虑到我国政治、经济体制的特点，考虑到政府间的关系以及政府与国有企业间的关系。不考虑我国的特殊情况，生硬地套用发达国家的产业政策是行不通的。

六　今后汽车工业产业政策制定与执行需要注意的几个问题

中国汽车工业产业政策是中国第一个系统的行业性产业政策，可见中央政府对汽车产业之重视。因此，中国汽车工业今后应认真把这一政策落实，并根据情况变化制定一些单项的政策。

（一）落实现有的产业政策

汽车工业产业政策颁布后，对汽车工业的发展起到了积极的推动作用。但是，产业政策中的一些扶持政策并未真正落实，尤其是那些财政、金融政策。究其原因：一是有关操作部门，尤其是财政、金融、税收部门对此不热心；二是缺乏综合协调，产业政策在制定时用了很大的力量，由最高层进行协调，在执行、落实中却没有强有力的组织保证；三是缺乏强有力的制约措施，即使不按产业政策办，也不会受到任何损失。因此，中国汽车工业今后一定要把落实已有的产业政策作为工作的重点。

（二）加速汽车零部件工业的发展

目前中国汽车工业把重点放在轿车工业的发展上，对汽车零部件工业重视不够。其实中国汽车工业发展到今天，面临着靠自己的力量开发新产品的重大挑战，更需要重视汽车零部件工业的超前发展。中国汽车工业发展中一直存在对汽车零部件工业重视不够的问题，对汽车零部件工业的投入也不够。汽车零部件工业虽然取得了一些发展，但大多数企业规模小、水平低、缺乏科研开发能力。这方面日本的经验可供借鉴。日本的汽车工业产业政策，主要是扶持汽车零部件工业。对汽车零部件企业实行"竞争式"的扶持，即从最重要的汽车总成开始，对汽车零部件企业进行筛选，经过筛选的优秀企业被国家列入扶持名单，予以扶持。国家不予扶持的企业则进入下一个层次的竞争。经过层层筛选，形成了日本具有强大竞争力的汽车零部件生产体系。中国汽车工业也可以在落实产业政策中有关汽车零部件的优惠政策时，借鉴日本的做法。

（三）调整中国汽车工业保护政策

中国汽车工业作为不具备国际竞争力的产业，无疑是需要保护的。但是，目前随着中国加入 WTO 的谈判，面临着越来越大的压力。除了加速中国汽车工业的发展外，还需要研究国外如何保护国内产业的政策措施，要把国内消费政策与保护政策联系起来考虑。在制定具体政策时，要有具体的量化数据作为依据。要对现行的保护政策做较大幅度的调整，使之既与国际有关规则接轨，又符合中国汽车工业发展的需要。

对中国汽车工业发展的几点战略性看法[*]

在中国即将加入 WTO 的关键时刻，汽车工业成为国人关注的焦点之一。汽车工业在中国加入 WTO 后能否继续存在？加入 WTO 后，如何保护中国汽车工业？如何看待合资的汽车生产企业？这些问题都成为人们议论的话题。有人认为，中国汽车工业可能沦为附属性工业，提出要拯救民族汽车工业；有人认为，只要把中国汽车工业联结到跨国公司的战车上，继续跟跨国公司走就可以了。这两种意见正确与否，笔者在此先不予评论，但就这两种意见所涉及的问题看，都是汽车工业长远发展的根本问题。这表明随着中国加入 WTO，中国汽车工业的发展环境发生巨大变化，中国汽车工业发展需要从根本上对过去走过的道路进行反思，对今后发展的战略进行深入研究。

一 中国发展汽车工业的根本目标

中国汽车工业发展的道路艰难曲折。正因为如此，中国汽车工业发展的根本目标将对中国汽车工业发展产生很大影响。20 世纪 80 年代初，通过论证汽车工业在交通运输业中的作用，使汽车工业摆脱了限产的束缚。80 年代中期，通过论证汽车工业是支柱产业，使汽车工业得到了国家在政策上的支持。在中国即将加入 WTO 之际，只有对汽车工业的根本目标进行论证，才能正确地决定有关战略与政策。

笔者认为：中国发展汽车工业的根本目标就是中国经济更快地增长，使国家整体利益更大化，使中国人民的整体福利最大化。我们论证中国汽车工业对交通运输的重要作用，论证中国汽车工业是支柱产业，从根本上说，只有与上述目标联系起来，才真正有意义。否则，就成了从本行业出发的一种

---

[*] 原载《中国汽车报》2000 年 9 月 13 日。

狭隘的、难以令人信服的见解。

明确中国汽车工业发展的根本目标十分重要。只有明确了这一根本目标，才能使我们超越狭窄的、具体的汽车工业，站在一个较高的角度去看汽车工业的发展战略。那么衡量中国汽车工业发展成功与否的标准，就不是生产了多少整车，而是在国家经济增长中占有多少份额，对中国的人均收入增长做出了多少贡献，对国家整体实力增强产生多大影响。围绕这一根本目标，我们可以采取多种战略发展汽车工业。

二　跨国公司既非撒旦，也非善男信女

跨国公司加入中国汽车工业，无疑对中国汽车工业产生了积极的影响。尽管许多人对此大有疑问，但笔者认为如果历史地看问题，就会得出这一结论：如果没有跨国公司的加入，中国汽车工业不仅难以实现技术上的迅速跨越，在管理、经营等方面也不会有今天这样的现代观念。

汽车工业当初引进跨国公司的前提就是：利用跨国公司的资金、技术和管理，而同时让跨国公司在中国赚钱。因此不能因为跨国公司在中国赚钱多了，而认为合资是错误的。同样也不能因为跨国公司不愿真正转让技术反而以技术控制中国企业，来说明当初合资是错误的。跨国公司当初来时，就是为赚钱，就是为了中国的市场，跨国公司不是善男信女。跨国公司没有变，变的是中国汽车工业。正因为中国汽车工业利用跨国公司发展了轿车工业，有了一定资本和技术，才产生了如何更好地利用跨国公司为中国汽车工业服务的问题，才产生了对跨国公司的种种不满。这种种不满是可以理解的，因为中国汽车工业要为中国汽车工业发展的根本目标争取更大的份额，就不能满足于当跨国公司的"小伙计"。问题在于在全球化、区域化进展迅速的今天，中国有必要搞纯而又纯的中国汽车工业吗？中国有实力单独搞"自力更生"的汽车工业吗？

根据中国汽车工业发展的根本目标，只要中国汽车工业在合资中不断提高自己所占份额（更大的利润分成、更多的利税、更多的就业、对知识资产更多的掌握），就可以继续与跨国公司结伴而行。根据中国汽车工业发展的根本目标，很显然，要实现这一点，就要使汽车工业继续对外开放，但是这绝不意味着中国政府可以完全放弃对汽车工业的影响与控制，任凭跨国公司安排中国汽车工业的发展。我们既要反对感情色彩颇重的、完全靠自己力量搞

汽车工业的想法，也不能天真地认为只要把中国汽车工业、汽车市场拱手送给跨国公司，就可以一帆风顺地发展中国汽车工业了。前不久，跨国公司在英国的表演就是一个教训。跨国公司说走就走，剩下一大堆问题还得政府兜着。我们应当实事求是地、顺应世界潮流地制定中国汽车工业发展的战略，既对外开放，又坚持对中国汽车工业发展的主导权和选择权。这种主导权和选择权不一定意味着对某一具体企业、具体产品有决定权，但是一定要在汽车工业发展的关键问题上有重大影响。

实施既对外开放又坚持对中国汽车工业发展的主导权和选择权的战略，就必须分析中国汽车工业的比较优势和竞争优势在何处。扼要地分析，中国汽车工业的比较优势在于有丰沛的、价格低廉的劳动力，有广阔的市场。中国汽车工业的竞争优势是在适合中国国情的某些车型上具有一定的竞争优势。中国汽车工业要以比较优势作为资本，留住跨国公司，逐步获得竞争优势，增加自己的发言权。中国加入WTO后，对中国汽车工业影响最大的就是跨国公司可能在全球采购。如果跨国公司可以根据自己的全球战略部署在全球采购，那么必然对中国汽车工业发展的根本战略目标产生影响。一些高附加值产品将不会在中国生产；一些低附加值的产品将转移到比中国劳动力更便宜的国家。如果中国只剩下了产品组装线，中国发展汽车工业的利益将近乎或等于零。中国将难以达到当初与跨国公司合作发展汽车工业的战略目标。

三　中国要成为汽车零部件生产大国

中国汽车工业领导部门对汽车零部件工业在理论上一向是重视的，但实际上汽车零部件工业只是整车的附庸。投资、规划首先是整车，然后才是零部件。在中国汽车工业中好像只有整车才是汽车工业，只有发展了整车才是汽车工业发展了。地方政府关注的首先也是整车。

实际上，如果只是组装整车，最多不过是挣一些劳务费而已，与给别人加工服装出口，本质上没有差别。这一点，中国汽车工业多年来以CKD的方式组装生产汽车，已体现得相当充分。组装汽车是劳动力密集、低技术、低利润的生产阶段，中国汽车工业以CKD方式生产汽车时，如果没有国家高关税保护也是赚不了钱的。正因为如此，跨国公司才乐于在国外设立组装点。而生产汽车，则意味着起码制造部分的主要环节是在国内，通过汽车零部件的制造，相当一部分利润、就业是在国内实现的。根据中国汽车工业的比较优势，目前中国汽车工业还不可能成为汽车工业中利润最大部分（即产品设计、开发和出售品牌汽车）的获得者，但是中国汽车工业应当成为制造环节中相对利润较大部分的获得者，而达到这一点的关键在于发展汽车零部件。中国在发展汽车零部件方面具有比较优势。

实际上，跨国公司已把控制关键零部件的开发生产，作为自己的比较优势，而把最后的产品组装作为低技术、低利润部分甩到发展中国家。例如，美国英特尔公司控制着芯片的研究开发和生产，而计算机组装则相当程度上由发展中国家承担。日本在以组装产业为龙头的产业体系出现问题时，开始把高功能、高附加值零部件和中间材料作为"中场产业"予以重视。日本企业界纷纷致力于"中场产业"的发展，有的学者还认为"中场产业"将成为今后制造业的核心和领导产业。发达国家产业发展的这一动向的实质，就在于放弃低附加值部分，控制关键的、高附加值部分，从而在国际分工中处于相关产业的主导地位。因此中国汽车工业的发展，也不必把整车生产数量的增加作为成功发展的标志，而要看在中国从事汽车生产企业的附加值的提高、利润的增加。

中国汽车工业开发能力的落后，在相当大程度上是缺乏有国际竞争力的、高水平的汽车零部件工业所致。

在21世纪初，中国完全可能成为"世界的工厂"，中国也可以成为汽车零部件生产大国。因此中国汽车工业应当毫不含糊地把成为"汽车零部件生产大国"作为自己的战略目标。政府要把对汽车零部件的关注摆到与整车相当甚至超过整车的地位上予以关注、支持。只有拥有了在全球汽车工业中占有重要地位的汽车零部件工业，跨国公司才可能把生产的主要环节放在中国，中国汽车工业与跨国公司争取"双赢"的戏才能唱下去。拥有了在全球汽车工业中占有重要地位的汽车零部件工业，中国汽车工业的根本战略目标才能实现，中国汽车工业的自主开发之路才能越走越顺。

四　汽车工业中国有资本的运用

在中国即将加入WTO之际，外国大企业希望中国政府放宽汽车工业合资中有关股本结构的规定，我国也有一些进一步放宽外国公司持股比例的呼声。发出这种呼声的人希望以此来拉住跨国公司。实际上，国内外实际情况表明，股本结构只是跨国公司决定其在投资国行为的重要因素，关键还在于企业的即期和长期获利前景。

尽管笔者在上文强调了汽车工业中零部件工业的作用，但是也要看到由于汽车工业的特点（零部件以整车需要为主要市场，技术开发要追随整车），如果中国对整车发展完全没有发言权，中国的汽车零部件发展也会丧失主动性。虽然中国汽车企业目前在合资企业中不占有技术主导权而使资本的控制力量大大削弱，但是中国毕竟在法理上对企业有决定权，可以在明显违背中国利益时行使否决权，而且从长远看技术的优势是在变化的。今天日本的许多大企业在明治时代都是合资企业，可是现在都变成了日本企业。因此，眼光要放长远一些。

中国汽车工业中目前规定的股本结构虽然还有放宽的余地，但是笔者认为，在关键领域、关键企业还是坚持以中国民族资本为主较为稳妥。可以在关键领域、关键企业把股本结构由 51% 退到 50%；可以把一些改装车、卡车企业的合资比例进一步放宽，甚至拍卖给外国企业，但是一定要保持中国民族资本以及政府对关键领域、关键企业的影响力。把对中国汽车工业的主导权拱手送给跨国公司，不符合中国汽车工业的根本战略目标，难以保证中国的经济利益最大化，难以保证中国人民经济福利的最大化。

保持中国民族资本以及政府对关键领域、关键企业的影响力，并不意味着国家资本在汽车工业中的一成不变。国家资本要逐步退出非关键领域、非关键企业，使资本进一步集中于关键领域的关键企业。在关键领域、关键企业也不一定长期要由国有资本居于主导地位，只要民族资本居于主导地位，国家资本居于有重要影响的地位就可以了。这就牵涉到民间企业的进入问题。

五　对民间资本解除进入规制

中国汽车工业一向存在着严格的进入规制。在汽车企业基本上是各级政府投资的前提下，这一规制是有其存在意义的（尽管效果大有疑问）。但是，目前中国民间资本已经颇具规模，并且对进入汽车工业表现出极大的兴趣，实际上民间资本通过股市已进入了汽车企业。但是这种进入，对改进企业的机制、提高企业的效率意义不大，因为民间资本没有实际参与管理的权力。在这种情况下，继续以前的政府管制方式就不尽合理了。

民间资本具有较强的自我约束力，自负盈亏，因此其进入汽车工业后，一旦失败，对国有资产不构成太大损失。在目前汽车工业供大于求的限制下，民间资本进入汽车工业也会三思而后行。我国目前的国有汽车大企业，往往包袱重、机制不灵活。民营资本企业由于其具有较为灵活的机制，一旦成功地站住脚，不仅可以增强中国汽车工业的力量，还可以通过竞争，迫使跨国公司改变其在中国的战略，不得不向中国汽车工业转让技术。

解除对民间资本进入汽车工业的规制，此其时矣。中国汽车工业产业政策中的许多规制也可以进一步放宽。

外商直接投资对我国汽车工业的影响分析[*]

改革开放 20 多年来，我国工业通过对外开放，在各方面取得了长足的进展。我国的汽车工业作为我国工业的一个重要组成部分，作为国家确定的支柱产业也在对外开放中受益颇多。汽车工业是我国利用外资较早、外商投资规模较大的产业。通过对外开放，汽车工业在我国工业中成为总量增长较为迅速、技术水平提高较快、对国民经济影响越来越大的产业。1998 年中国汽车工业生产汽车 162 万辆，是 1978 年年产量（15 万辆）的 10.6 倍；生产能力已达到 240 万辆，在世界汽车工业中的位置为第十位。汽车产品的品种增加很快，技术水平、质量也有了极大的提高。1978 年中国轿车产量只有 2640 辆，在当时汽车总产量中所占的比重仅为 1.7%，基本上处于空白状态；1998 年中国汽车工业中轿车的产量已达到 50.7 万辆，在汽车总产量中所占比重为 31.54%。轿车工业保持了高速增长的态势。

汽车工业的迅速发展与对外开放中采取了多种方式吸收国外技术与资金密切相关。吸收外商直接投资是中国汽车工业吸收国外技术与资金的重要渠道与途径之一，对中国汽车工业的发展，尤其是轿车、汽车零部件工业的发展起到了极为重要的作用。因此，本文在分析外商直接投资对中国汽车工业的影响时，把重点放在轿车与零部件工业方面。

一 中国汽车工业吸收外商直接投资的政策演进

（一）政策背景

改革开放后，由于经济的发展、人们生活水平的提高、对外开放程度的不断加深，人们的社会生活方式有了很大改变，汽车工业供求差距急剧增大。

---

* 原载《中国工业经济》2000 年第 1 期。

进口汽车的冲击（1981～1985 年共进口汽车 52.7 万辆）使中国汽车工业的危机感空前增加。在这种情况下，通过引进技术、资金加速汽车工业的发展，成为中央政府、汽车工业主管部门的战略选择。

改革开放后，中国汽车工业在大开的国门外面，看到的是与发达国家汽车工业越来越大的差距。当时中国汽车工业生产的汽车，在产品水平上要比发达国家落后 30～40 年，如此之大的差距使再次大规模引进技术①成为必然的选择。改革开放之初到 20 世纪 80 年代末，中国汽车工业资金来源单一，主要靠国家投资或给予贷款。在计划经济体制下，如果从国家得不到足够的投资，只能采取吸引国外资金的方式予以解决。资金、技术两方面的需求，使中国汽车工业在引进外资方面非常积极，步子迈得较早、较大。

中国汽车工业在引进外资时，其总体目标是通过引进外国先进技术和资金，在较短的时间内缩短与发达国家汽车工业的差距，建立起独立自主的、具有高水平开发能力的汽车工业。具体来说，主要有三个战略目标：其一，解决中国汽车发展面临的资金严重短缺的问题；其二，解决中国汽车工业赶超发达国家汽车工业所需的技术问题；其三，改善中国汽车工业的产业结构、产品结构，在许多原来是基本空白的领域（如轿车、微型车）迅速取得进展。

在改革开放初期，即"六五""七五"期间，中国汽车工业主要战略目标放在解决载货车的严重供不应求方面，而载货车是中国汽车工业生产时间最长、批量最大、具有相对较多的开发经验的领域。因此在确定汽车工业发展方针时，国家把计划内资金主要用于生产载货车的企业的技术改造和扩大生产规模方面。解决缺重型车、少轻型车的问题，是汽车工业"六五""七五"的资金配置重点。在载货车的对外开放方面主要采取了引进技术，通过消化吸收引进技术逐步提高开放能力的策略。也就是说，载货车的对外开放，侧重点在引进技术。这一策略今天看来是符合中国汽车工业发展实际的。

在关注载货车的同时，"六五"期间，为保证公务用车的需要，把提高轿车的水平、适当扩大规模，作为中国汽车工业发展的战略目标之一。但是由于轿车工业在汽车工业整体发展中尚未列入重点；中国又缺乏搞轿车的技术、经验，没有成规模的生产厂（上海轿车当时每年生产千余辆）；轿车生产厂需要投入的资金大（建造一个 15 万辆的轿车生产厂至少需要人民币 100 亿元以

---

① 中国汽车工业第一次大规模引进技术是在建立第一汽车制造厂时，从苏联全面引进载货车生产技术及汽车零部件生产技术，奠定了中国汽车工业的基础。

上），进入壁垒高；中国汽车工业主管部门把轿车的发展寄托于直接引进外资，亦即合资办厂上。

中国的汽车零部件工业历来落后于整车的发展。由于技术落后、资金缺乏（无论是中央政府，还是地方政府在安排汽车工业发展资金时，总是注重整车而轻视零部件，"六五""七五""八五"期间，对零部件工业的投资仅占汽车工业投资总额的30%）且是汽车工业中的非主体部分，中国汽车工业的主管部门对通过引进外资发展汽车零部件工业一向给予积极支持，并制定了比整车更宽松的外资引进政策。

（二）政策的演进

"六五""七五"期间，中国汽车工业引进外国直接投资的政策，经历了一个逐步完善的过程。中国政府在审批汽车工业引进外国直接投资比较大的项目时，坚持了四点：其一，一定要转让技术；其二，一定要有国产化计划；其三，在项目初期以CKD、SKD方式组装产品时，一定要企业自求外汇平衡；第四，中方控股。

围绕这四点，中国政府在汽车工业引进外商直接投资方面，逐步根据情况进行改进和完善。如在国产化方面，逐步完善了随着国产化比例提高，逐步降低进口散件关税的规定；在中方控股方面，明确了中方控股的比例；在CKD、SKD组装汽车方面，逐步明确了合资汽车企业投产时国产化率的比例。总之，政府的思路是通过政策诱导，加速引进产品的国产化，逐步形成中国自己的生产、开发能力，尤其是要加速形成中国自己的轿车工业，壮大汽车零部件工业。

需要说明的是，中国政府的做法，在最初遭到了跨国公司的抵抗。尤其是在对CKD、SKD装车做出限制，合资企业要在外汇方面自求平衡等方面。如北京吉普有限公司的美方股东克莱斯勒汽车公司就曾因国产化和CKD、SKD装车问题与中国政府发生过激烈争论。笔者之所以强调这一点，是想说明，中国汽车工业的引进外商直接投资，是在政府强有力控制下的战略行为。中国政府在吸收外商直接投资时，不甘于当跨国公司在海外的组装、分销点，而是力求形成自己的汽车生产、开发能力。这与我们后面对外商直接投资的分析有密切关系。

中国政府对汽车零部件方面的外商投资给予了较为宽松的条件。在审批项目、合资项目中中方比例等方面的规定，都比整车宽松得多。

经过十余年的努力，中国政府在汽车工业领域对外商直接投资的政策逐步系统化，20世纪90年代，中国汽车工业引进外资的政策日益配套、成熟，集中表现在《中国汽车工业产业政策》中。

1994年正式颁布执行的汽车工业产业政策，对直接利用外资做出了明确规定。

第二十八条 汽车工业在直接利用外资时，要选择同时符合下列条件的外国（或地区）企业作为合资、合作的对象之一。

1. 拥有独自的产品专利权和商标权。

2. 具有产品开发能力和制造技术，其生产的产品符合技术指标，符合所在国（或地区）的现行法规。

3. 拥有独立的国际销售渠道（或网络）。

4. 具有足够的融资能力。

第二十九条 外国（或地区）企业同一整车产品不得在中国建立两家以上的合资、合作企业。

第三十一条 中外合资、合作的汽车工业企业，必须同时满足下类条件方可设立：

1. 企业内部建立技术研究开发机构。该机构具备换代产品的主要开发能力。

2. 生产具有国际90年代水平的产品。

3. 合资企业应以本企业生产的产品出口为主要途径，自行解决外汇平衡问题。

4. 合资企业在选用零部件时，国产零部件在同等条件下应优先。

第三十二条 生产汽车、摩托车和发动机的中外合资、合作企业的中方股份比例不得低于百分之五十。[①]

从上述汽车工业产业政策对于合资企业所做的规定来看，中国政府在引进外商直接投资时始终坚持了努力形成中国汽车工业自己的制造、开发能力的方针。产业政策的有关规定，也反映出中国汽车工业经过一段时间的直接引进外资，取得较大进展。因此对直接引进外资，在条件上更加严格了，目标更为明确了，更加注重研究开发能力的形成与提高。同时也表明，中国政府开始考虑限制外商在中国汽车市场形成垄断。

---

① 引自《中国汽车工业产业政策》。

二 中国汽车工业吸收外商直接投资的进程与现状

(一) 中国汽车工业吸收外商直接投资的进程

"六五"期间，中国汽车工业通过吸收外商直接投资，建立了两个重点项目：北京吉普汽车有限公司、上海大众汽车有限公司。这两个较大的汽车合资企业的建立，为中国汽车工业吸收外商直接投资摸索了经验。在这两个企业产品国产化的进程中，带动了一批配套零部件企业，提高了它们的水平。

"七五"初期，轿车工业发展开始提出议事日程。李鹏同志在全国汽车工业会议上提出："小汽车在'七五'不一定会出现很大的市场，但在'八五''九五'就可能在中国有一部分市场。我们过去就没想到电视机市场会来得这么快。中国十亿人口，1%就是一百万。假如一百万人一年平均收入达到1500元，经过三五年积累，就可能有这个需要。"① 《中共中央关于制定国民经济和社会发展第七个五年计划的建议》指出："根据加快交通运输建设的要求，要把汽车制造业作为重要支柱产业，争取有一个较大发展。"这标志着中国汽车工业在国民经济中地位的大幅度提高，为中国汽车工业引进外资增加了推动力。1987年8月12日，在北戴河举行的国务院领导听取汽车工业主管部门汇报的会议上，正式确定了中国轿车工业的发展模式和定点。当时决定，上海、一汽和二汽作为我国轿车工业的主要发展基地，国家予以重点支持。北京、天津、广州的轿车项目作为地方政府支持项目，也允许发展。

1989年，一汽与德国大众公司的合资企业、二汽与法国雪铁龙公司的合资企业相继得到国家批准，20世纪90年代初相继出车。

20世纪90年代末，上海汽车公司与通用汽车公司合资建立了上海通用汽车有限公司；日本本田汽车公司接替法国雪铁龙汽车公司与广州合资成立了广州本田汽车公司。至此，中国轿车工业除天津汽车公司外，已全部合资。

在轿车企业进行大规模合资的同时，汽车零部件生产企业的合资也取得了较大进展。

"六五"期间，随着载货汽车的技术引进，北京、上海轿车项目的上马，已经逐步建立起一些合资汽车零部件企业。一汽、二汽的轿车项目批准后，

① 纽德明主编《重要决策实践与思考》，社会科学文献出版社，1994，第286页。

汽车零部件企业的合资项目迅速发展。1992 年当年就批准了 88 家合资企业，其中大部分是汽车零部件合资企业。

汽车零部件合资企业的建立，在 90 年代开始呈现明显的集团化、基地化倾向。如美国福特汽车公司在上海建立了一系列的汽车零部件生产企业，并建有研究开发中心。这是因为大的外国汽车公司进入中国，必然要把相关汽车零部件企业带入中国。中国政府在产业政策中对合资企业建立后以 CKD、SKD 方式组装车提出了更严格的要求。为了在较短时间内达到规定的国产化比例，一些想进入中国的外国大汽车企业采取了先在中国建立汽车零部件企业的办法。

（二）汽车工业接受外商直接投资的现状

1. 总体状况

到 1998 年底，我国汽车工业总共建立了 400 余家合资企业（有些企业属于兼营，因此难以将其明确地划入汽车工业），其中各类汽车生产企业 50 多家，摩托车企业 20 余家，主要总成及零部件企业 240 多家，其他服务、咨询类企业 40 多家。吸收外资协议金额 26 亿美元，实际到位金额 22 亿美元，投资外商来自 20 多个国家和地区。通过直接利用外资，引进技术 300 余项，其中整车 26 项，发动机、变速箱、车身等主要总成 25 项，零部件 153 项，工艺、研究开发等 79 项。300 余家汽车工业的重点企业，通过直接引进外资进行了技术改造。

2. 合资企业的股权状况

1998 年，在外商直接投资的汽车工业企业中，中方控股企业 219 家，约占外商投资企业总数的 55%；外方控股企业 121 家，约占 30%；中外各占 50% 的企业 61 家，约占 15%。[1]

从按产品分类的企业控股情况看，在整车类的外商投资企业中，由中方控股的占 66.7%，外方控股的仅占 13.7%，中外双方各占一半的企业占 19.6%。在汽车零部件合资企业中，中方控股的占 56.5%，外方控股的占 28.4，中外各占一半的企业占 15.2%。在其他外商投资投资企业中，由中方控股的占 80%，外方控股的占 15%，中外各占一半的占 5%。[2]

---

① 汽车工业合资中小企业甚多，统计上存在一定差异，本处合资企业总数按 400 家计算。
② 王洛林主编《中国外商投资报告》，经济管理出版社，1997，第 179 页。

从投资领域看，外商投资主要投向整车生产企业，占外商投资项目总规模的 57.88%；用于汽车零部件的外商投资只占外商投资项目总规模的 30.47%。外商投资的整车生产企业主要是轿车生产企业。中国轿车工业中除天津汽车公司外，全部为合资企业。其他整车生产合资企业或为载货车生产企业，或为专用车、改装车生产企业，在中国汽车工业中影响不大。

从汽车工业外商投资企业的股权结构来看，很明显中方对整车生产企业的控制是较为严格的。如果进一步分析主要合资轿车生产企业的股权结构①，就可以看到中国政府试图掌握汽车工业中核心部分的控制权。

表1　中国主要合资轿车企业股权状况

单位:%

企业名称	股权状况	
	中　方	外　方
北京吉普汽车有限公司	68.65	31.35
一汽大众汽车有限公司	60.00	40.00
神龙汽车有限公司	70.00	30.00
上海通用汽车有限公司	50.00	50.00
长安铃木汽车有限公司	51.00	49.00
上海大众汽车有限公司	50.00	50.00
广州本田汽车有限公司	50.00	50.00

资料来源：根据《中国汽车工业史》等汽车工业有关资料整理。

从前面分析的外方股权控制情况也可以看出，在汽车零部件领域，中国政府对外方的股权限制是十分宽松的。可以说中国希望外国汽车零部件企业更多地来中国建立各类合资企业，即便是独资企业也是大受欢迎的。但是，由于汽车零部件企业自身的特点（要考虑主机厂的长期供货关系等）以及跨国公司的战略考虑，截至1995年底外商投资项目中的57.9%投向整车项目，投向零部件的项目仅为30.5%。而中国政府在确定汽车零部件60个关键产品时，在很大程度上寄希望于外资。因此可以说外国汽车零部件企业进入中国，尚未达到中国所需要的程度。

3. 合资企业引进技术状况

中国汽车工业在"六五""七五""八五"期间建立的轿车合资企业，除东风汽车公司引进的雪铁龙公司的产品属于国际90年代初的产品外，其他基

①　我国汽车工业中的轿车合资企业在合资金额和规模上，均在汽车工业合资企业中占有主导地位。

本上是国际 80 年代初水平的整车产品，属于跨国公司在国际市场上已处于产品成熟期的产品。因此，谈不上具有国际先进水平和国际竞争力。

尽管如此，但考虑到引进技术时中国汽车工业中轿车几乎处于空白状态，应当说通过合资引进技术，使中国轿车工业从国际 80 年代初的水平起步，还是有一个飞跃。正是因为这一飞跃相当之大，国产化的步伐才较为缓慢。因为中国汽车工业在合资引进整车制造技术的同时，也面临着汽车零部件制造技术、产品开发与质量检验技术、工艺、先进管理方式方法的全面引进与学习。正因为如此，笔者认为，通过合资发展轿车工业与单纯引进技术相比，有着不可替代的重要作用。

虽然合资企业引进的第一代产品水平与国际先进水平相比，较为落后，但合资企业具有长期合作、滚动引进先进技术的特点，再加上中国政府通过产业政策规定"汽车工业企业要保证产品的先进性，对原有产品改造和自我开发的产品要达到国际 90 年代初期的水平"，因此合资企业可以继续以较快速度提高技术水平和开发能力。从中国与韩国在汽车工业技术引进的合同期的对比上也可以看出这一点。中国与外国签订的技术引进合同中，合同期在 5 年以内的占 35.9%，5~10 年的占 39.3%，10 年以上的占 24.8%。而韩国 5 年以内的合同占 54.9%，5~10 年的合同为 37.6%，10 年以上的占 7.3%，韩国技术引进的合同期明显比中国短。当然由于国情、企业情况不同，不能以合同期的长短判别技术引进的效果。但是，较长的合同期保证了可以在一段时间内持续得到国外企业相应的技术。

4. 合资企业的地区分布

进入中国汽车工业的外商投资企业，在地区分布上表现出向我国汽车工业的主要基地和经济发达地区集中的倾向。

在我国各省份中，汽车工业外商投资企业数超过 30 家的有福建、江苏两省；超过 20 家的有湖北、广东、辽宁三省；超过 5 家的有吉林、河北、上海三省市；超过 10 家的有北京、天津、四川、浙江四省市。

从地区分布看，汽车工业的外商投资企业主要集中于华东、中南和东北地区，这三个地区的外商投资企业数分别占全国汽车工业外商投资企业总数的 35.8%、24.3%、15.6%。三个地区的外商投资企业数占全国汽车工业外商投资企业总数的 75.7%。①

---

① 王洛林主编《中国外商投资报告》，经济管理出版社，1997，第 180 页。

外商投资企业项目投资规模最大的是中南地区，占全国汽车工业外商投资总额的 39.9%；其次为华东地区，占 26.6%；再次为东北地区，占 18.3%。外商投资集中于这三个地区，显然源于这三个地区有着三个中外合资的轿车企业以及与之配套的汽车零部件企业。由此也可以看出，中国汽车工业吸收外商直接投资的主要领域是轿车项目。

三　外商直接投资对中国汽车工业的影响

外商直接投资，加速了中国汽车工业的发展。

1. 加速了中国汽车成为支柱产业的进程

国家在"七五"期间，确定把汽车工业作为支柱产业予以发展。发达国家汽车工业发展的历程表明，汽车工业要成为支柱产业，对国民经济起到带动作用，就必须以轿车生产为主体。中国汽车工业的发展也证明了这一点。而中国汽车工业由以载货车为主，向以轿车为主转变，并且要在水平上有一个相对高的起点，外商直接投资发挥了重要作用。

20 世纪 90 年代，中国汽车工业总产值以年平均 23.7% 的速度增长。1991 年汽车工业总产值为 654.2 亿元（1990 年不变价），1998 年汽车工业总产值已达到 2987.6 亿元（1990 年不变价）。汽车工业在全国工业总产值中的比重由 1991 年的 2.3%，上升到 1998 年的 4.1%。

汽车工业的发展，带动了中国国民经济的全面发展。

1998 年末，汽车工业及直接相关工业就业人员已达 2790 万人，占全国城镇就业人数的 13.5%（1998 年末按 20678 万就业人数计算）。在我国城镇中每 7 个人，就有一个人从事与汽车有关的工作。

汽车工业，尤其是轿车工业的发展对中国产业结构升级起到了推动作用，带动了其他产业的发展。1981 年中国汽车工业消耗钢材 91 万吨，1995 年已达到 355.4 万吨。汽车工业的发展推动了钢铁工业发展高附加值的薄板。90 年代中期，汽车工业的需求，占我国钢铁总产量的 5%~6%，汽油总产量的 80%~90%，机床总产量的 14%~16%，钢化玻璃总产量的 50%，轮胎总产量的 45%，工程塑料总产量的 15%，油漆总产量的 15%。随着轿车工业的发展，汽车工业对这些产品的水平、质量要求都大大提高，进一步促进了这些产业的技术改造和产品升级。汽车工业，尤其是轿车工业的发展还大大促进了汽车维修、汽车销售、汽车租赁、汽车美容等服务性行业的发展。

2. 汽车工业产业、产品结构得到了很大改变

外商直接投资轿车工业,使中国汽车工业的产品结构得到了很大改变。1990 年,轿车产量只有 8.33 万辆,1998 年已达 50.7 万辆。轿车产量和水平的迅速提高,使中国汽车工业的产业、产品结构发生了迅速的变化(见表 2)。

表 2 1990~1998 年汽车产品的结构变化

单位:%

年　份	货　车	客　车	轿　车
1990	70.88	20.79	8.33
1991	67.60	20.96	11.44
1992	60.01	24.66	15.33
1993	59.75	22.54	17.71
1994	58.07	23.43	18.50
1995	51.37	26.29	22.34
1996	47.00	26.80	26.20
1997	42.24	27.24	30.52
1998	39.83	28.36	31.54

资料来源:《中国汽车年鉴》、国家机械局统计资料。

从表 2 中可以看出,自 90 年代以来,汽车工业的产品结构发生持续变化。变化的主要趋势是载货车在汽车产品总量中所占比重明显下降,客车和轿车所占比重明显上升;载货车在汽车总产量中所占比重总体下降的同时,重型载货车在载货车中所占的比重上升,中型载货车所占比重持续下降;客车所占比重有所增加;轿车所占比重提高较大,但增幅趋缓。

90 年代以来,载货车所占比重已下降了 31.05 个百分点;客车所占比重稳步增加;轿车所占比重经过 90 年代的努力则上升了 23.21 个百分点。

笔者之所以以 1990 为界对中国汽车工业的结构变化进行分析,是因为 90年代初,外商直接投资的三大合资轿车生产企业,按照 15 万辆规模进行建设的项目逐步投产,对汽车工业的内部结构转变已生产了显著影响,使汽车工业的产品结构趋于合理。

从汽车工业产量、销售额、利税总额、工业增加值的对比,也可以看出外商直接投资轿车企业,对中国汽车工业结构的显著影响。

与 1990 年相比,中国汽车工业的产量增加了 1.3 倍,销售额增加了 6.2倍,利税总额增加了 5.3 倍,工业增加值增加了 4.5 倍。之所以出现销售额、利税总额、工业附加值的增长大大快于产量增长的状况，就是因为汽车工业内部结构发生了重大变化，高附加值、高利润的轿车产品所占比重大大提高。

3. 汽车工业技术水平得到了提高

通过消化吸收引进技术，中国汽车工业的水平得到了较大提高。改革开放前，中国汽车工业与发达国家汽车工业水平相差 30 ~ 40 年。目前中国汽车工业总体水平就产品而言，与发达国家汽车工业相比还有 10 ~ 15 年的差距。

轿车工业通过合资，不断地获得新的技术，现在有些企业已开始在引进技术的基础上，开发具有自主知识产权的新产品。

表 3 中，上海大众公司、二汽神龙公司的轿车新产品，就是中外合作开发的。一汽则在引进技术的基础上，开发具有自主知识产权的新产品——红旗 98 新星。这表明通过吸收外商直接投资，中国汽车工业具有了一定的开发能力。

在汽车零部件领域的合资企业也使中国汽车零部件工业的水平、质量有了相应的提高。

表 3　1998 年中国汽车工业主要轿车生产厂家新车型投产情况

厂家	上海大众汽车公司	天津汽车集团公司	二汽神龙公司	一汽	上海通用汽车公司	广州本田汽车有限公司	北京吉普汽车有限公司
新产品	桑塔纳2000GSI"时代超人"	夏利TJ7131UA	富康988EQ7100"小王子"微型轿车富康压缩天然气轿车	红旗98新星奥迪2001.8T红旗CA7460新捷达王	别克"新世纪"	本田雅阁	超级切诺基

4. 满足了国内市场的需要

通过建立合资企业，及时满足了国内迅速发展的轿车市场的需要。90 年代中期以来，国产轿车已占据 90% 以上的国内市场。如果没有建立这些合资企业，中国的轿车产量将减少 2/3 以上，按照每年需增加进口 35 万辆轿车计算，会使国家付出大量外汇储备，对国家外汇收支平衡造成严重的影响。

5. 促进汽车工业产业组织结构合理化

通过合资建立几个大的轿车生产企业，抑制了盲目的重复建设，使中国汽车工业的产业组织结构进一步合理化。

目前,中国轿车工业前 5 家企业的生产集中度已达 95% 以上,其中前 4 家是合资企业。国家通过建立大批量生产的轿车合资企业,既基本满足了国内的需求,又在很大程度上抑制了盲目上马轿车项目。

外商直接投资中国汽车工业,虽然带来了种种好处,但由于外商在进行投资时毕竟要从自己的战略出发,尤其是跨国公司必然要尽力把中国汽车工业作为自己在全球战略部署的一部分来对待,因此不可避免地会产生若干负面影响。

1. 热衷于组装车,不注重国产化

有些外商投资企业,在合资企业建立后,只热衷于进口散件组装汽车,获取利润,而不注重国产化。特别在中方合作伙伴实力较弱的情况下更是如此。通过进口散件组装车,跨国公司把中国作为一个稳获厚利的汽车出口市场。

2. 通过知识产权控制合资企业

虽然中方掌握着合资企业的控股权,但外商通过知识产权对合资企业的产品开发进行牵制。在新产品开发时,往往试图继续转让即将过时的技术与产品,在合资企业进行第二次引进,对转让产品开发设计技术、最新技术不积极,以产品专利权影响、阻挠中方的新产品开发计划。在商标策略上,通过用跨国公司商标,或把跨国公司商标与中国著名商标组合,在商品市场上对中国著名企业进行牵制。总之,跨国公司在中国市场上的行为与其在国际市场上的行为并无二致。我们既不要抱有过高的希望,又不要抱有过多的幻想,关键在于中国企业自己的努力。

3. 投资领域偏重于整车

我们前面已分析过,外商在中国汽车工业中的投资偏重于整车,对汽车零部件领域则兴趣不大。这是与其热衷于占领中国汽车市场的目标相一致的。

4. 投资规模偏小

轿车企业的合理经济规模不断扩大,但外商在中国轿车企业中的投资规模却偏小。如一汽高尔夫轿车项目,按计划建成需 70 亿元人民币,德国大众只投入了 6.7 亿元人民币,其余部分资金来自银行贷款和企业利润。从 232 家汽车零部件合资企业的情况看,外商协议金额在 1000 万美元以上的项目仅占 4%,100 万～1000 万美元的项目占 74%,小于 100 万美元的项目占 22%。

投资规模偏小，使企业形成合理经济规模的时间延长。外方实际上是要尽量使中国的合资企业处于组装点的地位。

四　改进外商直接投资的对策建议

1. 扩大规模，提高质量

通过前面的分析可以看到，引进外商直接投资虽然有利有弊，但从整体上看，从中国汽车工业的实际情况看，是利大于弊的。20 年来中国汽车工业通过引进外资，达到了大幅度提高产品技术水平、解决资金短缺问题、改善汽车工业产品结构、在一个较高的起点上加速轿车工业的发展等战略目标。中国汽车工业自改革开放以来，通过引进外资，缩短了与发达国家的差距，全面提高了技术水平，产品结构趋于合理。由于中国汽车工业在改革开放前处于严重落后的地位，因此中国汽车工业可以通过当时的引进方式达到目的。在 21 世纪，中国汽车工业的主要目标是形成自己的开放能力，这就需要在引进外资方面有相应的对策。

在 21 世纪，汽车工业仍然要进一步扩大引进外资的规模，尤其是在汽车零部件领域要进一步扩大外资的进入。可以在目前条件下进一步放宽外资准入的条件，在一些关键零部件领域，也可以考虑建立外资控股甚至独资的企业。

从我国轿车工业的发展情况及市场容量看，目前我国轿车工业的生产企业已足以实现有效竞争，因此在 21 世纪一般不宜再建立外商直接投资的轿车企业。

从资金供给情况看，中国汽车工业也没有必要继续通过引进外资解决资金问题。中国汽车工业在改革开放的大环境中融资渠道已大大增加，目前中国汽车工业中整车企业上市公司已达 12 家，融资 93 亿元人民币，汽车零部件企业也有 20 余家上市了。因此 21 世纪中国汽车工业的资金问题可以通过国内的资金或引进外国的间接投资予以解决。在引进外资时，是否转让先进技术应是更为重要的考虑因素。从这个意义上讲，中国汽车工业在扩大外资进入的同时，也要更加注意引进外资的质量。

2. 政府要集中资源，扶持轿车合资企业的中方控股公司

汽车工业引进外资的实践表明，凡是参与合资企业的中方母公司力量较强的，就较易于消化吸收引进技术，较易于在引进技术的基础上进行技术开

发；凡是母公司力量较弱的，就较易于被合资企业中的外方牵着鼻子走，甚至也同样热衷于不断地引进外国技术，以满足在国内市场上竞争的需要。因此政府要对参与合资的中方控股公司给予尽可能的支持，使其能够在逐步消化吸收引进技术的同时，形成自己的开发能力。

3. 在合资企业中突出开发能力的形成

合资企业的战略选择，从来就是中外双方不断博弈、寻找利益均衡点的过程。中方在合资企业中应坚持把形成企业开发能力放在第一位。中国政府可以通过政策来鼓励合资企业开发，如可以考虑规定合资企业的第二个车型必须是合作开发的车型，否则政府不予批准。如果没有这一条政策，就会在自行开发产品的企业与继续引进产品企业之间导致不平等，大大降低企业自行开发的积极性。

4. 引进与开发并重，走双轨制的道路

第一汽车制造厂在引进技术的同时，把消化吸收的引进技术用于新产品的开发，形成了具有自主知识产权的红旗系列轿车，是一个典型的产品发展战略。在 21 世纪，中国主要汽车生产企业都应推广这一战略。

5. 认真研究跨国公司在中国的战略与策略

跨国公司在中国都有完整的投资战略与策略。只有研究它们的战略与策略，才能知道合资项目的发展前景，才能找到维护中方利益的办法。遗憾的是，据笔者所知，中国汽车工业多年来在这方面下功夫不够，只是侧重于对合资资金、技术方面的了解，缺乏对对方战略、策略的研究与积累。今后应在这方面进行补课。

加入 WTO 对中国汽车工业的影响[*]

从整体上看，不具有国际竞争力的中国汽车工业，终于迎来了中国加入WTO 的时代。在这一时代中，中国汽车市场逐步开放，中国汽车工业面临着前所未有的全面的、激烈的竞争。政府和汽车工业企业的行为都已经并将继续发生重大变化。政府对汽车工业的支持、保护和管理政策将与前几十年有根本不同。企业也必须寻找新的生存与发展方式。外部环境的重大变化虽然对中国汽车工业形成了前所未有的挑战，但是也酝酿着新的机会。只要我们以更加开放的眼光、以新的思路去考虑中国汽车工业的发展，采取新的对策，集中资源于具有相对优势的领域，中国汽车工业就仍然是大有希望的。

一　加入 WTO 后中国汽车工业的战略态势

2001 年中国汽车工业（不包括农用汽车）总生产量为 233.44 万辆，同比增长 12.81%；总销量为 236.37 万辆，同比增长 13.3%。其中，全国轿车产量为 70.35 万辆，销售 72.15 万辆，同比增速分别为 16.35% 和 18.25%。客车产量为 82.86 万辆，销量为 82.83 万辆，同比增速分别为 18.24% 和 17.46%。载货车产量为 80.24 万辆，销量为 81.84 万辆，同比增速分别为 5.02% 和 5.62%。

中国汽车工业自 20 世纪 90 年代中后期，已进入了供大于求的状态。不包括农用车，中国汽车工业生产能力约为 290 万辆，而 2001 年中国实际生产销售的汽车共为 236.7 万辆，生产能力利用率为 80% 左右。供大于求，使中国汽车工业加速了两极分化，一方面大汽车厂加速了对中小汽车厂的兼并，另一方面许多汽车厂实际已经停产。从生产集中度分析，可以看出，一汽、

---

* 原载《中国工业发展报告》，2002。

东风、上汽等三大集团在 2001 年生产集中度已经达到 48.10%，比 2000 年提高 3.35 个百分点；三大集团市场占有率为 47.46%，比 2000 年提高 2 个百分点。排名前七企业的市场占有率比 2000 年提高 2.66 个百分点，分别是：上汽、一汽、东风、长安、哈飞、北汽、昌河汽车。2001 年年产量 5 万辆以上的企业有 12 家，集中度为 87.36%，比 2000 年提高 3.98 个百分点。

中国汽车工业是一个不具备国际竞争力的产业。因此在中国加入 WTO 的谈判中才成为国内、国际瞩目的焦点。的确，在产品成本、质量、水平等方面，中国汽车工业与发达国家汽车工业差距较大。但是，中国汽车工业也有其相对较强的地方。

首先，中国汽车工业在商用汽车方面，具有相对优势。

在卡车生产方面，正是在较大生产规模的基础上，中国卡车主要生产企业实现了规模经济，可以利用中国劳动力成本较低的优势与发达国家汽车生产企业竞争。1999 年，中国中型卡车生产的集中度已达到 97% 左右，主要集中于东风汽车集团、第一汽车集团两个企业。重型汽车生产集中度已达到 95% 左右，主要集中于东风汽车集团公司、第一汽车集团公司、重型汽车集团公司、北方奔驰汽车公司。轻型汽车生产主要集中于东风汽车集团公司、第一汽车集团公司、北京汽车公司、庆铃汽车公司、跃进汽车公司，生产集中度已达到 76% 左右。微型卡车主要集中于柳州五菱汽车公司、长安汽车公司、昌河汽车公司、天津汽车公司、哈飞汽车公司，生产集中度已达到 95% 左右。

中国东风汽车集团公司、第一汽车集团公司的中型卡车生产量在世界上是最多的。中国的重型汽车制造厂的规模在世界上也是较大的。中国的主要轻型汽车生产厂已达到 10 万辆的规模，主要微型汽车生产厂已达到 15 万辆的规模。

由于中国卡车生产在逐步实现规模经济，并且处于供大于求的市场竞争中，生产价格已经很低，企业利润同样很低，大型卡车生产厂还有今后进一步降价的潜力，因此中国卡车产品在价格上也具有一定的竞争优势。国产重型卡车（14 吨以上）的售价为每辆 14 万 ~40 万元人民币，进口重型卡车为每辆 40 万 ~60 万元人民币。国产轻型车五十铃系列、依维柯系列售价为每辆 10 万元左右。进口日本五十铃系列一吨卡车每辆售价为 20 万元人民币，三吨卡车每辆售价为 40 万元人民币。国产中型卡车每辆售价为 5 万 ~8 万元人民币，与外国产品相比更具有价格优势。中国的轻型卡车、中型卡车自 20 世纪

80 年代初以来，已经批量出口到发展中国家。

中国卡车生产领域还存在着外国汽车企业根本不生产的一类汽车——农用汽车。所谓农用汽车是在原来拖拉机生产基础上，开发生产的以柴油为动力，速度较慢，乘坐舒适度较差，只在乡村和县城间运行的车。近年来农用汽车的水平、性能、舒适性在逐步提高，有逐步向汽车靠拢的趋势。这类卡车价格为 1 万 ~ 3 万元人民币，由于适合中国国情，发展迅速，2000 年年产量已达 270 万辆左右，但未列入汽车生产的统计范围。

表 1　中国卡车进出口数据（1996 ~ 1999 年）

单位：辆

	进口	出口		进口	出口
1999 年			1997 年		
总计	2682	3857	总计	6693	7670
5 吨以下	1055	2124	5 吨以下	4333	4192
5 ~ 20 吨	1102	1600	5 ~ 20 吨	1989	3373
20 吨以上	514	70	20 吨以上	369	57
其他	11	63	其他	2	48
1998 年			1996 年		
总计	4373	6506	总计	5916	8888
5 吨以下	2773	4754	5 吨以下	3801	4850
5 ~ 20 吨	1229	1647	5 ~ 20 吨	1681	3612
20 吨以上	369	57	20 吨以上	375	256
其他	2	48	其他	59	170

资料来源：赵英，《中国的卡车工业研究报告》。

其次，中国汽车工业在专用车、改装车方面也具有某些优势。专用车、改装车已经有厢式、罐式、专用自卸式、仓栅式和特种作业汽车等 800 多种。在技术含量较低、劳动力密集的专用车、改装车领域，某些特殊用途专用车、改装车领域，中国汽车工业具有优势。同时，经过改革开放以来的技术引进和合资经营，在这一领域中国汽车工业的技术水平也有所提高。

又次，汽车零部件生产方面，中国汽车工业在劳动力密集、技术水平低的领域具有一定优势，在对环境要求比较严、运输成本高的某些汽车零部件领域也具有某些优势。目前中国汽车工业中的技术引进产品基本上完成了国产化（见表 2），在国产化进程中形成了一批水平比较高的汽车零部件配套企

业。这些汽车零部件配套企业的存在，是 90 年代中国轿车生产更新换代不断
加速的基础。

表 2　中国主要引进技术车型国产化率

企业名称	车　型	技术来源	引进时间	国外投产年代	2000 年国产化率（%）
北京吉普	CX1	美国克莱斯勒汽车公司	1983.6	1982	80.44
	CX5				86.33
	CX6				67.57
	CX8				84.93
	CX9				56.16
	C15				95.36
	C16				81.72
	C19				75.09
	C28				93.64
	C90				93.96
上海大众	桑塔纳普通型	德国大众汽车公司	1985.2	1981	92.93
	桑塔纳变形车				92.93
	桑塔纳选装车				92.93
	桑塔纳 2000 化油器				86.02
	桑塔纳 2000 电喷				86.02
	桑塔纳 2000 2VQS				86.02
	PassatGLI				70.03
	PassatGSI				66.03
一汽大众	奥迪 100	德国奥迪	1988.5	1985	94.2
	奥迪 A6L		—	—	68.6
	捷　达	德国大众	1990.11	1982	84.02
广州本田	本田雅阁 VTI—E	日本本田汽车公司	1998.5	1997	40 以上
	本田雅阁 VTI—L				
	本田雅阁 2.0EXI				
神龙	富康 1.4L	法国雪铁龙公司	1992.4	1991	92.5
	富康 1.6L				88
天津公司	夏　利	日本大发	1986.3	1985	95.14
上海通用	别克 GL	美国通用汽车公司	1997.6	1998	63.4
	别克 GL8				44.3
贵航	云　雀	日本富士重工公司	1997	1984	83.2

企业名称	车 型	技术来源	引进日期	国外投产年代	2000 年国产化率（%）
长安	奥 拓	日本铃木公司	1993.5	1984	95.46
	羚 羊				48.78
南京跃进	IVECO	意大利菲亚特公司	1986	—	95.11

资料来源：根据有关资料整理。

再次，中国汽车工业在开发技术方面，掌握了具有一定水平的商用汽车开发技术，对轿车的开发进行了某些局部的尝试。一汽集团有独立自主开发小汽车的能力，虽然落后于发达国家汽车企业 20 年。主要汽车生产企业形成了一定的技术开发力量。

最后，在销售维修方面，由于中国市场的广阔、复杂，用户的知识水准参差不齐，汽车使用环境严峻，中国汽车企业在销售维修方面也具有一定优势。

中国汽车工业的劣势也是非常明显的。

第一，中国汽车工业的重复建设、规模不经济已是世人皆知的痼疾。中国汽车工业拥有世界上最多的整车生产厂（120 余家），但生产汽车的总和刚超过世界级汽车企业规模经济的底线（200 万辆）。规模不经济导致产品成本高、竞争力低下。

第二，中国主要汽车企业仍然是国有企业，体制与机制仍然改革未到位，汽车生产企业实力差。据《中国汽车工业年鉴》1998 年底统计，全国 115 家整车企业拥有资产总计 2648 亿元人民币（折合 320 亿美元），负债总计 1758 亿元人民币，净资产 890 亿元人民币（折合 107 亿美元），固定资产原值 1142 亿元人民币（折合 138 亿美元），以上统计还包括了合资企业。大企业的社会负担和人员分流任务重，劳动生产率低。现有大型骨干汽车企业普遍资金短缺，资产负债率比较高，在投资、兼并、产品开发等方面仍然受到政府不同程度的管制。

目前汽车工业仍然处于条块共存的管理体制影响之下。目前国有资产管理体制、企业集团与地方政府的关系远未理顺，国有资产授权经营仍停留在行政管理上，至于产权交易市场更不完善。企业集团想要实现跨地区、跨部门的兼并联合，会遇到许多难以克服的障碍。

第三，中国汽车工业中汽车零部件基础薄弱，企业规模普遍较小，生产格局分散、混乱，相当一部分产品水平低、成本高、批量小、质量差，甚至有许多假冒伪劣产品。

第四，从产品水平、质量看，我国汽车工业的产品、质量水平，总体上仍比发达国家落后 10～15 年。从产品质量来看，我国汽车工业的产品与发达国家汽车产品相比，差距较大。目前我国汽车工业主要产品中除少数产品达到国际 90 年代初或中期的水平，其他大部分产品仍属于 80 年代初或中期的产品（见表 2）。

第五，中国汽车工业的科研开发能力差。我国主要汽车生产厂 20 世纪 90 年代用于开发研究的经费占销售额的比重均不到 1%，而外国大汽车公司用于科研开发的经费普遍占销售额的 4% 左右，某些排名世界前八的大汽车公司用于科研开发的经费，甚至超过我国汽车工业一年的投资总额。我国大企业采用较先进的汽车设计方法还不多，计算机辅助开发方面与发达国家汽车生产企业差距较大。我国汽车产品在排污、节能、安全等方面水平相差得更远，只有少数装有 ABS 系统，装有安全气囊的产品更少。正因为如此，在国内市场中，汽车产品销售日益受到环保方面的制约；我国汽车产品进入国际市场也受到极大的影响。在轿车开发方面至今尚不具备自主开发能力，目前我国合资并控股的轿车生产企业中，技术主导权并不在中方手中，主要技术来源仍是外国大汽车公司。一些关键汽车零部件（如发动机）的开发研究水平更为落后，汽车电子产品的研制刚刚开始。商用汽车的开发方面，与外国高水平的产品相比仍然有较大差距。中国汽车工业在基础科研开发能力方面与发达国家汽车工业的差距，比产品方面存在的差距还要大。

第六，中国汽车工业企业在销售服务方面仍然存在着较大的弱点，例如至今尚未对整车产品实行"召回制度"；在利用金融手段进行贷款销售方面仍然十分落后；销售服务网点的服务也往往不够规范，服务质量有待提高。

中国汽车工业就是在这种战略态势下，跟跟跄跄地步入了中国加入 WTO 的时代。

二　加入 WTO 后中国汽车市场竞争中游戏规则的变化

中国加入 WTO 后，中国政府在加入时做出的以下承诺以及达成的协议，将对中国汽车市场上的游戏规则，政府和企业的行为产生重大影响。

（一）关税税率下调

高关税一直是中国政府保护汽车工业发展的主要手段之一。根据中国政府与世界贸易组织成员谈判达成的协议，小轿车、小客车（9 座）、四轮越野车[①]的关税税率，自加入之日起约束税率将下调至 51.9% ~61.7%，最终约束税率（到 2006 年 7 月 1 日）为 25%。货车（不超过 5 吨至 8 吨以上）自加入之日起约束税率将下调至 26% ~40%，最终约束税率（到 2006 年 7 月 1 日）为 15% ~ 25%[②]。10 座以上的大中型客车自加入之日起约束税率将下调至 41.7% ~55%，最终约束税率（到 2006 年 7 月 1 日）为 25%[③]。各种专用车自加入之日的约束税率将下调至 3% ~19.8%，最终约束税率（某些重要产品到 2002 年、2003 年）为 9% ~15%[④]。

装有发动机的汽车底盘的关税税率，自加入之日起约束税率将下调至 8% ~40%，最终约束税率（根据不同产品分别在 2002 年、2004 年、2005 年、2006 年实施）为 10% ~20%[⑤]。

汽车车身（包括驾驶室）的关税税率自加入之日起约束税率将下调至 34% ~46%，最终约束税率（到 2006 年 7 月 1 日）为 10%。

各类汽车零部件的关税税率自加入之日起约束税率将下调至 6% ~ 35.7%，主要汽车零部件最终约束税率（从 2002 年到 2006 年 7 月 1 日逐步实施）为 10% ~25%[⑥]。

汽车发动机的关税税率自加入之日起约束税率将下调至 18% ~31%，最终约束税率（到从 2004 年到 2006 年 7 月 1 日逐步实施）为 10%[⑦]。

总体上说，汽车以及汽车零部件的关税到 2006 年 7 月 1 日须分别降至 25% 和 10% 的平均水平。

---

① 《中国加入议定书》（第 152 号减让表——中华人民共和国）所列税号 87032130 – 87039000。
② 《中国加入议定书》（第 152 号减让表——中华人民共和国）所列税号 87041090 – 87049000。
③ 《中国加入议定书》（第 152 号减让表——中华人民共和国）所列税号 87021091 – 87029030。
④ 《中国加入议定书》（第 152 号减让表——中华人民共和国）所列税号 87051021 – 87059090。
⑤ 《中国加入议定书》（第 152 号减让表——中华人民共和国）所列税号 87060010 – 87060090。
⑥ 《中国加入议定书》（第 152 号减让表——中华人民共和国）所列税号 87081000 – 87089990。
⑦ 《中国加入议定书》（第 152 号减让表——中华人民共和国）所列税号 84073100 – 84079090。

（二）逐步取消保护汽车工业的非关税壁垒

中国承诺按照 WTO 有关规定，将现在对 400 多项产品实施的非关税壁垒（配额、许可证、机电产品特点招标）在 2005 年 1 月 1 日之前取消，并承诺今后不再实施任何新的非关税措施。汽车产品到 2005 年 1 月 1 日自然也丧失了政府通过配额予以的保护。对汽车关键零部件的非关税保护最迟于 2003 年取消。过渡期间，中国政府对汽车进口实行配额管理，初始配额为 60 亿美元，配额逐年递增 15%。

（三）外资企业在中国汽车工业中行动规则的改变

根据协议，中国政府将按照《与贸易有关的投资措施协定》，取消贸易和外汇平衡要求、当地含量要求、技术转让要求等与贸易有关的投资限制。中国政府承诺在法律、法规和部门规章中不再强制规定出口实绩要求和技术转让要求，而由投资双方通过谈判议定。① 取消了对进口技术的汽车以及关键零部件的国产化优惠税率。在汽车发动机制造领域，自中国加入之日起，取消对合资企业外资股份不得超过 50% 的限制。只需要省一级政府批准的外国汽车制造商投资企业的投资比例限额（目前为 3000 万美元），自加入后 1 年起陆续提高，到加入后 4 年提高到 1.5 亿美元。加入后两年，中国政府取消对汽车生产者在车型生产方面的限制，外国股东可以更加自由地选择合作伙伴。中国政府承诺，政府采购将更加公开、公平、公正、透明，按照最惠国待遇的原则，向所有外国供应商提供参与采购的平等机会。

（四）产品管理制度、规则更加透明、统一

中国政府承诺，实施"统一适用国产和进口汽车和零部件的法律、法规和标准。制定、公布和实施法律、法规、标准和实施条例。以建立透明的体制，所有法律和法规将据此得以实施，从而给予进口产品不低于国产同类产品的待遇"②。

（五）对知识产权的保护更加严格

中国政府对外国国民和企业的知识产权保护，做出了全面的承诺（包括

---

① 《关于中国加入 WTO 组织法律文件的说明》。
② 《中国加入工作组报告书》第 195 条。

版权、商标权、工业设计、专利等方面），并表示将通过对有关法律、法规的制定与修改，进一步在知识产权保护方面与国际标准靠拢。

（六）较大幅度地开放汽车服务业

允许外商从事有关市场调查，有关调查只需报省一级统计机构备案；允许外资非银行金融机构提供汽车信贷；允许外国保险公司开展汽车第三者保险、公共汽车和其他商业运载工具驾驶员和运营者责任险的业务。"加入后 3 年内取消对外资参与佣金代理及批发服务（盐及烟草除外）和零售服务（烟草除外）的地域、股权数量限制，取消对外资参与特许经营的所有限制；加入后 5 年内取消对外资参与分销领域的所有限制。"①

三　加入 WTO 后对中国汽车工业的近期与中期影响

从上面的分析看，加入 WTO 对中国汽车工业的影响是全面的、深刻的。从政府对汽车工业的管理到企业行为，从汽车的生产、投资、开发到销售、使用，无一不受到 WTO 有关条款的影响。下面扼要地对这种影响进行分析。

（一）限制了政府制定、实施汽车工业产业政策的空间，改变了政府管理方式

从前面的分析可以看到，加入 WTO 后，政府对汽车工业采取行动的空间大大缩小。例如政府对汽车工业技术开发的支持，都要符合 WTO 有关开发补贴的规定。根据加入 WTO 后中国政府的承诺和有关条款，本来就作用有限的《汽车工业产业政策》现在已经变得支离破碎，难以再持续下去，不得不进行大幅度修改，政府对汽车工业的管理不得不日益向国际标准靠拢。

政府对汽车工业采取的保护和支持政策，只能在 WTO 的框架内进行，这样就大大弱化了政府对汽车工业的保护和支持力度。从有利方面看，这也迫使长期在政府保护下的中国企业不得不努力提高自己的竞争力。

WTO 有关条款，虽然大大减弱了中国政府对汽车工业企业的支持，但是从另一方面看，也减轻了政府对汽车工业企业干预的随意性。例如"中国政府取消对汽车生产者在车型生产方面的限制。外国股东可以更加自由地选择合作伙

---

① 《关于中国加入世界贸易组织法律文件的说明》。

伴",就突破了政府原来对企业发展过于具体的车型管理。在中国汽车企业中国有或者国有控股企业占有主导地位的情况下,这些突破扩大了中国汽车企业做出选择的空间,有利于企业自主发展。减少政府的干预,有利于合资企业、国有企业和民间企业之间的公平竞争,有利于公正透明的市场秩序的形成。

WTO 的有关条款,大大放松了中国政府对外资汽车企业在中国生产经营的管理,使跨国公司在中国的活动方式(从已有企业的经营到产品销售)可能发生巨大变化。例如,省一级政府批准的外国汽车制造商投资企业投资比例限额的提高,就可能引发外资企业重新调整其在中国的战略部署,积极寻找新的兼并合作对象,加速中国汽车工业产业战略结构的重组。

中国加入 WTO 后,政府与汽车生产企业的关系也有了重大变化。政府更多地是从维护市场竞争秩序,对汽车工业整体上进行帮助、支持的角度,对汽车工业企业予以支持,而越来越难以从各个企业的具体项目上进行干预了。汽车工业企业的整体利益越来越需要通过中介组织予以体现。

随着中国加入 WTO,竞争将更加激烈,产品管理制度、规则将更加透明、统一,汽车消费政策将更加统一,汽车企业之间的兼并将更加便利。这样,有利于打破多年来存在的地方政府对本地区汽车企业的保护,废除地方政府制定的"土政策",形成统一的、透明公正竞争的汽车市场,有利于中国汽车工业产业组织结构的调整。

(二) 改变了中国汽车市场上的竞争态势

加入 WTO 后,中国汽车市场上的竞争态势发生了很大变化。这种变化可以从近期、中期(到 2006 年 7 月 1 日)角度来进行分析。

1. 对中国汽车市场近期竞争态势的影响

根据中国加入 WTO 前的关税税则,轿车进口税率为 70% ~80%,客车为 45% ~65%,货车为 30% ~50%。中国加入 WTO 后,小轿车、小客车(9 座)、四轮越野车的关税税率,自加入之日起约束税率将下调至 51.9% ~61.7%;货车(不超过 5 吨及 8 吨以上)自加入之日起约束税率将下调至 26% ~40%;10 座~30 座的大中型客车自加入之日起约束税率将下调至 41.7% ~55%;各种专用车自加入之日起约束税率将下调至 3% ~19.8%。

根据关税降低的幅度和不同车型的竞争力进行分析,对小轿车的冲击是最大的(见表 3),而商用汽车(包括卡车、客车以及其他专用车)受到的冲击相对小一些。因为大部分商用汽车的国内价格原来就低于国际价格,享受的关税保护原来就比较低。正因为如此，中国汽车市场上小轿车的竞争会愈加激烈，而且这种竞争将主要体现在价格上。

表 3　部分轿车加入 WTO 后的价格变化

单位：万元

型号	降低关税前出口到中国的价格	降低关税前出口到中国的价格	国内同型号轿车价格
奥迪 A6 - 1.8 升	44	31	37
奥迪 A6 - 2.4 升	53	35	50
奥迪 A6 - 2.8 升	57	39	55
本田雅阁	40	28	31
帕萨特	34	24	28
富康 1.6ALC	18.8	13.1	10.8
富康 1.4RG	22.2	15.4	13.6

资料来源：汽车商务网。

从表 3 可以看到，中国国内生产的轿车，除富康这一普及型轿车外，中高档轿车的国内价格均高于降低关税后的进口汽车价格。如果没有进口配额限制，轿车受到的冲击会更加严重。

商用汽车也面临着竞争加剧的压力，不过相对比较轻一些。2001 年前 8 个月进口的柴油客货车就达到 2000 多辆。30 座以上客车、20 吨以上货车进口数量居柴油车前列。这反映出中国商用汽车在某些领域竞争力更弱一些。降低关税后，某些商用汽车进口量肯定会增加，但是从整体看，进口商用汽车这种压力主要体现在产品的水平、质量上。

汽车进口配额的存在，在一定程度上减少了降低关税形成的进口压力。中国承诺入世第一年汽车产品的进口配额为 60 亿美元，每年递增 15%，5 年后完全取消配额。2000 年我国进口汽车整车 4.22 万辆，进口金额 11.55 亿美元。2000 年轿车进口约 2.16 万辆，约占进口汽车的 50%，相当于国内产量的 3.6%，如果按照 60 亿美元的配额计算，汽车进口量将达到 25 万 ~ 30 万辆，进口轿车同比增加，约为 12 万 ~ 15 万辆（1984 ~ 1986 年轿车进口失控，也不过就是 100 多亿美元）。尽管 2002 年中国汽车市场也会有所扩大，但是进口汽车形成的压力仍然是很大的。

汽车价格将逐步下调的消息，将使相当一批潜在的汽车消费者持币待购，给汽车销售带来影响。

从总量看，2002 年汽车进口以较大幅度增长已成定局，原来就供大于求的中国汽车市场竞争会更加激烈。

中国引进技术的车型除个别车型外，国产化已经达到很高程度，因此取消了对进口技术的汽车以及关键零部件的国产化优惠税率，近期内对这些车型的生产不会产生太大影响，跨国公司在短期内不会改变原有的零部件采购关系。汽车零部件进口关税普遍降低，也利于中国某些汽车生产企业对某些关键零部件进行全球采购，以提高产品质量。

某些技术水平高、附加值高的汽车零部件可能受到比轿车更大的冲击。跨国公司可以及时地对采购政策进行调整，这对中国正在开发高技术汽车零部件的企业十分不利。当然，从另一个角度看，汽车零部件的进口增加和全球采购，必将降低汽车零部件的价格，有利于抑制假冒伪劣汽车零部件的生产。

汽车工业企业长期通过政府保护，获取较高利润来发展自己的经营模式已经结束。今后中国汽车企业必须在降低成本上下功夫，以应付日益激烈的价格战。

2. 对中国汽车市场中期竞争态势的影响

由于政府对汽车工业准入的放松，中国民间企业可能还会有进入汽车工业的"选手"，进入汽车工业的外资企业也会增加。例如，最近韩国现代集团就获得了在中国设立轿车合资企业的批准。

跨国公司在中国的战略部署将会进行调整，在中国的生产据点（包括整车和零部件）将会进行重新整合。有些在中国生产不具有比较优势的产品，可能会转移到其他国家，而某些中国具有比较优势的产品可能会改在中国生产。中国的汽车生产体系与国际汽车工业生产体系耦合将会加速。中国汽车工业将朝着更加具有比较优势的方向发展。随着跨国公司调整战略部署，有些汽车零部件企业可能关闭，有些整车生产企业的作用和主要产品会改变。中国汽车零部件生产格局会发生较大的变化，在某些中国具有比较优势的汽车零部件、整车（例如卡车）生产领域，可能出现世界级生产基地的雏形。中国汽车零部件的出口可能会大幅度增加，世界级的汽车零部件跨国公司也将加速进入中国市场。

各国汽车生产企业在中国的竞争将由较为单一的产品制造竞争，转为包括销售服务、保险、市场调查、技术开发等方面的全面竞争。中国汽车企业面临的压力将由价格压力转变为全方位的压力。从积极一面看，外国汽车企业的经营方式将更加迅速地传入中国，对中国汽车企业转变经营方式起到刺激作用。

WTO条款中有关知识产权规定在中国得到更好的落实，将提高外国公司在合资企业中的实际控制能力,是否获得具有自主知识产权的产品成为对汽车企业生死攸关的事情。对汽车零部件企业来说,知识产权的获得就更加重要。有一批汽车零部件企业将因为知识产权的原因,不得不关闭或者生存艰难。

中国汽车工业的专业化分工会逐步加速。大规模的汽车零部件专业公司,专业的大汽车销售服务公司,汽车市场的调查、咨询公司甚至专业的设计开发公司都可能出现。随着竞争的激烈,某些跨国公司可能逐步加大在中国进行研究开发的投入,建立研究中心。

随着关税的不断下调,以及进口配额的不断增加,中国汽车工业企业依靠过去国家保护下获得的高利润来打价格战的空间将日益缩小(见表 4、表 5),不少企业将不得不在关闭与接受某种兼并重组之间进行选择。

表 4　2001 年 19 家汽车行业上市公司主营业务利润率

单位:%

证券代码	企业名称	主营利润	证券代码	企业名称	主营利润
0550	江铃汽车	23.20	600104	上海汽车	32.28
0625	长安汽车	17.17	600166	福田汽车	10.31
0800	一汽轿车	14.31	600213	亚星客车	14.15
0868	安凯客车	17.38	600372	昌河股份	16.60
0880	山东巨力	9.80	600418	江汽股份	11.72
0887	飞彩股份	11.67	600501	航天晨光	25.19
0927	天津汽车	15.52	600609	金杯汽车	18.33
0957	中通控股	26.45	600686	厦门汽车	16.04
600006	东风汽车	22.36	600700	山东黑豹	22.71
600066	宇通客车	20.30			

表 5　2000 年世界主要汽车企业利润率

单位:%

企业名称	主营利润率
美国通用汽车公司	2.41
美国福特汽车公司	1.92
德国戴姆勒 – 克莱斯勒汽车公司	4.86
日本丰田汽车公司	3.51
德国大众汽车公司	2.40

资料来源:《中国经营报》2001 年 10 月 9 日。

需要说明的是，由于会计制度的不同，在计算上会有差距，但是国内汽车企业在高关税保护下获得较高利润是显而易见的。因此，在中国加入 WTO 前后许多企业开始降价，打起了价格战。

2001 年 2 月 14 日悦达普莱特率先降价 5000 元，随后东南富利卡、英格尔紧跟着大幅下降。5 月 22 日，吉利公司产品降价 3000 元，最便宜的吉利轿车降到 2.99 万元，国产轿车首次跌穿 3 万元心理关口；长安奥拓、天津夏利也纷纷降价。进入年底，国产中档轿车也支持不住了，11 月 28 日，富康"新自由人"跌到了 9.78 万元，12 月捷达 CI 款降到了 10 万元以下。进入 2002 年，轿车的价格战还在延续（见表 6）。

表 6　2002 年部分小轿车降价一览

产品名称	降价时间	降价金额
海南普利马	1 月 1 日	2 万元
海南马自达	1 月 1 日	1 万元
红旗世纪星	1 月 1 日	3 万元
赛欧（三厢、两厢）	1 月 5 日	0.8 万~1 万元
夏　利	1 月 12 日	2.3 万元
羚羊 7101	1 月 13 日	0.8 万~1.4 万元
吉　利	1 月 13 日	0.1 万元
富康 2002	1 月 13 日	0.8 万元
奥　拓	1 月 18 日	2 万元

资料来源：根据有关报刊整理。

从表 6 可以看出，为了迎接加入 WTO 后进口汽车的挑战，国内汽车生产企业已经开始以价格为武器。同时国内生产厂家间的价格战也愈演愈烈。问题在于一开始凭借高关税积累的利润空间，是可以打价格战的，越到后来，随着关税壁垒的不断减低、配额的不断增加，利润空间大大缩小，能够有资格打价格战的就是在成本、水平、质量等方面具有真正实力的厂家。真正有实力的厂家可以通过价格战扩大市场份额，薄利多销，获取更多的利润（夏利降价 2 万元后，北京市场上立即供不应求）。其他厂家就只能选择被兼并的道路，或者转而从事汽车零部件生产。因此，中国汽车工业中的兼并重组会逐步加速。随着跨国公司经营范围和经营方式的逐步放松，地方政府对本地区汽车企业保护能力的下降，原来不具有竞争力的地方整车生产企业最有可能成为兼并重组的对象。同样的事情，在汽车零部件企业中会更为频繁地发生。

中国汽车市场产品更新换代的速度还将加快，将带来两方面的影响。其一是实力薄弱的汽车企业难以承受不断更新换代的巨大投入，会被淘汰出局。其二是国内汽车零部件企业很可能跟不上整车更新换代的节奏，那么就将产生两种可能的后果：汽车零部件进口量大增，导致汽车贸易方面的大规模逆差（在韩国、墨西哥汽车工业发展中都出现过此种情况），刺激外资以及国内企业在汽车零部件方面投资，从而刺激中国汽车零部件企业的发展。

随着中国汽车市场的开放竞争，汽车价格的加速下降，高速公路建设的迅速发展，各种限制汽车消费的政策的逐步消除，中国汽车市场的扩大速度会加快。汽车需求的多样化会日益明显。汽车产品更新换代的速度还会加快。随着地方保护主义影响的逐步消除，以及地方性"土政策"的逐步消除，统一的中国汽车消费市场会加速形成，汽车消费环境会越来越好。

政府对汽车工业的管理，将由过去的直接管理企业的项目、生产，逐步转移到通过制定环境保护、维护市场公平竞争等公共政策来进行管理。政府对汽车产品的环境要求会越来越严格。例如，2001 年政府规定所有的化油器类轿车和 5 座客车，以及部分未达到环保标准的电喷车，从当年 9 月 1 日起被禁止销售。政府对汽车工业的管理会更加透明、统一。

随着外资进入中国汽车市场范围的扩大，中国汽车市场上的竞争将扩大到销售、维修、开发、咨询等领域。中国汽车企业的销售、维修、开发等组织和行动方式，也将不得不随之变化。

对从事整车生产的合资企业中方持 50% 股权的要求，中国政府仍然没有放开。但是，这种情况到 2006 年前后，在某些企业中会有所变化。

四 加入 WTO 前后政府与企业采取的对策

（一）政府采取的对策

中国政府为应对加入 WTO 后的挑战，对汽车工业采取了以下政策。

首先，大幅度地放开对汽车工业的规制。2001 年 5 月，政府允许整车生产企业自己定价，放开了汽车价格。从 2002 年起国家不再对汽车企业和产品采用发布"目录"的方式进行管理，在新的车辆管理制度实施前，采用发布车辆生产企业及产品公告的方式进行管理。11 月 9 日，经贸委发布的汽车产品公告中,吉利轿车等榜上有名。民间资本建立的汽车企业终于获得了生存权。

其次,对汽车工业发展的市场环境进行整治,出台了一系列促进汽车消费的政策。政府先后废除了许多对汽车消费的不必要收费。2001年8月底,对排放达到欧Ⅱ标准的轿车、越野车和小客车减征30%消费税;2001年10月1日起执行新《机动车登记办法》,允许暂住人员在暂住地办理牌证;2001年11月1日开始执行新的车辆购置税最低计税价格。

再次,考虑对汽车工业发展战略、汽车工业产业政策进行较大幅度的调整。政府的发展思路开始由单纯的保护国有企业转向鼓励竞争。具体体现是,允许民间企业进入汽车工业,允许更多的跨国公司在中国合资办汽车企业。

复次,政府加大了对汽车工业中具有战略意义的基础研究项目的投入力度,例如政府对电动汽车的研究,已经投入了相当的资金。

最后,根据与WTO有关规则接轨的要求,政府修改了有关法规和标准,例如重新修订并公布了汽车产品的国家标准。

(二)企业采取的对策

首先,中国主要的轿车生产企业都较大幅度地降低了产品的价格,同时继续以较快速度推出新产品:2001年3月天津华利"幸福使者"下线,4月广州本田雅阁3.066下线,5月风神蓝鸟17200-2、海南普利马3-M06下线,8月一汽大众宝来下线,9月神龙毕加索下线,11月上海通用赛欧3-26轿车下线,12月上海大众波罗(POLO)正式推出。

其次,整车生产企业(包括生产商用汽车的厂家)都在积极寻找新的外国合作、合资伙伴。与政府实际上放松了汽车工业的准入相呼应,2001年出现了新一轮汽车合资潮。重庆长安与福特组建长安福特汽车有限公司,华晨与宝马合资生产宝马3系的轿车项目已获批准,东风与日产合资生产小型轿车也被日产总裁证实,现代同北京汽车工业控股公司已经达签署合作谅解备忘录,重汽与沃尔沃已签署合资合同,一汽与奔驰、东风与雷诺的合资已提上议事日程。生产整车和生产汽车零部件的跨国公司对加入WTO后的中国汽车市场均表示出浓厚的兴趣。已经在中国拥有合资企业的跨国公司,纷纷准备进一步加快合资企业发展。

再次,大企业开始对已有的销售服务网络进行整合,提高其服务水平,转变经营方式。

最后，汽车企业都在进一步降低内部的生产成本，提高运营效率，以迎接加入 WTO 后的挑战。

（三）对有关对策的分析

从上文罗列的政府与企业采取的对策看，可以说政府和企业是朝着正确的方向迎接挑战的。

首先，这些对策立足于一个更加开放的市场，立足于更加激烈的竞争，并且鼓励和欢迎竞争。其次，这些对策反映了政府和企业对世界汽车工业发展特点的认识，中国政府和汽车企业开始以更加开放的态度来对待外资的进入。再次，这些对策和变化，在一定程度上印证了笔者对中国汽车工业中期变化趋势的估计。最后，这些对策与变化，表明了中国政府与汽车企业在开放大潮中是以积极的态度应对挑战的，如果应对得当，中国汽车工业仍然是大有前途的。

五　在开放的市场环境中发展中国汽车工业的建议

（一）进一步转变发展汽车工业的战略思想

尽管中国政府在加入 WTO 前后，指导汽车工业发展的思想已经发生了变化，但是仍在不同程度上存在着可能阻碍中国汽车工业发展的传统看法，因此有必要对中国汽车工业发展的根本目标进行再认识。中国发展汽车工业的根本目标是什么呢？笔者认为，中国发展汽车工业的根本目标就是中国经济有更快的增长，使国家整体利益有更大的提高，使中国人民的整体福利最大化。我们发展中国汽车工业，只有与上述目标联系起来，才真正有意义。否则，就成了从本行业出发的一种狭隘的、难以令人信服的行动。

既然中国汽车工业发展的根本目标是使中国经济有更快的增长，使国家整体利益有更大的提高，使中国人民的整体福利最大化。那么衡量中国汽车工业发展成功与否的标准，就不是生产了多少整车，而是在国家经济增长中占有多少份额，政府在汽车工业发展中获得了多少税收，增加了多少就业岗位，为中国人民人均收入增长做出了多少贡献，对国家整体实力提高产生多大影响，汽车产品出口创汇有多少。围绕这一根本目标，我们可以放开思路，采取多种战略发展汽车工业。只有围绕这一目标，我们才可以真正看到中国加入 WTO 后，中国的利益所在。

（二）集中力量发展中国具有比较优势的产品

根据上述目标分析，中国加入 WTO 后，遇到的主要问题是跨国公司在中国的战略动向如何。如果跨国公司不断加码在中国的投资，不断加大在中国生产的汽车零部件的生产比重，那么无疑是一个双赢的局面。如果跨国公司只是把中国作为一个产品组装地，通过全球采购逐步减小在中国的生产比重，甚至通过进口商品来替代在中国的生产，中国无疑是失败者。在分析这一问题时，韩国、墨西哥的经验值得重视，这两个国家在发展汽车工业的不同阶段，由于汽车零部件大量进口导致巨额贸易逆差，虽然汽车产量增加了，但是整个国家的经济状况却受到巨大负面影响。

从目前情况分析，由于中国已有汽车企业的实力，再经过过渡期的殊死努力，外国企业单纯通过商品输出来进入中国汽车市场的情况发生概率是较小的。跨国公司会不会逐步减少在中国采购汽车零部件呢？存在这种可能。因为中国汽车零部件企业在市场保护条件下实现的国产化，往往是规模不经济的。如不存在关税壁垒，有些汽车零部件会被跨国公司在世界其他地方生产的产品所替代，因此汽车零部件发展才是中国政府真正应当注意的战略重点。汽车零部件工业发展了，整车的成本才会降低，技术、质量才可能提高，才更加可能吸引跨国公司在中国生产整车，中国才能在全球汽车工业生产价值链中获得更大的利益。

中国汽车零部件工业长期以来只是整车的附庸。投资、规划首先是整车，然后才是零部件，今后必须改变这种状况。政府今后面对的是整个汽车工业的发展，要从汽车工业的整体发展中获得更大利益，中国的轿车生产企业大部分是跨国公司的合资企业，因此政府在制定政策时不可能再制定厚此薄彼的针对某一企业的优惠政策，而制订鼓励汽车零部件发展的政策，可以使中国汽车工业整体受益。

实际上，如果只是组装整车，最多不过是挣一些劳务费而已，和给人加工服装出口，在本质上没有差别。这一点中国汽车工业从多年来以 CKD 的方式组装生产汽车已体会得相当充分。组装汽车是劳动力密集、低技术、低利润的生产阶段（中国汽车工业以 CKD 方式生产汽车，如果没有国家高关税保护也是赚不了钱的）。正因为如此，跨国公司才乐于在国外设立组装点。而生产汽车，则意味着起码制造部分的主要环节是在国内，通过汽车零部件的制造，相当一部分利润、就业是在国内实现的。根据中国汽车工业的比较优势，目前中国汽车工业还不可能成为汽车工业中利润最大部分（即产品设计、开发和出售品牌汽车）的获得者，但是中国汽车工业应当成为制造环节中相对利润较大部分的获得者。而达到这一点的关键在于发展汽车零部件。中国在发展汽车零部件方面具有比较优势。

中国汽车工业开发能力落后，在相当大程度上是缺乏有国际竞争力的、高水平的汽车零部件工业所致。在 21 世纪初，中国可以成为"汽车零部件生产大国"，因此中国汽车工业应当毫不含糊地把成为"汽车部件生产大国"，作为战略目标。政府要把对汽车零部件的关注摆到与整车相当甚至超过的地位上予以关注、支持。只有拥有了在全球汽车工业中占有重要地位的汽车零部件工业，跨国公司才可能把生产的主要环节放在中国，中国汽车工业与跨国公司争取"双赢"的戏才能唱下去。拥有了在全球汽车工业中占有重要地位的汽车零部件工业，中国汽车工业的根本战略目标才能实现，中国汽车工业的自主开发之路才能越走越顺。

卡车和农用车是中国汽车工业具有比较优势的另一领域。政府和企业应当通过努力，继续提高卡车的技术水平。中国的重型、轻型卡车生产要通过兼并重组扩大规模、提高水平。中国的微型客货车是具有中国特色的产品，20 世纪 90 年代以来，微型客货车的产量和增长速度一直保持高速增长。从微型车销售市场来看，个人购买率已达 70% ~ 80%，购买者主要是城乡个体司机、个体工商业者和农村的个人，主要用于营运，市场发展前景广阔。由于微型车的安全性、节能性、可靠性优于目前的农用车，在价格方面又与农用车差不多，所以深受广大农民兄弟的欢迎，约有 60% 以上的微型车销往农村。

农用汽车完全是中国特色的产品，既是中国汽车企业的比较优势所在，又是中国汽车市场的一大特点。在这一领域，中国政府和汽车企业应当予以特别的重视。因为今天的所谓"农用车市场"就是明天最广大的汽车市场，在这一领域站稳脚跟，就是占领了未来最广大的市场。中国汽车生产企业在竞争中也要走一条农村包围城市的道路，扎扎实实地研究农用汽车的问题，不断提高其水平。中国的农村和小城镇从汽车产品的使用环境来说，与外国有很大不同，如广大农村路况差，使用者知识水平低。因此国内汽车厂家有必要针对国内汽车市场进行市场细分，为农民和乡镇企业造车，造出适应中国汽车市场特点的汽车。这也是提高中国汽车工业在国内市场竞争力的一个重要方面。

普及型轿车的生产相对中高级轿车来说，也是中国汽车企业应当集中资源之处。现在中国的大汽车企业往往热衷于全系列生产，其实目前全球汽车企业流行的是"选择与集中"，即便是排名前十的大企业也不得不集中力量于自己最具优势的领域，在其他领域与其他企业合作。日本汽车工业发展到20世纪70年代仍然主要在小型轿车上下功夫。目前，轿车的开发投入越来越巨大，更新换代速度越来越快，中国汽车企业根本不可能进行全系列的开发与生产。集中资源，搞好中国市场需求最大的普及型轿车的生产开发是最重要的。

（三）创造平等竞争的环境

目前，中国政府已经承认了民营企业进入汽车工业的合法性，但是，这还远远不够。民营企业在取得贷款、得到政府的技术支持等方面，与国有企业相比仍然受到很大歧视，因此有必要进一步对政府行为进行矫正。国有企业现在由于受到政府有关管制，也不能放开手脚与跨国公司竞争。在政府较大幅度放开对外资企业的规制的同时，一定要注意同时放开民营企业、国有企业，创造使外资企业、国有企业、民营企业平等竞争的环境。

（四）利用WTO有关规则保护汽车工业

中国加入WTO后，可以利用WTO的游戏规则保护自己的利益，汽车工业同样可以受到有关条款的保护。如根据保障原则，WTO成员可以运用"例外条款"保护自己。现在汽车工业就应注意研究有关条款和有关国家在这方面的运用经验，以更好地应付加入WTO后的挑战。

在过渡期结束后，同样可以利用WTO一些规则具体执行时的灰色区域，对汽车工业予以保护。但是，汽车工业不应寄希望于政府过去那样的无微不至的保护。

（五）重塑政府与企业的关系

加入WTO后，政府与企业的关系、政府对外表达企业利益的方式，都要发生变化。因此政府与企业关系的重塑成为必要。

在重塑政府与企业的关系中，行业协会作为民间组织和企业利益代表的作用凸显出来。汽车企业的利益要形成与整合，必须通过一个中介组织，就是行业协会。政府要了解企业的呼声，对汽车工业的情况进行调查，也要通过行业协会。因此，对现有的行业协会要加强其力量，减少其政府附庸的色彩，使其真正成为企业利益的代表。

汽车生产企业要在一些重大问题上建立协商和合作机制，不要只顾在国内有限的市场上死拼，要针对强大的对手考虑战略和策略，如可以在产品的开发方面进行一些合作，在汽车维修方面进行一些合作。在一些重大问题上，汽车企业要更加主动地向政府提出请求，因为加入 WTO 后，政府采取行动是以企业的请求为理由和合法依据的。例如政府的反倾销调查要应企业的要求才可以开始。

（六）提高企业销售服务方面的竞争力

汽车产品在销售、服务方面的竞争，是产品的第二次竞争，这是易于发挥中国企业本土相对优势的领域。由于将要逐步开放外资企业在这方面的经营，中国企业应当兢兢业业做好这方面的工作。目前世界上生产要素加速一体化，但人员的随意流动是最困难的。外国汽车企业即使可以在中国办维修、服务业务，也不可能把本国的工人、服务方式原原本本地搬来。中国汽车企业要抓紧时间，提高销售服务队伍的水平，借鉴跨国公司的某些做法，进一步规范销售和服务行为。

政府也要支持汽车企业在这一领域的竞争。例如，国外汽车分期付款由企业、经销商和信贷公司"三位一体"来做，而我国现在还是银行直接参与。一汽、二汽和上汽等大的汽车集团有自己的财务公司，但它们不能融资。不能融资，这就从源头上使汽车消费信贷没有了资金来源，就做不到大批量、全方位地为用户服务，更谈不上库存融资、租赁融资等一系列和消费信贷有关的其他经营方式。政府可以酌情改变目前的这种状况。

（七）企业竞争战略要全球化

开放给跨国公司进入中国汽车工业带来机遇，也给中国汽车企业在全球配置资源、走向世界提供机遇。企业家应当以更开阔的眼光看待中国汽车工业面临的竞争环境。首先，给中国汽车企业寻找合作、合资伙伴创造了更好的条件；其次，中国企业也可以利用汽车零部件关税的变化，进行全球采购，形成具有相对优势的产品；再次，为中国汽车工业中具有相对优势的产品走向国际市场提供了更好的环境；最后，可以更加大胆地利用全球汽车工业中的专业设计、咨询机构，亦即充分利用全球汽车工业中的人力资源，提高自己的开发设计能力。

（八）进一步挖掘企业内部潜力

中国汽车工业企业提高生产率目前还有很大的潜力。对目前汽车工业国有企业和民营企业的运营方式和生产成本进行大致评估，就可以发现降低成本潜力还很大。国有企业的改革尚未完全到位，因此，应当加速企业的改革进程，进一步转变企业运营机制，向管理要效益，通过进一步精简人员，分离辅助机构，提高专业化水平，降低成本，提高质量。

（九）仍然要继续对汽车消费政策进行调整

国家已经对汽车消费政策进行必要的调整，为汽车工业发展提供了更大的市场空间。但是，已经采取的措施对降低中间环节收费幅度有限。目前我国汽车销售中仍存在着收取税费过多的问题。如果能较大幅度地降低汽车销售中过高的税费，将为中国汽车工业提供一个良好的市场环境，在生产与市场间形成良性循环，将促进中国汽车生产厂家按照经济规模进行生产，提高竞争力。当然，降低税费要和提高汽车产品水平、发挥中国汽车工业优势结合起来，对不同车型采取不同政策。

（十）政府要大力支持企业形成独立自主的技术开发能力

当前国际汽车工业的竞争，越来越体现为技术的竞争，高技术导致的"范围经济"已经超过了规模经济，成为汽车工业更重要的进入门槛。汽车工业正在发生一场技术革命，到 21 世纪前十年，20 世纪已高度成熟的传统汽车产品将转变为以高技术重新改造过的，建立在新型轻质材料、新能源和新型混合动力基础上的，作为网络和各种电子设备平台的高新技术产品。技术竞争对汽车工业企业的兴衰存亡具有极为重要的意义。

在 21 世纪初尤为突出的是，世界汽车工业在燃料电池、电动汽车开发研制方面展开的竞争，甚至可以说这方面的竞争决定了 21 世纪汽车企业的成败。中国政府应当大力支持科研单位和企业联合进行这方面的基础研究和竞争前阶段的研究，这样既可以使整个汽车工业受益，也符合 WTO《补贴与反补贴协议》的有关规定。

（十一）适当放开对整车生产企业的股份比例限制

政府对合资的整车生产企业所做的股权比例的规定，目前还没有放开。股权比例不放开，固然可以使政府和企业在开放中多一些选择，但是也影响着外资的进入状况。随着中国市场的进一步开放，以及汽车工业的重组加速，应当酌情在若干汽车合资企业或者新出现的合资企业放开股权的规定。这样有利于汽车工业的重组，有利于引进资金和技术，也有利于重新盘活国有资产。

中国汽车工业产业政策回顾与前瞻*

2002 年对中国汽车工业来说，是具有历史意义的一年。2002 年中国汽车工业面对中国加入 WTO 带来的冲击，表现出人意料。中国政府为实现加入 WTO 做出的承诺，大幅度地减少了对于汽车工业的规制与保护政策。轿车生产领域基本上实现了自由竞争；汽车需求出现了爆发性增长，预计 2003 年中国将成为世界第四大汽车生产国；中国汽车市场成为全球最有发展潜力的市场；中国汽车工业的产业组织结构发生了巨大变化，开始全面融入世界汽车工业体系；世界大型跨国汽车公司加速进入中国，民间资本也在涌入汽车工业；汽车工业已经成为推动中国经济持续发展的重要产业。由于汽车工业发展的国际、国内形势发生了很大变化，原来的《汽车工业产业政策》已经名存实亡。在这种情况下，政府如何因势利导地推动中国汽车工业的健康发展，如何制定新的汽车工业产业政策，成为对中国经济发展具有全局意义的大问题。有必要对《汽车工业产业政策》做一个完整的分析，以利于我们在新的形势下寻求中国汽车工业发展的新途径，制定新的产业政策。

一 对汽车工业产业政策的回顾与评价

1. 原《汽车工业产业政策》的制定

原《汽车工业产业政策》的制定经历了一个广泛征求各方面意见的过程，例如，在政府的经济管理综合部门、专业部门之间进行比较充分的协调、协商，听取了行业内专家的意见，吸收了汽车工业企业的意见。但是，毕竟主要是在政府和行业内部进行的讨论，其主要反映了政府管理部门和制造部门的意见，反映了汽车工业企业的利益。从政府公共政策制定角度看，其公开

---

* 原载《经济参考报》2003 年 5 月 27 日。

性、透明度、广泛性是不够的，社会公众的参与程度是很低的。

2. 原《汽车工业产业政策》的特点

从总体上看，原《汽车工业产业政策》具有如下特点。

首先，原《汽车工业产业政策》的着重点在于供给，亦即汽车工业生产能力与规模的发展。在解决供给方面，又着重于汽车整车的发展。由于这是一个着重于供给的产业政策，因而对具体的汽车生产企业如何发展，甚至具体产品如何发展做了细致、明确的规定，对市场环境的改善、消费需求的扩大、汽车发展引起的外部经济问题等方面，虽然有所涉及，但是措施和政策不够具体、有力。

其次，原《汽车工业产业政策》仍然带有比较浓厚的计划经济和以政府行政管理为主的色彩。具体表现在：对许多应当以企业为主的事情，做出了比较细致的规定；在政策手段的选择方面，比较侧重于行政手段；原《汽车工业产业政策》的政策手段中，直接管理手段比较多，间接管理的诱导性手段比较少。

再次，原《汽车工业产业政策》在政策手段的运用、组成等方面与国际接轨不够，存在着诸多与 WTO 有关条款矛盾、抵触的规定与政策。随着我国加入 WTO，并且逐步落实有关承诺，这些规定与政策自然失去了效力。

最后，原《汽车工业产业政策》的覆盖面主要是国有企业、合资企业（而且是其中比较大的企业），对民营企业没有给予足够的重视。

历史地看，原《汽车工业产业政策》诞生于 1994 年，那时中国经济的市场化程度远远不能与现在相比，中国的开放程度也远远不能与现在相比，因此原《汽车工业产业政策》不能不带有那个时代的深刻烙印。我们在对其评价时也要充分考虑历史条件的转换。

3. 对原《汽车工业产业政策》的评价

笔者想从实证的角度，对《汽车工业产业政策》的实际效果进行大致的评价。

（1）基本失败的产业组织政策。产业组织政策是政府宏观管理部门制订汽车工业产业政策的一个基本出发点。但是产业组织政策可以说基本失败了。这一点，从表 1 中可以看出。

表 1　1983~2003 年全国整车生产企业数

单位：家

年份	1983	1984	1985	1986	1987	1988	1989	1990	1991	1992	1993	1996	1999	2003
企业数	65	82	114	99	116	115	119	117	120	124	124	122	122	122

从表 1 中可以看出中国汽车工业中的整车生产企业（不包括农用汽车），自 1983 年以来呈稳步上升的趋势，而政府宏观经济管理部门一直试图以行政手段、经济手段加速汽车工业的集中化进程，以获取规模经济效益。实践表明，不到山穷水尽、为市场所逼迫，规划外企业是不会在政府规划的蓝图中就范的。只要存在广阔的市场空间，重复、分散建设就无法通过政府政策得到抑制。中国汽车工业的产业组织结构仍然是分散的，具有法人地位的汽车生产厂有 120 余家。从控股关系来说，虽然有几十家汽车厂已经分别进入了一汽、东风、上汽等三大汽车集团，以一汽、东风、上汽等三大集团分别携手 2~3 家跨国公司组成大集团，初步形成中国汽车工业新的"3 + 9"产业格局（一汽、东风、上海三大集团加上广州本田、重庆长安、安徽奇瑞、沈阳华晨、南京菲亚特、浙江吉利、哈飞、昌河和江铃汽车九家独立骨干轿车企业）。"3 + 9"格局中，一汽、东风、上汽三大汽车集团的产量约占全国汽车产量的 50% 左右，另外九家独立生产商的汽车产量合计约占全国的 40%，"3 + 9"的汽车产量已占到全国的 90%。但从整体上看，中国汽车工业产业组织结构还是比较分散的。无视市场需求与竞争，政府单纯以行政控制手段推行的产业组织政策是软弱无力的。2000 年一汽、东风、上汽等三大汽车集团生产集中度为 57%，比 2001 年提高了 8 个百分点。中国轿车销量前三位的企业分别是上海大众、一汽大众和上海通用，它们的销量占总销量的 55. 23%，比 2001 年前三名的市场份额下降了 5 个百分点。

就单个企业规模而言，中国汽车工业的前四名一汽、东风、上汽、长安汽车生产能力为 30 万 ~60 万辆，规模经济效益开始显现。尽管如此，与世界级的汽车生产企业相比较，中国汽车工业企业的规模仍然偏小。在世界大汽车公司中排名较后的韩国现代汽车公司的生产能力为 250 万辆。就亚洲而言，中国也缺乏有影响力的汽车企业。

（2）取得一定效果的产业技术政策。汽车工业主要汽车生产企业在技术进步政策的推动下，取得了一定的成效，主要表现如下。

第一，汽车工业整体科研开发水平有了一定提高。中国汽车工业的商用汽车开发能力已经具有一定的水平和经验，与世界先进水平有 5~10 年的差距。在产品系列化基础上，中国汽车工业企业已经可以做到每年都推出大量的新产品。以东风汽车公司为例，从 2000 年到 2001 年完成新产品申报 1215 个，完成整车、客车以及客车底盘、发动机、主要总成设计开发项目 458 种。

中国汽车工业企业已经能够进行某些轿车车身的开发设计，但尚不具有成熟的、较高水平的整体轿车开发能力。中国主要轿车生产企业在新产品开发中主要承担的是把跨国公司的车型本土化的工作，对某些产品具有一定的升级改进能力，并且参加某些联合设计。由于没有完整的轿车自主开发能力，中国的主要轿车产品没有自己的知识产权。

在汽车零部件的技术开发方面，中国汽车工业企业在某些中低附加值产品方面具有相当的开发能力，在汽车关键零部件的技术开发方面具有一定能力，但是与国际先进水平差距甚大，许多关键零部件仅仅是外国产品的仿制。以汽车发动机为例，中国汽车零部件企业生产的最先进发动机只能达到欧2排放标准，而发达国家则已经是欧4标准。中国汽车零部件企业批量生产的发动机只相当于国际90年代的水平。汽车发动机行业的整体水平与发达国家相比差距在20年以上。① 新型缸内直喷汽油发动机发达国家已经较多地使用了，中国没有一家企业能够生产。2001年中国进口的各类汽车发动机为246087台，大大超过了汽车进口数量。随着中国汽车产量的增加、轿车产品换型加速，中国将不得不大量进口发动机。

需要指出的是，在决定21世纪国际汽车工业竞争的核心技术——燃料电池汽车的研制方面，从政府支持研究开发的角度看，中国汽车工业几乎与发达国家汽车工业处于同一水平。如果能够把握好产业化层面的竞争路径，中国汽车工业可以充分利用后发优势，在新能源汽车研制方面实现跨越。

各主要汽车生产企业均设立了技术开发中心，形成了自己的人才培养体系，充实了实验设备，工艺装备水平有较大提高。CAD、CAM在主要汽车生产企业已得到了较大程度的应用。

第二，国产化政策收到了明显效果。汽车工业在"六五""七五"时期引进技术的整车项目，经过10年左右的努力，已基本实现了国产化。这表明，在产业政策中，通过调整关税税率来促进国产化的政策，以及通过对引进车型的产品征收横向配套费，用于引进车型所需部件项目建设的国产化政策，是有一定效果的。横向配套费在引进技术产品销售时加价征收，共征收了50亿元人民币，在"七五""八五"期间，用于与引进技术的整车项目配套进行的国产化汽车零部件厂的技术改造，发挥了较大作用。许多地方汽车零部件厂用这笔费用改造了自身、提高了水平。目前，中国汽车工业引进的整车产品，在当年即可达到40%左右的国产化率，应当说是受益于国产化政

---

① 《中国汽车报》2003年1月7日。

策的。

从上面两方面看，技术进步政策是有一定效果的，但是也应看到，中国的汽车生产企业的科研开发能力与外国大汽车企业相比仍远远落后。一汽、二汽、上海、天津等主要汽车企业，用于研究与开发的费用在销售收入总额中所占比重，除一汽、二汽有些年份略高于1%外，均低于1%。

产业技术政策的成败，不仅仅在于政策，更在于当前国有企业的机制和所处的宏观政策环境。

（3）利弊兼有的产业保护政策。汽车工业的产业保护政策，经历了由行政手段保护转向关税保护，由高关税保护逐渐转向低关税保护的过程。

应当说，产业保护政策还是起了一定作用的。如果不是国家采取了保护政策，民族汽车工业在今天也许已不存在了。但是保护政策产生了三个弊端。其一，国家长时期的保护，使企业缺乏背水一战、努力提高自身国际竞争力的动力。其二，国家过度的保护政策（关税最高时曾达轿车150%、载货车70%），使国内汽车产品在供不应求的情况下仍然往可以卖高价，导致产品质量差、批量小的汽车企业也可获利，从而使汽车产业组织结构调整更为困难。其三，长期的保护政策，实际上保护了在中国汽车工业投资的国外大汽车公司的利益，使他们可以在近乎垄断的市场中安享高额利润。

汽车工业保护政策，考虑关税、行政等手段较多，对非关税壁垒的手段则考虑不够。在保护对象方面，主要是考虑整车，对汽车零部件考虑不够。

（4）有一定效果的投资政策。20世纪90年代，在我国经济体制的背景中，产业政策是否有明显效果，就行业来说，必须落实到国家投资政策上。这方面，应当说汽车工业产业政策作用较大。

"六五"期间，汽车工业全行业的投资为44.4亿元；"七五"期间，汽车工业全行业的投资为167亿元；"八五"期间，汽车工业全行业的投资为588亿元。投资增长幅度与其他行业相比，哪怕扣除物价上涨因素也是相当大的。但是，分散重复、行政条块分割的投资方式，大大削弱了投资大幅度增长本应带来的效果。一方面，国家重点项目资金投入力度不够，往往要较长时间才能建成；另一方面，许多重复建设项目在建成之日就注定没有多大生命力。由于当时对民间资本进入设置了障碍，许多投融资渠道尚未成熟，对外资进入也有相当的限制，投融资政策存在较大局限。

（5）效果不明显的汽车消费政策。汽车消费政策收效不大。不合理的汽车销售中间环节的收费虽然有所减少，但并不明显。在轿车消费政策方面，更是收效甚微。究其原因，与轿车使用密切相关的各部门，都把对轿车征收税费视为本部门的摇钱树，利之所在，当然不愿意改变现状。而相关的产业政策制订部门，对地方政府、其他有关部门的不利于汽车消费的政策处于束手无策的境地。这对于我们这样一个轿车刚刚开始进入家庭的国家来说，无疑是十分不利的。

二 制定新的汽车工业产业政策需要考虑的几个问题

1. 政策制定背景的变化

新的汽车工业产业政策一定要充分考虑中国汽车工业加入 WTO 后发生的巨大变化。

首先，中国汽车工业已经在一个充分开放、充分竞争的市场上发展，随着外资、民间资本大举进入汽车工业，资金与市场已经不是制约中国汽车工业发展的瓶颈。

其次，中国政府加入 WTO 做出的各项承诺，制约着产业保护政策的形式与空间。

再次，中国汽车工业中，整车生产的基本格局已经奠定，零部件是需要重点予以关注的薄弱环节。

复次，汽车产品的使用，对于社会、环境引起的外部经济问题，正在引起越来越多的注意。

最后，中国的能源状况不容乐观。从这次"美伊战争"看能源安全已经成为影响我国经济安全的重要问题。

2. 政策制定基点与方式的变化

新的汽车工业产业政策应当把政府支持发展与保护的重点，放到汽车零部件领域，重点支持汽车工业重大共用性技术、基础新技术的研究开发。

在制定产业技术政策时要充分考虑我国的能源状况，鼓励节油技术、产品的开发，鼓励采用新能源的技术、产品的开发与使用。与此相呼应的是，在制定产业技术政策时要充分考虑汽车大量使用对环境的影响。

在供给政策与消费政策间保持均衡。制定更加具体、有利的鼓励汽车消费的政策，制定健全的消费者保护政策。

由过去的主要面向大企业，尤其是国有企业，转向真正面向全行业。对国有企业、外资企业、民营企业，在政策支持与扶持方面一视同仁。由政府限制某些领域的进入，转向建立健康竞争的市场秩序。

在选择产业政策实施手段时，重在选择诱导手段，尽量减少行政手段的运用。所谓诱导手段指的是一些经济、信息手段。这些手段弹性比较大，适合在市场经济环境中运作。这些手段通过对企业进行鼓励或劝诫，影响企业的行为方式，而非硬性地让企业执行。这样，既避免了政府官员判断失误带来的风险，也给予企业足够的自主判断、自主发展的空间。

在制定新的汽车工业产业政策过程中，应当在更加广阔的范围内进行讨论，除政府经济管理部门、汽车行业代表、专家学者外，还应当有环境保护部门、地方政府、各类用户、维修销售部门、能源部门甚至舆论宣传部门等的代表参加。只有这样，才能使产业政策真正成为在充分协调各方面利益基础上反映各方面要求的公共政策。

当前汽车工业发展中出现的值得重视的问题*

进入 21 世纪以来，我国汽车工业出现了迅猛增长的好局面。目前，我国经济的快速增长在最终消费领域，相当大程度上是以汽车和住房为中心拉动的。正因为如此，汽车工业的健康、稳步发展就是国民经济增长的战略问题，对于汽车工业快速发展中新出现的重大问题，有必要及时予以关注。

一　汽车工业中值得关注的问题

（一）对于新一轮"汽车热"的看法

我国汽车工业尤其是轿车工业速发展，市场迅速扩大，企业利润增加幅度较大（2002 年上市公司中的重工制造业企业经济效益前十名中，汽车工业企业占了 7 席），因此，不言自明在中国出现了新一轮的投资汽车工业的热潮。不仅外资企业大规模进入汽车制造业，民营企业也在大规模地进入汽车制造业，于是就产生了一个对于汽车制造业的投资是控制还是引导的问题。

笔者认为，对于这一轮"汽车热"要具体地分析。

首先，与以往历次"汽车热"不同，本轮"汽车热"是在国内对于轿车出现爆发性需求的背景下产生的，具有比较坚实的市场需求背景。实际上是中国进入人均 GDP 1000 美元阶段，个人需求出现巨大变化的标志。

其次，投入的资金已经是充分多元化的，其中有相当大部分来自跨国公司。跨国公司的进入，既带来了技术和产品，又带来了资金，而中国与之合作的汽车企业一般是以已有的存量资产作为投入的。因此，这种进入实际上既改造了国有企业又盘活了许多已经大大贬值的国有资产。民营企

　＊　原载中国社会科学院《领导参阅》2003 年第 34 期。

业的进入，在相当程度上也是自担风险的，而且调动了民间资金。许多民营企业通过自有资金或在股票市场上进行兼并利用已有汽车企业的"壳资源"进入了汽车工业。当然，有些民营企业是以银行提供贷款为主要资金来源的，国家直接投入汽车工业的资金已经很少。这表明，汽车工业的市场化程度大大加深，也表明在市场引导下资源向真正具有发展潜力的领域配置。但是也要看到，某些地方政府（主要是省、直辖市一级政府）以各种方式介入了汽车工业企业的发展。有些项目是在政府直接、间接干预下上马的，在这些项目的上马过程中，政府对于银行可能会有影响，银行可能会被迫发放贷款。

再次，在"汽车热"中流向汽车工业薄弱环节——汽车零部件领域的资金并不多。

最后，只用我国汽车生产企业的数目（2002 年 123 家）来说明中国汽车企业规模小、重复建设是不准确的。实际上从资本角度看，这些企业已经在相当程度上属于若干个大集团。正是由于政府近年来放松了产业进入管制，中国汽车工业中的兼并重组加快了速度。

（二）汽车产品的市场变化掩盖了汽车消费环节的问题

在汽车产品尤其是轿车产品市场没有发生巨大变化之前，改善消费环境、开拓轿车市场成为政府、企业关心的主要问题。但是，自从轿车出现爆发性需求后，一些以前存在并且没有解决的消费环节的问题被掩盖了。例如，汽车购买、消费环节中税费过多、过大的问题并没有真正改观，在有些领域（主要是轿车消费领域）甚至有加重的趋势；某些地方政府制定的地方保护政策仍然存在；汽车消费政策拖延至今仍然没有出台。

一些新出现的汽车消费中的问题没有得到充分注意。例如，现在居民住宅小区停车费的收缴，基本没有限制，有些达到了很高的程度。公共停车场的建设也注意不够。

（三）轿车爆发性需求引发的城市交通紧张

在一些轿车爆发性需求影响比较大的大城市，例如北京、上海等地，由于轿车大量进入家庭，城市交通已经出现或即将出现紧张状况。这里讲的紧张是真正意义上的城市交通阻滞。

同时也要看到，正是由于轿车大量进入家庭，北京等大城市得以网络化扩展，卫星城真正得到了发展，城郊的房地产得到了巨大推动力。

轿车的发展，也引起了某些争论和政策变化。例如，有些大城市开始限制轿车的使用，认为要发展公共汽车，并制定了某些抑制轿车需求的政策（例如征收牌照税等）。

（四）知识产权纠葛初露端倪

随着轿车生产进入门槛的放开，民营企业和地方政府支持下的国有企业进入轿车生产领域，产生了一些依靠自己力量开发产品的企业。这些企业实力与合资企业相比比较单薄，但是经营方式与发展路径灵活、发展迅速（例如吉利汽车公司、奇瑞汽车公司）。

由于自身力量薄弱，这些企业在发展初期充分利用了先行企业的汽车零部件生产点，甚至在产品形态上有所模仿。

现在，跨国公司已经开始知识产权方面的诉讼，企图制约这些企业的发展。例如，丰田公司就曾经起诉了吉利。政府如何对待知识产权，在汽车工业发展中是一个微妙的问题。

（五）汽车金融问题

由于汽车贷款存在着坏账增加的情况，因此汽车贷款的方式和途径在进行调整。应当看到汽车贷款主要是针对私人购车的，因此坏账与其他领域坏账相比，仍然是不大的。此时，外资金融机构获准进入中国汽车金融领域，将对于中国汽车工业中的竞争产生巨大影响。

二 对于汽车工业中值得关注的问题的政策构想

汽车工业在发展中出现的上述问题，一方面说明汽车工业的急速发展需要政府在政策方面做出及时的反应；另一方面也说明汽车工业的确正在成为对于国民经济举足轻重的产业，国家对于汽车工业采取的政策关系到整个国民经济的发展。

笔者认为，自进入 21 世纪以来，我国经济正在发生深刻的变化，即由通过政府投入（国债资金用于公共设施等领域）拉动国民经济增长，转向以汽车、住房等新一代最终消费拉动为主。政府财政资金（国债）应当逐步减少投入。因此，政府的宏观政策要多从支持汽车工业发展的角度出发，考虑汽车工业的发展。

（一）有弹性的政府宏观政策调控

毋庸讳言，在我国汽车工业中存在着投资过热的情况，确实存在着汽车生产厂家过多、经济规模偏小等问题。但是也要看到此次投资热与以往投资热的不同，政府财政资金在其中并没有起主要作用。汽车工业增长的泡沫与房地产相比是比较小的。

根据以往的经验，汽车厂家众多，经济规模偏小，正是政府计划性配置资源、人为限制竞争、过度保护（高关税）导致的高价格等原因所致。因此，如果政府再度采取比较生硬的行政手段限制对汽车工业的投资，只会使市场竞争发生扭曲，延缓汽车工业兼并、改组的进程。同时，要看到外国大跨国公司已经基本完成了在华投资汽车工业的布局，如果进行限制的话，实际上只是限制了我国民间企业的进入。

但是，由于中国的特殊国情，地方政府对于汽车工业的热情介入，以及民间企业可能的投机行为（甚至以发展汽车工业为名进行骗贷），又使政府介入有了某些合法性。因此建议政府采取"有弹性管制的政策"。所谓"有弹性管制的政策"是在汽车工业进入方面，严禁以政府财政资金进行投入，严禁地方政府施压银行给予自己支持的企业贷款；对于民营企业进入汽车工业申请贷款，规定自有资金与贷款的比例，对项目可行性进行严格的审查。管住地方政府、管住银行。与此同时，对于民营企业、外资企业的进入，不采取行政性禁止进入的限制手段。这样，既可以避免国家资金的损失，减少银行坏账，又可以使真正具有竞争实力的企业加入竞争。

与此同时，通过政府政策引导各类资金进入汽车零部件领域进行投资。

（二）加速汽车消费政策的出台，继续改善汽车消费环境

虽然目前我国汽车工业投资规模在扩大，从数量上看，有些生产能力在短期内可能过剩。但是从中长期看，从与世界发达国家千人拥有汽车量的比较看，中国汽车的市场仍然是很大的，而且目前的投资要 2～3 年才产生生产能力。从以往的经验看，汽车生产能力的适度过剩对于抑制盲目投资、抑制汽车的高价格（汽车投资热的基础）是有好处的。因此我们在适度宏观调控的同时，也要积极改善汽车消费环境，加速汽车工业消费政策的出台，大力减少汽车消费各个环节中的税费，通过扩大市场来疏导不断

增加的生产能力。

需要指出的是，距离我国完全实现加入 WTO 的有关承诺，只有两年时间了。只有迅速扩大汽车市场，才能使我国汽车生产企业通过实现经济规模，降低生产成本，提高竞争力。因此，在对于汽车工业宏观调控的政策选择方面，既要适度调控，又要积极疏导，疏导要重于调控。

（三）相对宽松的知识产权管理

无疑，从整体上我国应当尊重国际知识产权的有关制度，但是在我国目前的发展阶段，过于强调知识产权，不利于我国汽车工业获得自主开发能力，不利于民族企业的发展，不利于打破跨国公司的技术垄断。

独立开发产品的民族汽车企业的存在，有利于中国形成自主开发能力，有利于合资企业中的中方利益（加速跨国公司转移技术），因此政府对于汽车工业中发生的知识产权问题，在过得去的情况下，可以考虑采取比较宽松的管理态度。

当然，汽车工业开发能力的形成，主要应当通过企业的自主努力。同时，政府要采取一些措施，对于自主开发的企业确实给予看得见的利益，甚至可以考虑对自主开发产品的企业给予特殊的扶持，只有这样才能使企业有自主开发的动力和实力。

（四）积极发展城市轨道交通系统，舒缓城市交通紧张问题

目前我国大城市发生的交通紧张虽然与轿车的大规模进入家庭有关，但是也要看到，从本质上说是我国对于"大城市公共交通必须依靠轨道交通工具来解决"的认识与实施迟缓所致。根据我国交通部门有关统计，我国城市轿车拥有量虽然大大低于发达国家，但是轿车的使用时间大大高于发达国家。这表明城市轨道交通发展滞后、公共交通结构性失调，导致了交通紧张。根据发达国家经验，只有通过发展城市轨道交通、在各类交通工具中形成合理分工，才有利于城市交通问题的解决。

因此，解决大城市交通问题，不应限制轿车发展，而要加速轨道交通的发展。不发展轨道交通工具，只是在大城市中平面地发展汽车公共交通是难以解决交通紧张问题的。发展城市轨道交通，更加有利汽车工业的发展。

总之，汽车工业发展面临着一些问题，但属于发展中的问题。切忌从主观出发，用行政手段进行干预、进行"急刹车"。正如政府已经在房地产发展

方面做出的决策那样，对于汽车工业的发展予以适度调控，同时予以积极扶持是最好的解决办法，这对于我国经济今后 10 年的发展都是有战略意义的。因为，以汽车和住房消费为主的经济增长方式将在我国今后 10 年乃至 20 年的经济增长中起着极为重要的作用。

如何实现产业结构的优化升级[*]

中央关于制定"十一五"规划的建议中，提出了"十一五"时期经济社会发展的主要目标：实现 2010 年人均国内生产总值比 2000 年翻一番。这一目标的实现要建立在优化结构、提高效益和降低能耗的基础上。中央把产业结构的优化升级作为实现战略目标的主要战略保证措施。推进产业结构的优化升级，从中国经济发展长周期看，是一个永恒的课题，在中国经济发展的现阶段，具有极为重要的现实意义与战略意义。能否在"十一五"期间实现产业结构的优化升级，关系到中国经济能否持续发展，关系到中国经济能否由大变强，关系到中国经济发展能否惠及全体民众，保证社会的和谐与稳定。

"十一五"期间，推进产业结构的优化升级具备了更好的客观条件与可能性。能源、资源的硬约束将使产业、企业不得不加速技术进步，推进生产方式和产品的升级换代。市场机制的进一步完善，企业竞争力的提高，使推进产业结构的优化升级有了微观基础。20 世纪末至今的两大潮流将保证中国推进产业结构优化升级的人力资源：其一是我国大学的大规模发展，提供了大量的对收入水平要求较低的高技术劳动力；其二为跨国公司日益把研发中心设立在我国，技术外溢逐步加速。随着人民生活水平的不断提高，我国居民生活需求由家电转向汽车与住房等十万元级的消费品，内需必将对推进产业结构的优化升级产生巨大推动力。随着我国政府有关法律、法规的逐步完善，政府推进产业结构优化升级的力度也会不断增强；社会上群众对于维护良好生态环境的呼声日益增加，对于推进产业结构的优化升级也将产生巨大影响。随着我国城市化进程快速推进，我国经济发展、人民生活必然发生巨大变化，从而推进我国产业结构优化升级。

＊ 原载《中国青年报》2005 年 11 月 13 日。

　　推进我国产业结构优化升级的具体目标如下：第二产业中，提高传统制造业的国际竞争力，在关键产业和关键技术领域加速技术进步，增强自主开发能力。重化工业发展阶段虽然不可避免，但是传统的重化工业增长方式、生产方式可以改变，要发挥后发优势，推动产业发展的节能、节材、低污染，用信息技术改造传统制造业。在高技术产业中，要加速自主开发能力的形成，加速拥有自主知识产权，加速掌握核心技术和关键技术，提高关键零部件的开发、生产能力，提高高技术产品本土生产的能力，不断提高在全球产业链条中的位置。在基础产业中，要在加快发展速度的同时，注重技术水平、装备水平的提高，注重生态环境的保护。

　　《中共中央关于制定"十一五"规划的建议》提出在实现 2010 年人均国内生产总值翻一番的同时，单位国内生产总值能源消耗比"十五"末期降低20%。这在历次国民经济发展规划中是前所未有的。这既说明了中央对此高度重视，也对推进我国产业结构优化升级提出了具体目标。尤其我国第二产业中各个产业都应以此为目标，采取措施予以实现。

　　积极发展现代服务业，是此次中央提出的推进我国产业结构优化升级的一项重要任务。现代服务业在相当程度上把工业中研发、设计、服务等内容包括在内，成为一个国家产业竞争力的重要组成部分；现代服务业在我国仍然存在着巨大的发展空间，在某些领域甚至是空白。随着我国逐步落实加入WTO 的有关承诺，提高我国服务业的国际竞争力已经是非常迫切的事情。积极发展现代服务业，同样要注重提高技术含量与技术水平。通过提高现代服务业的信息化、网络化水平，提高技术装备水平、管理水平，加速现代服务业的发展。

　　我国产业结构优化升级是一个经济发展的自然进程，但是政府的作为可以使这一进程加速。政府在"十一五"期间可以采取如下战略措施与政策，加速推进我国产业结构优化升级：通过财政税收政策、国家采购政策、严格执行知识产权有关法律等，支持产业、企业的研究开发能力、自主知识产权的形成；通过价格形成机制的改革，进一步使我国生产要素价格市场化，促进产业、企业生产方式、技术路线的改进，促进高技术、高附加值产品的发展；通过法律、法规、技术标准限制高能耗、高耗材、高污染企业的存在，限制乃至取消高能耗、高耗材、高污染工艺、装备、产品的使用与生产；对于第三产业的发展制定有关优惠政策；统一中外企业税率，创造平等竞争的环境；通过政府规划对基础产业发展的重大项目进行引导；深化对外开放，由注重外资引进规模转向重视外资引进质量，有选择地引进外资项目，减少一般性产业项目的引进，限制高能耗、高耗材、高污染项目的引进，鼓励设立研发中心；进一步改革现有的科研体制，更合理地配置科研资源，促进科研成果产业化，使有限的资源发挥更大作用。

综上所述，我国产业结构优化升级，在"十一五"期间一定会以比较快的速度取得进展，为我国"十一五"期间战略目标的实现奠定坚实的基础。

建设创新型国家任重道远[*]

　　胡锦涛同志最近在全国科学大会上提出了"建设创新型国家"这一高瞻远瞩的国家发展战略。"建设创新型国家"这一战略目标的提出，标志着我国经济发展阶段、发展方式、发展途径发生了巨大变化，标志着中国人民在中国共产党带领下对未来发展做出了新选择。

　　随着我国经济发展，目前我国经济总量已经居于世界第四位，中国已被称为"世界工厂"。但是，随着经济迅速发展，我国也面临着巨大发展瓶颈。首先是能源、资源瓶颈，能源、资源成本迅速提高，国内有限的能源、原材料越来越难以支撑低水平、高耗能、高耗材产业的盲目发展，考虑到中国工业规模，即使从经济安全战略角度考虑，我国工业也必须改变高能耗、高耗材发展方式。其次是生态环境瓶颈，我国日益脆弱的生态环境难以承受盲目扩大规模、粗放的工业发展方式，要走可持续发展道路，必须考虑生态环境承受能力。再次是市场瓶颈，发达国家越来越将技术标准、生态环境标准作为市场壁垒的重要手段，阻止我国工业品进入其市场，我国最具有比较优势的工业品出口受到越来越严峻的挑战。最后是知识产权与开发能力瓶颈，受知识产权和开发能力的制约，我国产业结构、产品结构的调整与升级受到了极大制约，甚至在国内市场上，我国企业由于缺乏具有自主知识产权和开发能力，也受到跨国公司严重制约。面对上述瓶颈，"建设创新型国家"战略的提出，为我国今后经济发展乃至整个国家发展指出了方向。

　　建设创新型国家，意味着要使我国经济发展由过去高投入、高能耗、高污染、低效率的粗放经济增长方式，转变为低投入、低能耗、低污染、高效率的集约经济增长方式；由依靠资金、资源等生产要素大规模投入推动增长，转向依靠人力资本投入推动经济增长；由经济单一突进，转向经济、社会、

---

　　* 《中国社会科学院院报》2006 年 1 月 26 日。

环境、资源、人口的和谐增长；由依靠外部技术来源推动技术进步与产业升级，转向依靠自主创新推动技术进步与产业升级。从这四个转变可以看到，建设创新型国家将使我国经济发展发生根本转变，实现这一历史任务可谓任重道远。

在我们朝着"建设创新型国家"目标前进时，应当看到与发达国家相比，我国目前与目标仍然有相当距离。发达国家 R&D 经费占 GDP 的比例已经达到了 3% 左右，而我国目前尚不到 2%。从研究开发经费投入的绝对规模看，我国与韩国、意大利等国大致相当，但是人均水平则远远落后。从世界各国 R&D 投入规模排名看，我国处于中等偏下水平。

在企业层面的研究开发方面差距更大，美国企业人均 R&D 投入是我国企业的 120 倍左右。我国大中型企业中有 R&D 活动的约为 30%，小企业几乎没有 R&D 活动。我国 500 强企业的 R&D 投入占销售收入的比例仅为 1.6%，远低于跨国公司 5% ~ 10% 的比例。

2001 年我国发明专利占有率仅为世界发明专利的 0.14%，而同期韩国发明专利占有率占世界发明专利的 2.04%。我国发明专利占有率甚至低于新加坡。我国每万人中开发人员数量仅为日本、俄罗斯的 1/10，韩国的 1/4。我国科学技术论文产出仅占世界的 4.38%，论文被引用数则居于世界第 20 位。

我国高技术产业虽然发展迅速，但多数企业处于产业链的中低端。计算机的毛利率只有 5% 左右，贴牌手机的专利费就占了销售价的约 20%。我国集成电路制造设备的 85%、数控机车的 70%、医疗设备的 95% 依靠进口。轿车产品中 90% 是跨国公司品牌。

从上面的扼要分析看，我国要成为创新型国家，需要付出艰苦努力，需要较长时间。同时我们也要看到，尽管这一进程充满了困难，只要举国上下共同努力，"建设创新型国家"这一战略目标是完全可以实现的。我国成为创新型国家之日，也即成为发达国家之时。

建设创新型国家，在不同领域有不同侧重点。高技术产业、战略性产业由于面临着对于技术、自主知识产权的强烈需求，要侧重原始创新能力提高，根据国家重大战略需求，在战略重点领域集中资源，加强基础研究和应用理论研究，在关键技术、关键领域重点进行突破。尤其要注重信息、生物、海洋、航空航天、新材料、新能源等产业自主开发能力的形成。

先进制造业要侧重集成创新能力和消化吸收再创新能力的提高。通过跨学科、跨产业的技术整合与集成，形成具有自己特色的技术与产品。

农业与现代服务业中，要及时地将自主创新的技术装备、科学技术成果予以应用，同时根据中国国情对引进的技术予以消化吸收，在应用中予以改良。

政府可以在以下几个方面通过政策加速推动创新型国家建设。

第一，通过财政税收政策加强对自主开发能力形成的支持。国家财政投入要侧重支持战略性的高技术产业化项目、高技术企业创业期的引导资金、产业发展的关键共用技术以及利用高技术促进传统产业技术升级和产品更新换代的补助资金等。政府财政投入对推动产学研共同攻关，也具有非常重要的支持、引导作用。

建立多渠道的促进自主创新的投融资体制。拓宽创业资本来源渠道，培育多元创业投资主体。制定相应税收优惠政策，鼓励创业资本投资于国家鼓励发展的高技术创业企业。要制定鼓励企业进行研发投入的具体财政税收政策，鼓励创业资本投资于国家鼓励发展的高技术创业企业。

外资企业在高技术产业领域本来就由于技术、资金力量雄厚而占有优势地位，再加上享受"超国民待遇"，使我国本土企业在自主开发时面临巨大压力。今后政府应当根据情况逐步取消外资企业的"超国民待遇"，同时取消外资企业的歧视性待遇，如取消对外资企业设立的研发企业、机构参与我国有关科研项目的限制与歧视。

第二，建立有利于自主创新的市场环境。建立知识产权评估和交易体系。进一步健全维护知识产权的有关法律、法规体系。发展创新型中小企业服务体系。建立有利于自主创新的法制环境，推动有关法律、法规制定。要完善有利于创新的技术标准体系，通过国际标准和先进技术标准的推广、国际计量和技术法规的执行以及严格的监管制度，促进企业技术进步。

第三，实施人才战略，加大吸引和培养高级专门人才的力度。要进一步改革人事制度，加大力度清除阻碍人才自由流动和合理配置的过时政策。制定吸引国内外科技专家参与高技术研究开发和高技术企业创业的优惠政策。鼓励人才在国际、国内自由流动。要调整出入境管理、居留制度和收入自由汇兑等方面的政策，以利吸引海外高技术人才。提高高级技术工人的待遇，着力培养高级技术工人。

第四，进一步深化改革政府对科研院所的管理体制，促进科研院所内部机制转化。加快转制科研院所现代企业制度的建立，完善治理结构，着力推动建立开放、流动、宽松的运行机制，使科研院所成为产业竞争前关键技术开发和为产业技术进步提供有力支持的研发力量。对为全行业服务的公共性研究机构，政府仍要予以财政支持。

第五，我国这样一个各级政府在经济发展中发挥巨大作用的国度，地方政府对经济发展起着重要作用。当前，各级政府尤其是经济发达地区的地方政府应当转换思路，放弃单纯强调工业总产值、GDP 的增长方式，转为鼓励、促进自主创新，推动结构调整。通过结构调整，使经济发展与生态环境、人民生活水平的提高、能源与原材料的支撑能力更加和谐。

发展小排量轿车的意义与政策[*]

最近，随着北京、上海等城市宣布对小排量轿车解禁，小排量轿车的发展初现曙光。中央政府与地方政府围绕小排量轿车发展而进行的政策博弈，也基本有了结果。据笔者所见，改革开放以来，由中央政府六个重要部委联合发文，并且由国务院办公厅转发，为某一产品的发展排除阻碍，是极少见的。由此可见，小排量轿车的发展，已经由微观经济层次的问题上升到宏观经济层次的问题，由市场经济运行层次的问题上升到公共政策制定层次的问题。对发展小排量轿车的意义与政策进行分析，不仅对我国汽车工业可持续发展具有重要意义，而且对我国经济可持续发展、政府制定经济政策、维护国家经济安全也具有重要意义。

一　何谓小排量轿车

从轿车发动机排量上对轿车产品进一步分类，把发动机排量比较低的轿车称为小排量轿车。小排量轿车在国际汽车界不是一个严格的技术经济概念，在不同国家有不同的划分。在我国，比较一致的意见是，把发动机排量在 1.5 升以下的轿车称为小排量轿车。对于是否把发动机排量为 1.6 升的轿车包括在小排量轿车之内，有不同意见。如果把 1.6 升的轿车包括在内，那么所谓小排量轿车就包括了国际上比较公认的"普及型轿车"。^① 即使不包括 1.6 升的轿车，小排量轿车也是需求量最大的。

小排量轿车只是从汽车发动机排量角度，对轿车产品予以分类。由于各

---

* 原载《经济管理》2006 年第 11 期。

① 国际公认 1.3～1.6 升轿车为普及型轿车，同时，这一档次的轿车也是需求量最大的"黄金档次"的轿车。

个汽车厂家的不同设计与市场定位，小排量轿车在其他方面有相当大的差异。尽管如此，由于技术经济约束，小排量轿车在尺寸、质量、性能等方面仍然存在着很多共同点。在产品开发、设计、制造、功能等方面甚至存在着趋同趋势。

需要指出的是，小排量轿车只是从汽车发动机排量角度对轿车进行的分类，小排量轿车并不是低档次轿车，更不意味着水平、质量、性能的低下。实际上发达国家大汽车公司生产的产品中，相当一部分是小排量轿车；在国际名牌汽车中，也不乏小排量轿车。例如，著名的"甲壳虫"轿车、目前正在欧洲生产的"斯玛特"轿车等。小排量轿车可以具有相当高的水平、质量，可以比较舒适，在外形上相当时髦，同时在安全方面也不低于其他档次的轿车。小排量轿车的水平、质量、安全、舒适、时髦，取决于设计、制造与消费者的需求（豪华选装件的安装），但是发动机的小排量决定了其与其他档次轿车相比，在相同技术水平下，必然是比较节约能源的。小排量轿车并不意味着在环境保护方面降低水平。正因为如此，中央政府在解除对小排量轿车限制的文件中，特别指出了"鼓励节能环保小轿车的发展"。

二 小排量轿车解禁的历史背景

我国限制小排量轿车的政策是 20 世纪 80 年代中后期陆续出台的。首先是北京市政府对于大发微型面包车采取了某些限制政策，随后是对夏利、奥拓等微型轿车采取了同样的限制政策。到 21 世纪初，对小排量轿车采取限制政策的大中城市达到 78 个，限制的方式、对象略有不同。例如，广州市从 2001 年 8 月起对排量为 1.0 升及 1.0 升以下的车辆不再核发牌证，从 2002 年 5 月开始，限制广州市排量 1.0 升以下车辆驶入内环路和市区主干道，限制外市籍排量 1.0 升以下车辆进广州市区。限制政策主要是以地方行政法规的方式体现的，运用的主要是行政手段。

综合各地方政府对于小排量轿车进行限制时宣称的原因，限制小排量轿车主要出于以下原因。

首先，小排量轿车在技术、安全等方面的确存在某些问题，例如，排放不达标、半路抛锚、对乘客保护相对差一些等。其次，为了解决城市交通过于拥堵的问题。再次，为了减少城市污染。最后，为了维护城市形象。

某些地方政府在对小排量轿车进行限制时，还有一个说不出口的原因：

对本地汽车产品进行保护。

从上面的原因看，应当说，20 世纪 80 ~ 90 年代，地方政府对小排量轿车的限制有某些合理因素，但是总体而言，当时采取的这些限制政策也是不适当的。因为，小排量轿车存在的问题，只能在发展中解决，而不能单纯依靠行政手段予以限制。采取限制政策的结果是，在我国汽车工业中形成了以中高档轿车生产为主的不合理产品结构，在汽车消费中形成了以中高档轿车为主的不合理消费结构，使我国具有比较优势的小排量轿车发展迟缓。

正因为如此，中央政府早就出台了有关政策，禁止对小排量轿车采取歧视政策。1994 年颁布的《汽车工业产业政策》中，明确规定："任何地方和部门不得用行政和经济手段干预个人购买和使用正当来源的汽车。"其后中央政府有关部门多次下达了类似的文件，但收效甚微。

进入 21 世纪后，随着我国小排量轿车技术水平的提高，我国能源供应问题的日益突出，汽车在我国石油消费中逐步占有主要地位。加入 WTO 后，市场经济规则的推进，使小排量轿车解禁成为涉及经济全局的问题，于是有国务院办公厅《关于鼓励发展节能环保型小排量汽车的意见》及中央六部委很有力度的文件出台，小排量轿车的解禁终于成为可能。

三 对小排量轿车解禁的重要意义

首先，促进小排量轿车发展，对于缓解我国日益严重的能源供应，主要是石油供应具有战略意义，是推进我国经济可持续发展，保证我国经济安全的一个重要战略措施。

20 世纪 90 年代末以来，我国石油进口持续增长。2004 年，我国全年原油进口量突破 1.2 亿吨，增幅达 34.8%，其中 45.4% 来自中东，28.7% 来自非洲。中国原油对外依存度已经超过 40%。近年来，随着我国石油进口渠道多元化战略的实施，我国增加了与俄罗斯、中亚等非中东地区的产油国的石油贸易，但中东地区仍是我国重要的进口石油来源。据预测，到 2010 年，我国从中东地区进口的石油仍将占 40% 左右。中国石油的 50% 用于汽车消费，我国汽车工业规模持续扩大，汽车消费迅速增长，以及汽车燃油消费的增长，不仅在战略上增加了我国整体的国家经济安全成本，而且使汽车工业对国际油价波动日益敏感。

汽车是我国石油消耗的最主要领域。根据预测，如果不在改进能源利用效率方面做出巨大努力，石油供需缺口会越来越大，不仅影响全社会能源供应，而且对国家经济安全产生巨大影响（见表1）。目前我国轿车普及率为3.4辆/百人，按照目前百公里油耗，我国轿车普及率接近发达国家平均水平时，石油供应绝对难以保证。未来5~10年，我国汽车生产量将增长一倍，汽车能源只能增长50%。2003年我国汽车单车年耗能为2.5吨，比美国的1.9吨、德国的1.2吨、日本的1.07吨分别高出31.6%、108.3%、133.6%。[①] 国家"十一五"规划制定了降低能耗20%的指标，汽车工业对此负有重大责任。只有大力发展小排量轿车，才能大幅度地节约能源、降低能耗。因此，发展小排量轿车，是保证我国经济稳定发展的重要战略措施。

表1　2010~2020年中国汽车工业石油消耗量预测

单位：万吨

年份	2010	2015	2020
汽油消耗量	7042	9161	12339
柴油消耗量	7115	9346	9445
燃油总消耗量	14157	18506	21784

根据预测：2020年中国石油产量约为1.85亿吨，届时石油供应将比较紧张。

资料来源：广州汽车工业集团有限公司、中国汽车技术研究中心研究报告。

促进小排量轿车发展，不仅有利于节约能源，也有利于节约原材料。由于我国铁矿石、某些有色金属的日益短缺、进口日增，通过调整产品结构，促进小排量轿车发展，也有利于我国汽车工业缓解原材料的制约，增强国际竞争力。

其次，对小排量轿车解禁，促进小排量轿车发展，是推动汽车工业走可持续发展道路的重要措施。我国轿车消费目前形成了以中高档轿车为主的消费结构和生产结构，这与我国国情是很不协调的。

我国的轿车消费中，中高档轿车占比过高，中小排量轿车占比偏低。1.6~2.0升轿车占市场份额的50%；1.0~1.5升轿车占市场份额的26%；1.0升以下的轿车只占市场份额的约6%。我国中高档轿车所占市场份额，甚至高于发达国家。这种产品结构与我国能源供应条件严重不符。对小排量轿车解禁，促进小排量轿车发展，有理于加速形成符合我国国情的轿车消费结

① 李新民：《在首届中国汽车发展环境（国际）论坛上的讲话》，2006年2月28日。

构与生产结构。

再次,小排量轿车发展有利于缓和城市交通压力。我国汽车平均使用率高达80%,大大高于发达国家。城市交通拥挤,已经成为普遍现象。以北京为例,目前主干道饱和度已经达到90%,交通高峰时平均车速仅为11公里每小时。到2004年底,北京市各类夜间停车位加起来不过90多万个,与220万辆汽车保有量相比严重不足。小排量轿车无论是行进中对道路的占用,还是停放时对停车场地的占用,都比中高档轿车要少。

复次,汽车工业后发国家在追赶先进国家时,从小排量轿车起步,逐步向中高档轿车发展;先进入国际小排量轿车市场,再进入中高档轿车市场,是发展规律。政府支持小排量轿车的发展,为我国汽车工业逐步进入国际市场创造了条件。

最后,汽车工业的发展是为了提高多数人的福利,而多数人需要的是小排量轿车。发展小排量轿车体现了以人为本的发展理念。从市场竞争角度看,解除对小排量轿车的限制,体现了平等竞争、消费者自由选择的市场规则。

四 对发展小排量轿车政策的分析

(一) 对政府鼓励小排量轿车发展政策的分析

2006年初以来,中央政府采取了一系列促进小排量轿车发展的政策。主要是通过行政手段解除对小排量轿车的限制,通过税收手段引导小排量轿车发展,例如,调整了轿车消费税。这些政策已逐步产生效果。2006年已经有70%的汽车消费者购买15万元以下的轿车。

为加速小排量轿车发展,政府政策还有进一步完善与丰富的空间。

首先,汽车消费税仅仅在消费者一次性购买时发生影响,因此仅仅依靠消费税的调整,不足以引导消费者选择小排量轿车。国际上比较通用的是,通过燃油税调节汽车消费。燃油税不仅对轿车消费产生调节作用,对所有汽车的消费都产生调节作用;不仅对轿车购买产生调节作用,对轿车的使用也产生调节作用。同时,由于燃油税与汽车的使用成本直接联系,因此其节油效果也更加明显。

其次,在政府机构及事业单位对公务用车进行政府采购时,要适当采购小排量轿车。长期以来,我国政府及事业单位行政配车,似乎理所当然地要配备中高档轿车。从为节约政府财政开支做出表率出发，政府应当考虑配备小排量轿车。

再次，政府应当支持小排量轿车的研发。目前，我国生产小排量轿车的厂家主要是民族资本企业，在与跨国公司的竞争中处于弱势，同时又已经在研发方面取得了相当的进展。政府应当在研发方面予以重点支持。

同时，政府应当对所有车型一律实施严格的污染排放、安全、质量标准，推动汽车产品（包括小排量轿车）技术水平的提高。

复次，应当逐步调整能源价格，使之逐步与国际市场接轨，通过价格机制促进能源合理利用，引导轿车理性消费，促进小排量轿车发展。

最后，对已有政策需要加强督察，进一步落实。以往我国中央政府采取的推动小排量轿车发展的政策之所以不被重视，缺乏有力的行政督察是一个重要原因。

（二）中央政府与地方政府对小排量轿车的政策博弈分析

对我国中央政府与地方政府对于小排量轿车的政策博弈进行分析，不仅有利于我国经济政策的制定，而且有利于我国一般公共政策的制定，因此笔者想在此进行扼要的分析。

首先，中央政府与地方政府对小排量轿车政策的制定，是从不同的发展目标出发的。中央政府的政策目标按照顺序是：维护国家经济稳定发展，节约能源、资源，维护统一的市场与市场运行规则。地方政府的政策目标顺序是：交通顺畅、环境保护、本地经济与就业（通过保护本地汽车企业）、城市形象。显然，中央政府的政策目标具有更高的追求与更强的合理性。应当说，中央政府的政策目标与地方政府的政策目标，在基本理念上是相容的。但是，也要看到，地方政府某些政策目标及干预方式导致了政策的不合理。例如，地方保护、城市形象的维护，就谈不上什么合理性；政府行政限制达到国家规定标准的产品的生产，也违反市场经济规则，甚至是违法的。正因为如此，中央政府从国家全局出发制定的政策，从合理性、合法性方面应得到贯彻。

既然中央政府的政策与地方政府政策都有其合理性，在许多部分是相容的，为什么会产生矛盾呢？对此进行深入分析，就可以发现这种状况的出现，源于公共政策内部的深刻矛盾。各种公共政策即便在理念上是相容的，在具体操作过程中，在具体目标上也可能是相互矛盾的。即便在同一层次政府做出的政策决定也可能相互冲突。公共政策在实施过程中，其带来的利益必然是非均衡分布的。利益的非均衡分布，导致政策效果具有特殊的空间、时间指向，只有在一定的空间、时间内才会被特定的利益团体顺畅地接受。因此具有全局性的公共政策，可能与局部性的公共政策相冲突，导致同样具有正外部经济效果、社会效果的政策，可能相互冲突。解决这一矛盾的途径是使局部性公共政策服从全局性公共政策，同时要考虑在两者兼容部分体现局部性公共政策所反映的合理利益需求。

其次，中央政府与地方政府对小排量轿车政策的矛盾之所以存在，是因为对小排量轿车的管理，从公共管理角度看，可以说是一个地方问题。但是，由于地方政府政策不合理，中央政府从国家经济发展全局看必须对此加以干预。由于我国各级政府对经济发展影响力仍然非常大，因此今后还会有类似事情发生，这就需要明确界定中央政府与地方政府行政权力运作之界限与分工。目前我国这方面的法律有待健全。

再次，前面已经分析过，中央政策之所以被忽视，就行政权力运作本身来说，缺乏相应的监督机制与激励机制是重要原因。计划经济体制下，中央政策对地方政府来说，由于有物资、金融、人力等方面的约束，地方政府必须执行。现在，随着地方政府财力的增强、中央与地方事权的分工，如何构筑合理的行政权力运行方式、合理的行政激励方式，成为值得探讨的问题。

此次中央六部委出台的政策，包括了监察部，这是意味深长的。任何国家的行政机器在法制基础上运行，都有一个如何进行效率监督的问题。这次解除对小排量轿车的限制，不仅对汽车工业发展有重要意义，在探索中央政府行政权力如何运作、提高国家行政管理水平方面也具有重要意义。

最后，中国幅员广大、地区差异甚大、政策执行成本较高，因而从历史上看，历来中央政府制定政策时为地方政府根据本地区情况酌情而行预留了空间。在市场经济背景下，在信息化时代，政策的执行成本虽然降低了，但是地区差异仍然存在，如何为地方政府执行政策留有余地，同时提高政策的可操作性、有效性，既是一个公共管理的哲学问题，也是一个公共政策制定的实际问题。

中国汽车工业与全球采购[*]

对于企业来说，全球采购主要有两重意义：通过进行全球采购，在全球范围内优化资源配置；通过进入跨国公司的全球采购体系，获得稳定的市场份额。前一种意义上的全球采购，企业处于主动状态，处于这种状态的企业一般是在产业内处于强势地位的企业。后一种意义上的全球采购，企业相对处于被动状态，处于这种状态的企业一般是在产业内处于弱势地位的企业。

作为一个基本实现了全球化的产业，全球采购对于汽车工业的生产、经营、开发都具有重要的作用。首先，汽车工业跨国公司通过全球采购，逐步推动了全球汽车工业的分工格局。其次，通过全球采购，进一步促进了汽车工业在全球的专业化生产、经营。再次；汽车工业企业通过全球采购，降低了成本，优化了资源配置。最后，全球采购使汽车工业企业之间的竞争，转变为不同供应链条之间的竞争，使企业之间的竞争，转变为企业系列之间的竞争，使单一国家内的竞争转变为区域、全球范围内的竞争。全球采购，是汽车工业生产力全球化、市场全球化的集中表现。

中国汽车工业自中国加入 WTO 后，加速融入世界汽车工业体系，加速开放。因此，全球采购对于中国汽车工业发展也具有越来越重要的意义。本文扼要地对中国汽车工业全球采购的进程、发展趋势、问题及对策进行分析。

一 中国汽车工业企业开展全球采购的进程

中国汽车工业企业的全球采购进程可以分成两个阶段。

第一阶段：从 20 世纪 80 年代中期到 20 世纪末。

中国汽车工业企业的全球采购是随着改革开放进程的不断深化而逐步展

---

[*] 原载《全球采购》2005 年第 2 期。

开的。随着中国汽车工业企业与跨国公司进行合资,合资企业不得不在全球范围内采购跨国公司提供的整车产品所需要的汽车零部件,以 CKD 方式进行汽车生产。随着汽车自制率的提高,逐步减少全球采购份额。

这一阶段汽车企业的全球采购,处于非常被动的状态,不仅没有自主选择能力,而且缺乏价格谈判能力,只能被动地接受跨国公司提供的汽车零部件。所谓 "全球采购" 只是汽车零部件来源和财务意义上的全球采购。即使是这样的全球采购,这一阶段的全球采购主体也仅限于若干大的合资企业。

尽管如此,中国汽车工业企业还是通过这一阶段的全球采购,逐步熟悉了国际市场,逐步具有了进入全球采购体系的知识和感觉,逐步培养了一批人才,逐步认识了全球汽车工业的全球采购规则与技术。

第二阶段:20 世纪末至今。

随着中国加入 WTO,中国汽车工业迅速发展,中国汽车工业的开放度进一步提高,全球采购对于中国汽车工业具有了完全不同的含义。

首先,随着自身能力、规模、地位、技术水平的提高,中国汽车工业企业在全球采购中逐步提高了谈判地位。由于中国汽车零部件工业的发展,中国汽车工业企业通过逐步国产化提高了汽车零部件生产的水平、扩大了规模,使合资企业为了减低成本而不得不在中国进行采购。同时在中国采购汽车零部件产品时,低成本的优势也在逐步显现。

其次,中国汽车工业企业开始从自身系统集成优化的需要出发进行全球采购。例如,上海汽车集团建立了所属企业共用件联合采购制,组织企业按照统一品质规范,参与全球零部件采购。一汽集团已经初步建立起全球采购及营销体系。先后在亚洲、非洲、欧洲、美洲建立了五大地区性公司,已与80 多个国家和地区的 1000 多家企业、贸易公司、分销商和代理商建立了业务关系。进出口总额截至 2001 年已累计达到 51.9 亿美元,其中出口各种商用车、乘用车 4.6 万辆。陕西汽车厂通过全球采购,以性能优良的发动机装备新车型,使其重型车在中国汽车市场上成为有竞争力的产品。

再次,中国汽车工业企业开始以较大规模进入跨国公司的全球采购体系。跨国公司通过在中国进行零部件采购,降低成本,减少风险,降低技术开发投入规模。例如,福特公司 2002 年 4 月在上海建立了采购中心,2003 年开始在中国迅速增加零部件的采购量,用于福特在欧洲和北美的市场。在东风汽车公司与日产汽车公司的合作中,日产承诺将上海、十堰、襄樊等地汽车零部件供应商纳入其全球采购体系。中国汽车零部件已被越来越多跨国公司锁定为采购目标。

最后，中国汽车工业在政府政策支持下，已经开始逐步具备支持企业进行全球采购的基础设施。例如，上海正在筹建亚洲最大的上海国际汽车城零部件全球采购平台，通过这一平台对接国际汽配供需链，为中国汽车零部件企业走向世界、进入跨国公司全球采购系统服务。中国的汽车工业大企业在建立国内网上采购平台的同时，也在单独或合作建立网上采购的开放平台。

可以说随着 21 世纪初中国汽车工业的加速发展、对外开放的进一步深化，中国汽车工业的全球采购已经起步，并且将加速发展。全球采购已经成为中国汽车工业企业在本国市场生存发展、获得国际竞争力、提高生产经营水平与能力、开发新产品所必需的重要战略措施。

二　中国汽车工业企业推进全球采购的发展背景与趋势

21 世纪初将是中国汽车工业企业不断加速全球采购步伐的时代。之所以这样说，是出于如下背景。

首先，中国必然成为世界汽车工业的制造中心，这已经是看得很清楚的事情。中国汽车产销量 3 年翻了一番，汽车产品结构也得到进一步优化。2004 年中国汽车工业产销量分别为 507.05 万辆和 507.11 万辆，同比分别增长了 14.11% 和 15.50%。汽车产销量首次双双突破 500 万辆，连续 3 年每年跨上一个百万辆级台阶。其中轿车产销量分别为 231.63 万辆和 232.65 万辆，同比增长 11.99% 和 15.17%。笔者认为，中国汽车工业至少在十年内可以保持 9%~10% 的年增长率，中国将成为世界上最大的汽车市场。作为世界上最大的汽车生产基地和最大的汽车市场，中国也必然成为世界汽车工业全球采购的中心（包括对外采购与对外供货）。

21 世纪初，跨国公司已经把中国作为其全球战略部署中的区域性制造中心。其典型代表是，本田公司、东风汽车公司、广州汽车集团合资在广州设立了本田专门向亚洲、欧洲出口产品的加工生产基地，产品 100% 出口。上海通用已经开始大量向菲律宾出口别克 GL8，向加拿大出口发动机，这是中国第一次向发达国家出口大排量的汽油发动机。

中国汽车工业在国际汽车分工中具有一定的比较优势：中国汽车工人的工资只相当于日本工人的 1/15~1/10，在商用车生产方面具有一定竞争力，在某些劳动力密集的汽车零部件生产方面具有一定竞争力，在大批量生产的普及性轿车生产方面可望有一定竞争力,在技术开发方面也具有低成本的优势。中国作为跨国公司的生产制造基地必将推动中国成为全球采购中心。

其次,中国汽车工业逐步获得技术开发能力,中国汽车市场的逐步扩大,中国汽车工业的标准将逐步得到国际承认,为中国汽车工业零部件进入国际汽车体系创造了环境与条件。外国供货商也将逐步把争取进入中国汽车企业的采购体系作为自己的目标。

再次,中国汽车零部件企业迅速成长,发达国家的汽车零部件企业正加速向中国转移。2003年,我国汽车零部件制造业实现利润总额239亿元,同比增长46.86%;汽车零部件出口额为43.1亿美元,增长32.1%。2002年12月18日,德尔福、霍尼韦尔等8家汽车零部件跨国公司通过了上海市外经委和外资委的认定,获得了在上海设立地区总部的认定书。世界最大的汽车零部件厂商——德尔福公司在我国的投资已超过2.5亿美元,建立了10家合资企业、1家独资企业和9家合资公司。

复次,中国汽车工业开始逐步扭转进口远大于出口的局面。中国汽车工业2004年累计进口汽车17.1万辆(含成套散件),同比增长了9.8%,与2003年相比增幅下降了25个百分点,汽车进口量仅占同期汽车销售量的3.37%。其中,轿车累计进口10.45万辆,同比增长12.94%,与2003年同期相比增幅下降35.6个百分点。

2004年累计出口汽车13万辆,同比增长190%,与2003年相比增幅提高了94个百分点。其中,轿车出口呈现高速增长态势,累计出口0.93万辆,同比增幅达到227%。中国汽车工业实现进出口平衡为期不远。

随着中国汽车生产规模的扩大、产品水平的提高,以及进入国际市场的步伐不断加速,中国汽车工业企业(尤其是整车生产企业)必然在全球扩大采购,以获得国际竞争力。

最后,中国汽车工业发展中面临的资源约束越来越大,因此中国汽车工业的全球采购范围不仅是汽车零部件,而且将全面波及各种原材料。

2004年中国汽车工业在面临很大市场压力的情况下,还面临着来自能源、原材料、道路交通等方面的压力。2004年燃料和动力购进价格上涨10%左右;钢材价格上涨10%~15%,铅、镍、铜、锑的出厂价格涨幅为9.50%~43.60%。全行业产品销售成本的增长始终高于产品销售收入的增长,盈利下滑明显。由于上游产品涨价,汽车工业企业(尤其是轿车生产企业)不得不在持续降价的同时,消化由于原材料、能源涨价等原因造成的产品成本上涨。

为了保持竞争力、降低成本，中国汽车工业企业必然要不断扩大原材料海外采购的比重。

对上述背景分析，我们可以看到，中国汽车工业企业的全球采购范围将迅速扩大，采购量将迅速增加，采购内容将日益丰富。中国汽车工业的全球采购将逐步成为影响世界汽车工业生产、销售的重要因素。

从发展趋势看，在 2010 年前中国汽车工业企业参与全球采购，将主要体现于争取进入跨国公司的汽车零部件全球采购体系，整车生产厂家为整车制造而进行的全球采购规模逐步扩大。整车生产厂家全球采购的主要目标是关键的汽车总成、零部件。对汽车工业发展所需要的原材料的采购将逐步增加，其中高附加值原材料（例如高强度钢板、铝合金等）将增加较快。

随着中国汽车工业企业能力、水平的提高，2010 年后，中国汽车工业企业为进行系统集成而在全球进行的采购将逐步成为汽车工业全球采购的主要内容。中国汽车工业企业在全球采购中的地位将逐步提高。中国汽车工业为生产整车在全球进行零部件、原材料采购和跨国公司供货体系在中国进行的零部件采购，形成的双向物流，将成为影响世界汽车工业的重要因素。中国汽车工业全球采购的规模、价格、内容将为全球汽车工业企业所瞩目。

从地域分工看，我国的长江三角洲、珠江三角洲、环渤海地区、东北地区将首先卷入全球采购的潮流。此后，沿长江、东部海岸线扩散，武汉、重庆、西安等汽车工业比较集中的内陆大城市将陆续进入。

中国汽车工业在进行全球采购时，首先会注重欧美、日本等发达国家。2010 年以后，亚洲国家在中国全球采购中的比重将逐步上升。中国汽车工业进行全球采购的国家，在相当长时间内以欧、美、日为主。

三　中国汽车工业企业进行全球采购面临的问题

首先，中国汽车工业企业的水平、能力、规模还有待提高和扩大。中国汽车工业企业生产规模相对仍然较小，因此规模经济效益差，许多汽车零部件产品难以在国际市场竞争。跨国公司的订单往往一次就是几百万套（只）甚至几千万套（只），而我国的汽车零部件企业年产量也只是接近百万套（只），而且往往水平低、质量差，难以达到跨国公司的供货标准。

其次，中国汽车工业企业缺乏高水平的全球采购队伍，缺乏高水平的人才，尤其是精通跨国公司采购规则与策略的人才。对于世界汽车市场仍然研究得很不够。

通过网上平台进行全球采购已经成为跨国公司的主要途径。欧、美、日的跨国汽车公司都已经建立了 B2B 电子商务平台，进行网上采购。2000 年 2 月，通用、福特、克莱斯勒公司联合组建了世界上最大的电子交易市场，通过电子商务中心的科维森特（COVLSINT）网站，与他们的 5 万多家供应商联网，通过网络进行汽车零部件的采购。通过 B2B 电子商务平台，跨国公司掌握了全球采购的主导权。我国的大汽车公司尚未开展这方面的工作。

再次，中国汽车工业为全球采购而建立的基础设施仍然严重不足，在信息交流、标准化推进、技术平台运作等方面仍然存在着许多缺陷和障碍。从更加广泛的范围看，我国工业发展面临的许多共同问题也影响着全球采购。例如，网上交易缺乏金融体系的支持，缺乏必要的法律保证，运输体系不畅，等等。

最后，中国汽车工业仍然缺乏具有权威、信用、能力，为行业全球采购提供高效服务的中间商、中介组织。

四　加速中国汽车工业企业全球采购的对策

首先，政府要对汽车工业进行全球采购的基础设施的建设与发展提供必要的支持。例如，对发展中国汽车工业全球采购网络平台，政府就可以予以适当支持。

其次，政府机构和行业中介组织，可以通过开展全球采购有关的培训、国际交流等为汽车工业企业培养人才，提高汽车工业企业的全球采购能力。

再次，政府可对为汽车工业全球采购服务的中间商、中介组织的发展给予适当的政策鼓励。同时，可以通过对外开放，引进外资企业从事这方面的工作。政府应当鼓励、引导中国汽车工业的大企业共同发展全球采购体系，鼓励汽车工业集聚地区的地方政府支持和发展为当地汽车工业全球采购服务的基础设施。

最后，对信息时代网络平台交易的某些共性问题（网上交易缺乏金融体系的支持、缺乏必要的法律保证、运输体系不畅等），要加速推进改革和技术进步，为汽车工业全球采购创造必要的宏观环境。

经济发展、产业升级与轿车工业*

当前我国政府、学术界、企业界比较一致的共识是，要使中国经济进一步得到发展，中国经济在 21 世纪继续保持较快的速度增长，就必须进行产业升级。只有进行产业升级，才能提高中国工业的素质，才能提高中国工业的国际竞争力，才能使市场供求在新的基础上获得平衡。

在关系中国经济发展的产业升级进程中，轿车工业处于什么位置、对产业升级起着什么样的影响是本文要着重回答的问题。为了使这一问题在更广阔的背景下得到正确的回答，笔者认为有必要对中国经济、中国工业目前的总体态势进行扼要的分析。在对中国经济、中国工业发展的若干重大问题进行深入分析的基础上，结合轿车工业的发展进行论述。

一 中国工业化发展阶段与轿车工业

分析中国轿车工业发展与产业升级的关系，首先要对中国现阶段工业化发展所处的阶段有一个准确的认识。中国目前处于工业化的哪一阶段呢？对此政府官员、学术界有着不同的看法。有的人认为中国工业化的初级阶段已基本完成，有人认为中国已处于工业化中级阶段。究竟应当如何看待中国的工业化发展阶段呢？笔者想通过扼要的分析予以说明，进而说明汽车工业乃至轿车工业在当前工业化阶段的巨大作用。

国际经济理论界有关工业化的理论认为，反映工业化阶段演进的内容主要有三个方面：一是人均收入水平（GDP 或 GNP）的变动，二是三次产业产值结构和就业结构的变动，三是工业内部结构的变动。我们可以从这三个角度来对中国工业化水平加以判断。但是，需要强调的是，中国工业化进程的

---

* 本文为制定"十五"计划向国家计委提供的研究报告。

特殊性，使我们在运用这些指标进行判断时遇到了困难。从国际比较看，衡量工业化阶段的主要指标是具有内在联系的，而我国的相应衡量指标存在着较大差别。因此，我们需要对这些指标的国际比较进行具体分析。

1. 从人均收入水平看，中国工业化只处于初期阶段

对于中国的人均 GDP 或 GNP（这两个数据在中国差别很小）美元数，国内外有很多不同的测算数据。表 1 列出了三种较有影响的数据，并根据笔者对人民币与美元的购买力平价值的判断，增加了以 1990 年不变价格测算的美元数据。从表中可以看到，与钱纳里等人的人均收入水平模式所反映的四个工业化阶段相比，中国按世界银行图表集方法计算的人均 GNP 美元数，还没有进入工业化的第一个阶段；按笔者估算的人均 GDP 美元数，大概自 1993 年以来处于工业化的第一个阶段；而按照世界银行 PPP 方法测算的现值国际美元和麦迪森测算的 1990 年美元数，则从 1994 年以来已经进入了工业化的第二个阶段。总的说来，中国的人均 GDP 美元数所反映的工业化阶段，大概只处于钱纳里等人按人均收入水平划分的第一阶段至第二个阶段之间。

以表 1 中麦迪森对中国人均 GDP 的测算数据与他对其他国家人均 GDP 的同样测算结果相比，中国 1998 年的人均 GDP 水平大概相当于日本 1958 年的水平，韩国 1975 年的水平，泰国 1987 年的水平，以及拉丁美洲大国巴西 1970 年的水平。而用笔者的测算结果为中国 1998 年的人均 GDP 水平分别只

表 1　中国人均 GDP 的不同测算数据（美元）

人均 GNP		人均 GNP	人均 GDP	人均 GDP
当年美元现值国际美元 1990 年美元			1990 年美元*	
1990	370	1950	1858	817
1992	470	1910	2098	993
1993	490	2330	2277	1114
1994	530	2510	2475	1241
1995	620	2920	2653	1356
1996	750			1470
1997	860	3570		1582
1998				1688

注：* 按 1990 年不变价格计算的人均 GDP 人民币换算为美元。世行图表集世行 PPP 方法麦迪森按 1∶2 的 PPP 值换算。

资料来源：世界银行《世界发展报告》相应年份；安格斯·麦迪森《中国经济的长远未来》，新华出版社，1999，第 262 页；《中国统计摘要》，1999。

相当于日本 1948 年、韩国 1966 年、泰国 1972 年，以及巴西 1950 年的水平。单纯从人均 GDP 水平看，后一种比较结果也许更符合实际情况，但对于人均 GDP 水平所反映的工业化阶段来说，中国的工业化阶段相当于这些国家在这些年份的工业化水平吗？

2. 从产业结构水平看，中国的工业化已到了中后期阶段

在中国三次产业的产出结构中，由于结构偏差的存在，第二产业一直占最大比重。以当年价格计算，1996～1998 年第二产业的年平均比重为 49.3%，高于一般模式中工业化完成阶段的第二产业比重；而第一产业的比重 1995 年以后下降到 20% 以下，1996～1998 年的平均数为 19%，这标志着工业化进入了中期阶段。总的说来，中国三次产业的产出结构所反映的工业化阶段，已经处于工业化的中后期。

第二产业的比重高是由于工业的比重高。1996～1998 年工业增加值在 GDP 中的平均比重为 42.5%，也达到了一般模式中工业化结束阶段的水平。而制造业增加值在 GDP 中的比重，以独立核算工业的数据换算（我国没有公布整个制造业的增加值数据），1997 年为 37.5%，同样高于一般模式中工业化第三个阶段结束时的制造业水平（即标志着制造业比重最高水平或自然限制的 36%）。也就是说，中国工业或制造业在 GDP 中的比重所反映的工业化水平，已经达到甚至超过了工业化完成阶段的水平。

但是，从三次产业就业结构看，1998 年第一产业的比重仍高达 49.8%，第二产业的比重只有 23.5%，这种就业结构水平所反映的工业化水平只处于一般模式中工业化的第一个阶段。这种情况与人均 GDP 水平所反映的工业化阶段是一致的。显然，这与中国劳动力人数庞大而第三产业不发达有很大关系。

3. 从工业结构高度看，中国的工业化处于中期阶段

在工业化过程中，工业内部结构的变动一般要经历三个阶段四个时期。即重工业化阶段，分为以原材料工业为重心和以加工装配工业为重心两个时期；高加工度化阶段，分为以一般（或资源密集型）加工工业为重心和以技术密集型加工工业为重心两个时期；技术集约化阶段，也分为以一般技术密集型工业为重心和以高新技术密集型工业为重心两个时期。其中上一个阶段的第二个时期同时也是下一个阶段的第一个时期。一般来说，当工业结构由重工业化向高加工度化阶段转变时，工业化进入了中期阶段；而当高加工度化向技术集约化阶段转变，技术密集型工业上升到占较大比重时，工业化到了后期阶段。经过改革开放前的重工业化以及 20 世纪 80 年代后期的补课，中国已基本完成了以原材料工业为重心的重工业化阶段，但在向以加工装配工业为主的高加工度化阶段转变的过程中，消费品工业过度扩张，而重加工工业尤其是装备工业没有得到应有的加强和发展，导致高加工度化阶段一直停留于以一般加工工业为重心的时期，不能逐步升级并向技术集约化阶段转变。一般加工工业（资源密集型加工工业）的比重很高，技术密集型加工工业的比重较低。因此，尽管我国的工业比重很高，但工业结构高度只处于工业化的中期阶段。

4. 总体上中国工业化发展阶段大约处于中期阶段上半期

综合以上三个方面的分析，人均 GDP 水平的变动决定着需求结构的变动，是工业化阶段演进的基本动因，因而人均 GDP 水平反映的工业化阶段是一个较为客观的指标。而三次产业结构和工业内部结构的变动受到国家经济发展战略、结构导向机制（市场或计划），以及宏观产业政策的影响，其反映的工业化阶段往往包含了一定的主观因素，特别是中国结构偏差（工业比重过高）的特点使产业结构水平难以直接作为判断工业化阶段的依据。因此，如果以人均 GDP 水平指标为主要依据，以产业结构水平和工业结构高度两个指标为辅助依据来判断中国的工业化进程，那么，在三阶段的划分中，中国目前大概处于工业化中期阶段的上半期；在四个时期的划分中，中国目前大概处于工业化的第二个时期。

工业化的基本支撑力量，是工业尤其是制造业的技术变化、专业化以及贸易扩张，正是这些力量推动着人均产值或生产率的上升。从其他国家的经验看，工业化水平的提高一般伴随着工业增长质量和国际竞争力的提升，而我国工业结构升级缓慢影响了这两个方面的进展。因此，在推进工业化的过程中，加快工业结构的升级是一个重要任务。

尽管我国工业已经得到了长足发展，但与其他工业化国家相比仍然存在着明显的差距。从另一个角度看，这些差距又反映了我国工业进一步发展的潜力。第一，我国的一些工业产品虽然总量很大，但人均占有量却非常低。目前我国的钢产量和化肥产量已居世界第一位，发电量居世界第二位，但 1998 年这三种产品的人均占有量依次只有 93 公斤、24 公斤和 0.09 瓦/小时，而美国（1995 年）分别为 356 公斤、98 公斤和 1.24 瓦/小时，德国（1995年）分别为 515 公斤、59 公斤和 0.56 瓦/小时。由于对工业制成品的需求与人口数量密切相关，因而工业品人均占有量上的差距也就表明了我国工业数量上的增长空间。第二，从制造业增加值率这个反映增长质量的重要指标看，1997 年我国仅为 26.3%，而美国、日本、英国、法国和韩国分别达到 46.5%（1991 年）、40.4%（1992 年）、42.1%（1992 年）、38.2%（1992 年）和41.9%（1991 年）。很显然，较高的增加值率表明在总产出数量一定的条件下可以实现更多的增加值，因此，如果我国制造业的增加值率能够不断缩小与发达国家的差距，那么我国的工业将会获得新的增长潜力。

从总体上看，今后我国的工业发展仍将面临许多有利条件，如相当高的储蓄率、较稳定的局势、素质不断提高的劳动力、广阔的国内市场、有效的后发优势和较强的政府宏观调控能力等。与此同时，我国工业的进一步发展又存在着一些制约因素，如国有企业改革进展相对缓慢、城市化进程严重滞后、工业企业缺乏市场竞争力、资源和环境的压力加大等，这些都是短期内难以克服的问题，必须经过长期的艰苦努力才能逐步解决。这又表明，未来我国工业发展在具有良好前景的同时，也面临着严峻的挑战。

目前我国工业已经进入重工业化中的高加工度化阶段或投资推动阶段，根据工业化国家和新兴工业化国家的发展经验，在这个发展阶段，我国工业进一步发展的机会将主要来自以下两个方面。一是工业结构的升级。工业结构升级既可以适应需求结构的变化，又可以促进工业生产率的提高，从而能够有力地推动工业的发展。当前工业结构的升级方向主要是发展加工组装制造业，尤其是其中的装备制造业，要大力推进这些行业的深层次进口替代。此外还要注意发展一些适应市场需要的、高技术含量和高附加价值的新兴工业。二是固定资产的全面更新。长期以来，落后的技术装备是导致我国工业粗放型增长的重要原因。在新的发展阶段中，淘汰落后技术和缺乏竞争力的中间技术，全面更新技术手段和生产设备，是工业集约型增长的迫切需要。工业固定资产大规模更新形成的投资需求将有力地拉动工业的增长，同时这一过程又能有效地推动工业结构的高加工度化进程。

从现在到 21 世纪的前 50 年，中国要逐步实现由工业大国向工业强国的转变，不仅要继续推进工业化，而且要尽快全面提高工业化的水平和效率，提高工业的科技开发能力，提高高附加值产业在工业中的比重。因此，"十五"期间，中国应当推行工业结构适度重型化的工业化战略，提高重制造业在工业中的相对投资力度和增长速度，尤其是要提高装备工业的比重和技术水平。这是加快我国工业结构向技术集约化阶段转变的重要条件，也是将工业化与现代化结合起来同时推进的希望所在。要实现这一目标，就必须以一个市场广大、产业链长、波及效果大、规模经济特点突出的产业为原动力。在中国目前的经济发展、工业发展阶段，这一产业非轿车工业莫属。

改革开放前，中国虽然发展了以军工产业为核心的重工业，但并未带动工业水平全面提高。因为孤立地发展军工产业，对国民经济影响力较小。20世纪 80 年代，中国以家电产业为增长的主要动力，取得了经济的迅速发展。但是，家电对中国工业技术水平的提高、对中国装备工业的影响力较小，带动力差。20 世纪 90 年代以来，由于中国工业缺乏明显的带动产业，产业结构升级缓慢。主要表现为，高加工度化阶段一直处于较低水平，不能较快升级并向技术集约化阶段转变。由于工业技术进步和技术结构升级缓慢，一般加工工业的比重很高，技术密集型产业得不到较快发展，专业化水平和深加工程度低，高技术含量和高附加值产品的比重低。例如，在独立核算工业企业中，机电工业占工业增加值的比重 1992 年为 21.5%，1997 年只为 21.3%；机电工业占制造业增加值的比重 1992 年为 24.1%，1997 年仍为 24.1%，比日本 1965 年的机电产业比重（25.2%）还低 1.1 个百分点。与发达国家发展轿车工业的相应工业发展阶段比，中国目前工业化所处阶段仍然是以轿车工业带动工业发展和水平提高的阶段。中国要实现由工业大国向工业强国转变，也必须以发展制造业为牵引、带动。而制造业中对经济发展、工业发展影响最大，最具有广阔的市场空间的产业是轿车工业。

综上所述，从中国工业目前所处阶段以及中国工业化在 21 世纪初的任务来看，中国必须以发展轿车工业来推动由工业大国向工业强国的转变，必须以发展轿车工业为核心完成中国工业的重型化和高附加值化。

二 工业较快增长、结构升级与轿车工业

（一）工业较快增长与轿车工业

到 2020 年，国家经济增长的战略目标是：2010 年，实现国民生产总值比 2000 年翻一番，经济年增长速度保持在 7% ~8%，人民生活水平将实现全面小康。2020 年经济将更加发展，增长速度保持 6% ~7%。尽管长期增长速度逐步放慢，但在世界上仍处于高速增长之列，能够保证中国的经济总量进入世界前列，人均收入进入中等国家水平。

既要保证国家经济增长战略目标的实现，又要考虑我国工业发展的实际可能，工业在 "十五" 期间，可以保持 8.5% ~9% 的年平均增长速度。工业

发展速度在"十五"前期可能保持在 8.5% ~ 9%；在"十五"中后期增长速度逐步加快，可望达到 9% ~ 9.5% 的发展速度。

根据测算，中国 1995 年、1996 年、1997 年的城镇实际失业率为 4.7%、5.9%、6.94%，呈逐年上升的趋势。从隐形失业因素看失业状况，据测算目前全国农村剩余劳动力大约为 1.5 亿人，农村隐形失业率为 30% 以上。城镇国有企业和集体企业的富余人员，到 1997 年为 3000 万 ~ 4000 万人，隐形失业率为 30%。国有企业 1997 年的下岗工人为 1151 万人。根据统计分析，到 21 世纪前十年仍是劳动力增长的高峰。随着中国产业结构的进一步升级，城市和发达地区工业吸纳劳动力的能力在下降，会使就业压力更加沉重。解决就业问题是我国一项长期的战略任务。根据统计，我国目前 GDP 增速每增长一个百分点，可以为非农人口提供 125 万个就业机会。因此必须使经济增长保持较高的发展速度。由于中国在 21 世纪初仍然是一个处于工业化进程中的国家，因此工业仍然要承担吸纳相当大一部分人就业的任务，必须保持工业以较快速度增长。

21 世纪中国保持工业适度快速增长的关键，在于提高工业的技术水平和推进工业结构的高加工度化。目前，我国工业的技术水平还相当低，工业结构的高加工度化进程也比较缓慢。统计显示，我国独立核算大中型工业企业的主要设备中，技术状况达到国际水平的只占 20% ~ 30%，属于国内先进水平的约占 25% 左右，其余的 50% 左右仅为国内一般水平和国内落后水平。其中有些行业，如黑色金属行业和机械行业的主要设备技术状况则远远低于整个工业的平均水平，其属于国内一般水平和国内落后水平的设备分别占到 98% 和 72%。与世界制造业结构的平均水平相比，我国的轻型制造业比重略高，相应的重型制造业比重略低，但差别并不很大，说明我国制造业的重化工业化水平基本达到了世界平均水平。但如果更进一步分析，在重型制造业中，我国原材料制造业的比重明显偏高，而加工组装制造业的比重则明显偏低，这就表明我国重化工业化中的高加工度化水平大大低于世界平均水平。

20 世纪 90 年代中期以来，工业品市场由严重短缺转向相对过剩，实际上标志着工业发展进入重化工业化中以高加工度化为主的新阶段。这是因为，买方市场的不断深化和市场竞争的日益加剧，迫使企业必须在提高产品质量和推出新产品方面做出更大的努力，这将引发企业进入全面更新生产设备的高潮。对生产设备需求的上升又会拉动加工组装制造业的发展（加工组装制造业主要由资本品构成，同时也包括一部分耐用消费品），从而推动工业结构的高加工度化进程。

从一个较长的时期看,工业结构的高加工度化还会有利于有效需求不足问题的解决。一方面,高附加价值、高技术含量的加工组装制造业的发展将有力地促进整个工业技术水平的提高,进而能够有效地减少工业生产的中间消耗水平,提升工业的增加值率,转变工业的增长方式。而工业增长方式的转变和工业经济效率的提高无疑又有利于提高居民的收入水平和投资的预期收益率。另一方面,尽管工业结构的高加工度化将对工业就业吸纳能力产生一定的影响,但随着整体经济效率的提高,对服务业(尤其是生产性服务业)的需求将不断上升。由于服务业具有较高的就业吸纳能力,因而从总体上看,工业结构的高加工度化并不会影响就业水平的提高。

从国际经验看,当工业发展到一定阶段后,工业的高速增长始终都是围绕加工组装制造业这一主线进行的。以日本为例,1960~1973年,制造业的增长指数为362%,而加工组装制造业的增长指数高达612%;1973~1990年,制造业增长指数为77%,加工组装制造业增长指数达到183%。加工组装制造业占制造业增加值的比重,1956年为24%,1971年为41%,1990年为47%。

综上所述,在未来相当长的时期内,包括金属制品、非电气机械、电气机械、运输设备、专业和科学仪器设备等行业在内的加工组装制造业将构成我国工业增长的主要内容,工业结构的高加工度化将是保持我国工业快速增长的决定因素。轿车工业由于面临着广阔的市场前景,产业链长,就业吸纳的人口多,成为推动中国工业以较快时代发展的关键环节。

目前中国汽车工业发展阶段与美国汽车工业发展初级阶段有很大相似之处。1999年中国汽车工业生产汽车180万辆,随着国家对汽车产品销售政策的调整,中国汽车工业可能进入一个较快发展的时期。美国在1933~1940年也处于经济发展较高的时期。当时美国国民经济年均增长7.3%,而国民经济增量的3.2%是由汽车工业贡献的(汽车工业增加值除以同时期GDP增量)。1950~1955年,美国国民收入年均增长3.83%,汽车工业推动国民收入年均增长0.13%,国民经济增量的3.4%来源于汽车工业。1991~1997年中国国民经济年均增长11.2%,汽车产量从70.9万辆增加到157.8万辆,年均增长37.1%。其中1993年中国汽车工业增加值占国民收入的比重高达1.16%,达到历史最高水平,但仍然低于美国1929年1.6%的比例。1990~1997年中国汽车工业年平均增加值增量占GDP增量的1.1%,低于美国1950~1955年

3.4%的水平①。由此可见中国汽车工业对国民经济增长的潜力还很大，作用还有待充分发挥。

表2　中国、美国汽车工业增加值以及占 GDP 的比重

单位：亿美元,%

年　份		1990	1992	1993	1994	1995	1997
GDP	美国	57438	62444	65502	69314	72650	
	中国	3877.2	4830.2	6010.9	5425.3	7002.8	9019.8
汽车工业增加值	美国	461	528	662	841		
	中国	25.2	53.8	69.9	59.8	64.7	71.7
汽车工业增加值占 GDP 的比重（%）	美国	0.80	0.85	1.01	1.21		
	中国	0.65	1.11	1.16	1.10	0.92	0.79

注：中国 GDP 和汽车增加值按照当年年平均汇价折合成美元。

随着中国工业的产业结构不断高级化，工业对劳动力的吸纳能力在逐步下降，因此能容纳众多劳动力的汽车工业，在解决中国城市劳动力就业方面将占有突出地位。1997 年中国汽车工业与相关产业的就业比例为 1∶11，由此可见汽车工业带动就业的作用是非常明显的。发展汽车工业不仅对中国经济增长起到推动作用，也将为解决中国就业问题做出贡献[2]。

（二）　工业整体结构调整与轿车工业

调整中国工业结构的目的主要在于：第一，消除结构性短缺或结构性过剩，实现市场供求的平衡；第二，保证工业及国民经济各部门的协调发展，减少和避免经济波动，实现经济的稳定增长；第三，促进资源向效率更高的部门转移；第四，提高工业的国际竞争力，在国际分工和国际交换中保持优势；第五，治理和减少对环境造成污染的行业和产品，实现经济的可持续发展。在不同的经济发展阶段，由于供求关系和国际经济环境的变化，由于科学技术的进步，结构调整的方向和重点各不相同。确定结构调整的目标，必须分析工业发展不同阶段的特点和趋势。

中国工业结构调整的任务、环境和机制与 20 世纪 90 年代中期以前相比，发生了重大变化，具有许多新的特点。

①　国家统计局《国际经济统计资料》1999。

1. 工业结构调整的主要任务由解决轻重工业之间以及上、下游产业之间的比例失调问题转向推进产业升级

按照通常的理解,工业结构主要指各个产业之间的比例关系,因而工业结构调整的主要任务就是使各个产业之间的比例由失调转变为协调。但由于80年代以来,我国在工业发展过程中曾对工业结构进行了几次较大的调整,因而从目前的实际情况看,各个行业之间比例失调的问题并不突出。

20世纪80年代初,结构调整的主要任务是解决轻工业与重工业的比例失调问题,通过抑制重工业的过度发展,加快轻工业的发展,克服消费品市场的短缺。经过短短两三年的努力,到1983年前后,轻工业产品供给不足的矛盾基本得到解决。80年代中期开始,各地重点发展彩电、家用电冰箱、洗衣机等耐用消费品产业,大量引进国外生产线和技术,以满足国内市场对耐用消费品的需求。到1991年,耐用消费品开始出现供大于求的局面,销售价格稳中趋降,生产厂家之间的竞争开始加剧。80年代后期和90年代初,由于加工工业发展过快,能源、原材料、交通运输等基础产业供给不足的矛盾突出。为了消除基础产业发展滞后的"瓶颈"障碍,各级政府加强了能源、原材料和交通运输等基础产业的建设,同时加快了基础产业价格体系和价格机制的改革,取消了能源、原材料的价格双轨制,逐步放开了这些产品的价格,增强了基础产业自我积累和自我发展能力。到90年代中期,基础产业供给不足的矛盾明显缓解。

几次大的结构调整取得了明显成效,当前工业结构存在的主要问题是发展水平上的矛盾,突出表现在三个方面:一是消耗大、附加值低的产业比重高,技术和知识密集型、附加值高的产业比重低;二是企业生产和销售的市场集中度低,规模效益差;三是传统产业的技术结构和产品结构落后。因此调整工业结构主要是推进产业升级,包括四个方面的任务:一是积极发展高新技术产业;二是用高新技术改造传统产业;三是在提高素质、优化产品结构和保护环境的基础上,继续发展能源、原材料等基础产业;四是调整企业组织结构,在提高大企业生产集中度的同时,实现大中小企业的合理分工和协调发展。

例如,钢产量已超过1亿吨,居世界第一位,但许多优质钢材还需要进口;纺织工业生产能力严重过剩,但高档服装面料则需大量进口;彩电、电脑等产品的组装能力很大,但一些关键性的元器件还依赖进口;能耗低的电厂和发电能力利用不足,但耗能高的小电厂还在运转等可以说工业的各个行业都存在类似问题。所以工业结构调整的重点是行业内部产品结构的调整，调整的任务主要是淘汰不适应市场需求的落后产品，推进产品的升级换代。

2. 工业结构调整的重点由以消除短缺为主转向解决不合理的重复建设

20世纪90年代以前的四十年，我国经济一直被短缺所困扰。90年代中期以后，这种情况发生了重大变化，即由长期短缺转向了相对过剩，有效需求不足成为近几年经济发展中一个突出的矛盾。目前，大多数行业生产能力利用率在70%左右，还有一些行业生产能力利用率在50%以下，物价指数持续负增长，供大于求的商品占80%。对供求总量的宏观调控，虽可暂时缓解有效需求不足和企业生产经营不景气的状况，但难以解决制约经济中长期发展的结构性矛盾。一些技术落后企业不能及时退出市场，是当前商品供大于求的重要原因之一。因此，工业结构调整的重点必须由过去以消除短缺为主转向以解决不合理的重复建设为主，调整的对象也应由以增量为主转向以调整现有资产存量为主。

在短缺经济条件下调整工业结构，主要靠增量的投入大量建设新的项目，形成新的生产能力，以增加供给、消除短缺。在相对过剩条件下调整工业结构，必须对现有的资产存量进行重组，通过市场竞争使生产和销售向优势企业集中。对现有资产存量的调整，既是对企业生产能力的调整，也是对与这些生产能力相联系的劳动力的调整，一部分职工将因结构调整而下岗。但产业升级和新兴产业的出现又会创造出新的就业岗位，这就对劳动力的供求结构调整也提出了要求。因而与增量调整相比较，存量调整的难度更大。在市场经济条件下，生产力的重组与发展，产业结构的升级，必然导致一部分企业被淘汰，一部分职工失去原来的工作岗位，劳动力供求结构失衡，并由此产生一些社会问题。但只有不失时机地进行产业结构的优化升级，才能实现经济的持续协调发展，增强国际竞争力；也只有用发展的办法，才能解决前进中的问题。

从20世纪90年代初期开始，我国工业生产和经营出现了向优势企业集中的趋势，例如，彩电、电冰箱和洗衣机行业的前十家大企业的市场占有率平均超过80%，而其他生产同类产品的企业市场份额不断减少，有的甚至关门停产或被兼并。但是，市场供给并没有因为这些厂家的不景气或退出生产经营而减少，竞争的结果是改变了市场结构，促进了规模经济的形成和成本、价格的下降，优化了资源配置，消费者也从中受益。这种集中化的趋势虽然导致了缺乏竞争力的企业的破产，从宏观上考察却提高了经济效率，促进了生产力的发展。

3. 在强调发展高新技术产业的同进，还必须重视用高新技术改造传统产业

近 20 年来，世界经济发展的实践表明，现代科学技术和知识在社会经济生活中的作用越来越突出，实施科教兴国战略，大力发展高新技术产业是完全必要的。但是，认为人类社会已进入知识经济时代，信息产业和服务业将成为 21 世纪的主导产业的观点不符合我国的实际情况。目前对于知识经济的认识存在着一些误区，最具代表性的一种观点认为，迄今为止人类社会经历了农业经济时代、工业经济时代，21 世纪将进入知识经济时代或服务经济时代。这种判断是片面的，并容易产生误导：以为农业经济、工业经济就不重要了，将会被知识经济取代了。事实上，脱离物质生产过程的知识经济是不存在的。无论科学技术怎样进步，人类社会的生存和发展，都离不开穿衣、吃饭、住房和交通工具，离不开提供这些产品的生产经营活动。科学技术作为一种生产要素，所改变的是物质产品的生产和流通方式，在社会生产过程中发挥主导作用，但是不可能形成脱离农业和工业生产的知识经济。知识作为一种生产要素，与农业、工业、交通运输业等物质生产部门之间的关系不是替代与被替代的关系，而是改造与被改造的关系。

从发展的阶段性特点看，我国全面实现工业化的任务还没有完成，而美国等工业发达国家已进入后工业化发展时期，生产力发展水平不同，服务业的比重必然大不相同。没有高度发达的第一、第二产业，特别是如果第一、第二产业没有较高的劳动生产率，就不可能大幅度地提高第三产业的比重。即使美国和日本等先进的工业化国家，也仍把发展制造业，提高制造业的竞争力放在突出的和优先的地位。世界企业 500 强中，制造业的公司仍然占有主要地位。一个国家的综合国力的增强，最主要的体现是制造业竞争力的增强。90 年代中期以来，美国经济实现了持续的增长和繁荣，最主要的原因不是得益于服务业，而是在汽车、半导体等制造业领域重新夺回了 80 年代曾经被日本领先的竞争优势，制造业的发展带动服务业的发展和繁荣。

人们通常把服务业仅理解为商贸、金融、餐饮以及旅游娱乐等，实际上服务业还包括为生产服务的部门，包括软件开发、数据处理、可行性研究、工程设计、财会管理、法律咨询、进出口贸易服务、市场研究、技术服务、运输、通信，等等。随着高新技术在服务业的推广应用，为物质生产过程服务的产业日益多样化、专业化和高效化，从而进一步提高第一、第二产业的竞争力。

所以，发展知识经济，绝对不能忽视制造业，而必须把用高新技术改造传统产业提高传统产业的效率，推进传统产业产品的升级作为一项战略任务。即使是最古老的纺织业，用现代科学技术进行改造和武装，同样能焕发出新的活力。蒸汽机车落后了，取而代之是内燃机车；内燃机车落伍了，又有高速的电机机车来代替。产业升级，大多是在对传统产业不断改造、推陈出新的过程中实现的。

"十五"期间，产业结构升级和调整应基本达到如下标准：基础产业（能源、原材料工业）在改变产业内部结构，提高产品水平、质量，增加产品品种的基础上，根据市场需求保持适当的发展速度，其在工业总产值中的比重将略有下降；机械（不包括汽车在内的大机械行业）、汽车、石化、电子等支柱产业在工业总产值中的比重应分别达到30%、8%、8%、15%。

"十五"期间我国高技术产业增加值占 GDP 的比重，只有达到 3.5% ~ 4%，才能够使我国由一个经济大国成为经济强国。

由于轿车工业是中国在 21 世纪初具有最大市场发展空间的产业，因此通过发展轿车工业可以在相当大程度上解决中国工业中相对过剩的产业的调整与出路问题。1997 年中国汽车工业生产用原材料以及消耗的能源为：钢铁349.4 万吨、生铁 69.1 万吨、煤 493.5 万吨、焦炭 23.3 万吨、原油 30.8 万吨、电力 68.4 亿万千瓦小时。如果在 21 世纪初轿车工业有较大发展，汽车工业真正成为支柱产业，汽车工业生产用的中间产品需求将进一步增加，可以为传统产业提供新的发展空间，也可以为高新技术产业提供足够的发展市场空间，促进高新技术的产业化。

从汽车工业在发达国家和新兴工业国家产业结构中的地位，也可以看到提高汽车工业在产业结构中的地位对国民经济的拉动作用。目前，美国汽车工业总产值占国民经济总产值的4%左右，日本为8%左右，韩国1997年则为13%。如果中国汽车工业总产值占国民经济总产值的比重在"十五"期间由1997 年的 2.35% 提高到 8% 左右（国际衡量一个产业是否为支柱产业的标准为占国民经济总产值的8%），汽车工业对中国国民经济将起到明显的推动作用，将对中国工业的产业结构调整产生巨大影响。

三 从各主要产业"十五"发展目标看轿车工业发展

能源工业

"十五"期间，按 GDP 年均增长 7% ~ 8%，工业总产值增长 8.5% ~ 9%

的标准，考虑到产业结构的升级、节能的进展，能源消费弹性系数为 0.5 测算，我国到 2005 年能源需求为 19 亿～19.7 亿吨标准煤。预计通过保持我国能源工业的适当发展速度，进一步节约能源，开发新的能源生产技术、设备，进行产业升级和产品升级，适当进口能源，我国在 "十五" 期间的能源需求可以得到满足。

为满足我国在 "十五" 期间的能源需求，需要采取以下战略措施。

其一，要进一步搞好节能工作。其二，加速产业结构的升级，提高能源利用效率。其三，大力推进技术进步，开发新的能源生产技术、节能技术及工艺、装备，淘汰落后、能耗高的工艺和装备。其四，提高煤的利用效率，改善煤的利用方式。其五，国内石油资源要降低用于汽车动力的比重，多用于石油化工。在国际油价低于国内油价的情况下，应适当扩大石油进口。通过石油勘探和开发的国际化，在国外获得较为稳定的原油供应。通过节油来缓解石油资源的紧张，大有可为。其六，大力促进天然气的使用，替代石油。其七，在发电结构中仍要大力发展水电，在东部地区发展核电。

钢铁工业

钢铁工业要逐步实现钢材品种的高级化，逐步提高高附加值品种在钢材中的比例。努力增加汽车、石油、军工、电力、船舶等产业需要的专用钢材及不锈钢等高附加值品种。到 2005 年使高附加值产品的比例，从 20 世纪 90 年代末的 13% 提高到 25% 左右。

化学工业

农用化学品、有机原料及合成材料、新技术及精细化工、轮胎、"两碱"等仍是化工 "十五" 计划的重点。

石化工业

石化工业在 "十五" 期间仍然要进一步扩大石油加工能力和乙烯、三大合成材料的生产能力。主要通过现有大企业技术进步，对现有装备进行改造，提高企业的规模效益来实现。

"十五" 期间，要较大幅度地增加柴油的生产，提高汽柴比。停止含铅汽油的生产，多生产高标号无铅汽油。石化产品要继续增加合成树脂产量，发展国内短缺的橡胶品种。加快化纤新品种的开发，提高差别化纤所占比重，进一步提高子午线轮胎在轮胎中的比重。

重点发展市场需求大、高附加值的汽车、家电用塑料、橡胶新品种。继续发展无公害可降解的农用薄膜。高档包装材料和塑料建材市场将快速增长，高科技、高附加值的工程塑料制品及复合材料。

轻纺工业

"十五"期间，纺织工业要在提高产品水平质量的基础上增加出口创汇额，争取成为左右世界纺织品市场的产业，基本实现行业产品的升级。在衣着、装饰、产业用纺织产品三大类产品中要努力提高装饰、产业用纺织产品的比重。产业用纺织品要以汽车用纺织品为核心，通过发展汽车用纺织品进一步提高中国纺织品的水平，增加品种，扩大市场。"十五"期间服装业要向高档化、品牌化发展，努力创造国际知名品牌。培育国际知名的设计师和设计机构，提高服装附加值。

"十五"期间，轻工业要进一步开发适合农村市场、国际市场的产品；大力提高产品水平、质量，在产品多样化、多层次化上下功夫；加速缩短产品更新换代的周期；培育具有国际竞争力、能进行跨国经营的大企业集团。

机械工业

"十五"期间机床产品国内市场占有率要提高到50%以上。石化、电站、汽车、冶金、矿山、交通、军工等方面需要的重大设备和成套装备要基本立足于国内生产。

机械工业年平均增长速度保持在10%以上，一批主要产品产量居世界第一位。机械工业的主要产品"十五"期间主要应抓好产品质量，抓好技术创新，在引进技术的基础上进行自主开发。

电子工业

"十五"期间，电子工业要大力发展电子信息技术，为推进国民经济信息化服务。积极发展工业电子技术，用电子技术改造传统产业，发展新兴产业。重点发展电子系统工程技术、工业过程自动化技术、机电一体化技术、汽车电子技术、医疗电子技术和电力电子技术。用电子技术提高传统工业的装备和工艺水平，开发具有国际水平的新产品。

大力发展消费类电子产品，提高水平，增加品种，增强开发能力。争取在"十五"期间使我国消费类电子产品基本与发达国家同步发展。

"十五"期间通过有关政策调整和扶持，我国软件产业要有一个大发展。

高新技术产业

"十五"期间高新技术产业产值的年平均增长速度要争取达到25% ~ 30%。出口创汇要争取达到年均增长15% ~20%。

航空工业要在"十五"期间选准干线飞机发展的技术路线和产业化路线，

为在 2005 年后实现干线飞机国产化奠定基础。航天工业要实现载人航天，并在卫星应用方面（如在卫星导航定位系统用于交通管理，汽车使用等方面）有进一步的突破。在军用航天水平方面有较大的提高，在民用航天方面争取产生更大的经济效益。生物工业要重点发展基因工程、生物制药、农业生物工程技术等。核工业要围绕百万千瓦核电站的开发研制，发展一系列先进技术。进一步推广同位素技术的应用。新材料工业要重点发展电子产品材料、高性能结构材料、功能材料三个方面。

从上面扼要的叙述我们可以看到，各个主要产业在"十五"期间都把生产和提供为汽车工业发展所需的产品作为发展的重点。根据专家预测，到 2010 年中国汽车工业发展需要塑料 56 万吨、橡胶 154 万吨、轮胎 9857 万套、黏合剂与密封剂 4.7 万吨、涂料 14.8 万吨、摩擦材料 19 万吨、纺织品 54.2 万吨、玻璃 7723 万吨、汽车用汽油 3884 万~4284 万吨、柴油 7659 万~8059 万吨，各类汽车用"美容产品"仅车用芳香剂、除臭剂就需要 200 吨[①]。2010 年汽车工业对这些工业产品的需求量增长分别达到 1~3 倍。汽车工业需要的这些产品都是水平、质量要求较高的。由此可见，汽车工业对中国 21 世纪工业发展的影响相当大、相当广泛。需要指出的是，21 世纪的轿车产品实际上已成为集高技术于一体的产品，因此汽车工业的发展除了大大刺激传统工业提高水平外，其发展还将为高新技术产业提供广阔的市场空间，为高技术产品商业化提供重要的出路。

如果说我们在前面从理论上论述了轿车工业与工业结构调整、产业升级之间的关系，那么各个主要产业在 21 世纪初的发展目标，就实证地说明了轿车工业对中国工业结构调整和产业升级的巨大作用。

根据美国密歇根大学的有关研究，今后 10 年内传统的汽车材料将日益被轻量化材料所代替；混合动力汽车将成为 21 世纪初汽车产品的主流；近年来汽车电子产品及系统的应用正以每年 5% 的速度增长，车载局域网将逐步替代单独的控制器，车载计算机的处理能力将进一步提高，多媒体显示系统将为汽车驾驶者提供更多的信息。总之，汽车工业的发展，在 21 世纪初将极大地刺激中国传统工业提高技术水平，刺激中国高技术产业的发展。

---

① 周一兵：《中国汽车工业对相关工业的需求预测》，《中国机电工业》，1998 年第 1 期。

四 需求结构变化与轿车工业发展

市场经济的发展,最后取决于市场对产品的最终需求。20 世纪 90 年代以来,市场机制对中国工业化的调节作用不断增强。随着计划体制、价格体制和企业体制改革的推进,政府计划推动的工业化逐步向市场主导的工业化转变。虽然计划安排和政府行为依然对工业化进程产生影响,但市场机制对工业化的演进趋势起着越来越大的调节作用。在 21 世纪初,市场机制、市场需求将对中国工业的发展起到决定性作用。产业发展、产品更新更是取决于市场需求。

需求增长和需求结构变动是工业化演进的基本动因。但是,由于产业结构偏差的影响,我国近、中期内的经济增长尤其是工业增长将受到需求不足的制约。我国需求不足的主要表现是居民消费需求不足,而居民消费不足的主要原因在于农民消费水平太低。根据我国农民的收入水平变动和消费支出特点估算,农村居民第一轮消费扩张期的到来大概要到 2003~2005 年,只有在农民消费扩张期到来之后,我国居民的消费需求才能出现新一轮的大规模扩张。这种趋势将使我国的工业化进程受到很大制约。

20 世纪 90 年代中期以来,我国经济的供给短缺和以数量扩张为主的发展阶段已经基本结束,国民经济开始进入以结构优化和升级、整体经济素质提高为特征的新阶段。反映在市场供求关系上,突出表现为短缺经济在大多数领域基本结束,许多行业出现相对生产过剩,许多产业领域内存在结构性的需求实现障碍,市场供给过剩成为普遍现象。供给过剩经济的出现在中国现代经济发展中还是第一次,其意义是异常深远的。

供给过剩条件下中国经济发展的根本特征,是从以资源约束为主向以需求约束为主的转变。这一阶段,制约经济稳定发展的将不再是资源短缺和生产能力的不足,而是产业结构调整和产业升级滞后所形成的瓶颈,而这种新"瓶颈"可能成为扭曲消费结构、影响经济稳定增长的重要乃至主要因素。随着中国经济进入平稳增长阶段,相应地,需求也会进入平稳增长阶段。

需求约束首先表现为需求总量的约束。需求增长在一定意义上决定了 GDP 的增长,需求扩张的空间决定了经济发展的可能边界。其次,需求结构的约束、需求的多样化以及高级化趋势,使不能满足需求的供给成为低效甚至无效的供给。最后,新时期的最终消费需求、投资需求以及出口,对我国产业结构的转换和升级甚至中国工业化阶段都会产生直接作用,而国内需求具有更基础的作用。总的来说,不管是在国民经济还是地区经济发展中,以及企业发展,需求的决定性作用非常明显。这是"十五"时期工业发展的基本特征。

从"九五"时期中期起,中国经济增长的支持力量开始由产业的普遍扩张转换为结构升级,实现产业升级的基本方式是大规模的产业重组和企业重组。通过重组,中国工业将努力发展规模经济、提高工业综合加工能力、完成资产重组、深化专业化分工体系,因而存在着巨大的需求增长空间和新的投资机会。同时,改善产业质量,实现产品结构、档次、质量的升级,减轻环境压力和实施可持续发展战略等所要求的技术、设备更新和改造,以及住宅、轿车等新型消费品生产,文化教育、信息服务、旅游休闲等新型消费领域,都将成为重要的增长领域。

随着中国经济进入次高速增长阶段,GDP 增长速度将有所下降,因而消费、投资增长会比过去有年降低,但仍会保持与国民经济发展相一致的增长水平。预计从现在到 2005 年,我国 GDP 年均增长率大约为 7%~8%,相应地,消费和投资的增长也应该保持在大体相当的水平。考虑到新一轮经济发展的投资增长压力和消费成长的过程,以及可能的通货膨胀因素(若预计此期间平均通货膨胀率为 3%),按现价计算的最终消费需求增长率和资本形成增长率可能在 9%~12% 区间波动,并随政策变动和经济形势有所消长;固定资产投资增长率为 12%~15%。

改革开放以来的 20 多年,是居民收入水平提高、消费结构不断升级换代、消费热点快速转换的时期。目前,中国的消费需求已进入一个扩张数量、提高质量、积蓄力量的过程。

消费需求的变化对工业发展产生全面的冲击和影响,主要表现为:消费需求结构变动与需求总量持续增长,为工业发展提供了最广阔的空间,将对刺激工业、增加有效供给、拉动经济增长、加快工业化进程产生明显的作用;需求结构的高级化变动,将校正经济结构,促进产业全面升级。城乡消费的二元结构,从根本上决定了中国工业生产和技术的多样性与复杂性。城乡消费的二元结构,可能使我国现有生产体系和产品的生命周期延长,产业结构调整的压力相对可以减缓。消费需求变动内含的技术进步的要求,将对全面改善工业生产条件,提高劳动生产率,降低能源、原材料消耗,降低生产成本产生积极作用,使工业的生产体系及技术素质全面改善。消费需求的升级和结构变动,实际上为工业建设提供了又一次投资机会,同时,将对工业组织和市场结构及其运行方式产生积极的影响。

世纪之交，工业消费领域面临新突破。据有关方面分析预测，中国城乡消费结构已结束从 20 世纪 80 年代开始的第一轮消费周期，经过一段消费积累期后，"十五"期间将进入新一轮消费周期。新一轮消费周期以农村普及家电及城镇进入住房、轿车、电脑消费为主要标志。预计这轮周期大约要持续十年。其间，居民生存消费将从数量型向质量型转变，居民消费多层次格局日益明显，实物消费与服务消费分层将日趋势明显。

目前，我国工业品消费的几个新领域正在逐步形成并不断扩大，在社会总消费中的比例将进一步提高。这些新的消费领域包括信息消费、教育文化娱乐消费、交通及住宅消费等几个重要方面，将带动相应的信息通信设备用品、文化教育娱乐耐用消费品、家庭汽车及汽车内部装饰消费、住宅及住宅装修及各类新型家庭用品类的消费的大幅增长。从时间上考虑，近期（5 年内）消费品市场以电子产品为主，住宅及相关家庭用品设备、轿车及相关产品可望迅速增长，并成为居民消费的重点。

十五"时期，投资仍将对经济增长产生决定性影响，但投资增长的条件和环境、投资的重点和方向、投资体制和投资主体都已经发生了许多重要的变化。（1）投资方向由重点向基础投资转变为重点向加工工业高技术化、特别是向装备工业投资；（2）投资主体由以政府投资为主转变为全面启动社会投资，实现投资主体的多元化；（3）投资重点由以新建项目投资为主转变为以现有生产力的重组，即工业重组性投资和更新改造性投资为主；（4）投资领域由只注重工业投资转向三次产业均衡投资，特别是加大时第三产业的投资力度；（5）引进外资由一般性投资转向战略性投资，引进外资的质量和结构将成为考虑的关键性因素。

同时，投资约束条件也发生了一些根本性变化。（1）投资增长的资金约束变弱。从总体上看，现有资本供给完全可以保证投资的资金需求。（2）投资增长的物质制约因素减少。在供给过剩条件下，投资建设所受到的能源、原材料以及交通通信等方面的约束大大减少。（3）投资的市场约束增强。投资规模和投资结构都取决于市场需求的状况和实际的投资效率。（4）投资效益成为决定投资的最重要动力和基本原则。

"十五"时期，为了全面提高国民经济整体素质，迫切要求加快技改步伐，加大更新改造力度，增加更新改造的投资；各项扩大内需的政策，也迫切要求改善供给，优化产品结构，增加技改投资和新产品、新产业的开发投资。这将促使中国的工业投资进入一个新的发展阶段。

改革开放以来,我国出口贸易保持了强劲的增长势头。从需求角度看,虽然最终消费增长、资本形成增长在经济增长中居关键地位,但净出口也发挥了不可忽视的作用。亚洲金融危机对我国对外贸易产生了非常严重的影响,其影响表现在三个方面:(1)外贸出口增速大幅回落;(2)对亚洲主要贸易伙伴出口严重萎缩,直接抑制了出口的增长;(3)对中国向其他市场出口构成了威胁。

随着亚洲国家经济的缓慢恢复及世界经济增长速度减缓,中国出口贸易在今后一段时期内仍面临压力。但由于中国工业品已具有一定的国际竞争力,出口贸易的基数也较大,加上对外贸易政策和策略的调整,净出口的增加对经济增长仍然可以发挥更加重要和深远的作用。

从我国国情出发,不论是从经济发展战略还是从国家经济安全考虑,以内需为主都是中国经济发展最基本的战略。目前来看,至少有5个方面的有利因素,可以保证扩大内需作为长期发展战略的有效实施。(1)交通、通信、能源等基础设施和基础产业投资需求巨大,城市基础设施和商品住宅投资空间也很大。(2)城乡居民消费从温饱型向小康型过渡,消费结构逐渐升级,需求潜力巨大。(3)产业结构调整和产业升级将为扩大内需开辟新的空间。(4)小城镇建设步伐加快,将直接拉动城镇基础设施建设和消费需求。(5)改革的推进和市场经济的完善,将为扩大内需提供体制保障。

研究需求问题,不能离开供给。"十五"期间,启动需求必须以改善供给作为重点对策。要努力促进工业的全面改造和升级,加快企业重组与产业整合步伐、努力提高工业的供给能力、改善供给结构、提高供给的有效性是改善供给的当务之急;推进产业技术升级、提高工业的装备现代化水平是改善供给的核心任务。

综上所述,围绕中国工业发展以内需为主的特征,扩大最终消费需求,扩大投资需求,都离不开发展轿车工业。从中国目前轿车市场的发展看,轿车将是中国21世纪初需求量最大的工业消费品。围绕轿车工业发展,发展原材料工业、装备工业,也将在相当大程度上矫正目前中国工业中存在的供给与需求脱节的问题。

五 中国工业竞争力与轿车工业

现在,全世界正处于生产能力普遍过剩的时期,各国都以前所未有的临战态度来面对国际竞争。在中国的三次产业中，相对来说，工业最具竞争力。我国之所以敢于打开工业品的国内市场大门，重要的原因之一是，经过几十年，尤其是近十几年的建设和发展，我国工业已具备了相当的实力。中国的民族工业有了一定的实力，可以到国际竞争的舞台上与外国同行较量一番。但是，我国毕竟是一个发展中国家，我国现代工业的发展历史很短，总体水平同工业化国家有很大的差距。所以，我们无法否认，在国际竞争中，我国的民族工业企业同外国大公司还不是同一量级的对手。

中国加入 WTO 将促使民族产业全面进入国际分工和国际经济体系，在严酷的国际竞争中接受考验。同时，我国的经济体制也将发生深刻的变化。对外开放的进一步扩大，促使我国大大加快向市场经济体制转轨的步伐。加入世界贸易组织后，民族产业的命运取决于产业国际竞争力状况。从总体上说，加入世界贸易组织有利于实现比较优势，拓展国际市场。比较优势强的产业可以更大规模地进入国际市场。同时，竞争优势弱的产业将承受很大压力，而竞争优势强的产业则可以获得更大的发展空间。

经过对各类工业品国际竞争力的计算，可以看到，迄今为止，中国贸易竞争指数大于零的产品，即出口竞争力比较强的产品，主要还是劳动密集型的附加值比较低的产品；而附加值比较高的技术或资金密集型产品的出口竞争力还比较弱。在我国对外贸易总量迅速增长的同时，贸易结构也发生重大变化，特别是工业制成品出口结构发生了重大变化。代表技术密集型产业的机械电子及运输设备类产品出口占工业品出口的比例大幅度上升，由 1980 年的 9% 上升到 20 世纪 90 年代的 25% 以上。在机电产品出口大幅度增加的同时，机电产品内部的出口结构也不断改善，到 90 年代中后期，技术相对密集的机电产品及成套设备占机电产品出口额的比重已达 88% 左右，劳动相对密集的金属制品在机电产品出口中的比重下降为 12% 左右。这在一定程度上反映了我国制造业出口结构优化和升级的趋势。从总的趋势看，我国初级产品的贸易竞争指数每年下降约 0.04，机械设备贸易竞争指数每年上升约 0.06，其他制成品贸易竞争指数每年上升约 0.05。如果这三大类产品的贸易竞争指数继续以大致相同的速度变化，到 20 世纪末 21 世纪初，中国机械设备类的制成品的贸易竞争指数将超过初级产品的贸易竞争指数。从中国进入 WTO 后的局势看，只有中国机电工业具有国际竞争力，才能说中国工业已经站稳了脚跟。

汽车工业在工业各产业中是最能代表先进生产力和先进生产方式的产业。流水线生产方式、精益生产方式都首先出现在汽车工业中。最先进的生产装备也往往首先在汽车工业中大量使用。从目前的发展趋势看，电子商务尤其是 B2B 方面的电子商务最有前途，应用面最广的也是汽车工业。

只有发展中国的汽车工业，才能提高原材料工业、装备工业的水平，才能较大幅度地提高中国工业的管理水平，才能使中国工业中的核心部分具有国际竞争力。相反，如果我们没有一个中国自己的汽车工业，就会使中国工业的发展在整体上处于被动。诚如轿车工业在通过合资企业发展的历程中所表明的，如果中国不发展自己的轿车工业，在装备工业、原材料工业的发展方面就会受跨国公司的严重制约。①

六 工业技术进步与轿车工业发展

“二战”以后，经济增长最快的国家，技术进步对经济增长的贡献率比劳动力和资本中任何一个或两者相加的贡献都大。据统计，经济发达国家技术进步对其国民经济增长的贡献率一般为 60%~80%，技术进步已成为各国经济增长的第一源泉。而我国技术进步对经济增长的贡献率只有 30% 左右，经济发展基本上仍处于粗放型增长阶段。

工业技术进步，其重要标志应体现在以下三个方面：工业装备水平的改善、工业职工素质的提高和工业科技活动的增加。必须突破以往工业技术进步单纯体现工业装备水平的改善的传统定势，把工业职工素质和工业科技活动纳入工业技术进步体系，进行综合考察。我国工业技术进步缓慢，不仅体现为工业的装备水平偏低，而且体现为工业的职工素质和科技水平更低。

进入 20 世纪 90 年代以来，科学研究与创新在国民经济持续发展中的支持作用日益增大，高新技术产业已在各主要经济发达国家国民经济中占有重要地位，高新技术的研究开发与应用，正成为当今世界企业技术进步的方向。目前，经济发达国家已把技术进步的核心放在发展高新技术上，而把发展高新技术的关键放在强化 R&D 和支持智力投入上。就我国与经济发达国家技术进步模式比较，可见：（1）中国着重传统产业的高度化，经济发达国家则着重发展高新技术产业；（2）中国着重技术改造（技术改造投资是研究开发投资的 3~4 倍），经济发达国家则着重技术创新；（3）中国强调装备升级，经

---

① 中国工程院课题“中国轿车工业发展”课题研究子课题“汽车产业在国民经济发展中的作用”。

济发达国家则强调人力资本的投入。

以上差异导致我国与经济发达国家在技术进步上的差距。（1）企业技术开发能力薄弱，缺乏技术储备。国外大企业大都有较长远的技术储备，超前研究开发一般在 10 年左右，有的达到 15～20 年。我国大多数企业包括相当一批国家重点企业缺乏自主知识产权的产品和技术，企业普遍缺乏技术储备。（2）企业关键生产技术落后，技术装备水平偏低。据国家经贸委对钢铁、有色金属、石油化工、电力等 15 个行业的调查，我国企业的生产技术与国外先进水平的差距一般为 5～10 年，关键技术差距更大。工业装备中，技术经济性能比较先进的只占 1/3，近 1/5 已经老化，超期率近 40%。（3）一些关键产品的品种和质量与国际水平存在较大差距。（4）单位能耗普遍偏高，资源浪费现象较为严重。我国能源利用率只有 34% 左右，比国外先进水平低 10 多个百分点，矿产资源总回收率仅为 30%～50%，比世界平均水平低 10～20 个百分点。（5）高新技术产业发展缓慢，高新技术产品比重较低。据统计，1995 年我国高新技术产业增加值占国内生产总值的比重为 2.89%，占制造业增加值的比重 12%。（6）科技成果转化率低。调查结果表明，目前我国高技术商品化率为 25% 左右，产业化率为 7% 左右，发达国家的科技成果转化率为 60%～80%。

轿车被认为是资本密集、大量生产的工业的代表。由于产量大，新技术、新工艺、新材料、新设备、新的发明一旦被轿车工业采用，将迅速成长壮大。当我们提倡科技创新时，必须为科技创新和科技成果的转化提供市场前提和转化的土壤，否则将难以使之成为现实商品，难以形成生产力。而轿车工业正是这种土壤。目前世界发达国家都已把轿车工业的发展作为发展高技术的载体。从美国政府牵头、美国三大汽车公司参加的新一代汽车 PNGV 计划看，发展轿车工业已成为发达国家推动高技术发展的强大动力。欧洲、日本也都为了使汽车工业高技术化，设立了相应的项目。汽车工业正在发生一场技术革命。这场技术革命不仅将使汽车工业成为高技术产业，而且也将带动传统工业向高技术发展。冷战结束后，发达国家政府尤其是美国政府已把汽车工业作为保持美国科技、工业竞争力的载体，以此来保持美国在高技术领域的开发势头。在世界军备领域由"军转民"向"民转军"发展的潮流中，汽车工业越来越成为高技术的主要应用领域之一。如果我们错过了目前轿车工业正在发生的革命，不仅中国轿车工业将大大落后，其他工业也将大大落后。发展轿车工业不仅可以使中国传统产业得到改造，缩短中国与发达国家在传统工业中的差距，也将为中国高新技术产业的发展，提供巨大的市场和推动力，还可以使我国的军工高技术得到充分的运用，使军工企业在军民兼容轨道上得到更好的发展。

从上面的论述中可以看出，无论是从经济学的一般理论，还是从中国经济发展、工业化进展的实际情况以及世界经济、科技发展的情况看，发展中国的轿车工业都是一个关系到中国 21 世纪初经济发展速度和质量，关系到中国 21 世纪工业化进程以及产业结构的升级，关系到 21 世纪初中国综合国力的提高，关系到中国进入 WTO 后更具竞争力的重大战略性问题。因此，国家应当把轿车工业作为战略性产业来对待，采取有力的扶持政策，使轿车工业在"十五"期间加速发展，为推动国民经济增长发挥更大的作用。

附件　衡量工业化阶段的基本指标

根据国际上的有关理论和经验，反映工业化阶段演进的内容主要有三个方面：一是人均 GDP 的变动；二是三次产业产值结构和就业结构的变动；三是工业内部结构的变动。

1. 人均 GDP 变动所反映的工业化阶段

钱纳里等人从结构转变过程的角度将各国的人均 GDP 划分为 6 个变动时期，其中第 2 至第 5 个时期为工业化时期。也就是说，工业化按人均 GDP 可以分为 4 个阶段。从附表 1 可以看到，由于国际美元币值的变动，工业化阶段以美元计人均 GDP 来反映有很大的差别。以 1970 年美元计算，人均 GDP 280～560 美元为工业化的第一个阶段，2100～3360 美元为工业化的结束阶段；而以 1996 年美元来衡量，人均 GDP 1240～2480 美元才进入工业化的第一个阶段，到 9300～14880 美元才是工业化的最后阶段。

附表 1　人均 GDP 变动所反映的工业化阶段

单位：美元

工业化阶段	1964 年	1970 年	1982 年	1996 年
1	200～400	280～560	728～1456	1240～2480
2	400～800	560～1120	1456～2912	2480～4960
3	800～1500	1120～2100	2912～5460	4960～9300
4	1500～2400	2100～3360	5460～8736	9300～14880

注：1970 年与 1964 年美元的换算因子为 1.4，1970 年与 1982 年的换算因子为 2.6，取自钱纳里等人的研究结果；1964 年与 1996 年的换算因子为 6.2，由笔者根据美国 GDP 减缩指数计算并参照钱纳里等人的方法加以适度调整得出。

资料来源：钱纳里等《工业化和经济增长的比较研究》，上海三联书店，1989，第 71 页；《国际经济与社会统计资料》（1950～1982）；《国际统计年鉴》（1998）。

　　根据钱纳里等人的研究，准工业国家的人均 GDP 一般处于第 1 至第 3 阶段。以 1970 年美元来衡量，准工业国家人均 GDP 的一般模式是 350 美元，大国模式是 300 美元，初级产品出口导向国家是 500 美元。换算为 1996 年美元，进入准工业国家的一般大国的人均 GDP 为 1860 美元。

2. 产业结构变动所反映的工业化阶段

　　工业化作为产业结构变动最迅速的时期，其演进阶段也通过产业结构的变动过程表现出来。从三次产业 GDP 结构的变动看，在工业化起点，第一产业的比重较高，第二产业的比重较低。因为市场经济国家在工业化开始时市场化已得到较大发展，所以以商业、服务业为基础的第三产业的比重较高。随着工业化的推进，第一产业的比重持续下降，第二产业的比重迅速上升，而第三产业的比重只是缓慢提高。当第一产业的比重降低到 20% 以下时，第二产业的比重上升到高于第三产业且在 GDP 结构中占最大比重，这时候工业化进入中期阶段；当第一产业的比重再降低到 10% 左右的时候，第二产业的比重上升到最高水平，工业化到了结束阶段（一般来说，此后第二产业的比重便转为相对稳定或有所下降）。各国产业结构变动的一般趋势，反映了工业化演进的阶段性。

　　工业化过程中第二产业比重的上升是由于工业比重的上升，而工业比重的提高又是由于制造业比重的提高。根据钱纳里等人的研究，准工业国家（第 1 个阶段）制造业产出在 GDP 中的比重，一般模式为 18%，大国模式为 19%。而随着工业化的推进，与人均 GDP 从 280 美元到 2100 美元（1970 年美元）的变动相联系，制造业产出在 GDP 中的比重上升到 36%。也就是说，当以人均收入水平衡量的工业化到了第 3 个阶段完成的时候，制造业在 GDP 中的比重基本上达到了最高水平，这个水平也被称为制造业比重上升的自然限制。

　　与产值结构的变动相联系，就业结构的变动也表现出类似的趋势。但由于就业结构的变动不仅是人均 GDP 变动的结果，而且更多的是人均 GDP 变动的原因，即就业人数从第一产业向第二、第三产业（包括向工业或制造业）的转移本身带动了人均 GDP 的上升。因而在一般情况下，就业结构变动所反映的工业化阶段，已经通过人均 GDP 变化的阶段性表现出来。

3. 工业结构变动所反映的工业化阶段

　　根据其他国家的历史经验，在工业化的过程中，工业内部结构的变动一般要经历三个阶段四个时期。第一个阶段是重工业化阶段，分为以原材料工业为重心和以加工装配工业为重心两个时期；第二个阶段是高加工度化阶段，分为以一般（或资源密集型）加工工业为重心和以技术密集型加工工业为重心两个时期；第三个阶段是技术集约化阶段，也可分为以一般技术密集型产业为重心和以高新技术密集型产业为重心两个时期。其中前一个阶段的第二个时期同时也是后一个阶段的第一个时期。从新兴工业化国家的经验看，这三个阶段既存在着演进的先后顺序，又往往受到国家工业发展战略的影响而交错在一起。一般来说，在以原材料工业为重心的重工业化时期，工业化处于初期阶段；当工业结构转向以加工装配工业为重心，高加工度化阶段迅速推进时，工业化进入了中期阶段；而当工业结构转向技术集约化阶段。技术密集型产业对工业增长起主要支撑作用时，工业化到了后期阶段。

电子信息技术对汽车工业的影响及改造[*]

汽车工业是一个比较"古老"的工业，也是一个与时俱进、不断进行自我改造和革新的工业。正因为如此，汽车工业至今仍然对世界经济、世界工业、世界科学技术的发展起着巨大的推动和带动作用。同时，汽车工业也成为世界工业和科学技术成果应用的重要领域，在吸收世界科学技术成果的过程中，汽车产品不断发生着重大变化，汽车工业也不断发生着重大变化。与第一辆汽车诞生时的汽车工业相比，今天汽车工业发生的变化可以说是革命性的。由于汽车工业与时俱进，因此汽车工业保持了其在世界工业发展中的重要地位，成为至今仍然对高新技术具有推动作用的产业。本章就是从当今电子信息技术领域的革命对汽车工业的影响这一角度，来探讨世界汽车工业的发展，以及中国汽车工业走向的。

本文探讨电子信息技术对汽车工业的影响以及改造，分为两个层次：世界范围内，电子信息技术对汽车工业的影响与改造；电子信息技术对中国汽车工业的影响与改造。每个层次均从三个方面进行研究：电子信息技术对汽车产品的影响，电子信息技术对汽车工业企业生产、运营的影响，电子信息技术对汽车工业产业组织结构和国际竞争态势的影响。在此基础上，对未来中国汽车工业的发展提出一些看法。

一 电子信息技术对世界汽车工业的影响与改造

（一）电子信息技术对世界汽车产品的影响

电子信息技术对汽车产品的影响，在第二次世界大战后呈现越来越大的趋势。笔者认为，电子信息技术对汽车产品的影响主要表现在两个方面：其

　＊　原载《经济管理》2001 年第 21 期。

一是对汽车产品中传统零部件、总成的性能、质量和功能的改善。应当说自汽车诞生到今天,汽车的传统结构和运行方式并未发生变化,主要是通过汽车零部件、总成的性能、质量、功能的逐步改变,从而改变汽车整体性能、质量、功能;其二是在汽车传统结构和运行方式基础上,不断增加电子信息产品,使汽车运行更加智能化,更加舒适,更加安全,更加减少污染,在基本功能(运输人或物)的基础上不断增加功能,直至使汽车成为电子产品和信息利用的平台。电子信息技术对汽车产品第一方面的影响自第二次世界大战结束后,一直延续到现在。电子信息技术对汽车产品第二方面的影响,则自 20 世纪 80 年代开始,到 20 世纪末呈现出迅速扩展的趋势。目前这两方面的影响正在互相交融,极大地促进了汽车产品的改变。

第二次世界大战后,汽车零部件应用电子技术越来越广泛,在发动机、制动、转向、变速、导航、空调、悬架、座椅、仪表及安全等方面都有应用。在汽车发动机、离合器、变速箱、制动系统等方面普遍采用了电子控制装置。仪表系统随着电子产品的技术不断进步而发生着相应的变化。由于汽车上应用的电子产品越来越多、水平越来越高,因此汽车产品上电子产品的价值在不断提高。1995 年每辆轿车上所用电子设备的成本为 920 美元,2005 年将增加到 1740 美元。再加上客、货车,1995 年汽车电子设备销售额为 370 亿美元,2005 年可达到 1000 亿美元,仅导航系统 2005 年销售额将达到 75 亿美元。汽车电子设备销售额约占世界电子工业产值的 6%,是世界电子产品的最大产业用户之一。近年来,汽车电子产品及系统的应用以每年至少 5% 的速度增长。

目前,不断改进已经在汽车产品上得到广泛运用的电子产品的性能、功能和质量,是世界汽车工业发展的大趋势之一。例如,发达国家汽车工业企业希望汽车防抱死制动系统、发动机管理系统、安全气囊展开系统等电子控制的单元体积减小、功能增加。因为体积减小,可以帮助汽车减轻重量,省去某些导线,特别是安装时可以有较大的柔性。这使电子控制单元小型化的微复合技术获得发展,促进电子产业的技术进步。电子化、自动化汽车零部件在汽车全部零部件中所占比重越来越高,这一趋势在 21 世纪将越来越明显。例如,法国雷诺汽车公司研究开发的新型安全气囊,通过测力传感器可以测定乘客身上所受的作用力,根据所测定的受力大小,安全带紧张器发生作用。日本研制出一种电动安全车窗,这种车窗配有的传感器可以在汽车进水时自动打开车窗。德国发明了一种可以安装在汽车上,用来辨别道路干燥或潮湿、结冰的探测器。

20 世纪 80 年代以来，世界汽车工业企业在汽车传统结构和运行方式的基础上，不断增加电子信息产品，使汽车运行更加智能化，更加舒适，更加安全，更加减少污染，在基本功能（运输人或物）的基础上不断增加功能，直至使汽车成为电子产品和信息利用的平台。这一趋势的发展，产生了三方面的效果。其一是汽车产品的电子附加装置和零部件越来越多，在 20 世纪末汽车产品的电子附加装置和零部件对汽车产品的价格产生了明显的影响，目前日本普通汽车电子系统的价值已经占汽车总价的 25% 以上，而德国生产的高级轿车的电子产品的价值是汽车总价的 40%。其二是加强了电子信息产业与汽车产业的互动。其三是由于电子附加装置和零部件促使汽车产品的使用功能不断增加。性能和质量不断提高，使消费者和政府对汽车产品的标准和要求也不断提高，提高了汽车工业的进入门槛。

自 20 世纪 80 年代以来，各汽车企业在汽车产品中不断增加电子信息产品。例如，7 年前德国宝马汽车公司首先推出了装有全球自动导航系统（GPS）的轿车。现在这一装置已经在发达国家比较普遍得到应用。日本所产的轿车中相当一部分装上了可以随时接受互联网信息的电子装置，在出租汽车上则已经普遍安装了该装置。消费者在汽车中得到的信息越来越多。在高级商用车上，消费者可以在车上看电视、上网收发电子邮件、玩游戏、浏览新闻。美国通用汽车公司设计的语言控制无线上网汽车，司机只要打开系统开关，说一声"拨号"，然后报出网号、密码，汽车内的系统就会自动与互联网联系，仪表板上就显示出个人化主页，然后司机可以用声音选择所需信息。车用防撞击雷达已投入批量商业化生产。雷诺汽车公司研制的一种红外线装置，安置在与驾驶员双眼对视的地方，驾驶员双眼闭合时，就会发出警报，使驾驶员警醒。日本的汽车公司开发了一种在驾驶员睡着时，可通过卫星对快出事的汽车进行调整，使其回到安全行驶状态的电子设备。由于汽车工业所具有的规模经济特征，汽车零部件的加速电子化、自动化，为电子信息产业的产品和技术提供了重要市场。

网络与汽车的连接，目前正在不断加速。今后的汽车将不只是一个运输工具，而是将成为"活动的生活服务平台"，成为电子设备与网络的"高效工作平台"。欧盟规定，到 2003 年所有欧洲汽车必须装备呼救系统。日本经济产业省、丰田汽车公司、庆应大学等正在合作研究集交通管理、引导、救护、娱乐、远程诊断故障、各种信息发布、交纳高速公路费用等功能于一体的车载电子信息装置。在日本歌乐公司开发的交互式汽车智能导航系统中，配备了可以识别 20 万个单词的语音模块，可以使汽车通过语音来操作。新加坡开发的智慧型公共汽车上配有电话、便携式电脑，乘客可以在车上打电话，或进入互联网、查阅国际机场航班、选择最佳路线，而车上的智能计价表可以把这一切费用准确、及时地反映出来。

当代智能交通管理系统的发展，"迫使"汽车产品不能不加速电子化、信息化，促进了汽车工业与电子信息产业的互动。这方面对汽车工业影响最大的是全球定位系统（GPS）、地理信息系统（GIS）、智能运输系统（ITS）。这三大系统的推广应用，使汽车必须配备有关的电子信息接收装置，使汽车与周围的环境互动更加密切，使公路运输数字化，使汽车的运行更加"聪明"、经济、安全，同时也意味着电子信息产业对汽车工业的影响不断增强。

（二）电子信息技术对世界汽车工业生产、运营的影响

当代汽车工业竞争越来越激烈，汽车新产品的开发速度成为决定企业生存的决定性因素。由于充分利用了电子信息技术和产品，汽车工业的新产品开发速度越来越短。2000 年 2 月，丰田公司首次使用虚拟空间技术开发出新车型，仅用了 13 个月，比它以往的开发时间减少了 3 个月。美国通用汽车公司引进网络技术，使新车型开发由原来的 4 年缩短为 2 年。日本电装公司利用 CAD 技术，使汽车零部件的设计时间缩短为一个半月。CAD 技术大大减少了研究试验的时间，降低了成本。福特汽车公司 1999 年汽车模型试制成本比 1998 年下降了 25%。

汽车工业是最早应用工业机器人的部门，也是最主要的应用机器人的部门。1962 年，美国汽车工业中首先应用工业机器人，从此以后，美国、德国、瑞典、瑞士、日本的汽车工业，都越来越重视工业机器人的应用。工业机器人首先应用在焊装和冲压车间，后来在总装车间也开始采用工业机器人，这又促进工业机器人的智能化提高。2000 年德国大众汽车公司制造的驾车机器人"克劳斯"成功地通过了驾车测试。"克劳斯"驾车时像真人一样运动自如。①

日本丰田公司的工厂应用机器人较早，其劳动生产率一跃为欧美汽车厂的 6 倍。1988 年福特公司采用工业机器人 0.4 万个，克莱斯勒有 0.1 万个，

---

① 《汽车情报》2000 年第 12、第 13 期。

通用有 1.4 万个。20 世纪 90 年代初世界工业机器人的 60% 用于汽车工业，使工业机器人成为发展最快的一个产业部门，90 年代初产值已达 24 亿美元，近年来继续有较快发展。①

汽车工业是柔性自动加工系统和 CIMS 技术的重要应用部门。依靠计算机、加工中心和数控机车组成的柔性自动加工系统，使汽车工业由单一品种、大批量的生产方式，转向小批量、多品种，更加适应市场要求的精益生产方式。通过"看板生产"，汽车生产企业的管理水平和经济效益大大提高。

汽车工业一直是先进生产制造与管理方式的发源地，80 年代精益生产方式曾对全球制造业产生了巨大影响。汽车工业也是电子信息产业的主要用户之一。电子信息产业正在对汽车工业产生全面的影响。

汽车工业企业在产品开发、科研、生产、管理、销售和售后服务中，广泛采用计算机。福特汽车公司 2000 年正式启用的名为 C3P 的全公司工程计算机系统就耗资 5 亿美元，该系统包括计算机辅助设计、计算机辅助工程、计算机辅助制造和产品信息管理，该系统可使从概念设计到第一批样车的时间缩短到 18 个月或更短。

汽车工业在多变环境下发展，企业决策至关重要，需要多种信息来保证。例如，产品开发决策就需要全世界市场趋势，全世界用户需求，全世界市场竞争力、技术发展趋势，全世界汽车质量，全世界生产设备能力和生产技术等多方面的信息，这都要信息产业来支撑。而且企业内部的市场等有关信息研究，在大型企业也仅是 60% ~70% 由自己完成，剩下的要靠咨询公司来帮助完成，中小企业对咨询企业的依靠更大。汽车工业企业为促销每年都在广告上耗费巨资，实质上是在信息产业的投资。例如，1998 年欧宝、大众、雷诺、福特、奔驰、标致、菲亚特、奥迪、丰田、雪铁龙等 10 家企业在德国的广告费用就是 30.1 亿德国马克，在各产业中名列第一，占总广告费用的5.2%，而且还在逐年增加。

汽车工业企业利用信息网络采购已开展了几年时间。通用汽车公司 1998年为此就节约了 20 亿美元；福特汽车公司在完善信息网采购后，每年可节约10 亿美元。福特汽车公司通过信息网络采购今后将达 800 亿美元，再加上涉及的相关部分共计 3000 亿美元，通用汽车公司的规模更大。

在网络时代，汽车工业企业已成为网络的最大用户。2000 年 2 月 25 日，

———————————

① 赵英：《汽车工业是中国的朝阳产业》，《首都经济》2000 年第 6 期。

美国汽车工业三巨头通用、福特和戴姆勒－克莱斯勒宣布，三家将合作建立一个世界上最大的网上市场，它们计划通过这一网上市场每年购进 2500 亿美元的零部件和其他物资。美国报界说，这一计划一旦投入运作，将使其他商业网站变成侏儒。新的网络系统可以使每生产一辆汽车降低成本 1000 美元。三大汽车公司希望新的网络系统在几年内将购买成本降低 10%。更值得注意的是，2000 年 2 月 1 日日本丰田公司宣布，该公司同美国通用汽车公司、德国大众汽车公司就实质上统一汽车和零部件的设计与开发系统达成了基本协议。丰田公司将从 2001 年起与通用汽车公司和大众汽车公司分别相互联通设计开发用计算机，加速汽车零部件的开发。这次合作，将建立三家公司统一零部件规格的基础。通过这次合作，三大汽车公司把合作扩大到信息技术领域。这种网上公布标准的公开采购，具有可以降低主机厂的成本、提高效率等优点，因此今后会迅速发展。国际大汽车公司将通过制定标准与规则，牢牢地控制世界汽车工业。信息技术革命也成为全球汽车业重组的因素。

由于电子信息技术和产品对汽车产品的影响越来越大，世界级的大汽车公司纷纷通过购买、兼并电子信息产业中的相关公司来进入电子信息产业，或者直接建立自己的电子信息技术和产品研究开发机构。日本的丰田、本田、日产公司就建立了自己的电子信息技术和产品开发机构，具有很强的开发能力。

发达国家汽车工业企业利用信息网络销售汽车的工作也发展很快。1997 年 4 月日本丰田汽车公司已经开始引入图像信息网络系统"GAZOO"，这一系统定位于综合电子商务。1999 年 3 月丰田又与日本的 Digicube 公司达成合作协议，由两家合作开发销售系统。Digicube 公司向丰田公司的"GAZOO"系统提供音乐、游戏、图像信息等。丰田公司对互联网的利用包括三方面的目的：宣传企业形象与品牌；服务于丰田各个专卖店，播发有针对性的广告，为顾客提供报价、预约等服务；播放"GAZOO"系统的信息，采取会员制发展潜在用户。[①] 美国 1998 年利用互联网在线服务购车的人数占总客户的 1.1%，1999 年达 2.7%，2000 年预计达 5%。通用公司成立通用电子商务公司，目标是使通用公司成为汽车工业电子商务的全球领先者，希望利用互联网来夺得通常不考虑通用产品的用户。为此项业务，通用在今后 5 年中将投资 10 亿美元。日本丰田和三菱 2001 年将开始在北美网上售车。根据通用汽

---

① 《计算机世界》2000 年 8 月 14 日。

车公司的资料，1998 年美国销售的大约 1500 万辆汽车中，通过互联网查询和选择的用户约 200 万人，预测到 2003 年将达到 790 万人。通过互联网确定经销商并获得报价的用户约为 80 万人，预测到 2003 年将达到 520 万人。欧洲最大的汽车制造商——大众汽车公司也于 2000 年宣布，公司将通过网络采购原材料、部件甚至办公设备，以此来减少成本。根据日本有关专家 2000 年的预测，2 ~ 3 年内丰田和本田汽车公司将实现主要通过互联网销售汽车。5 年内所有日本汽车公司的汽车销售将主要在网上进行。10 年内销售汽车的店铺将只有少数保留下来，顾客在网上选择汽车，通过银行付款，只需要公司派职员把顾客订购的汽车送上门。① 届时，保留下来的汽车展示场只是为了使顾客可以实际体验对汽车的真实感觉。

随着网络技术的普及与发展，人们可望在今后几年内看到集各种电子设备于一身，包括电话、电脑、卫星接收和全球定位系统的"网络汽车"将问世。日本已推出了集 20 余项多媒体技术于一身的汽车，开发出了车用高速电子交换网、汽车智能导航系统。英特尔公司研制出了汽车电脑系统。汽车正在由以机械为主的运输工具，转变成为行进中的电子设备与网络的高效工作平台。

电子商务以企业与企业（B2B）或企业与个人用户（B2C）之间大量的商务活动为基础，其所替代的是传统的企业与企业、企业与个人间的商务活动。电子商务离开企业与企业、企业与个人间的商务活动，就会成为无源之水、无根之木。网络经济是建立在实体经济基础上的经济，促进着实体经济的发展。汽车工业作为当代世界生产批量最大的高技术加工工业，必然成为电子商务重要的用户与依托。网络经济必将进一步促进汽车工业在效益更高的水平上运行。

（三）电子信息技术对世界汽车工业产业组织结构和国际竞争态势的影响

1. 由于汽车产品的高技术化，汽车工业竞争门槛将会更高，政府介入汽车工业成为汽车工业国际竞争中引人注目的现象。

由于汽车产品的电子信息化程度不断提高，汽车工业的竞争门槛也将迅速提高。无论是发展中国家，还是发达国家政府对汽车工业的介入都是引人

① 笔者在日本做访问学者时，就此对日本自动车经营开发研究所所长吉田信美先生进行了访问。

注目的。目前这方面最突出的例子是美国政府牵头组织，由美国官、产、学共同实施的 PNGV 计划（新一代汽车合作计划，Partnership For a New Generation of Vehicles，PNGV）。这一计划对美国经济的竞争力、美国制造业实力的提高，都已经并将继续产生巨大的作用。

美国政府每年为该计划拨款 3 亿美元，福特、通用、克莱斯勒三大汽车公司每年投入 10 亿美元。

该计划由美国副总统直接分管、总体协调。参加的政府机构有能源部、商务部、运输部、国防部等。美国三大汽车公司以合作者身份参加，并在计划中相互合作。参加的其他厂商遍及 30 个州。美国的许多名牌大学、国家研究机构、国家实验室也参加了这一计划。

美国政府对这一计划采用了官、产、学结合的组织，而且允许三大汽车公司在一起共同进行项目研究。这对一向重视反垄断的美国政府和三大汽车公司来说，都是破天荒的，标志着美国工业发展政策和思路的重大转变。汽车工业的科研开发投入巨大、风险巨大，因此连崇拜自由竞争的美国都不得不由政府出面组织汽车产品开发。从某种意义上说，汽车工业的竞争已成为国家间的竞争。

PNGV 计划进行 5 年之后，在 4 个方面已取得了巨大进展。

首先，树立了前所未有的重大技术目标，即在不降低性能、不提高成本的前提下，将燃料的效率提高了 3 倍。其次，保持了美国在先进制造技术和高技术方面的领导地位，对保持美国经济、技术的全球竞争力和经济发展起到了重要作用。再次，把原来用国防投资建立的国家实验室用于汽车工业，把许多分散的项目有机地结合起来，形成了一个众多科研单位为一个目标工作的整体。找到了高技术科研单位与市场经济相结合、与企业相结合的途径，保持了美国的战略研究力量。最后，美国三大汽车公司在某种程度上形成非竞争的合作关系，这是史无前例的。政府与企业间也以合作来实现共同的技术目标，在相当程度上代替了过去的命令和控制关系。

PNGV 计划在技术上取得了燃料电池、动力电子学、四冲程直喷式发动机、轻质材料等方面的巨大进展。2000 年在美国底特律举办的北美国际汽车国际展览会上，三大汽车公司都展出了 PNGV 概念车。新一代汽车合作计划正在按期实现。

2000 年 4 月，继 PNGV 计划之后，美国政府又推出了"21 世纪货车研究计划"。该计划规模仍然相当庞大，并有国防部、能源部、运输部等政府机构参加。该计划主要以提高美国重型汽车的经济性、安全性与效率为目标。提高美军在全球的适应性和机动性也是该计划的重要目标。智能车辆技术，包括先进的通信技术、预先示警技术、车辆诊断以及预测技术，是其技术领域的重点之一。

欧洲国家政府在汽车发展方面也有与美国类似的计划。

2. 汽车产品的电子化、信息化趋势，将使产业内的竞争更加激烈；汽车工业企业与电子信息产业企业间的关系将越来越密切，跨产业的兼并、合作与重组，将是 21 世纪发生在两个产业间的大趋势。

电子信息产品的开发研制需要大量的经费、人才、技术储备，因此即使是世界前几名的大汽车公司也难以独立开发，因此，这既加剧了它们之间的竞争，也推动了它们之间的合作。例如，丰田就在与通用进行燃料电池汽车开发方面进行合作。在合作中，各大汽车公司之间的相互持股关系也在调整，汽车工业里的大企业规模将更加巨大。没有能力在电子信息领域进行研究开发的汽车企业，在 21 世纪将处于不利的竞争态势，可能被兼并。

汽车电子化、信息化在很大程度上影响着一个汽车生产企业在 21 世纪的兴衰，而电子化、信息化技术的开发研制又如此费时费钱，进入门槛比较高，因此迫使世界大多数汽车企业不得不采取 3 条途径来获得电子信息技术。其一是建立自己的电子信息产品研究开发部门。例如日本丰田汽车公司就建立了自己的庞大的电子信息技术开发部门。美国通用汽车公司成立了通用电子商务公司，通用公司将在今后 5 年中投资 10 亿美元，目标是成为汽车工业电子商务的全球领先者。其二是通过购买、兼并有关的电子信息产业企业来获得技术。其三是与有关的电子信息产业企业合作。有关电子信息技术目前往往掌握在汽车业界之外的企业手中，而这些技术又是未来汽车的核心，因此原来以汽车主机厂为主导统帅一系列零部件厂的秩序会被打乱，各大汽车厂不得不与拥有这方面技术的汽车生产体系外的生产厂家合作，或者通过购买、控股解决问题。将有越来越多的电子信息产业领域的企业进入汽车工业。汽车工业企业与电子信息产业企业间的联系将更加紧密。电子化、信息化将成为发达国家汽车企业间竞争的重要方面。

（四）发展趋势

20 世纪 90 年代以来，汽车产品已发生了巨大的变化。随着新技术、新材料的应用，汽车正在成为用新技术、新材料、工艺制造的，行进中的电子网络平台。传统概念的汽车正在退出历史舞台，新的电子网络时代的汽车已经出现。

随着汽车安全技术、动力技术、节能技术和环境保护技术的不断进步，未来 10 年，汽车电子信息产品的市场极其广阔。汽车电子信息产品以及系统的应用将以年均 5% ~7% 的速度发展。

今后 10 年内，推动汽车电子信息产品和技术发展的主要动力，是人们对汽车安全、环保、节能以及舒适方便的多方面生活需要。

根据日本汽车专家预测，今后几十年，汽车产品本身的电子信息系统主要集中于汽车用局域网系统（LAN）和处理器（CPU）、发电机控制、机电接口、ABS 和行驶控制、电子控制传动系统、抬头显示系统（HUD）、多媒体技术和撞击传感技术等方面。车载局域网将逐步替代单独控制器，车载计算机的处理能力将显著提高，64 ~128 位处理器将出现在汽车上。功能进一步整合优化，ABS 与行驶控制、发动机和传动系统控制、导航系统与其他信息系统的整合将加快。

由于智能交通系统的进一步发展，汽车产品上搭载的电子信息装置将进一步增加。由于政府对汽车产品标准的改变以及对其运行的管制，汽车产品上不得不搭载的电子信息接收装置将进一步增加。

由于大量使用网络订货和利用网络组织汽车生产，汽车生产将进一步柔性化。新车型以及零部件的设计、开发时间将大大缩短。

目前车用电子部件在汽车零部件总量中所占的比重为 12% ~15%。根据相关国际汽车工业的研究项目，到 2005 年车用电子部件在汽车零部件总量中所占的比重将提高到 25% ~30%。汽车的电子化、信息化不断加速，将导致汽车技术标准的极大变化，导致汽车运行方式的巨大变化，以及汽车运行所需的社会基础设施的极大变化。汽车的电子化、信息化不断加速，将继续导致国际汽车工业生产运营方式、国际分工与贸易产生极大变化。

目前的国际潮流是，不断地把航天、航空等军用技术用于汽车工业，汽车工业被美国列入国家关键技术，汽车产品将继续成为电子信息产品与技术的载体，汽车工业将继续成为高新技术的巨大市场。例如，汽车工业对专用集成电路的需求，将对电子信息产业这方面的发展产生巨大影响。汽车工业对导航设备、专用雷达的需求，也会使有关领域的产品和市场发生巨大变化。高技术一旦应用于汽车工业，就可以通过大批量生产降低成本，从而为其开发出广阔的生长空间。

　　随着电子信息技术对汽车工业、汽车产品的影响日益增加，随着汽车工业的电子化、信息化进程不断加速，汽车工业的整体技术进步将不断加速。21世纪前十年，20世纪已高度成熟的传统汽车产品将转变为以高技术重新改造过的，建立在新型轻质材料、新能源和新型混合动力基础上的机电一体化的高新技术产品。

　　由于汽车工业与时俱进，因此汽车工业保持了其在世界工业发展中的重要地位，成为至今仍然对高新技术具有推动作用的产业。从研究与开发费用角度看，OECD研究报告认为1970～1980年汽车工业属于中等技术；1980～1995年属于中高技术；21世纪汽车工业将继续演变，与高新技术产业日益接近。电子信息技术对汽车工业的影响将进一步深化。

二　电子信息技术对我国汽车工业的影响

（一）电子信息技术对我国汽车产品的影响

　　"九五"期间，国家对汽车安全、环保和节能标准的不断提高，极大地推动了我国汽车电子技术的应用与发展，其中最重要的是汽油机电控燃油喷射技术的推广、柴油机电控燃油喷射技术的研究。

　　汽油机电控燃油喷射技术的应用与研究是我国汽车电子技术发展的重要标志。我国在"八五"时期自主攻关的基础上，利用与国外企业技术合作，通过有关科研单位联合攻关、研究开发，在较短时间内使电控燃油喷射技术应用取得了重大进展。2000年我国主要城市销售的轿车产品已经普遍采用了电控汽油喷射装置。"九五"期间我国高标号和无铅汽油的普遍推广，为汽车电控汽油喷射技术的应用创造了条件，使汽车尾气三效催化装置的广泛应用成为可能。这几项技术相结合，形成了以汽车电子技术为核心的汽油机排放闭环控制系统成套技术，保证了我国轿车产品尾气排放全部达到了欧洲1号法规要求，部分新开发产品可以达到欧洲2号法规要求。

　　"九五"期间，我国汽车用柴油机电控燃油技术的研究开发也取得了重要进展，基本攻克了电磁喷射阀、电子控制单元、软件控制算法、匹配标定方法等共性关键技术，取得了以电控柴油机分缸独立反馈与控制算法为代表的一批自主专利技术，达到了发动机控制领域国际先进水平。国内率先实现了电控多缸柴油机和电控柴油机的小批量装机、装车，并已经应用于我国柴油汽车的主要车型、机型和泵型上，同时还向其他行业进行了技术转移，为我国汽车用柴油机进一步降低排放、节约燃料提供了技术基础。

"九五"期间，围绕汽车液压防抱死系统（ABS）、气动ABS、电子控制自动变速器及无级变速器、车载电子系统技术等的发展，我国科技人员开展了相关研究，并取得了一定进展。ABS系统在轿车上已经有了一定的装车量。我国在电子计算机辅助驾驶、主动避让、卫星定位导航（GPS）等智能化交通运输系统的技术方面的研究也已经起步。

随着我国汽车工业的技术进步，合资企业在中国生产的汽车产品水平的不断提高，消费者对汽车舒适度和安全性要求的提高，政府管理部门对汽车安全性、环保标准、节能标准要求的提高，我国汽车产品上附加的电子信息装置越来越多。ABS在轿车上装得越来越多，安全气囊开始在轿车上安装，合资企业的新轿车产品零部件电子化、自动化的比重不断增加。北京市开始在出租车上安装接收GPS信息的装置。随着我国企业、政府单位对公务车性能的要求的不断提高，我国公务车上搭载的电子信息设备也越来越多。在我国的高级长途客运汽车上已经普遍安装了电视、音响设备。目前我国汽车生产厂商已经开发出了能够召开会议的高级大客车。车上装有空调、DVD系统、液晶电视、卡拉OK、高级音响、彩色倒车监视器和笔记本电脑插座。[①]

（二）电子信息技术对我国汽车工业生产、运营的影响

"九五"期间，我国汽车工业以提高产品自主开发能力为目标，积极引进计算机辅助技术（包括CAS、CAD、CAE、CAM、CAT、PPM等），使产品开发技术水平大幅度提高，开发周期缩短，产品换代速度加快。

骨干汽车生产企业普遍使用了CAD、CAM技术，实现了从二维设计向三维设计数字化的转变。CAS、CAE、CAT技术应用已经起步，目前国际通用的汽车产品开发计算机软件、硬件已经在这些企业得到应用。经过"九五"期间的努力，我国骨干企业科技人员已经初步掌握了世界先进的汽车产品开发过程，特别是在轿车车身开发技术方面有所突破，初步掌握了轿车车身的三维实体设计。我国技术人员根据中国实际情况，开发出一批小型、实用的设计软件，例如汽车外流空气动力分析系统、独立悬架开发系统、大型绘图机计算机控制系统、CIMS应用工程车身覆盖件模具CAD/

---

① 《商用汽车》2001年第6期，第18页。

CAPP/CAM 集成系统、微机汽车车身 CAD/CAM 系统、曲轴设计计算机程序系统、计算机控制电机伺服汽车零部件检验系统、汽车冲压工艺分析系统、可靠性寿命分布预测数据库等，为提高产品设计水平、制造水平及产品质量发挥了重要作用。

在中国主要汽车厂的焊装车间、装配车间、油漆车间，使用了多种机器人，在其他工序大量采用了机械手以及其他自动化设备，产品的质量检测实现了自动化。中国主要汽车厂在一定程度上实现了多品种的混线生产。

自 1992 年起，第一汽车集团公司坚持每年投资 2000 万元人民币，购买电子计算机软件和硬件。结合采购数控机车等设备使用 CAD/CAM/CAE/CAPP/MRP 技术。在产品设计、非标准设备设计以及部分工艺装备设计中，实现了计算机出图。计算机的应用大大加快了产品设计时间。CA - 141 新载重车从设计到投产，用了 6 年；在捷达王轿车改型时，采用了 CAD/CAM 技术，使用统一数据开展同步工程，仅用了不到 3 年时间。1996 年一汽完成了公司总部的网络工程，实现了公司总部各个单位的联结，初步实现工程数据和管理数据在网上的交流，同时实现了与国际联网，可以在网上直接查找国际汽车工业的有关资料。

东风汽车公司也成功地推广、运用了 CAD/CAM/CAE/CAPP/MRP 技术。随着国家 863/CIMS 高科技计划在东风公司的推进，CAD 技术的推广和普及，产品开发和工装设计已经全面实现"甩图板"。CAE 和三维 CAD 技术已经开始在技术中心得到应用。CAM 技术在模具制造中得到广泛应用，并且和 CAD 技术实现集成。冲压模具生产能力达到 800 ~ 1000 套/年，已经接近于满足每年开发一个全新车型模具装备的能力，使汽车工业多年来需要解决的模具"瓶颈"问题有了根本缓解，缩短了新产品开发的准备时间。

以东风专用汽车厂为代表的单条产生线 CIMS 已经成功运转了多年。以国家精冲中心和大量计算机控制的毛坯制造和机加工，以及机器人焊接、油漆等先进装备武装的生产线，具有了一定的灵活适应市场的能力。东风公司内部信息网已经运行，也可以通过网络与国际交流。东风公司与 300 多家一级承包商实现了网络连接，共同进行新产品开发。

上海通用汽车公司在生产线上采取计算机集中管理。管理系统根据生产安排随时向各生产岗位下达生产指令，生产线工人根据信息进行生产操作。同时生产线上各个质量控制点也随时把质量信息集中输入管理系统，每一台车有一套完整的质量档案。同时计算机管理系统对各个生产过程的重要环节、重要设备及重要检测设备进行跟踪、记录、显示和数据储存,对工厂的生产设备也建立了完整的质量档案,为设备的预检修提供了依据。计算机管理系统也奠定了公司的 CIMS 基础。①

在销售服务方面,我国汽车工业的主要企业也取得了较大的进展。2000年,东风汽车公司建立了全国的营销服务网络。完整的服务网络已经初具规模。有些汽车公司开始注意利用网络宣传自己的形象,扩大公司影响。例如金龙汽车公司从 1999 年起,在全国近 200 个特约服务站、计划调拨中心和备件中心库进行计算机联网及网络建设,实现了销售服务电脑化管理。同时还与搜狐公司联手推出了"金龙客车网上谈",在车迷以及行业内产生了很大影响。我国已有为数众多的号称从事"汽车电子商务"的网站。这些网站基本上从事的是网上汽车销售服务,只有少数有实力的网站提供企业与企业之间的采购信息服务。

从表 1、表 2、表 3 可以看到,汽车工业对电子信息产业的需求越来越大,但是电子信息产业对我国汽车工业的影响力还不是很大。从汽车工业对相关产业的需求、汽车工业相关产业的税收贡献、与汽车工业有关的相关产业就业人数等几方面看,电子信息产业对汽车工业的影响力低于大部分传统产业。这一方面表明了我国汽车工业技术水平的落后,表明我国汽车产品电子化、信息化程度不高,因而对电子信息产业带动力和影响力不大;另一方面表明我国汽车工业存在着潜力巨大的电子信息产业市场,随着我国汽车工业的进步,电子信息产业对汽车工业的影响力会逐步加大。

表 1　汽车工业对相关产业的需求

单位:亿元

行　业	1990 年	1995 年	1997 年
林业	0.32	1.1	1.45
黑色金属采选业	0.15	0.54	0.73
有色金属采选业	0.03	0.09	0.12
纺织工业	3.29	10.92	14.31
皮革毛皮羽绒及其制品业	0.99	2.73	3.82

---

① 中国工程院编《我国先进制造技术发展战略学术研讨会论文集》,1998。

续表

行　业	1990 年	1995 年	1997 年
石油加工及炼焦业	2.68	7.99	10.98
化学原料及制品业	6.05	22.64	30.29
橡胶制品业	29.66	99.49	129.1
塑料制品业	3.18	13.79	18.61
黑色金属冶炼加工业	41.45	119.93	147.84
有色金属冶炼加工业	7.55	16.91	20.47
普通机械制造业	45.75	230.48	311.38
电器机械和器材加工业	13.93	54.62	72.18
电子及通信设备制造业	1.42	8.09	10.3
仪器仪表制造业	1.18	5.58	6.98
电力蒸汽热水生产供应业	1.88	5.11	7.03

资料来源：根据《中国统计年鉴》以及汽车工业的内部统计资料计算。

表 2　汽车相关产业对税收的贡献

单位：亿元

行　业	1990 年	1995 年	1997 年
林业	0.01	0.04	0.05
黑色金属采选业	0.0	0.02	0.03
有色金属采选业	0	0	0
纺织工业	0.1	0.48	0.66
皮革毛皮羽绒及其制品业	0.02	0.08	0.13
石油加工及炼焦业	0.15	1.31	1.71
化学原料及制品业	0.29	1.32	1.91
橡胶制品业	1.64	6.99	9.68
塑料制品业	0.09	0.51	0.73
黑色金属冶炼加工业	1.31	10.55	14.06
有色金属冶炼加工业	0.18	1.01	1.30
普通机械制造业	1.60	10.19	14.55
电器机械和器材加工业	0.53	3.01	4.22
电子及通信设备制造业	0.04	0.35	0.48
仪器仪表制造业	0.05	0.31	0.41
电力蒸汽热水生产供应业	0.08	0.51	0.72

资料来源：根据《中国统计年鉴》以及汽车工业的内部统计资料计算。

表 3 汽车相关产业就业人数的需求

单位：亿元

行 业	1990 年	1995 年	1997 年
林业	774	1443	2224
黑色金属采选业	483	704	700
有色金属采选业	142	186	216
纺织工业	7450	14133	13708
皮革毛皮羽绒及其制品业	2133	1980	1955
石油加工及炼焦业	2584	6366	6956
化学原料及制品业	11648	23072	23520
橡胶制品业	59475	108262	101223
塑料制品业	5400	10246	10302
黑色金属冶炼加工业	64200	134248	132894
有色金属冶炼加工业	7826	15352	16268
普通机械制造业	136416	336066	357456
电器机械和器材加工业	20618	43432	42903
电子及通信设备制造业	2983	3956	3960
仪器仪表制造业	3591	7138	6952
电力蒸汽热水生产供应业	2952	6633	7700
合计	328675	713217	728937

资料来源：根据《中国统计年鉴》以及汽车工业的内部统计资料计算。

（三）21 世纪初我国汽车工业电子化、信息化的发展趋势

"十五"期间，我国汽车工业仍将继续以较高速度发展。根据"十五"计划，我国汽车工业年产量将达到 330 万辆左右，其中轿车将占 1/3。汽车工业尤其是轿车工业以较快速度发展，必将推动我国汽车工业的电子化、信息化进一步加速。随着人民收入水平的提高、消费水平的提高、政府对交通管理水平的提高，汽车工业的电子化、信息化也必将加速进行。

汽车产品的电子化、信息化受到我国汽车工业整体水平的制约，因此提高起来是较慢的。在运用电子信息手段进行产品开发方面，会慢于汽车产品的电子化、信息化，而我国汽车工业生产、经营的电子化、信息化则会以较快速度发展。

到"十五"结束时，我国汽车工业在汽车产品电子化、信息化方面，与发达国家汽车工业相比，仍然会有 5 年左右的差距。在运用电子信息手段进行产品开发方面，与发达国家相比会有 10 年左右的差距。而我国汽车工业生

产、经营的电子化、信息化与发达国家汽车工业相比，则可能有 3 ~ 5 年的差距。

总之，随着 21 世纪中国汽车工业的发展，中国与发达国家在汽车工业方面的差距，将越来越体现在电子化、信息化方面。中国与发达国家汽车工业电子化、信息化方面的差距不仅体现为市场销售产品的水平差距，而且随着中国加入 WTO，将可能体现为一种国际分工，即中国生产低水平、低价格的汽车和汽车零部件，发达国家生产高水平和高价格的汽车及汽车零部件。随着中国成为"世界工厂"，汽车在中国制造的部分越来越多，还可能进一步向中国制造、发达国家设计与开发的方向发展。

尽管在 21 世纪初，中国与发达国家的汽车工业相比，在电子化、信息化方面仍然会存在较大差距，但是随着中国汽车工业的发展、水平的提高、生产规模的扩大，中国汽车工业将对中国电子信息产业的发展产生巨大的影响。中国汽车工业将成为电子信息产业的巨大市场，将为许多高技术成果的实用化创造条件，成为高技术产业化的巨大载体。电子信息产业与汽车工业将相互促进，推动中国的工业化，推动中国的产业结构升级。

（四）我国汽车工业电子化、信息化方面存在的差距

1. 我国汽车工业的产品在电子化、信息化方面与发达国家汽车工业相比，存在着较大差距

在我国的汽车产品成本中，电装（电气 + 电子）产品所占比重约为 1% 左右（根据车型有所不同），而发达国家为 3% ~ 5%；车用电子部件在汽车零部件总量中所占的比重为 6% ~ 8%，而发达国家为 13% 左右。

许多在发达国家汽车上已经作为标准配置的装备，在我国汽车产品上刚刚开始在一些轿车上安装。例如 2000 年底发达国家汽车安装 ABS（制动防抱死系统）的车辆已经达到 80% 左右，中高级轿车几乎全部安装了这一系统；安全气囊也越来越对多地成为中高级轿车的标准配置。我国汽车产品从 90 年代末期开始批量安装 ABS，安装安全气囊的汽车则为数甚少。许多在外国同样车型上已经安装的电子信息产品，在我国生产时却没有安装。

许多技术水平要求高的汽车电子零部件，我国还难以生产。我国尚不具备开发先进汽车发动机的能力，因此对发动机进行电子控制的零部件也无从谈起。

由于我国在智能化交通运输管理系统方面才刚刚起步，全球定位系统

（GPS）、地理信息系统（GIS）、智能运输系统（ITS）这三大系统或处于研制开发阶段，或处于或实验推广初期，因此汽车必须配备有关的电子信息接收装置甚少。

2. 我国汽车工业在电子化、信息化生产运营方面与发达国家汽车工业的差距

我国汽车工业中成功地利用电子信息技术只是在若干大企业的若干领域，而发达国家的汽车工业中则较为普遍地利用了电子信息技术。例如，发达国家汽车零部件的中小生产企业也较为普遍地利用了 CAD/CAM/CAE 技术，而我国生产汽车零部件的中小生产企业则普遍缺乏开发能力，更别提运用这些技术了。

在企业内部管理方面，发达国家汽车企业已经实现了所有的生产、质量、技术开发均通过网络来进行管理，而我国只是在若干大公司的直属生产、开发部门做到了这一点。发达国家在利用网络进行生产管理、销售和产品开发方面，比我国汽车生产企业推进得快得多。尤其在利用网络实现信息共享、共同采购等方面。

我国汽车工业可利用的管理、开发软件，基本上是从外国有关公司引进的。因此自然也处于落后状态。

3. 存在差距的原因

（1）我国汽车工业整体水平落后。我国汽车工业整体水平落后，导致我国汽车工业对电子信息产品和技术的搭载能力和吸收能力落后。因为整车的水平落后，所以难以提高汽车电子信息零部件产品的应用水平。

我国汽车工业企业的管理水平与发达国家企业相比仍然存在较大差距，电子信息技术仍然在不断引进管理的过程中，缺乏经验和能力，因而我国电子信息技术的应用范围和程度也必然受到影响。

（2）汽车购买力低、消费水平低。与汽车能够发挥基本功能——运输关系不大，使汽车增加附加的功能，提供更大舒适度和更多服务，政府对汽车工业的有关管制法规也未规定非装不可的汽车零部件，一般称为选装件。选装件在汽车工业发展史上有一个规律：许多原来属于汽车选装件的汽车零部件，由于人民生活水平的提高、对汽车功能要求的增加、政府管制法规的变化，成为汽车的必装件。

我国汽车市场仍然处于低水平购买和消费的阶段，尤其是轿车市场还处于开发初期。因此，有很多汽车电子信息产品，由于价格较高、消费者接受能力有限，对汽车产品要求达到基本功能即可（中国汽车市场上的轿车消费者对价格的反应是很敏感的），而被列为选装件，不能大批量地装到汽车上。根据外国有关学者介绍，今后随着汽车上搭载的电子信息产品越来越多，汽车成为电子信息装备的平台，汽车可能产生分化：一种高级汽车，汽车上搭载的电子信息产品很多，功能较多，当然价格也较高；一种普通汽车，除了汽车的基本功能以及必要的安全、舒适的电子设备之外，不搭载其他电子信息设备，也不具有其他功能。这种发展趋势，也可能体现于中国汽车工业的电子化、信息化进程中。

（3）汽车生产经济规模不够，技术标准复杂。我国汽车工业尤其是轿车工业，在发展初期规模较小，达不到必需的经济规模，因此汽车电子信息产品为之配套必然价格较高，影响了电子信息产业进入汽车工业。由于我国汽车工业引进了发达国家中若干大汽车公司的技术与产品，必然导致汽车以及汽车零部件技术标准与规格的复杂化，加大了为汽车工业产品配套的难度，同时必然对汽车产品的电子化、信息化产生影响。

（4）与发达国家政府相比，中国政府对汽车工业的管理，处于法规较为宽松的状态。之所以出现这种情况，主要是为了迁就我国汽车工业落后的现实。从我国汽车工业发展的客观实际来看，这样做是必要的。但是宽松的法规，在某些情况下的确使我国汽车工业技术进步步伐放慢，在我国汽车工业中合资企业占有重要地位时尤其如此。宽松的法规往往使外国大公司把在本国已经淘汰的落后产品转移到中国生产。例如，在中国政府未提高对产品排污的要求时，合资企业生产的轿车发动机大部分是传统产品。随着中国政府对轿车排污要求日益严格，合资企业生产的轿车发动机已经转为电喷发动机。

由于我国在交通智能管理系统方面研究开发落后，也影响了我国汽车产品上有关的交通智能管理系统的安装。

（5）产业间沟通、联系不够。我国电子信息产业正处于高速发展阶段，因此对本领域的市场十分专注，对汽车工业为电子信息产业可能带来的发展机遇注意不够。目前政府间的协调与合作也不够。

由于对电子信息产品与技术的需求有限，因此我国汽车工业企业也缺乏外国大公司所具有的进军电子信息产业领域或与电子信息产业领域企业合作的强烈愿望。

目前我国汽车电子商务网站与大的汽车企业之间，不存在相互依存的关系，目前基本上是各走各的道。有关商业网站过多地注意商业运作，而缺乏汽车工业的特色,没有太多的汽车工业信息,因而得不到汽车工业企业的支持。大汽车企业往往依靠自己的力量,建立自己的有关网站。

(6)市场环境不好。我国目前市场环境不好,存在着较为严重的欺诈、侵权、违约等现象,商务合同履约率较低,某些中小企业信用较差。存在着大量的制造假冒伪劣产品的不法企业。地方政府往往对本地区企业予以保护。因此,汽车工业企业的运营很难完全通过电子信息手段来完成。我国在互联网立法方面远远落后于发达国家,这也使网上交易的可靠性、安全性难以得到保证,从而影响了我国汽车工业对互联网的商业利用。

(7)我国软件产业发展落后。我国软件产业发展落后,导致我国汽车工业中应用的大量软件不得不从外国公司购买、引进,因此处于落后状态。

(8)汽车零部件工业落后。与整车生产厂相比,我国汽车零部件企业更加落后。欧洲、美国的零部件厂家不仅规模巨大,还通常把约为全年销售额5%的资金用于开发产品,日本的这一比例则为6%。我国汽车零部件厂家往往跟在主机生产厂后面搞零部件的国产化配套,根本谈不上系统开发,财力、人力、物力也相当有限。汽车零部件工业落后,必然导致相关的电子零部件开发、应用缓慢。

三 政策建议

第一,进一步完善中国汽车工业运营、发展的市场环境,建立健全有关法规,为汽车工业的电子化、信息化创造良好的外部环境。

第二,加强政府有关产业领导部门之间的协调,促进汽车工业企业与电子信息产业企业之间的沟通与合作。当前,尤其要把汽车工业在电子化、信息化方面的巨大需求传递到电子信息产业中去。

第三,根据中国汽车工业发展的情况,及时制定、修改有关法规,通过政府管理规则的改变,促进汽车工业的电子化、信息化。

第四,进一步加强与汽车工业密切相关的软件的发展,加速我国交通智能化管理系统的研究、推广和运用,提高政府对交通的管理水平,以推动汽车工业的电子化、信息化。

第五,进一步减少汽车销售中的税费,为汽车工业的电子化、信息化创造市场空间。我国汽车消费者对汽车价格极为敏感,汽车产品如果增加了大量电子、信息产品,会因为价格过高而难以销售。而我国目前汽车最终销售价格中，约有 1/3 是汽车出厂后附加的。这些附加税费中有些是十分不合理的，国家虽然开始对其进行清理，但是效果仍然不明显。应当下决心进一步清理、减少不合理的税费，这样，搭载电子、信息设备的汽车才有更大的市场空间。

第六，在全球化进程中，中国加入 WTO 已经接近成为现实，中国汽车工业可以充分利用全球化和中国加入 WTO 带来的机遇，对汽车工业的某些电子产品（例如价格高、技术水平高、需求较少的汽车电子零部件）进行全球采购；对某些技术水平低、批量大的电子产品可以考虑在国内订货；对某些制造软件可以引进。可以考虑在全球范围内与有能力进行汽车电子信息产品开发与设计的厂家或研究咨询机构合作。总之，要在全球范围内考虑中国汽车工业的电子化、信息化问题。

柔性制造对中国汽车工业的影响[*]

随着中国汽车市场的加速扩大，汽车生产规模的加速扩大，汽车生产企业技术水平的提高，汽车需求的多样化日益加速，中国汽车生产企业制造方式与生产方式的变革也将日益加速。先进制造方式与生产方式的加速应用是汽车工业的大势所趋。先进制造方式与生产方式对汽车工业整体状况将产生哪些影响，对企业之间的竞争将产生哪些影响，是值得关注的前瞻性问题。本文就柔性制造这一先进制造方式对中国汽车工业将会产生哪些影响这一问题，进行了探讨。

一　柔性制造的定义

所谓柔性制造，是由信息控制系统、物料储运系统和一组数字控制加工设备组成的，能灵活、迅速地适应加工对象变换的自动化机械制造系统（Flexible Manufacturing System），英文缩写为 FMS。

柔性制造已经广为人知，但对于柔性制造的定义，在国内有很多差异颇大的说法。准确地认识柔性制造，是我们正确认识与分析其对于汽车工业将产生哪些影响的前提，因此仍然有必要对柔性制造的定义进行扼要的论述。

西方国家对于柔性制造是有比较规范、严格的定义的。美国国家标准局把柔性制造定义为："由一个传输系统联系起来的一些设备，传输装置把工件放在其他联结装置上送到各加工设备，使工件加工准确、迅速和自动化。中央计算机控制机床和传输系统，柔性制造系统可以同时加工几种不同的零件。"国际生产工程研究协会的定义是，"柔性制造系统是一个自动化生产制

---

　*　原载于《经济管理》2004 年第 4 期。

造系统，在最少人参与下，能够生产任何范围的产品族，系统的柔性通常受到系统设计时所考虑的产品族的限制。"

我国权威机构对柔性制造也有定义，国家军用标准的定义为："柔性制造系统是由数控加工设备、物料运储装置和计算机控制系统组成的自动化制造系统，它包括多个柔性制造单元，能根据制造任务或生产环境的变化迅速进行调整，适用于多品种、中小批量生产。"

这些定义虽然不完全一致，但是在柔性制造是一种制造方式、一种设备技术体系的概念上，是完全一致的。

问题在于我国相当多的学者、新闻界、企业界人士往往把柔性制造方式称为"柔性生产"，把柔性制造视为一种生产方式。作为生产方式，其概念要比制造方式范围广得多，这也正是本文要予以探讨的。

生产方式一般来说指的是企业整体活动的方式，包括所有制造过程与经营管理过程。一个企业的制造方式可以有多种，但是生产方式则比较单一。如果把柔性制造作为一种生产方式来认识，就不可能正确区分与认识其对于企业生产方式的影响。

先进生产方式有许多种（如敏捷生产方式、精益生产方式等），但柔性制造是有其确切技术内容的。柔性制造可以成为不同先进生产方式中的重要组成部分，但柔性制造方式绝不是生产方式。

我们以精益生产方式为例，进一步区分制造方式与生产方式。精益生产方式（Lean Production）就是要及时制造，消除一切浪费，尽可能降低成本与故障，追求零缺陷、零库存。精益生产方式并不追求制造设备的高度自动化和现代化，而强调对现有设备的改造和根据实际需要采用先进技术。按此原则来提高设备效率和柔性。在提高制造柔性的同时，不被柔性所束缚，以避免不必要的资金、技术浪费（见表1）。

表 1　传统生产和精益生产的比较

比较内容	传统生产	精益生产
安排生产进度的依据	预测	顾客的订单（香板拉动计划）
产成品的流向	入库，等顾客来了再卖	及时满足顾客的需要，及时发货
生产周期	以周或月计算	以小时或天计算
批量生产规模	大，批量生产，排队供应	小，连续生产流程，单件产品生产

比较内容	传统生产	精益生产
生产布局	工艺专业化/对象专业化	按照生产流程来确定设备的布局,安排紧凑,节省空间和运输费用
质量保证措施	通过大量的抽样检验	质量贯穿在生产中,不靠检查,六个两格码的质量管理原则确保质量
员工工作配置	一人一机	一人多机
员工权利	低,没有责任心,无权处理生产中存在的问题	富有高度的责任心,有权自主处理生产中的异常问题
存货水平	高,产成品积压,在制品库存多	低,仅存在于工序之间,交货频繁
存货周转率	低,每年6~9次,甚至于更少	高,每年超过20次
生产柔性	低,难于处理和调整	高,容易调整和实施
制造成本	成本增加且难以控制	稳定,或者降低,易于控制

从表1中可以看出,柔性制造只是精益生产方式的一个组成部分。作为一种先进制造方式,柔性制造必然在我国汽车工业企业中,与不同的生产方式以不同的形式结合,在不同程度上推动我国汽车工业生产方式的变革。

二 柔性制造的主要特征与发展历程

总体上看,柔性制造主要表现为两方面的特征:一是制造系统具有很强的适应外部环境变化的能力;二是系统具有很强的适应内部变化的能力。具体制造过程中,柔性制造可以表现在生产领域的不同生产阶段和不同的过程中。柔性制造从应用领域来划分主要表现为以下几种。

机器柔性:当要求生产一系列不同类型的产品时,机器随产品变化而加工不同零件的能力。

工艺柔性:工艺流程不变时自身适应产品或原材料变化的能力,制造系统内为适应产品或原材料变化而改变相应工艺的能力。

产品柔性:产品更新或完全换型,系统能够非常经济、迅速地生产出新产品的能力;产品更新后,对老产品有用特性的继承能力和兼容能力。

维修柔性:通过多种途径寻找、解决故障,使生产正常进行的能力。

生产能力柔性:生产量改变时技术装备系统能够经济运行的能力。

　　扩展柔性：生产需要时，易于扩展系统结构，增加模块，构成更大技术装备系统的能力。

　　运行柔性：用不同的机器、原材料、工艺流程生产一系列产品的能力和生产同样的产品以不同工序加工的能力。

　　柔性制造的主要技术有：计算机辅助设计与制造技术、模糊控制技术、人工智能、专家系统及智能传感器技术、人工神经网络技术。柔性制造使世界工业水平由简单的机械加工，提高到通过计算机控制实现智能加工的水平，推动了信息技术与机械加工技术的一体化。

　　柔性制造的主要装备是数控机床、加工中心、工业机器人、计算机以及相应的仓储物流系统。

　　美国、日本、苏联、德国等国家在 20 世纪 60 年代末至 70 年代初，先后开展了柔性制造技术以及装备的研制工作。

　　1976 年，日本法纳科公司展出了由加工中心和工业机器人组成的柔性制造单元（简称 FMC），为发展柔性制造提供了重要的设备。柔性制造单元（FMC）一般由 1～2 台数控机床与物料传送装置组成，有独立的工件储存站和单元控制系统，能在机床上自动装卸工件，甚至自动检测工件，可实现有限工序的连续生产，适于多品种小批量生产应用。

　　20 世纪 80 年代，随着柔性制造技术的成熟，柔性制造得到了迅速发展。柔性制造主要应用于飞机、汽车制造业。80 年代中期，世界主要的飞机公司几乎都应用了柔性制造系统。

　　汽车工业是柔性制造系统的重要应用部门。依靠计算机、加工中心和数控机车组成的柔性自动加工系统，汽车工业由单一品种、大批量的生产方式，转向小批量、多品种，更加适应市场要求的精益生产方式，管理水平和经济效益大大提高。

　　汽车工业中，主要汽车生产厂家通用、奔驰、宝马、丰田、雷诺、大众、沃尔沃等公司都采用了柔性制造系统。日本汽车工业从 20 世纪 70 年代开始大力推进柔性制造，到 1987 年已经拥有数控机床 2 万台，共有柔性制造生产线 21 条。柔性制造成为日本汽车工业生产率追上并且超过美国的技术装备基础。

三　中国汽车工业推动柔性制造的背景与进程

　　与其他国家汽车工业一样，中国也是先进制造方式和生产方式的发源地和试验田。

20 世纪 80 年代，随着中国改革开放进程，中国开始向发达国家系统地学习汽车工业先进的生产方式和制造方式。通过对日本汽车工业的系统考察，日本丰田汽车公司的 "一个流" "看板生产" 等先进生产方式以及制造方式，开始影响中国汽车工业。在这些先进生产方式以及制造方式中，包含有柔性制造的内容。

80 年代中后期，中国汽车工业的主要生产厂家开始在某些工艺流程、某些产品制造中尝试柔性制造。尽管由于体制、技术、装备水平的局限，柔性制造推广与运用的规模不大、水平不高，但中国汽车工业对运用和组织这一先进制造方式积累了经验。

20 世纪末至今，随着跨国公司的大规模进入，中国汽车工业企业实力的增加，生产装备的改善，技术水平的逐步提高，政府对 CIMS 制造方式的推广，柔性制造在汽车工业中得到了更加迅速的发展。尽管与发达国家汽车工业的柔性制造相比水平还不高，但是主要汽车生产厂家在某些重要生产领域开始引入柔性制造。中国主要汽车企业的焊装车间、装配车间、油漆车间使用了多种机器人，在其他工序大量采用了机械手以及其他自动化设备，在一定程度上实现了多品种的混线生产。汽车零部件加工也在向柔性制造方向发展，投资改造项目和新品种开发广泛采用了加工中心和数控机床。

我国加入 WTO 后，汽车需求出现了爆炸性增长。随着汽车市场的扩大、国内汽车市场的开放，以及市场竞争的激烈，汽车产品换型速度大大加快，值得特别指出的是，一些主要汽车生产厂家开始把推进汽车柔性制造作为战略性措施予以重视。

例如，上海通用汽车公司在生产和管理中大量采用计算机控制技术，采用了具有国际先进水平的国内第一条柔性化生产线，涵盖了冲压、车身、油漆、总装等整车制造环节以及发动机、变速箱等动力总成制造过程。上海通用 "一年一个新产品" 的战略就是立足于其国内唯一的柔性化生产线基础上的。上海通用最多可以在一条线上共线生产四种不同平台的车型。在上海通用，由于柔性制造体系已经延伸到各主要零部件供应商，部件可以被直接送至上海通用的生产线工位立刻装配，因而省去了库存。上海通用的目标是，通过企业自身与上下游供应和销售 IT 系统实现的业务有效协同，使目前靠上海通用自身预测和经销商订单混合拉动的生产转为 100% 按经销商的订单制造，逐步实现大规模按订单生产和销售。平均在 10～14 天完成从下订单到整车下线的生产周期,尽量减少库存或者力争做到零库存。由于充分发挥柔性制造的特点,上海通用新产品推出快、市场适应性强,降低了成本,在新产品换代速度越来越快的中国汽车市场上获得了优势。

随着时间的推移,是否具有柔性制造的实力与能力,将成为决定中国汽车工业企业是否能够生存的重要因素。这是因为,只有具有柔性制造的实力与能力才能适应变化迅速的市场需求,单纯依靠单一品种大批量生产已经难以在市场需求多样化、时尚化的市场上站稳脚跟;只有具有柔性制造的实力与能力,才能适应产品不断更新换代的需求,与跨国公司的技术进步相匹配。获得柔性制造的实力与能力,也是中国汽车生产企业逐步获得技术开发能力的条件之一。

四 柔性制造对中国汽车工业的影响

从宏观层面看,柔性制造的逐步推广将对中国汽车工业产生如下影响。

首先,柔性制造进一步提高了中国汽车工业的进入门槛。如果说过去通过大批量、单一产品生产获得规模经济优势,是汽车工业的主要门槛,那么不远的将来,通过柔性制造进行多品种、大规模定制生产就成为更高的进入门槛。在换代快、技术水平要求高的轿车生产领域尤其如此。中长期来看,可以说随着柔性制造的推广,中国汽车市场上各主要汽车生产厂家之间的竞争形态,将从以成本、价格为主的竞争转向市场适应能力、新产品推出速度、产品个性化等方面的竞争,而不具有柔性制造能力的厂家将与竞争无缘。

其次,柔性制造进一步拉大了国内汽车生产厂家之间的生产能力差距、技术差距、管理差距。市场快速扩张期的结束,将进一步促进汽车工业的兼并重组。

再次,柔性制造将进一步促进汽车产业与电子信息产业的结合,增强汽车产业对其他产业的影响力,使汽车工业的技术集约化程度与高技术产业逐步接近。以机械工业为例,柔性制造的推广将为数控机床、加工中心、工业机器人工业软件创造出广阔的市场。

最后,采用柔性制造,为我国汽车工业实现跨越式发展、采用大规模定制生产方式,创造了技术条件。

从微观层面看,柔性制造的逐步推广将对中国汽车工业造成如下影响。

首先,柔性制造在一定条件下,可能缩短中国汽车生产厂家与跨国公司在制造方面的差距,加速合资企业生产技术与跨国公司接轨,提高其在国内市场的竞争力。对于依靠引进产品的中国汽车生产企业来说,采用柔性制造,可以较快地实现引进产品的国产化和产品的更新换代,从而在一定程度上改变目前的被动跟随状态。

其次,采用柔性制造可以大大提高中国汽车生产企业的生产管理水平,提高劳动生产率,提高产品质量,真正发挥中国劳动力低廉的优势。

再次,柔性制造的推广,将导致中国汽车工业已有人才结构与技术结构的巨大变化。就技术人员来说,汽车生产企业需要的 IT 人才将越来越多。国际经验表明,对于 IT 人才与技术的需求,往往导致汽车企业与 IT 企业之间的联合与兼并。

复次,随着柔性制造方式的推广,我国汽车工业企业目前的生产方式将受到冲击,并且会逐步引发整个生产方式的变革,进一步改变企业的形态与组织结构。

最后,从全球竞争角度看,柔性制造的推广应用更有利于发达国家汽车工业降低成本,加速新产品换型改造,适应变化迅速、需求多样的全球及国内市场。对发展中国家汽车工业来说,在需求水平相对较低、主要看重产品价格的市场上,大批量生产较少品种的生产方式将面对发达国家汽车工业的挑战,成本低廉的优势将变得不那么明显,与发达国家的差距甚至可能拉大。

五 对策建议

随着柔性制造时代的到来,汽车生产企业应未雨绸缪。首先,汽车生产企业应当注意知识结构和人才结构的改变,开始储备柔性制造必不可少的技术人才(包括工程师和高级技术工人)。有些人才需要送到国外进行培养,有些人才需要自己培养(尤其是高级技术工人)。可以考虑通过兼并、联合 IT 企业获得有关技术知识、成果和人才。与此同时,柔性制造将减少汽车工业对一般工人的需求,现有的工人中将出现更多冗余人员,因此要加强对现在岗位上的从事机加工工作的 40 岁以下工人的培训。

其次,要逐步改变管理方式。在柔性制造过程中,人力资本的重要性进一步提高,人的积极性的发挥在柔性制造中起着重要作用。因此,传统的纵向金字塔式的管理方式要逐步向扁平管理方式过渡。随着柔性制造的逐步推广,中国汽车生产企业必然要改变目前的企业组织形态与结构。

再次，要建立学习型企业。柔性制造智能型制造方式，要求管理人员和工作人员必须具有相当的现代科学技术知识，熟练掌握多种技能，在网络化的条件下有独立判断、处理问题的能力。因此企业应当逐步转变成学习型企业。

最后，柔性制造方式必然要从制造领域影响到管理、经营等领域，进而推动整个生产方式的改变，因此企业在推进柔性制造时，需要对企业的发展方向、形态、组织结构进行同步规划。大的企业集团则需要同时改变自己与企业集团内其他企业的关系，同时规划、改革集团组织结构。

需要指出的是，中国汽车企业实现柔性制造绝不是一蹴而就的事，而是一个逐步渐进的过程。在逐步推进过程中，决不能把柔性制造这一制造方式作为企业整体目标，要根据中国国情、企业需要，在逐步推进的同时，发挥中国劳动力低廉的优势，在某些环节仍然保留似乎落后的制造方式。从这一点出发，把相对落后的制造方式与先进制造方式、相对落后的装备技术体系与先进的装备技术体系有机地结合起来，形成具有中国特色的制造方式，是一个有待企业家在实践中解决的问题。

地方政府推动汽车工业发展的作用分析*

中国地方政府长期以来，在中国汽车工业发展方面扮演一个重要角色，起着重要作用。但是，对于地方政府在发展汽车工业方面的作用，也在汽车工业发展的过程中，形成了某些固定的、有些片面的看法。例如，人们比较普遍地认为，地方政府在汽车工业重复建设中，起了推波助澜的作用；地方政府在汽车工业发展中存在着盲目投资、盲目扩大低水平汽车生产的行为；等等。中央政府控制汽车工业投资过热的措施，一般是针对地方政府采取的。

其实，即使在计划经济体制下，地方政府发展汽车工业，对于长期投资不足，但是又经常面临供应短缺的汽车工业来说，也是一个必要的补充，对于地方经济的发展也有其合理性。正因为如此，毛泽东主席才一再提出要发挥中央和地方"两个积极性"。地方政府的投资固然有重复建设、低水平建设的问题，但是也要看到，其在计划经济时代和过渡时期，实际上在某种程度上起到了替代市场竞争的作用。有不少地方政府投资发展的汽车生产企业，成长为中央企业，成为后来建立合资企业的基础，今天已经成为中国汽车工业的中坚力量，例如，北京、上海、沈阳、天津、广州等地就是以地方政府投资发展的汽车工业为主体，逐步形成汽车工业发展基地的。汽车零部件工业的基础更是与地方政府投资有密切关系。

在汽车工业加速发展的今天，市场经济的体制与环境已经基本建立，企业成为生产经营、投资的主体，民营企业、合资企业在汽车工业发展中起着核心作用，地方政府在发展汽车工业方面的行为也发生了很大变化。因此不能用过去已经形成的传统看法来衡量地方政府在汽车工业发展中的作用，有

---

  * 扼要刊载于《中国商报》（汽车导报）2004 年 4 月 16 日；《中国经济导报》，2004 年 4 月 15 日。

必要对地方政府目前发展汽车工业的行为做认真的分析，以正确认识地方政府在发展汽车工业中的作用。

一　地方政府介入汽车工业发展的不同阶段

中国地方政府介入汽车工业的发展，基本上可以分成三个大的历史阶段。

第一个阶段为 20 世纪 50 年代到 80 年代初，这一阶段中，地方政府在发展汽车工业方面的能力受到计划经济体制的巨大束缚。几乎每一次地方汽车工业热，都是在中央政府下放权力或计划经济出现混乱时出现的。地方汽车工业的发展基本上依靠地方既有的一些计划投资，依靠向中央争取项目，依靠"滚雪球"式的逐步发展。值得指出的是，我们对于这种"滚雪球"式的发展，在当时中国计划经济环境下的积极作用没有给予认真的分析与研究。在中国汽车工业发展中，许多车型是靠这种方式发展出来的。地方政府对于汽车工业发展的介入，从积极方面评价，应当说是在某些领域填补了中国汽车工业的空白，弥补了中国"短缺经济"中的汽车需求。地方政府发展汽车工业的空间，一是由于"短缺经济"的存在，二是由于国家对于汽车工业的保护。

这一阶段，地方政府与中央政府主管部门在汽车工业中的博弈，主要表现为计划体制内博弈。中央主管部门总的倾向是压缩地方汽车工业的发展。地方政府则千方百计力求在中央认可范围内获得更大的计划内资金。

第二个阶段为 80 年代初到 90 年代末。这一阶段中，随着改革开放的不断深入，随着市场经济的逐步形成，随着企业自主发展能力的形成，随着地方经济实力（财政实力、对银行的影响力、地方工业尤其是乡镇工业的发展等）的逐步发展壮大，地方政府发展汽车工业的空间和实力逐步增加。但是，这一时期仍然存在着中央政府对地方政府比较强的制约，主要表现为"计划笼子"的约束，行政管理的约束（例如定点和目录的约束等），对外合作、合资的约束等。

这一时期，地方政府推动汽车工业发展的手段与方法迅速增加，主要有：通过影响银行给予贷款"笼子"，予以政策支持；通过地方财政予以政策支持；通过减免税收予以政策支持；通过降低生产要素成本（例如土地无偿或低价使用）予以政策支持等。

这一时期，国内汽车市场上的多样化需求逐步出现，由于仍然存在着国家对于汽车工业的高关税保护，地方汽车工业得到了较大的发展空间，出现了较快的发展速度。许多今天成为中国汽车工业骨干的汽车企业就是在这一时期出现和发展的。值得指出的是，由于地方政府对于本地区汽车企业给予了地方政策能够给予的全部优惠政策，使中央汽车企业在与地方政府支持的汽车企业的竞争中，受到了相对不利的影响。

这一时期，地方政府对于汽车工业的支持，由争取国家计划支持，中央财政支持，转为争取贷款指标、争取定点，同时在自己权力范围内使用优惠政策。显然，地方政府支持汽车工业的能力与空间都增大了。

这一阶段，地方政府发展汽车工业对于中央主管部门的依赖大大减少。地方政府与中央政府主管部门在汽车工业中的博弈，主要表现为争取政府定点、合法生存、争取政策支持。

第三阶段是 90 年代末至今。随着中国加入 WTO，市场经济体制基本建立，国家财政和金融体制不断改革，中央政府对于汽车工业的管制逐步放开，民营企业逐步壮大，跨国公司加速进入中国汽车工业，一方面地方政府支持汽车工业发展的空间迅速扩大，另一方面地方政府支持汽车工业发展的手段也不能不发生变化。

首先，随着中央财政逐步退出汽车工业投资领域，地方政府的财政支持手段与能力也受到同样的影响。

其次，随着银行体制的改革、银行行为的变化，地方政府影响银行按照自己意愿进行投资的能力受到相当大的束缚。

再次，随着市场经济体制的逐步建立，以及国内市场的逐步统一，地方政府进行保护的能力大大减弱。

复次，地方政府对于汽车工业支持的手段与途径进一步发生变化，由过去的主要支持国有企业，尤其是热衷于建立自己直属、直管的国有企业，直接进行投资与干预，逐步转变为支持合资、外资、民营企业，间接地进行支持。

最后，地方政府在发展汽车工业的意识方面也发生了比较大的变化。“不求所有，但求所在”、为企业发展服务等意识，已经成为地方政府官员在很大程度上的共识。地方政府在汽车工业的路径选择方面也有了很大变化。许多地方政府愿意把自己培育起来的国有企业无偿地划转或合并到大集团，以求得更大发展。

上述变化说明，地方政府对于汽车工业发展的支持，在相当大程度上已经转变为一种以改变投资环境、提高服务满意度、给予优惠政策为主的间接支持，在某种程度上已经与西方发达国家地方政府对产业、企业发展的支持方式相类似。

目前地方政府支持汽车工业的主要手段如下：为汽车工业发展提供基础设施（例如建设工业园、低价提供土地等）；在地方政府权力范围内减免地方税；为企业运营提供各方面的服务；为汽车工业招商引资；某些富裕地区的地方政府，在地方财力的范围内，为汽车工业提供研究开发、技术改造的一定补贴；规划产业布局；对外宣传本地区产业、企业发展情况，进行公关；为本地区国有汽车企业的兼并、重组牵线搭桥等。

毋庸讳言，在地方政府对汽车工业发展予以支持方面，与发达国家相比，中国的地方政府介入较深，存在着政府在某些方面过分干预的问题。但是，从整体看，中国地方政府对于汽车工业发展的支持方式已经逐步与发达国家地方政府接近。

在这种情况下，中央政府与地方政府在汽车工业发展方面的目标更加接近，双方博弈的一面实际上已经大大减少，协调的一面正在大大增加。过去，中央与地方政府之间进行博弈，主要在于计划资金的使用，计划资金这一有限资源如何使用才能利益最大化，成为双方着力点，而计划资金在理念上代表了全民的利益，中央政府干预与管制的合法性也由此而来。

在新的环境中，新注入的资金大部分来自民营企业、外资企业，银行根据自己的判断进行贷款，尽管地方政府可能存在着比较严重的干预，但是从总的方向上看，财政资金退出汽车工业领域，银行根据自己风险判断进行贷款，企业自己决定投资方向，是主要的资金投入方式。因此，在新的时期，中央政府与地方政府在发展汽车工业中合作与协调是主要方式，应当正确认识地方政府对中国汽车工业发展所起的积极作用。中央政府与地方政府可以从更加宏观的角度进行汽车工业发展方面的协调，在协调中双方都要尊重市场经济的规律，同时要充分考虑区域分工和地方经济的特点。

二 地方政府发展汽车工业的模式

自新中国汽车工业诞生以来，发展汽车工业就成为许多地方政府经济发展的情结。地方汽车工业的发展的确带动效应很明显，甚至可以主宰一个城市的兴衰。最明显的是十堰市，第二汽车厂的兴建，使十堰一下由农业社会进入工业社会，成为湖北主要的工业城市。

地方汽车工业的发展主要有以下几种模式：

（1）以中央建立的骨干汽车企业为核心，逐步发展成为汽车工业的基地。这种发展模式在计划经济时代具有优势，通过一个大汽车企业带动城市其他工业的发展，而且由于得到中央的投资，发展起来也比较顺利。长春、十堰等城市的汽车工业发展就是如此。

（2）地方政府与中央合作发展起来的汽车工业。北京、上海等地的汽车工业就是如此。地方政府在汽车工业发展早期投入了相当多的资源，一旦成了气候，得到了中央政府有关部门的认可，中央的投资就会加入进来，当地的汽车工业就会在中央的支持下加速发展。

这种模式在中国比较多见。在中国汽车工业发展的进程中存在着明显的产品空白，使地方政府可以支持企业在汽车产品存在明显空白的情况下进入，如果产品得当，项目可以在短期内得到迅速发展。例如，天津汽车工业因选择了当时还是空白的微型车项目而得到了最后的认可，发展一度比较迅速。

这种模式在今天不是没有成功的可能，但是由于汽车工业已经不存在明显的空白地带，成功的难度也加大了，关键在于能否在细分化的市场中找准位置。

（3）在地方政府支持下，引进本国大汽车企业或跨国公司整车生产项目，带动本地汽车工业快速发展。在20世纪中后期，这种模式曾经使某些地区的汽车工业得到了比较快的发展。但是，如果这种模式建立在引进跨国公司单一产品的基础上，在市场竞争十分激烈的今天，可能会使地方汽车工业逐步失去前进的后劲。

（4）基本依靠市场的力量，政府不投入太多资源，通过政策支持发展汽车工业。浙江省汽车工业的发展基本上就是这个模式。由于政府在政策上支持民营企业的发展，因而企业具有很大的生存活力，在激烈的市场竞争中，落后企业遭到淘汰，政府并没有损失太多的资源，同时有一批具有国内竞争力甚至具有国际竞争力的民营企业迅速成长起来。万向钱潮股份有限公司就是其中的代表。

这种发展模式中，产品的选择、产品的开发、产业聚集的形成，基本上依托于市场机制。在具有灵活适应力的民营企业的努力下，某些地区在政府政策的支持下，逐步形成了具有市场竞争力的汽车工业。

这种模式下发展起来的汽车工业，虽然从传统评价中国汽车工业发展的观点来看（是否有整车生产企业）不那么辉煌，但是比较经得起市场起伏的考验，经济效益比较好，也能够成长起在某些特定领域具有相当影响力的、规模比较大的企业。

上述四种模式中，第一种模式可以说是得"天时"；第二、第三种模式可以说是机遇与外部因素的适时结合；第四种模式可以说是得市场之助。不同的地方汽车工业发展模式，在起步阶段都有其优势，但是也往往因为其内在的不足，在后来影响其进一步发展。

总结地方汽车工业的发展经验，最理想的模式当然是把第一种模式与第四种模式结合起来。但是在中国汽车工业已经充分开放并且融入世界汽车工业，政府财政投资已经从汽车工业退出的今天，第一种模式已经不可能再出现。地方汽车工业只能在中央政府政策支持下发展。把第二、第三种模式与第四种模式结合起来，可以比较快地推动地方汽车工业的发展，但能否真正实现，取决于地方政府在汽车工业进入中的正确选择和政策推进。

从地方政府发展本地区汽车工业的操作看，成功的项目一般都具有以下几个要素：寻找正确的市场切入点；选好重要项目的企业家；政府不进行过度干预，对企业发展充分放权；放水养鱼，为企业创造快速积累、快速发展的条件。

三 地方政府在发展汽车工业时应当采取的策略和注意的问题

首先，地方政府在发展汽车工业时要注意发挥本地区在全国汽车工业中的比较优势。

今天的中国汽车工业已经不存在明显的产业、产品空白。因此，像20世纪80年代那样盲目投资，成功的概率已经大大下降。地方政府在发展本地区汽车工业时，一定要找准本地区在汽车工业产业链条中的位置。目前各个地方政府的汽车工业规划和发展战略，存在着很大程度上的趋同现象，都想通过发展大的整车项目，尤其是轿车项目带动本地区汽车工业的发展。如果说这种想法在20世纪成功的可能性还比较大的话，那么今天这种想法成功的可能性已经大大降低。因此，今后地方汽车工业发展的思路不是趋同，而是求异，通过寻找本地区在中国汽车工业乃至世界汽车工业中的比较优势，在汽车产业链条的某一环节取得突破，形成自己牢固的市场地位。

要找准位置，首先要分析本地区在中国汽车工业产业集聚、产业内分工、产业集群中的态势。

所谓"产业集聚"是指在一定区位内，以一个主导产业为核心，大量联系密切的企业和机构在空间上集聚，产生外部经济效果，形成明显的产业发展的地区竞争优势。这些优势包括：通过集聚产生比较强的相互支持、高效率的专业化分工体系；通过共用许多基础设施（例如铁路、公路、发电厂等），节省基础设施投资，降低企业经营成本；形成比较大的专业市场，降低交易成本；通过地区产业集聚的优势，使个别企业可以分享该地区的无形资产，可以使该地区在产业发展中获得更大的"人气"。

所谓"产业内分工"是指同一产业中的企业根据在产业链条中所处的不同位置、从事的不同生产活动进行的分工。在汽车工业这种典型的加工组装产业中，产业分工形式多种多样，可以是产品之间的分工（例如生产载货汽车与生产客车），也可以是同一产品内的分工（例如生产整车与生产零部件），还可以是不同加工过程之间的分工。

所谓"产业集群"是在一定地域内围绕某个核心产业发展起来的若干个紧密联系、相互支持的相关产业形成的产业体系。产业集群的存在，保证了核心产业的竞争优势，能够较快地推动核心产业的技术创新，保持核心产业的持续发展。产业集群一般体现为围绕核心产业发展起来的产业网络。产业集群的分布空间一般要大于产业集聚空间。

中国汽车工业内部已经形成若干个产业集聚地区，例如长春、上海、十堰这些以一汽、上汽、二汽等汽车大企业为核心发展起来的产业集聚地。虽然这些产业集聚规模上远不能与发达国家的产业集聚地相比，有待进一步提高其集聚度，但是其发展趋势和在中国汽车工业中的地位是很突出的。中国汽车工业目前的产业集聚基本上是以大的整车生产企业为中心的，缺乏具有汽车工业自身专业化分工特点的产业集聚地。

中国汽车工业内部的产业分工仍然是不十分发达的。具体来说就是专业化分工程度仍然很不够。不仅生产整车的大企业集团自制率仍然很高，就是一般汽车生产企业自制率也比较高，汽车零部件生产企业的自制率也是比较高的。类似发达国家那种大批量、系列化从事某一汽车零部件生产的企业在我国还没有。

围绕中国汽车工业形成的产业集群，目前已经初露端倪。在长江三角洲，初步形成了以上海、南京等地为核心的产业集群。在东北，初步形成了以长春、沈阳为核心的产业集群。在华中，初步形成了以武汉、十堰为核心的产业集群。这些产业集群所在地区，一般都有核心的汽车工业大企业集团，具有比较强大产业配套能力，也具有发达的相关产业，例如钢铁工业、机械工业、纺织工业等。

长江三角洲是我国经济发展速度最快、经济总量最大、最具发展潜力的经济板块之一，已被公认为世界第六大城市群。在全国经济实力最强的 35 个城市中，长江三角洲地区占了 10 个；在最新选出的全国综合竞争力 10 强城市中，长三角地区占了 4 个。目前，长三角地区以全国 1% 的土地和 6% 的人口，创造了 18% 的国内生产总值。在 2003 年的全国财政收入中，长三角地区的贡献份额超过了 1/4。在经济发展水平、对外开放的条件、开放深度等方面长江三角洲大大高于东北地区，在重化工业水平方面长江三角洲高于珠江三角洲。因此，长江三角洲内崛起的汽车工业产业集群，在规模、水平和发展速度上，都大大高于其他两个产业集群。

总体上说，中国汽车工业的产业集聚规模有待进一步扩大，专业化分工亟待深化，产业集群正在逐步发展。

中国汽车工业的产业集聚，将使某些地区具有更加强大的汽车工业竞争力。中国汽车工业的专业化分工有待进一步深化，为某些地区争取成为市场细分化进程中的产品生产与开发中心创造了机遇。中国汽车工业产业集群的扩展，也给产业集群内的地区进入和发展汽车工业创造了有利条件。

地方政府发展汽车工业，寻找本地区汽车工业做大、做强的路径，都要考虑以上中国汽车工业发展的基本态势。

其次，要注意本地区与国际汽车产业链条的联系。在沿海、沿江开发地区尤其如此。由于区位优势，这些地区可以直接把本地区汽车工业嫁接到国际汽车工业的产业链条上，通过在某一具有比较优势的环节进行专业化生产，达到规模经济，发挥劳动力成本优势，做大、做强。

再次，要对汽车工业发展带来的机遇有全面认识。汽车工业的发展不仅为第二产业的发展带来机遇，而且给第三产业的发展也带来了机遇，如物流业、汽车贸易业、汽车展览业、汽车服务业等等。要在更加广阔的范围内考虑如何利用汽车工业发展带来的契机。

最后，对于汽车工业发展的支持与扶持要符合市场经济规律。地方政府对于汽车工业的支持与指导，要建立在尊重市场经济规律的基础上，因势利导。即使是有限的财政资金，也应当投入必须由政府投资或支持的领域中去。这些领域包括研究与开发、基础设施的建设、为企业提供信息等。

地方政府在支持汽车工业发展中应当尽量避免如下问题。

首先，避免贪大求全，一味在发展整车生产，尤其是发展大的整车企业上下功夫。应当认识到，今天的中国汽车工业正是在许多汽车零部件领域中酝酿着巨大的发展机遇，存在着巨大的空间。汽车工业企业的影响力不在于它生产什么，而在于其在产业中的地位。

其次，避免政府的过度干预。政府的过度干预可能出现在两个方面。其一是产业层次，政府可能制订出与本地区比较优势不符的发展规划，并且以某些强制性措施予以推进，这样将会给本地区经济造成严重的负面影响。其二是企业层次，地方政府可能会对本地区汽车生产企业的发展进行干预，直至产品层面。在存在比较多的国有股份的企业中更加容易发生此类事情。违背企业意愿和客观发展规律往往是不好的，甚至可能使好企业垮台。

再次，要支持与尊重企业家。这一点与上一点相匹配，只有尊重企业家，让能干的企业家充分发挥自己的主动性、创造性，才能使企业得到充分发展。

复次，要做到政企分开，充分发挥协会等中介组织的作用，避免政企不分。目前有些地区的政府出于对汽车工业发展的关注，采取了由政府官员兼任协会领导甚至企业领导的方式。毋庸讳言，这种方式在短期内可能会对汽车工业的发展有某些促进作用，而且作用可能相当明显，但是从长期看，这种方式将带来许多不利的影响。政府对于汽车工业的扶持可以通过协会等中介组织进行，这样既充分发挥了企业的经济性，又减少了政府对于企业可能的过度干预，同时也避免了许多不规范行为的发生。

最后，要尽量减少政府的直接介入。现在有些地方政府仍然停留在传统的计划经济时代发展工业的思维模式中，政府主要关心的仍然是项目，一旦确定了政府项目，往往通过各种渠道以行政权力注入资源。直接介入的结果经常是项目一旦失败，政府背上了沉重负担，甚至影响本地区的经济发展。

在市场经济条件下，尤其在汽车工业已经基本实现充分竞争的今天，应当让企业成为市场竞争的主体，让企业承担经营责任。政府可以为企业服务，但不能成为企业的保姆。

即使是地方政府的财政资金，也是来自大众的税金，从道理上说应当主要用于为公众服务方面。地方政府应当更加重视本地区投资环境，尤其是生态、交通、通信、服务等方面的建设，通过改善投资环境吸引企业到本地区发展。

四 地方政府在推动我国工业发展中作用的一般性讨论

在结束对地方政府在汽车工业发展中的作用分析后，我们可以从中提炼出一些更具有普遍意义的关于地方政府在推动工业发展中作用的一般理论分析结论。

首先，经过二十余年的经济体制转型，地方政府支持工业发展的角色、途径已经发生了很大变化。在相当程度上由过去的直接干预工业化进程转变为间接干预。其干预手段和能力已经受到了相当局限。

其次，尽管地方政府目前已经失去了计划经济时代能够运用的直接支持工业发展的某些政策手段（例如计划、政府财政直接投入等），但是仍然可以通过发挥其多方面的影响，通过运用其可以支配的当地资源来对其关注的项目予以支持。这种支持与发达国家的地方政府相比仍然是强有力的。在推动工业发展方面，中国的地方政府仍然是强势政府。

再次，鉴于上述情况，中国中央政府在遇到经济过热时，仍然不可避免地把抑制地方政府的工业发展冲动作为调控的主要方面。但是，随着情况的变化，调控的重点、手段发生了变化。例如，这次宏观调控就把土地资源作为主要手段。中央政府与地方政府之间在工业发展方面的博弈进入了一个新阶段。

最后，我国地方政府由经济发展型政府转变为公共服务型政府仍然需要很长的时间。

中国汽车工业改革与开放的历史回顾[*]

改革开放已近 30 年，中国汽车工业起步到今天也已 50 年。回顾中国经济改革开放以及汽车工业改革开放的历程，汲取历史经验，对中国汽车工业今后的发展是非常必要的。

（一）改革开放前的中国汽车工业

1956 年第一汽车制造厂生产出中国第一批汽车。经过 20 余年发展，1978 年全国共生产汽车 14.9 万辆，其中绝大部分为载重车，轿车仅为 2611 辆。[1] 尽管中国基本上依靠自力更生，形成了较完整的汽车工业生产体系，但与发达国家汽车工业相比，差距持续扩大。

改革开放前，中国汽车工业"缺重型车，少轻型车、专用车，轿车几乎空白"。"汽车工业生产'小而全'的格局，产品性能落后，质量不高，二十年一贯制，踏步不前的状况与国民经济发展是很不适应的。"[2] 主要汽车产品技术水平与国际相比，存在 30 年左右的巨大差距。1979 年我国汽车工业最大的企业——第一汽车制造厂年产汽车仅 6.287 万辆。

与此同时，我国持续大量进口汽车。"1950～1982 年我国进口汽车 49.4 万辆，其中近 10 年进口 27.2 万辆，平均每年进口 2 万辆，进口金额 112 亿元人民币（不含进口汽车配件金额），相当于第一汽车制造厂累计投资的 12 倍"[3]。仅 1985 年、1986 两年就进口汽车 50.789 万辆。

在这样一个起点上回顾与思考中国汽车工业改革开放的进程，我们能看

---

* 原载《中国工业发展报告》，2007。

[1] 中国汽车工业联合会规划发展部：《汽车工业规划参考资料》，第 108 页。

[2] 薄一波：《在中国汽车工业公司董事会第一次会议上的讲话》，中国汽车工业公司办公室文件汇编，1982 年 5 月。

[3] 饶斌：《关于汽车行业实行技贸结合试点的报告》，1983 年 10 月。

清中国汽车工业取得的巨大进步，对以往汽车工业改革开放的战略与政策做出客观的评价。

（二）改革开放的三个阶段

1. 计划经济体制内逐步改革与开放（1978～1990 年）

中国汽车工业改革开放，与全国工业改革开放步伐基本一致，许多地方还很超前。1978 年到 1990 年是中国汽车工业在计划经济体制内逐步推进改革开放的阶段。这一阶段改革开放有三个特点：汽车工业管理体制改革作为政府以经济方法管理产业的试点走在全国前列；对外开放以政府控制下的技术引进为主，也走在全国前列；企业制度与机制的改革逐步加速。

（1）汽车工业管理体制改革。改革开放后，1982 年成立中国汽车工业公司时明确了七项改革任务：改革经济管理体制，结束单纯用行政管理办法管理企业的历史；改革企业结构，结束汽车工业分散、重复、"小而全"、小生产的历史；改革组织生产方式，结束单一生产的历史；改革不利于产品发展的制度，结束汽车生产几十年一贯制的历史；改革企业内部管理制度，结束企业只抓生产和工艺，不重视产品开发和销售服务的历史；改革汽车产品结构，结束汽车工业缺重型车、少轻型车和轿车，缺农用车、少专用车的历史；改革交通运输结构，结束汽车运输在交通运输中比例不适应的历史。[1] 今天看来，这些改革任务正确地勾勒出了汽车工业改革开放的大方向，指出了我国工业、企业存在的主要问题，是富有远见的决定。

中国汽车工业公司成立后，根据专业化分工，对全国汽车工业进行重组，组成了七个联营公司。在全行业范围内，形成了产供销、内外贸一体化。在当时条件下，在计划经济体制内，发挥经济机制的作用，大大提高了产业整体经营效率。1983 年全公司 13 个直属企业实现利润比 1982 年增长了 24.6%，达到中国汽车工业诞生后的最好水平。汽车产量有了较快增长（见表 1）。

但是，随着中国改革开放进程的深化，中国汽车工业公司既是大企业又是政府管理部门，一身二任的矛盾成为改革进程中的重大问题。作为一个政府管理机构，中国汽车工业公司管理方式仍然带有明显的行政色彩，难以真正按照企业机制去管理企业，难以真正搞活下属企业。根据中央领导指示，中国汽车工业公司对一汽、二汽两大集团大幅放权，使之在国家计划中单独

---

① 《光辉的成就》上册，人民出版社，1984，第 690 页。

立户。1987 年，国家确定东风、解放和重型 3 个汽车工业联营公司实行国有资产授权经营试点，进一步实施现代企业管理制度改革，向集团化发展。同年 6 月，国务院批准成立中国汽车工业联合会，撤销中国汽车工业公司，中国汽车工业联合会肩负着政府授权的行业管理、企业实体和中介民间社团三个职能，是首次把政府管理机构变为行业协会的试点。当时环境中，中国汽车工业联合会作为社会中介团体，行使行业管理职能与计划经济体制难以适应，后来又改为中国汽车工业公司。

这一阶段，由于宏观环境仍以计划体制为主，中国汽车工业公司推进的一些改革也举步维艰。例如，中国汽车工业公司曾经把北京、天津、河北的汽车工业企业联合成一个大企业，试图进行专业化分工。但是，由于条块分割，最后京津冀汽车联营公司不得不解散。

这一阶段，中国汽车工业管理体制改革是逐步向企业放权的过程。首先，在中国汽车工业公司范围内推动产供销一体化的管理方式，改变了企业只抓生产工艺，不重视产品开发和销售服务的状况。其次，大力推动企业技术改造，在技术引进的同时，第一汽车制造厂、第二汽车制造厂、南京汽车制造厂、济南汽车制造厂等主要汽车企业，依靠自己力量对产品进行了升级换代。升级换代产品基本上达到国际汽车工业 20 世纪 70 年代末 80 年代初的水平。仅 1983 年就定型汽车新产品 104 种。[①] 再次，通过对企业逐步放权，中国汽车工业公司对下属企业实行利润递增包干、国家计划单列等改革措施，以及贯彻责权利相结合的经济责任制，使企业逐步具有了自主经营的机制与动力。最后，改革是在计划经济体制内进行的，在政府和企业间划分权力、利益、职责的范围，逐步扩大了企业自主发展的空间。

（2）计划控制下的对外开放。中国汽车工业对外开放，在工业领域是走在前列的。1984 年 10 月成立的上海大众汽车有限公司和 1985 年 1 月成立的北京吉普汽车有限公司，是工业领域成立最早、规模最大的合资企业。这两家合资公司的组建，是汽车工业对外开放的新起点，给中国汽车工业带来了先进制造技术、先进生产管理方式、现代汽车工业发展理念，为汽车工业全面开放培养了人才，为后来合资企业的建立积累了经验，为中国汽车工业全面与国际汽车工业接轨摸索了经验，解决了计划经济体制下汽车工业发展最困难的资金问题，是改革开放的重大成果。

---

① 《光辉的成就》上册，人民出版社，1984，第 690 页。

这一阶段技术引进是在政府控制下，有计划进行的。1983 年 10 月，中国汽车工业公司董事长饶斌在《关于汽车行业实行技贸结合试点的报告》中提及："批量进口汽车必须贯彻技贸结合、进出口结合，走引进技术、合作设计、合作生产的道路。"国务院领导对此批示："应把技贸结合、进出口结合作为体制改革的一项重要内容，可以考虑以冶金、汽车行业作为突破口，先行试点，探索经验，逐步推广。"①

在技贸结合政策的指导下，中国汽车工业公司统一对外谈判，共引进技术 170 余项。其中引进的整车制造技术有斯太尔重型系列车型，依维柯轻型系列车型，德国的桑塔纳、奥迪、高尔夫轿车和法国的雪铁龙、标致轿车等，总计 21 项。引进的关键汽车零部件技术有美国的康明斯 N、B 系列发动机，德国的 ZF 变速箱，日本的汽车化油器、电子式汽车仪表等，共 88 项。引进技术基本涵盖了汽车工业主要领域。这是 20 世纪 50 年代全面引进苏联汽车技术之后的又一次全面引进，为我国汽车工业在全面开放环境中自主发展奠定了基础。

值得特别提出的是，中国汽车工业政府管理部门与企业在 20 世纪 80 年代初，就请发达国家专家来华进行汽车工业发展战略、政策及技术发展的咨询。例如，中国汽车工业公司曾邀请美国福特汽车公司前总裁麦克唐纳等专家就中国汽车工业发展战略进行咨询；与日本丰田、日产汽车公司合作进行中国汽车工业发展战略研究。这些研究使政府管理部门及企业开阔了眼界，认清了世界汽车工业发展的规律，为中国汽车工业规划发展做出了贡献。

（3）汽车工业成为国家重点发展的产业，轿车发展受到了重视。1985 年 9 月，《中共中央关于制定国民经济和社会发展第七个五年计划的建议》中提出："根据加快交通运输建设的要求，要把汽车制造业作为重要的支柱产业，争取有一个较大的发展，同时发展机车、船舶、飞机制造业"。

1987 年 8 月，国务院北戴河会议明确建设一汽、二汽、上海这 3 个轿车生产点。1989 年 3 月，国务院发布《产业政策要点》，把已批准的轿车项目列为国家重点支持项目。

2. 逐步完成向市场经济体制的过渡（1990～2000 年）

（1）彻底实现政企分开。20 世纪 90 年代初，中国汽车工业管理体制进一步改革。政府行业管理职能集中于机械工业部。中国汽车工业公司成为企

---

① 《中国汽车工业公司文件汇编》，1988。

业，不再承担政府职能，最终因经营不善而解散。

20 世纪 90 年代初，政府基本上退出了企业的一般经营管理领域，在投资领域企业也有了较大自主权。但是，政府仍对企业项目选择、对外开放保留了较多的干预权力，具体体现于通过产业政策对汽车工业进行管理。机械工业部撤销后，中国汽车工业协会在政府支持下从事行业的协调、组织工作。行业中介组织开始发挥更大的作用。

1994 年 7 月，《汽车工业产业政策》颁布实施，这是中国汽车工业的第一部行业法规，也是中国工业领域政府出台的第一部行业法规。这部法规，阐明了政策目标和发展重点、产品认证和产业组织、产业技术、投资融资、利用外资、进口管理、出口管理、国产化、消费与价格、相关工业和社会保障等各项政策，以及产业规划与项目管理。

（2）轿车工业成为发展的重点。20 世纪 90 年代，轿车发展逐步成为中国汽车工业的发展重点。政府在投资、规划、技术引进等方面予以了重点关注。在此期间，政府加大了对主要汽车企业轿车项目的投入力度，使汽车工业生产能力和主要汽车企业的规模以较快速度扩大（见表 1），为加入 WTO 后的加速发展创造了条件。

（3）为加入 WTO 做好准备。加入 WTO，使中国汽车工业面临着严峻的挑战，对此，中国汽车工业对加入 WTO 后可能发生的问题进行了深入研究，提出了若干对策；对中国汽车工业各个领域的国际竞争进行了深入分析；同时对原有政策法规进行了调整，产业准入有所放松。例如，逐步开放了生产轿车的准入限制。

3. 全面对外开放（2000 年至今）

随着中国加入 WTO，中国汽车工业进入了在全面开放环境中迅速发展的新时代。这一时期，中国汽车工业发展有如下特点。

（1）在开放环境中竞争。根据我国加入 WTO 的协议，到 2006 年，进口轿车和客车的关税会降到 25%，货车关税会降到 20% ～30%，5 年后完全取消配额。中国汽车工业在政府保护逐步减少的状态下应对外部竞争，遇到的挑战是空前的。竞争的结果是，中国汽车工业产量、销售量已经居于世界第三、第二位，技术水平有了较大提高，国际竞争力有了较大提高。

（2）政府管理规制与国际规则接轨。随着中国政府陆续落实加入 WTO 的有关承诺，政府对汽车工业的管理规制大幅度放松。具体表现是：放开了对企业选择外国合作伙伴的管制；放开了对企业产品选择的管理；放开了对外国汽车企业进入中国的管制；放开国产轿车价格，轿车价格由企业自定；放开了民营企业进入轿车领域的控制；有条件地放开了政府对汽车工业投资的管制。

随着政府专业工业管理部门的撤销，政府对汽车工业的管理更趋于宏观。政府管理规制与国际规则进一步接轨。对照 WTO 的规则，政府管理部门对《汽车工业产业政策》进行了修订，删除了与 WTO 有关规定不符的条款，新《汽车工业产业政策》强调发挥市场机制的基础作用，行政管制色彩大大削弱了，企业自主权大大拓展了。

（3）企业所有制结构发生极大改变。中国汽车工业历来是国有企业集中的产业。进入 21 世纪后汽车工业企业所有制结构已经实现了产权多元化，主要整车生产企业全部实现了产权多元化。即便是几个大的国有控股企业，也通过上市、合资，实现了产权多元化。汽车零部件企业则基本上实现了私有化。

（4）外国汽车企业全面进入中国汽车工业。首先，排名世界汽车工业前 15 的国际轿车生产商已经全部进入中国汽车市场。全球最大的 50 家汽车零部件企业绝大多数在中国投资设厂。中国汽车市场已经成为跨国公司全球经营的重要战略支点。

其次，20 世纪 90 年代末至今，跨国公司在中国已经进行从轿车到商用车，从整车到汽车零部件，从生产、销售到开发的全面合作。2006 年外国企业加速进入销售服务、汽车金融、咨询等领域。越来越多的海外金融资本通过国内资本市场进入中国汽车企业。合资较少的载重车制造领域，中国主要汽车企业已经全面与跨国公司合资、合作。

再次，中国汽车生产企业在跨国公司全球战略中的地位持续提高。中国汽车生产企业成为跨国公司全球战略的重要环节。中国汽车生产企业在整车生产、零部件生产等方面开始提升自己在跨国公司全球战略中的地位，从简单的组装厂向某些产品的制造基地、某些零部件的重要供应者转变。通用、福特、本田、大众等汽车公司不断扩大在中国汽车工业的采购规模。例如，福特汽车公司在中国已经有 15 个 Q1 供应商。中国成为跨国公司的区域性制造中心，汽车零部件以较大规模进入跨国公司全球生产体系。

最后，中国成本低廉的技术人力资本日益得到重视。20 世纪，跨国公司主要着眼于利用中国生产线上的低廉劳动力。21 世纪初，跨国公司在中国设立的汽车研发中心越来越多，上海已经成了跨国公司汽车研发中心的集聚地。

这些研发中心承担的不仅是本土化工作，跨国公司把母公司的技术开发项目也拿到中国来做。

（三）改革开放中几个重要问题的评价

1. 对"市场换技术"的评价

当前，有些学者及媒体记者对于中国汽车工业技术开发有所指责，提出了"'市场换技术'政策失败"的说法。还有个别人在书里提出，是中国汽车工业公司董事长饶斌提出了"市场换技术"的政策。实际上，这种妄议完全没有历史根据，是对中国汽车工业发展历程基本无知的信口开河。中国汽车工业的政府管理部门从来没有提出所谓的"市场换技术"战略或政策。20世纪80年代，中国汽车工业管理部门只提出过"技贸结合"引进技术的谈判策略。当时通过"技贸结合"，以国内急需的汽车产品作为筹码，引进了日本五十铃汽车制造技术等，但当时恰恰是中国汽车市场最不开放的时期。

20世纪80年代初，中国汽车工业谋划对外开放时，发现中国汽车工业技术水平与国际先进水平有30~40年的差距。正是在这种情况下，才不能不引进技术，开展合资。也正因为存在较大差距，跨国公司才可能把成熟技术卖给中国汽车企业，中国汽车企业才能够通过引进成熟技术，获得巨大的技术进步。正因为如此，20世纪80年代中期引进的技术，都是具有国际70年代末80年代初水平的技术。尽管如此，这些技术仍大大缩短了中国汽车工业与国际汽车工业的差距，为后来迎接加入WTO的挑战奠定了基础。研究任何问题，首先要具备当时历史背景的基本知识，否则就会贻笑大方，研究汽车工业也是如此。

中国汽车工业通过渐进开放市场引进技术，逐步积累了与外国汽车工业竞争的实力。当然，引进的技术主要是生产制造技术。但是，在中国汽车工业与发达国家汽车工业存在极大技术差距的情况下，引进技术仍极大地推动了汽车工业技术水平的提高。通过引进制造技术，汽车工业在较高起点上实现了跨越式发展，在整车制造、零部件制造方面较快缩短了与国际先进水平的差距。如没有改革开放后的大规模技术引进，加入WTO后，就难以出现今天的有利局面。此外，值得指出的是，中国汽车工业在20世纪80~90年代的技术引进，是在政府控制下逐步地、有限地开放市场。因此，简单地认为"以市场没有换来技术"，缺乏历史根据。

从技术输出的经济理论看，跨国公司愿意输出的只能是已处于产品生命周期成熟阶段的技术，核心技术从来不能通过开放市场得到。所谓"市场换技术"，只能在双方存在相当技术差距的情况下才具有合理性。由于中国汽车工业当时与发达国家汽车工业差距甚大，所以改革开放初期具有较大规模引进技术的空间。当然，引进的只能是成熟技术。现在，许多人之所以认为没有换来技术，正是因为中国汽车工业通过技术引进逐步逼近了发达国家的汽车产品水平，难以继续引进核心技术了。当初中国汽车工业的政策设计者清醒地认识到"市场换技术"的局限。中国汽车工业技术泰斗孟少农先生说："大汽车公司都说我们不卖技术，说得非常绝对，你要搞我可以给你搞CKD，可以让你来增加自制力，我和你合资都可以，但是有一个问题他们是不放松的，就是技术权问题。"中国汽车工业界的设想是，对引进技术进行消化吸收后，进行自主开发。诚如孟少农所言："我们要引进技术，要有办法，要为我所用，要我们自己组织力量来吸收这些东西。"①

当时汽车工业领导者的战略构想是合资企业中的产品，第一代引进，第二代合作开发，第三代自主开发。这些领导者从来没有幻想过能够从跨国公司那里获得开发技术。② 笔者就在会议室听到饶斌董事长阐述他的这一看法。正因为中国政府对跨国公司施加了巨大压力，跨国公司才不得不勉为其难地与中方合作开发新产品，尽管效果并不好。

引进技术和自主创新不矛盾，在开放中坚持自主发展没有错，在开放中引进技术也没有错。当然，随着我国汽车工业水平的提高，要对引进技术的内容和方式进行适时的调整。技术引进从来都要受技术输出方意愿与战略的限制，以及技术引进方需求与能力的制约。对技术引进要在一定的历史环境中评价，具体问题具体分析。

最后笔者要顺便说一下引进技术的消化吸收问题。实际上任何后发国家都有一个引进技术消化吸收，然后自主创新的问题。为什么有些国家在引进技术消化吸收后，很快走上了自主创新之路？例如，日本汽车工业就是如此。可见即便是引进技术，也不是不可能通过消化吸收掌握核心技术的。不同产业在引进技术后，有不同的消化吸收、形成自主核心技术的路径。有些技术层次不高的产业，更易于通过引进技术掌握核心技术，迎头赶上。例如，我国的纺织产业就是如此。所以，不宜笼统地说"市场换不来技术"。

---

① 《我国汽车工业发展战略座谈会发言汇编》（摘要），第一汽车制造厂，1986年8月。
② 笔者当时作为工作人员参加中国汽车工业公司党组会，多次聆听公司董事长饶斌同志阐述他的战略构想。

2. 对合资企业的评价

开办合资企业，不仅可以动态、同步地引进技术，而且可以比较全面地引进先进生产方式、管理制度。改革开放初期引进先进生产方式、管理制度的迫切性，不亚于引进先进技术。当时开办合资企业还有一个重要的历史背景，那就是中国汽车工业在计划经济体制下面临的主要瓶颈是资金短缺。20 世纪 80～90 年代，中国汽车工业选择合资、技术引进项目时，很重要的考虑是有关国家政府是否提供政府低息贷款。中国汽车工业开办合资企业，既是技术引进的需要，某些时候更是由于资金饥渴不得不做出的选择。当时，跨国公司认为中国汽车市场狭小，难以达到经济规模，对投资中国汽车工业并不积极。汽车合资企业的设立，是经过艰苦努力取得的，是改革开放的重大成果。

中国汽车工业企业与跨国公司的合作，从整体看利大于弊。中国汽车工业的技术引进在 80 年代、90 年代是购买技术与合资两条途径并行的。通过合资，中国汽车工业既引进了技术，也全面学习了跨国公司的生产管理制度和经验。尤其是通过合资，加速了轿车工业发展进程。进入 21 世纪后，随着中国汽车工业实力的增加、需要的变化，跨国公司给中国汽车工业发展带来的束缚日益显露出来，但是从战略上看，与跨国公司合作仍然利大于弊。跨国公司不可能决定中国汽车工业的命运，跨国公司在华企业的技术外溢对自主开发能力的形成仍然有相当效果。为加速自主创新能力的形成，政府有必要做出政策调整，但汽车工业仍能够通过合资获得发展，在汽车研究开发领域、零部件领域尤其如此。

3. 对产业政策的评价

历史地看，《汽车工业产业政策》诞生于 1994 年，那时中国经济市场化程度远远不能与现在相比，中国的开放程度也远远不能与现在相比。《汽车工业产业政策》的出台，是政府逐步放松对企业行政管理过程中的阶段性选择，而不是继续强化行政管理。

产业组织政策是政府管理部门制订汽车工业产业政策的基本出发点之一，但是产业组织政策完全失败了。1994 年中国汽车整车生产厂家为 120 余家，目前中国汽车整车生产厂家仍有 100 余家。通过行政手段加速提高产业集中度、加速企业兼并重组的目标并未实现。

汽车国产化政策取得了明显成效。《汽车工业产业政策》中规定，通过调整关税税率促进国产化；对引进车型的产品征收横向配套费，用于引进车型所需部件项目建设。横向配套费共征收 50 亿元人民币，在"七五""八五"期间，用于与引进技术的整车项目配套进行国产化汽车零部件厂的技术改造，使中国汽车工业在整车技术引进的同时，汽车零部件工业水平也有较大提高。加入WTO后，我国取消了国产化政策，但汽车零部件工业水平已经提高，引进车型能较快推进国产化，使中国避免了成为跨国公司组装基地的风险。

产业保护政策起了相当作用。如果没有保护政策，民族汽车工业今天也许不存在了。但保护政策产生了 3 个弊端：其一，政府长时期保护，使企业缺乏提高自身竞争力的动力；其二，政府过度保护（关税最高时轿车 150%、载货车 70%），使国内汽车产品维持较高的价格，产品质量差、产量小的汽车厂也可获利，汽车产业组织结构难以调整；其三，长期保护，实际上保护了在华投资的跨国公司利益，使其可以在近乎垄断的市场中安享高额利润。

汽车消费政策、技术进步政策由于缺乏必要的政策实施细则，没有太大效果。

特别失败的是外资投资政策。政府试图限制"三大三小"之外的企业进入轿车领域，以促进轿车工业发展，实际上促成了跨国公司在一定时间内的垄断地位，阻止了其他竞争对手的进入，延缓了轿车工业发展。

从对《汽车工业产业政策》的摭要分析来看，政府通过产业政策对汽车工业发展进行管理有得有失。主要经验与教训是产业政策要建立在尊重与发挥市场基础作用的基础上，要充分考虑企业及其他利益主体的行为，要充分考虑国际规则，尽量缩小产业政策的干预范围，在考虑产业政策手段时要充分考虑行政手段之外其他政策手段的运用。

4. 政府行业管理改革的经验总结

中国汽车工业政府管理体制与方式的变革，在中国工业中具有代表意义。其在改革开放 30 年中，经历了五次大的变化。总结这五次大变化的经验，对改善政府行业管理以及政府机构改革都具有重要意义。

首先，某一行业的政府管理体制与机制的变革，不可能超越整个国家经济管理体制与机制允许的范围。其次，行业管理体制与机制的变革，要根据不同行业的技术经济特点，在国家经济发展、国家安全中的地位、作用的不同而有所不同。再次，政府管理体制与机制的变化，要建立在企业搞活并成为自主经营、自我发展的微观主体的基础上。最后，计划经济体制转轨过程中的政府行业管理体制与机制的渐进改革，要与市场机制的建立、完善相辅相成。

回顾汽车工业政府行业管理体制与机制的转轨，可以说其自觉或不自觉地走了一条逐步下放权力给企业、发挥市场配置资源的作用、减少政府干预的渐进之路。因为走了这样一条渐进之路，所以比较有序地在市场同时大幅度对外开放的环境中, 保持汽车工业迅速发展, 逐步提高企业的竞争力。

二 改革开放进程中汽车工业的发展态势

(一) 汽车工业总体规模持续迅速扩大

中国汽车工业总体规模持续迅速扩大 (见表1)。1978 年中国汽车工业总产量只有 14.9 万辆。据中国汽车工业协会统计, 2007 年中国汽车产量为 888.24 万辆, 同比增长 22.02%, 比上年净增 160.27 万辆; 汽车销量为 879.15 万辆, 同比增长 21.84%, 比上年净增 157.60 万辆。自 2006 年起中国汽车产销量仅次于美国和日本, 居世界第三位。

中国汽车工业协会预测, 2008 年中国汽车产量有望超过 1000 万辆, 其中乘用车产量 730 万辆、商用车产量 270 万辆。在乘用车品种中, 轿车产量有望达到 550 万辆。

表1 1956~2006 年中国汽车总产量

单位: 万辆

年份	汽车总产量	轿车产量	年份	汽车总产量	轿车产量
1956	0.1654	0	1984	31.63	0.6
1958	1.6	0.0057	1986	36.37	1.03
1962	0.974	0.0011	1988	64.69	3.68
1964	2.806	0.01	1990	50.92	4.24
1966	4.054	0.0133	1992	106.17	16.27
1968	2.51	0.0279	1996	147.49	39.1
1970	8.716	0.0196	1998	162.78	50.72
1972	10.822	0.0661	2000	206.81	60.74
1974	10.477	0.15	2002	325.36	109.27
1976	13.52	0.261	2004	507.05	231.63
1978	14.9	0.264	2006	727.97	386.95
1980	22.22	0.5418	2007	888.24	472.66
1982	19.63	0.403			

资料来源:《中国汽车工业年鉴》、《中国汽车工业规划参考》、中国汽车工业协会。

2006 年, 中国汽车制造业直接就业人数约为 200 万人, 间接就业人数约 3000 万人, 直接就业与间接就业比高达 1∶15。汽车工业已成为拉动国民经济发展的支柱产业。

（二）轿车成为中国汽车工业的主体

1978 年中国的轿车产量几乎可以忽略不计。2007 年中国汽车总产量中，轿车的比例为 53%。轿车已稳居中国汽车工业的主体地位。在商用车中，载货车比例明显下降，乘用车比例明显上升。中国汽车工业对国民经济的拉动作用日益明显。

2007 年，轿车销量排名前十的企业依次为：一汽大众、上海大众、上海通用、奇瑞、一汽丰田、东风日产、广州本田、吉利、长安福特和神龙。这 10 家企业共销售轿车 307.73 万辆，占轿车销售总量的 65%。

（三）汽车市场规模持续扩大

加入 WTO 后，中国汽车市场持续迅速扩大，轿车销量保持了两位数的增长。改革开放前中国没有私人轿车，2007 年中国轿车销量的八成被私人购买。中国已是世界第二大新车销售市场。在全球汽车市场增长几乎停滞的状态下，2006 年中国新车消费量在全球的比重超过 10%。中国汽车市场成为拉动全球汽车市场的最重要因素。

（四）产业技术水平有较大提高

改革开放开始时，中国汽车工业与发达国家汽车工业在技术上整体存在着 30 年左右的巨大差距。经过改革开放 30 年的努力，通过引进技术与自主开发，目前中国汽车工业在整体上与国际先进水平的技术差距已经缩短到 5~10 年，在商用汽车开发领域已经与国际先进水平基本接近。在中国汽车工业最薄弱的轿车开发领域，中国汽车企业已经由自主开发低档轿车转向开发中高档轿车。

汽车零部件的研究与开发始终是中国汽车工业最薄弱的部分。经过改革开放以来的不懈努力，进入 21 世纪后汽车零部件的研发有了较大进展。汽车发动机开发取得了突出成绩。最近一两年内，一汽、中国重型汽车公司商用车的发动机研制获得成功，自主研制的商用车发动机与国际先进水平基本接近。奇瑞发动机公司自主研制的新一代发动机 SQR486FC、华晨汽车公司研制的涡轮增压发动机获得成功。吉利汽车公司研制的技术要求较高的变速箱已经出口海外。

在世界汽车工业竞争最激烈的新能源汽车开发领域，中国汽车工业基本上与发达国家处于同一水平。中国汽车企业开发的混合动力客车、轿车已基本完成了产业化的准备工作。燃料电池汽车研制的关键技术和零部件已经获得重大突破。

（五）企业规模迅速扩大

2000 年，中国汽车工业没有年生产能力百万辆规模的企业。2007 年上汽、一汽和东风三大汽车集团的汽车产销量均超过百万辆，占全国汽车销量的近一半，继续成为带动中国汽车行业发展的主要力量。

2007 年中国销量排名前十的汽车企业依次为上汽、一汽、东风、长安、北汽、广汽、奇瑞、华晨、哈飞和吉利。2007 年这十家企业共销售汽车733.65 万辆，占国产汽车销售总量的 83%。

随着企业规模扩大，汽车工业产业集中度有所提高。1999 年中国汽车工业前三大汽车企业的产量占汽车总产量的 42.6%；2006 年中国汽车工业前三大汽车企业的产量为 262.96 万辆，占汽车总产量的 45.6%。

汽车零部件企业规模有所扩大。2005 年规模以上企业有 4447 家，销售收入为 3449 亿元。销售收入超过亿元的中国汽车零部件企业有 700 余家，超过10 亿元的有 39 家。2005 年销售收入超过了 252.15 亿元的万向集团成功收购了美国上市公司 UAI 公司。越来越多的民营汽车零部件企业开始收购海外的汽车零部件企业，以获得技术与市场。

（六）走向世界的步伐不断加速

2005 年中国汽车工业首次实现汽车出口数量大于进口数量的历史性转折。中国汽车工业协会的汽车商品出口数据显示，2007 年，汽车出口总体延续了 2006 年高速增长的势头，全国汽车商品累计进出口总值为 668.78亿美元，其中进口总值 259.82 亿美元，同比增长 24.45%，出口总值408.96 亿美元，同比增长 45.31%。汽车出口量超过 60 万辆，达到 61.27万辆，同比增长 78.95%；汽车出金额达到 73.12 亿美元，同比增长 133%（见表 2）。

中国出口海外的汽车产品大多数是自主品牌的产品。2007 年，我国汽车出口单价一改往年不断下滑的局面，从 2006 年平均单价 0.9 万美元上涨到1.18 万美元。

表 2　2000～2007 年的中国汽车出口情况

年份	数量（万辆）	金额（万美元）	年份	数量（万辆）	金额（万美元）
2000	2.71	20570	2004	7.8	66200
2001	2.61	21396	2005	17.28	158158
2002	5.99	25037	2006	34.24	313500
2003	4.74	37200	2007	61.27	731200

资料来源：中国汽车工业协会及海关统计资料。

非洲、拉丁美洲、亚洲历来是中国汽车出口的主要市场。2007 年中国汽车产品出口欧洲明显增加。

中国汽车企业开始输出资本与技术。例如，奇瑞公司、一汽集团公司、长城汽车公司等在外国建立了汽车生产组装厂；上汽收购了双龙汽车公司；上汽、南汽收购了英国罗孚汽车公司。海外收购已经成为中国汽车企业获得技术与品牌的重要途径。

（七）自主品牌逐步增加

在中国汽车工业中，商用车领域基本上自主品牌占主导地位。在轿车领域，自主品牌也逐步增加。2007 年，自主品牌轿车累计销量达到 124.22 万辆，占轿车销售总量的 26%。

（八）存在的问题

1. 自主创新能力有待提高

中国汽车工业发展已形成了某种程度的路径依赖。合资企业在新车型推出和关键技术方面过多依赖跨国公司，中方在合资企业的产品本地化改进、投资、采购、市场开拓等经营发展方面缺乏主导权。

跨国汽车公司出于其全球战略和占领中国汽车市场的考虑，抑制合资企业自主开发能力的形成，并控制技术开发的关键环节，以保持实际控制权。有的公司还在合资企业内部弱化中方原有的技术开发部门，使其主要从事本土化工作。

在轿车领域，国内企业虽已具备了一定的轿车车身开发设计能力，能够在原有平台基础上做局部改进，但轿车底盘开发能力和系统集成能力还相对较弱，导致自主开发产品的整体技术性能、质量和可靠性与国外同类产品仍有较大差距。中高档轿车整体开发能力仍然很弱。

在汽车零部件技术开发方面，目前国内零部件产业对技术输入有较强的依赖性，技术开发只能满足整车适应性改进开发和新产品推出的需要。中国汽车零部件企业在某些中低附加值产品方面具有相当的开发能力，在汽车关键零部件的技术开发方面具有一定能力，但是与国际先进水平差距甚大，尚不具备进行基础研发、同步开发、系统开发和超前开发的能力。许多关键零部件仅能仿制外国产品。中国汽车零部件企业生产的最先进发动机只能达到欧 4 排放标准，而欧盟已经推出欧 5、欧 6 标准。中国汽车零部件企业批量生产的发动机只相当于国际 90 年代水平。汽车零部件行业整体技术水平与发达国家存在 10 ~ 15 年的差距。

我国汽车工业在技术标准方面整体上处于依赖和跟随状态，加大了我国汽车企业对跨国公司的技术路径依赖，制造工艺依赖，零部件、原材料配套依赖。例如，在产品国产化方面大大降低了我国汽车企业的话语权，许多汽车零部件认证要到跨国公司总部去，按照对方技术标准进行检测。因此技术标准依赖对我国汽车工业自主创新、开发新产品形成了多方面的束缚，使自主创新成本增加，创建自己的产品平台更加困难。

在汽车零部件领域这一问题尤其突出。随着我国大汽车公司纷纷与跨国公司合资，我国汽车零部件企业逐步分化成四个系统：遵循欧美技术标准的生产厂家、遵循日本技术标准的生产厂家、遵循韩国技术标准的生产厂家、基本遵循我国原有技术标准的生产厂家。四个不同的技术标准体系加剧了我国汽车零部件工业体系分割、分散的状况，汽车零部件企业之间难以实现战略联盟，难以通过兼并、重组加速企业发展，严重限制了汽车零部件产业集聚和规模经济效应。整车生产企业也难以在本集团内实现零部件的规模生产，实现零部件的通用化、系列化生产。

2. 自主品牌建设任重道远

2006 年中国汽车工业在自主品牌发展方面取得了相当的成绩，但是也存在较多问题。

首先，有相当一部分自主品牌汽车是委托外国专业研发机构开发的。虽然随着有关企业参与共同开发的程度逐步深化，中国汽车企业最终可能获得自主开发能力，但是目前这些企业仍处于 "有品牌没技术，有品牌无开发" 的状况。长期采取这种方式进行产品开发，也有可能形成新的技术依赖。

其次，自主品牌在轿车领域多数处于低端位置，低端产品在中国越来越激烈的市场竞争中利润非常少，难以形成良性循环。

再次，在合资企业中存在着对于外方品牌的依赖。跨国汽车公司从全球战略考虑，阻止合资企业大规模出口汽车，以免合资企业在国际市场上和跨国公司的独资生产厂或本国工厂生产的产品竞争。在合资汽车企业中，外方掌握管理控制权，采用变通的方式向母公司转移部分利润，其中一个重要的方法就是从母公司和国外关联企业采购汽车零部件，并通过财务手段、业务延伸实现利润转移。

最后，自主品牌汽车发展的政策与市场环境仍然有待改善。

3. 零部件产业外资控股、独资化倾向明显

汽车零部件工业是中国汽车工业的关键环节，也是最薄弱的环节。当前中国汽车零部件产业存在着一个突出问题，就是外资控股、独资化倾向越来越明显。

外商在中国投资的零部件企业共有1100余家，多数生产技术相对先进、附加值高的产品。随着国内汽车市场开放程度逐渐提高，外资企业逐渐由"合作型"战略转变为"控制型"战略。日资、韩资企业的控股、独资化倾向尤其明显。欧美在华投资零部件企业的开放程度较高，但近几年新建的企业也都倾向于独资或控股。随着欧、美、日、韩主要整车生产企业进入中国，在不同标准体系制约下、不同利益目标驱使下，各自形成新的封闭配套体系，极大地限制了中国汽车零部件产业资源的优化配置，影响了中国汽车工业产业链条的完整，影响了中国主要汽车企业的自主开发。外资封闭配套体系和外资控股、独资零部件企业的结合也为跨国公司通过合资企业向国外转移利润提供了便利条件。

应当看到，通过对主要技术、关键零部件的控制，实现整个产业链条的控制，是跨国公司在全球进行产业转移和产业布局的主要战略措施。最近，欧盟、美国在WTO对我国具有整车形态的汽车零部件进口规定提出诉讼，其关键也在于此。汽车零部件的发展状况，在相当程度上决定着中国成为世界汽车强国的进程。

4. 仍然存在着政府对企业的干预

自中国加入WTO后，汽车工业迅速发展，因而各地方政府都将其作为本地经济发展的支柱产业予以扶持，这也造成了政府对企业的过度干预。2007年虽然出现了上汽与南汽合并的重要事件，但是从整体看地方政府支持和干预本地汽车企业发展的状况并未根本改变。中国汽车市场仍然高速发展，地

方政府仍然试图通过支持本地汽车企业获得政绩,这一状况短期内难以根本改变。

首先,地方政府仍然支持许多基本没有市场竞争力的企业继续生存;其次,仍然存在着地方政府通过行政、财政手段动员资源进入汽车工业的现象;再次,在汽车企业兼并重组过程中,仍然存在着地方政府的过度干预;最后,在企业选择合作伙伴、对外合作、合资等方面,地方政府意志依然有很大影响。

地方政府对汽车企业的干预,延缓了汽车工业产业组织结构调整的进程,是导致汽车工业产业组织结构依然不合理的重要因素。中央政府有关管理部门对汽车工业的管理,也存在着管得过多、过细,行政手段运用过多的问题。

5. 能源、资源、环境方面的挑战日益严峻

随着中国汽车工业规模持续扩大,中国汽车工业面临的能源、资源、环境方面的挑战日益严峻。

首先,中国汽车工业面临着能源方面的长期挑战。据海关统计,2006年我国进口原油和成品油分别增长14.5%和15.7%,进口金额分别增长39.2%和49.2%。进口原油金额664.11亿美元,进口成品油金额155.51亿美元,合计819.62亿美元。其中进口原油平均单价为每吨457.44美元,比2005年每吨上涨81.14美元。按2005年均价计算,2006年进口原油多支出117.78亿美元。进口成品油每吨上涨95.77美元,多支出34.84亿美元。汽车是中国石油消耗的最主要领域。根据预测,2020年中国石油产量约为1.85亿吨,仅汽车工业耗油量即达2.18亿吨。能源进口依存度的不断提高,以及我国汽车燃油消费的增长,不仅从战略上增加了我国整体的国家安全成本,而且使汽车工业对国际油价波动日益敏感。

其次,资源进口价格持续攀升,对汽车工业生产经营造成巨大压力。中国汽车工业生产所需钢材(尤其是高附加值的薄板、高强度钢材)仍然在一定程度上依靠进口。2007年国际铁矿石持续涨价,钢材价格持续提高,使汽车生产成本提高。

随着汽车工业技术进步,中国汽车工业对铝、镁、铜、锌、钛等有色金属的应用呈现日益上升趋势。国际市场有色金属价格已持续4年上涨。2007年汽车生产使用的有色金属铝、镁、铜、锌、钛等的国际国内价格持续上涨。有色金属价格对汽车工业影响越来越大。

再次,汽车排放已成为影响中国环境的主要因素,成为环保部门重点监测的对象。如何通过技术进步，减少汽车产品对环境的不良影响，成为汽车工业面临的重要课题。

最后，为实现可持续发展，政府推出了一系列节约能源、保护环境的政策，并且制定了有关指标。这些指标对汽车生产企业既构成了挑战，也构成了推动技术进步的动力。

6. 农村市场未受到足够重视

20 世纪 90 年代，农用汽车曾经有一个大发展。进入 21 世纪以来，农用汽车不断萎缩。许多农用汽车厂家不是升级为正式生产汽车，就是倒闭了。对农村汽车市场的深入开发，是保证中国汽车工业可持续发展的重要因素。如何提高产品水平、质量，为农民生产用得起、安全可靠的汽车成为汽车工业的一大课题。

7. 产品结构调整力度有待加大

我国汽车产品结构与我国能源结构仍严重不匹配，特别表现在轿车领域。由于国家仍对成品油实行价格管制，在我们这样一个缺油的发展中国家出现了大排量轿车热销的情况。2006 年政府采取一系列措施推动小排量轿车的发展，但是力度不够。经过短暂热销后，2007 年，排量小于 1.3 升的轿车与上年相比销量呈现下降趋势。排量小于 1.3 升的轿车共销售 164.39 万辆，占乘用车销售总量的 26%，与 2006 年同期相比，市场占有率下滑 6 个百分点。其中：排量小于 1 升的轿车共销售 74.80 万辆，同比下降 17.19%；排量小于 1.3 升的轿车共销售 73.02 万辆，占轿车销售总量的 11.60%，与上年同期相比，市场占有率下降了 3.7 个百分点。

三 中国汽车工业发展前景

中国正加速进入汽车社会。预计 2020 年中国汽车产量将超过 1500 万辆，汽车工业产值较 2004 年翻两番，达到或超过 40000 亿元，汽车工业增加值占国内生产总值的比重达到 2.5% 左右。我国汽车市场还有 15 ~ 20 年的以新增需求为主的成长期。2020 年后，我国汽车消费量可能超过美国，成为世界最大的汽车消费市场。[①] 中国汽车市场的全球地位将持续提高。

中国汽车工业走向世界的步伐将不断加快。今后 10 ~ 15 年，汽车出口将

---

① 中国汽车工业技术研究中心：《我国汽车工业中长期发展趋势及对策研究》，2005。

保持较高增长速度。中国政府已把汽车及零部件作为机电产品出口的战略重点，扶持若干个汽车产品出口基地的发展，力求使汽车及零部件出口在 10 年内达到 1200 亿美元。① 汽车工业在相当长的时间内仍然是带动中国国民经济发展的支柱产业。

随着中国汽车工业由制造中心逐步向研发中心转型，未来 10～15 年中国汽车工业在世界汽车工业中的地位将大大提高；中国汽车工业竞争力的提高，将导致世界汽车工业的格局发生重大战略变化；中国汽车工业对世界汽车工业的影响力将大大增强。

四 中国汽车工业进一步改革开放的方向与政策

（一）汽车工业深化改革开放的方向

1. 深化国有控股大企业的改革

中国汽车工业主体仍是一汽、上汽、东风、长安、北汽等几大国有控股企业。这些大企业自改革开放以来，在制度、机制上已有很大转变，在不同程度上实现了产权多元化。但整体上看，仍存在着冗员、机构设置官僚化、决策缓慢、创新力不够、效率不高等问题。与民营企业相比，国有控股企业仍需要进一步改革企业制度、机制，提高效率。

2. 在开放的进程中坚持自主创新

经过近三十年的改革开放，中国汽车工业利用外资已经进入了新阶段。今后中国汽车工业的对外开放固然需要引进先进的生产制造技术（在汽车零部件领域尤其如此），但重点应当是引进研究开发技术、引进技术人才，其目的是在开放进程中加速形成自主开发能力。

中国汽车工业自主开发能力的形成，绝不是再度闭门造车，而是在开放的环境中继续利用世界汽车工业的技术、人才、信息，加速自己技术的发展。中国汽车工业技术体系的形成，也绝不是在世界汽车工业技术体系之外另搞一个完全不同的技术体系，而是自主发展核心技术与能力，成为世界汽车工业技术体系的重要组成部分。

中国汽车工业自主开发能力与自主知识产权的获得目前主要通过三条途

---

① 商务部副部长魏建国的讲话，《参考消息》2007 年 1 月 9 日。

径：在借鉴国外先进技术的同时，基本依靠自己力量进行开发；通过与发达国家专业设计开发机构合作进行开发；在合资企业中逐步形成自主开发能力。从目前的推进看，这三条道路都有可能走通，关键在于坚持自主创新的战略目标，培育自主创新的研发队伍，积累自主开发的经验。

3. 全面提高企业竞争力

经过市场经济的洗礼，中国汽车企业逐步获得了市场竞争能力，并能够在国内市场上与跨国公司一较短长，在国际市场上开始与发达国家汽车企业较量。但是，也要看到，中国汽车企业的长处在生产制造环节，在研究开发、销售维修等环节，中国汽车企业市场竞争力仍然较弱。20世纪80年代，作为汽车制造王国的日本就已经认识到，仅仅拥有汽车制造环节的优势是不够的，"随着人们对汽车价值链的新观念的出现，汽车贷款、汽车保险等金融商业手段、网上销售等网络手段被充分利用，创造新的商业形式是很有必要的"。"21世纪的汽车产业进入了综合实力较量的阶段"。① 中国汽车工业如果不能在全价值链取得综合竞争实力，就难以成为真正具有国际竞争力的产业。中国汽车企业如果不能在全价值链取得综合竞争实力，就难以成为国际汽车舞台上的主要角色。

随着中国汽车工业发展环境的国际化，以及生产制造、销售、消费、研发的全球化、区域化，中国汽车企业也必须具有在全球、区域内配置资源的能力，具有全价值链竞争力。

随着跨国公司在中国设立汽车销售服务企业、汽车金融企业的步伐日益加速，中国汽车工业企业要在改革开放中借鉴、学习跨国公司的经营理念与方式，增强自己的综合竞争实力。

4. 大步走向世界

如果说在前30年的改革开放进程中，中国汽车工业的主要问题是如何适应开放的环境，在开放环境中成长，那么今后中国汽车工业面临的主要问题则是如何走向世界，在激烈的国际环境中竞争，并且发展成为国际化的产业。

中国汽车工业企业走向世界，面临的是与国内市场完全不同的市场环境、消费者、政府管制制度及法律体系。已经开始尝试走向世界的中国汽车工业企业遇到了许多问题。例如，上海汽车工业总公司兼并韩国双龙汽车公司后，就遇到了该公司工会组织罢工、不能按照当初的计划实施战略等问题。

---

① 〔日〕服部太郎等《世界标准的形成和战略》，日本国际问题研究所，2001。

中国汽车工业企业走向世界，代表了中国工业由大变强，是中国工业发展的历史性标志。

（二）进一步深化改革开放的政策建议

1. 转变政府汽车工业管理思路

目前，我国政府有关部门对于汽车工业的管理思路与方式，停留在对生产、投资的直接限制与管理上，存在着管得过多、过细的问题。今后应当主要从政府实施公共管理职能的角度出发，对环境、安全、消费、技术标准等方面进行监管，通过公共管理，提高汽车工业发展水平，提高汽车工业利用外资的质量。

政府有关部门要进一步健全汽车工业发展的有关法律、法规体系，尤其是环境保护、安全、保护消费者利益等方面的法律、法规。政府通过法律、法规实施公正、公平、透明的行业管理，减少政府的随意干预、过度干预。

政府通过政策、法律、法规，使跨国公司、国有控股企业、民营企业在市场竞争中处于平等地位，这不仅是管理方式的变化，也是促进汽车工业健康发展的战略问题。

2. 进一步放松对外国汽车公司的管制

中国汽车工业发展仍然需要吸收大量外资，同时也要提高利用外资的质量。在汽车工业许多领域中可以进一步放松对外国公司的管制。例如，目前对跨国公司在整车领域仍然保持了不超过50%持股比例的限制，可以考虑改为除生产整车基本车型的企业外，外资控股改装车、专用车可以不受股比限制。鼓励外国汽车公司兼并、重组汽车零部件企业。

3. 进一步放开汽车行业进入管制

目前中国汽车工业仍然存在着比较高的进入管制门槛。跨国公司已经基本进入中国汽车市场，真正急于进入汽车市场的是本土民营企业。过高的进入门槛不利于民营企业进入市场，不利于竞争，不利于中国本土企业的自主创新。政府应当在严格执行进入技术标准、环境保护标准的同时，适当降低进入门槛，提高行政审批效率。

4. 提高利用外资的质量

今后汽车工业引进外资时，要更加有所选择，注重引进可以带来先进技术、有利于提高国际竞争力、有利于带动产品出口的项目。在国际汽车工业制造能力加速向中国转移时，尤其要注意防止高能耗、高耗材、高污染、低附加值的项目进入中国。

5. 引导汽车企业扎实、有序地走向世界

中国汽车工业走向世界的步伐不断加速，但中国汽车产品出口仍主要集中于中低端。2007 年中国进口汽车平均单价仍大大高于出口汽车单价。① 在这种状态下，如果无序竞争、过度竞争，既难以实现汽车出口良性循环，也难以形成稳定的市场，树立中国汽车的品牌与商誉。

根据摩托车行业出口的经验教训，要有效防止中国企业在海外市场上盲目杀价、过度竞争、搞乱市场，政府必须进行必要的干预和引导。从中国汽车工业近年出口情况看，已出现了低价无序竞争的倾向。2005 年全国汽车出口企业多达 1175 家，其中出口额 1 亿美元以上的有两家；出口额 1 亿美元以下 3000 万美元以上的有 8 家；669 家企业汽车出口量在 10 辆以下；204 家企业只出口 1 辆汽车。② 目前中国政府已采取了发放汽车出口许可证、建立汽车产品出口基地等措施，但是还不够。政府还可以通过为企业出口提供高效的服务，充分、及时的信息，政治、外交支持等方式，引导与扶持汽车产品出口。

政府在引导与扶持汽车企业走向世界时，要注意通过协会等中介组织协调有关企业的行动，协调出口目标，推动企业逐步形成进入国际市场的战略同盟。

6. 制定支持汽车行业及企业技术创新的有效政策

自主创新是汽车工业发展的关键，已成为政府、汽车工业及企业的共识。但是，迄今为止，政府在促进汽车工业自主创新方面仍未推出真正有效的具体政策。在政府已推出装备制造业振兴政策时，推动汽车工业技术进步具体政策的出台，已经非常急迫。

目前，汽车工业研究产业共性技术、关键性技术的平台缺乏，政府有必要对为全行业服务的研究机构予以重点支持，并且对基础性、公共性研究项目加大财政支持力度。对于解决汽车工业面临的能源、资源、环境问题的研究机构和研究项目，政府不仅要在资金、人才等方面大力支持，而且要具体参与领导和组织项目的实施。在汽车零部件领域，尤其需要政府加大支持力度。

---

① 中国汽车商品进口多为中高档轿车及高附加值零部件。
② 《汽车商业评论》，2007 年 2 月号。

政府还可以通过财政税收政策,支持与汽车工业发展密切相关产业的研究与开发,尤其是新能源、新材料、环境保护领域的研究开发。政府还应当做好新能源、新材料、新环境保护技术的前期市场导入工作,对新能源、新材料、新环境保护技术的前期应用给予部分财政支持和税收优惠。

2009 年中国汽车工业发展前景 *

2009 年的中国经济发展，诚如温家宝总理所说："今年是实施'十一五'规划的关键之年，也是进入 21 世纪以来我国经济发展最为困难的一年，改革发展稳定的任务十分繁重。"中国汽车工业在国际上，面临着世界经济危机导致的严重不景气；在国内面临需求不足的严重问题。在这种情况下，中国经济如何发展，是我们判断中国汽车工业如何发展的前提。

一　2009 年的中国经济发展趋势

（一）　国内经济运行态势

2008 年末到 2009 年一季度，中央政府陆续出台了很多抵御全球经济危机对我国冲击的措施：出台了 4 万亿元的扩大内需的投资计划；出台了十个产业振兴规划；大幅度降低利率，大大放松了银行信贷，广义货币增长 17%，新增贷款 5 万亿元；出台了许多增加就业的政策；允许地方政府发债 2000 亿元；国家财政赤字规模达到新中国成立以来创纪录的 9500 亿元；采取多种政策措施，增加出口，恢复了许多出口加工产品的出口退税率；等等。

笔者认为，中央政府的这些政策措施力度够大，出台也比较及时。经过一季度的调整，我国经济已经初步抑制住下滑趋势。其中比较明显的指标是：用电量已经停止下滑；汽车销售开始好转；房地产价格急剧下降已得到缓解；更主要的是，企业、一般百姓的信心有所恢复。其实，这次全球经济危机，对我国的冲击主要表现为，由于出口急剧减少导致的外部需求不足。我国的金融体系、经济体系相对独立于全球金融体系、经济体系，一旦通过国内刺

---

* 原载《中国工业发展报告》（2008）。

激需求的措施在一定程度上弥补外部市场的损失，中国经济是可以走出独立于世界经济的走势的。

在这里笔者想强调一点，分析中国经济增长，一定要注意中国经济增长的制度性特点。我国经济增长实际上还是政府强力主导、调控下的增长。因此，中央政府 4 万亿元投资计划的主要意义是，除了开动一批大工程外，更重要的是给地方政府加速本地区经济增长的措施以"合法性"，传递努力抑制经济下滑的信号。一旦地方政府全力行动起来，笔者反而担心短期内经济会出现过热。

（二） 国际经济发展态势

世界经济在 2008 年 10 ~ 12 月，进入了不景气。这是 20 世纪 30 年代全球经济大萧条以来最大的经济危机。作为经济全球化中心的美国经济衰退，对世界经济造成了致命的打击。美国投资银行雷曼破产后，冲击波从中南美、中近东、日本逐步扩展到世界。日本 2008 年最后一个季度，经济增长率竟下降了 12.7%。创造了日本战后最大的经济不景气纪录。为此，自民党麻生首相的内阁支持率已经下降到 9%。目前受到冲击最严重的是中东欧国家。俄罗斯依靠出口石油的经济已经处于濒危状态。

贸易保护主义开始抬头，世界企业界劲吹人员解雇之风，企业纷纷进入冬眠状态。金融危机造成的冲击前所未有，实体经济也难以幸免。除中国外，全球汽车工业均已经进入严重衰退阶段。世界各主要大汽车公司不得不企求本国政府的支持与保护。美国三大汽车公司已按照国会的条件接受了政府援助。日本主要汽车企业基本处于亏损的状态，以丰田、日产为首的主要日本汽车企业全部进入了亏损状态。这是石油危机以来，首次出现的状况。2008 年 12 月丰田公司海外出口同比下降达 30%；2009 年 1 月海外出口同比下降了 23.3%，为丰田公司战后从未遇到的严峻状况。2008 年度丰田公司亏损达到 3500 亿日元，日产公司的亏损为 2650 亿日元。

据有关机构预计，美国经济估计到 2009 年 7 ~ 9 月进入谷底。随后，有微弱的恢复，但是时间不会长，就会可能再度进入衰退。到 2010 年中，可能第二次探底。这是由于美国财政及美国经济状况难以长期支持依靠国债发行，刺激美国经济。美国国债也出现了泡沫。如果为了财政状况，减弱了对经济的刺激，就会又进入衰退。日本桥本政权时期，也出现过类似情况。

从战后经济、金融格局认识这次经济危机，可以看到这次危机是二战后形成的"布雷顿森林"金融体系的总崩溃，是以美元为主要国际货币的国际金融体系出现整体危机后不能不进行的大调整。2009 年将要举行的第二次 G20 会议，是新的布雷顿森林会议、新的货币体系形成的前奏，但结果如何尚难以看清。从这一角度看，此次经济危机的萧条期也是比较长的。

综上所述，全球经济形势是严峻的。形势严峻之处在于，这场危机的确是全球第二次世界大战以来最严重的危机，危机的时间将是比较长的，涉及的范围是最广的，从发达国家到发展中国家无一幸免，不同的只是冲击程度而已。2009 年我们不能寄希望于全球经济的迅速回暖。

（三）我国经济发展趋势判断

从上面对国内经济发展态势和国际经济发展趋势的扼要分析中，可得出如下结论：随着中央政府 4 万亿元投资计划的逐步落实，随着地方政府逐步通过发债增加投资能力，随着各种工程陆续开工，笔者预计在二季度以后，中国经济增长会逐步加速，整体经济增长将呈现前低后高的走势。2009 年尽管国内、国际经济形势比较严峻，但是由于我国政府采取了有力的应对措施，我国经济实现 8% 左右的增长是完全有可能实现的。

笔者之所以做出上述结论，是因为：我国经济高速发展的基础并未改变；中国在全球产业分工中的地位与比较优势并未从根本上改变；中国的城市化进程，人民收入持续提高的进程并未改变；中国产业、企业的国际竞争力在持续提高；中国刚刚进入人均 GDP 3000 美元的发展阶段（2008 年人均 GDP 为 3200 美元），无论消费需求还是投资需求都很旺盛，国内需求仍将较快增长；全球经济危机导致我国工业发展中面临的能源、资源、劳动力价格上涨的因素得到缓和；中央政府宏观调控政策仍会相机进行调整，以更好地支持经济增长。

二　2009 年中国汽车工业发展的环境与政策

中国汽车工业面临的主要挑战是：

国内需求下降。由于世界经济不景气，外部需求下降导致我国经济发展减速；我国虚拟经济层面下跌过大，严重打击了汽车消费；从而对国内汽车消费形成了较大压力。

国际需求下降。近年来我国汽车出口连续以年均 60% ~ 70% 的高速增长。

高速增长的出口，使我国过剩的汽车生产能力找到了一个出口，但是这一出口在 2008 年急剧收缩，在 2009 年仍将持续收缩。在全球经济不景气的情况下，2009 年全球汽车工业、汽车市场难以从严重不景气中恢复。我国汽车出口的主要国家——发展中国家和俄罗斯等国家也由于受到经济危机打击而处于经济危机之中，购买力严重下降，并且贸易保护主义逐步抬头。另外，本来就存在的我国汽车产品技术水平比较低的弱点，也使我国的汽车出口受到相当影响。2009 年全球汽车市场状况对中国汽车工业出口来说，总体上是不利的。

在国内、国际汽车市场均不景气的情况下，近年来陆续形成的庞大生产规模使生产能力过剩问题更加突出。市场成为影响 2009 年中国汽车工业发展的主要因素。

但是，也要看到，中国汽车工业在 2009 年发展中也可以依托于某些有利的环境因素：

首先，由于全球经济不景气，全球能源、资源价格下跌，国内劳动力成本下跌，使中国汽车工业近年来面临的成本持续上升问题得到某些缓解；其次，全球经济的不景气，尤其是汽车工业的不景气，给中国汽车企业海外购并，引进技术和人才，提供了机遇，尤其是对汽车零部件企业的购并，对技术和人才的引进；再次，国内汽车市场的减速，使结构调整成为可能；最后，人民币汇率将在一段时间内保持相对稳定，对于汽车企业经营（包括出口）也是有好处的。

除了宏观环境有利因素外，最主要的是中国汽车工业处于史无前例的有利政策影响之下。由于中国汽车工业真正成为带动经济增长的支柱产业，因而中央政府出台了一系列支持汽车工业增长的政策，主要有：调整汽车购置税与消费税；出台了燃油税；出台了《汽车产业振兴政策》，包括支持汽车进入农村市场、对新能源汽车的试运行给予补贴、支持自主创新等。中央政府出台的抑制经济下滑的 4 万亿元投资政策，也有利于刺激汽车的消费。在这种有利的政策环境中，汽车工业的增长已经出现了明显的好转迹象。

笔者想特别指出的是，我国汽车工业面临的问题是从高速增长转为低速增长，与发达国家面临的汽车工业衰退，汽车市场大幅度下降有着极大不同。中国 2008 年汽车销量增幅为 6.7%，如果放到美国就是高速增长。中国汽车工业还是一个新增需求以较高速增长的市场，发达国家是一个基本上以旧换新的市场。现在发达国家的主要汽车厂基本陷入危机，中国汽车企业还远未到那个地步。所以政府政策完全不一样。中国政府是进一步拉动市场，发达国家政府是直接援救企业。当然，中国政府对汽车工业的政策支持还是非常必要的。

从中央政府出台的 4 万亿元投资计划看，该计划对商用车市场影响将非常明显，因为据历史资料统计，商用车发展周期、起伏幅度和扩大基本建设投资幅度基本上同步变化的，而且变化幅度大于基本建设投资增长幅度。投资增长如果是 8%，它可能是 10% ~ 12%；投资减少 8%，它会减少 10% ~ 12%。所以 4 万亿元投资对商用车的拉动将非常明显。对于轿车则是间接效果，因为它保证了 GDP 的增长，从而维持了国民收入增长，人均收入增长，为轿车消费创造了条件。

从中长期看，国家最近出台的一系列政策，对中国汽车工业产生了三个方面的长远影响：其一是中国的轿车消费结构必然向着小排量、节约能源的方向调整；其二是农村市场在经过持续的开拓之后，将逐步成为影响汽车消费的重要市场；其三是新能源汽车的产业化、市场化得到加速。

对于自主品牌的国产轿车，目前机会是比较大的，因为自主品牌优势就在于小排量。但是值得注意的是，现在跨国公司也开始把小排量车加速引入中国市场。中央政府鼓励农民用车，鼓励农村以旧换新，给补贴的政策，也会使自主品牌受益较大。因为自主品牌价格会更容易被农村接受。生产自主品牌的厂家，对中国农村市场的理解也更加深入。

从一些中长期的基本因素看，更有理由对中国汽车工业发展持乐观态度。中国汽车工业发展的基本面没有变，按千人汽车保有量计算，中国与发达国家相比还很少；中国人均 GDP 才 3000 美元，中国经济以较高速度发展的基本面也没有变；中国汽车市场远未达到饱和的程度；汽车工业已经成为带动中国经济增长的支柱，时间会持续很长；中国仍然是世界上新增汽车需求最大的国家。笔者认为，基于这些基本因素，中国汽车高速增长的时期并未结束，全球经济和国内经济准备好转后，10% 的增长速度还会再度出现。

2009 年 1 月，因为有对去年的心理恢复因素，有国家政策集中出台的因素，所以取得了销售汽车 73.55 万辆的好成绩。但是全年如何，还得看二季度以后。总体上看，2009 年中国汽车工业发展将是前低后高，二季度后，4 万亿元投资计划逐步落实后，各大工程逐步开工，对汽车工业的拉动会更加明显，汽车工业的增长也会趋于平稳。目前我国虚拟经济的下跌已经进入谷底，进一步恶化的可能性不大，如果在 2009 年虚拟经济状态有一定好转，汽车工业表现还可能更好一些。

三 2009 年中国汽车企业应当注意的几个问题

一是不能忽视加快结构调整，目前是产业、企业进行结构调整的好时机，产品结构调整，自主研发不能放松。欧美、日本等发达国家，虽然汽车工业遇到很多困难，但是他们在新产品、新能源开发等方面都大大加速了。笔者最近访问日本时了解到，丰田汽车公司生产的混合动力轿车——普锐斯在日本销售，虽然还有政府对消费者的减免税，但是厂家已经不需要政府补贴了，这是很大的变化。本田、三菱等公司也在加速推出混合动力轿车。到下一个经济发展高涨期时，有可能汽车工业就会发生很大变化。一般市场经济在低潮时候都是调整、淘汰落后生产力的时候。高潮的时候，在低潮时形成的新东西就可能变成新的增长点。

二是开发二、三线城市市场及农村市场，要有新的理念、新的探索，要下功夫在调查研究基础上形成新的销售模式，不能直接套用在大城市中的销售策略（例如，广告宣传途径与载体的选择），包括销售方式（尤其是 4S 店的销售模式）、销售队伍等都要有所变化、有所创新。在进入农村市场时，必须在产品上进行适当的改造，以适应农民的使用状况。

三是在全球经济危机时，要注意集中力量于自己比较擅长的细分化市场，而不要急于进行规模扩张。刚刚进入轿车生产领域的企业尤其要注意这一点。

四是在利用全球经济危机进行海外购并时，要小心谨慎，要认识到发达国家大汽车公司与我国汽车企业相比，是完全不同的平台，我国汽车企业目前没有力量驾驭这些企业，更谈不上改造、利用。真正有机会的是，具有自己专有技术的中小汽车零部件企业。此外，可以趁机引进人才。目前，发达国家汽车企业中，许多 50 多岁的技术人员面临“自愿离职”的窘境；许多在研究机构、学校从事汽车工业技术研究的人员也面临难以获得教职的问题；中国汽车企业在这方面大有可为。

盘点 2009 年中国汽车工业[*]

2009 年已经快要结束了。在 2009 年，中国汽车界人士的心情先是担心，后是兴奋，并且终于迎来了年产 1000 万辆的时代。可以说，2009 年中国汽车工业的大局已定。因此虽然还差一个来月，对 2009 年的中国汽车工业进行大致的盘点，还是可以的。

2009 年中国汽车工业在政府出台的《汽车工业调整和振兴规划》刺激下，在汽车产品销售方面收效明显。2008 年汽车工业增长率跌至加入 WTO 后最低的 7%。在《汽车工业调整和振兴规划》中制定的各项扩大汽车消费政策扶持下，全年汽车工业产量、销售量均超过 1000 万辆已经没有问题，增长率超过 10% 也应当说没有问题。顺便说一下，中国汽车工业在经历了 50 余年发展后，在产量方面终于成为世界第一。

轿车增长明显。商用车中载货汽车的增长，在国家基础设施建设拉动下，增长速度逐步加快。由于城市间轻轨交通及高速列车参与中短途公路客运的竞争，客车受到一定冲击。但是，从总体看，发展还是健康的，经过一段时间调整，会得到恢复。

通过《汽车工业调整和振兴规划》及一系列相关政策（例如燃油税的推出）对我国汽车产品消费结构进行的调整也有较明显的效果。1.6 升以下的小排量轿车增长明显快于中高档轿车的增长。相关调查显示，在"十一"长假期间，6 万~9 万元的轿车最受青睐。

在相关消费政策引导下，扩大自主品牌的目标也在相当程度上得到实现。根据中国汽车工业协会数据，今年前 8 个月，我国自主品牌乘用车和轿车领先第二名日系车一大截。前者分别销售 275.91 万辆和 129.11 万辆；后者销售分别为 132.56 万辆和 113.31 万辆。

＊ 原载《汽车产经报道》2009 年第 34 期。

在《汽车工业调整和振兴规划》有关政策推动下,一方面我国汽车市场发生了深刻的变化,二、三线城市开始成为汽车企业开拓的重要区域,农村市场有所活跃。另一方面,今年以来我国汽车企业自主开发新产品也加快了推出的步伐。新一代产品中不仅有小排量轿车,也有中高档轿车。在《汽车工业调整和振兴规划》中推动电动汽车有关政策刺激下,电动汽车产业化明显加速。

2009年汽车工业的发展,也存在着若干问题。

由于汽车市场迅速恢复,并且可望达到10%以上的增长率,市场压力减轻,企业兼并重组、产业组织结构调整的效果并不明显。真正实现兼并重组的企业为数不多。某些地方政府借推行《汽车工业调整和振兴规划》之机,保护本地区汽车企业;有些汽车企业还正在扩大产能。

在电动车领域,许多地方、企业热衷于整车项目,对于电动车的关键零部件及公共基础设施研究开发不够、投入不足,在电动车的关键零部件及公共基础设施产业化方面更是落后于整车。

汽车下乡计划推进固然促进了汽车消费,但是原来制定的以汽车替代原有农用车的目标,由于农民使用状况相距甚远,因此效果不明显。

汽车零部件体系的水平提高与自主开发能力形成,未见明显改善。在金融危机驱动下,外国汽车零部件企业加速了进入中国的步伐。整体看,中国自主开发的汽车零部件企业仍然生存困难。

展望2010年中国汽车工业的发展,笔者认为有如下五条是可以肯定的。

首先,国际经济环境不会举行恶化,但是也难以出现明显好转。但是,即便是全球经济低速恢复,对于中国汽车工业来说,也意味着外部环境有所改善。

其次,中国政府宏观经济政策不会发生重大转变,但是结构调整将越来越占有更加重要的地位。

再次,中国经济整体上仍然能够维持8%以上的增长。

复次,内需将持续稳定地扩大,为中国汽车产品提供稳定增长的市场。

最后,投资需求仍然对中国汽车工业发展发挥重要作用。

影响汽车工业2009年走势的一个重要不确定因素是政府刺激中国汽车工业的政策将在多大程度上进行调整。对2009年政府汽车工业政策的调整,笔者有如下初步建议。

首先,目前《汽车工业调整和振兴规划》的短期目标基本实现,但是汽车消费政策的退出仍要慎重。为确保持续 3 年 10% 的增长，建议视宏观经济的走势是否稳固，再决定汽车消费政策的调整。2009 年的实践表明，已实施的一系列政策，对改善我国汽车消费结构、推动自主品牌成长具有明显作用，其效果是战略性的、长远的。因此即便到了采取退出政策之时，也要适度地保持政策引导力度（例如，对小排量轿车的消费税优惠可以适度保留）。

其次，支持汽车自主创新能力的有关政策，尤其推动电动车产业化的政策要进一步完善。在防止电动汽车出现过度投资的同时，要加强对电动车关键零部件及公共基础设施的支持。

再次，进一步细化对汽车零部件企业的支持政策。

复次，进一步完善汽车下乡的政策，尤其要完善对农民用车的售后服务。

最后，本次《汽车工业调整和振兴规划》中许多目标（尤其是促进自主创新的目标）的实现必须在中长期才能够见到效果，因此对于政策的调整要阶段性地进行，要总结经验，把某些效果明显的政策长期化。

由于汽车工业已经在推动国民经济增长中具有不可替代的作用，相信政府在考虑汽车工业政策调整时，是非常慎重的。

基于上述粗略分析，2010 年中国汽车工业发展虽然可能不如 2009 年火爆，但增长成绩比较好，也是可以预期的。北京 11 月 1 日提前降了场大雪，瑞雪兆丰年。笔者希望 2010 年中国汽车工业也能够稳定的发展。

中国汽车工业"十一五"发展 与"十二五"展望[*]

中国汽车工业在"十一五"期间取得的最大进展，是从规模、产销量上居于世界第一位。在政府推出的《汽车工业调整与振兴规划》支持下，中国汽车工业在全球金融危机中，实现了令世界注目的高速增长，对中国克服金融危机的挑战发挥了重要作用。然而，由于汽车工业的高速增长，汽车消费成为巨大的潮流，汽车工业发展也遇到了巨大的挑战，如何克服这些挑战，并成功地在"十二五"期间实现发展方式的转型升级，成为中国汽车工业"十二五"时期保持较高速度稳定发展的关键。

一 "十一五"中国汽车工业发展状况分析

1. 汽车工业"十一五"取得的历史性进展

（1）汽车工业规模居世界第一位

"十一五"期间，中国汽车工业增长速度持续保持世界第一。2010 年中国汽车工业在延续前两年高速发展基础上，实现了持续高度增长。2010 年，汽车产销 1826.47 万辆和 1806.19 万辆，同比增长 32.44% 和 32.37%，保持了世界第一的地位。其中：乘用车产销 1389.71 万辆和 1375.78 万辆，同比增长 33.83% 和 33.17%；商用车产销 436.76 万辆和 430.41 万辆，同比增长 28.19% 和 29.90%。^① 虽然中国汽车工业今后还可以较快速度进行规模扩张，但是随着"十一五"时期中国汽车工业总产销量已居于世界第一位，可以说中国汽车工业规模迅速扩张的历史任务趋于完成（见表1）。

＊　原载《中国工业发展报告》（2011）。
①　《中国汽车工业协会统计资料》（2010）。

表 1　中国汽车总产量（2004~2010）

单位：万辆

年份	汽车总产量	轿车产量
2004	507.05	231.63
2006	727.97	386.95
2007	888.24	472.66
2008	934.51	504.69
2009	1379.1	761.24
2010	1826.47	1389.71

资料来源：《中国汽车工业协会统计资料》《中国汽车工业年鉴》《中国汽车工业规划参考》。

（2）中国汽车市场迅速拓展

为应对金融危机，中央政府出台的《汽车工业调整与振兴规划》，通过鼓励购买小排量轿车、加速更新汽车、鼓励汽车下乡等政策，加速开拓了中国汽车市场。中国汽车工业在世界上增加最快、最广阔的市场需求支持下，战胜了金融危机带来的影响。中国汽车市场成为拉动全球汽车市场的最重要因素。

随着国家鼓励汽车消费政策的出台，中国二、三线城市已经成为支撑中国汽车中长期增长的主要市场。农村对汽车的需求也在迅速增加。据财政部统计，截至 2010 年 12 月，"汽车下乡"政策推出 22 个月，全国已补贴下乡汽车摩托车 1791.4 万辆，总兑付补贴金 265.67 亿元；其中汽车补贴 499.69 万辆；摩托车补贴 1291.78 万辆。农村市场加速开拓，为中国汽车工业发展提供了坚实的基础。[①]

由于中国地域广阔，收入差距大，东、中、西部地区间经济社会发展水平差异大，因此中国汽车市场呈现出多层次、多样化的特点。高层次需求与低层次需求同时长期存在。在发达国家属于非主流车型，在中国却有着广阔的市场（例如微型车）。

（3）主要汽车企业规模扩大，产业集中度提高

2010 年底，我国上汽、一汽、东风、长安等 4 大汽车集团销售量全部超过 200 万辆。2009 年，国内汽车集团中只有上汽销售量超过 200 万辆，而 2010 年四大汽车集团全部超过 200 万辆。其中上汽销售量达到 355.84 万辆，

———————

① 《商用汽车》2011 年第 2 期，第 11 页。

东风、一汽和长安分别达到 272.48 万辆、255.82 万辆和 237.88 万辆。四大汽车集团 2010 年共销售 1122.02 万辆，占国产汽车销售总量的 62.12%。2010 年上汽、一汽、东风、长安、北汽等 5 大汽车集团的产业集中度约为 70%。前 10 家汽车企业的产业集中度为 86%。比 2009 年提高近 3 个百分点。

（4）中国汽车企业走向海外迈出历史性步伐

"十一五"期间，中国汽车出口总体上保持了较快增长。2010 年，中国共出口整车（含成套散件）及各类底盘 56.67 万台（辆），同比增长 52.86%，出口金额达 69.85 亿美元，同比增长 34.5%。从出口数量看，汽车出口尚未恢复到金融危机前的最高水平，但扭转了 2009 年出口下滑的趋势。从出口产品结构看，载重车仍是主要出口车型，出口数量和金额分别占全部汽车出口的 38% 和 33%。轿车出口数量在 2010 年占我国汽车出口总量的 32%，2010 年我国共出口轿车 18 万辆，出口金额达 12.76 亿美元，分别比 2009 年增长 75.67% 和 58.79%。其中，1.0L~2L 排量的轿车占我国轿车出口总量的九成以上。2010 年我国轿车已出口到 135 个国家和地区。

全球金融危机发生后，由于全球汽车市场陷入严重不景气，发达国家汽车企业中有许多企业不得不宣布破产出售，或者进行重组。中国汽车企业抓住了这一历史机遇，积极进行海外购并，收获巨大。其中的突出事例是：吉利汽车公司对沃尔沃汽车公司的收购震动了世界，其意义超过了当年上汽对韩国双龙的收购。通过收购，吉利汽车公司不仅可以获得沃尔沃的关键技术知识产权和品牌，跻身高端汽车生产商之列，而且可以获得海外经营、生产运作的基地与市场。吉利汽车公司如果能够成功地消化吸收沃尔沃汽车公司，就在成为国际化大汽车公司的道路上迈出了一大步。

北京汽车工业控股有限责任公司以 2 亿美元收购了瑞典萨博公司的产品、开发系列知识产权，包括 3 个整车平台、3 个主力车型、2 个发动机系列、主打的 4 款发动机和 2 款变速器的知识产权，及整个相关产品研发体系、生产制造体系、供应商体系和产品质量保证体系，包括 79 项专利。京西重工公司收购了美国德尔福公司的减振和制动业务。潍柴动力公司收购了法国博杜安公司。博杜安公司注册资本 355 万欧元，具有百年历史，专业从事发动机及驱动总成的设计、开发和销售，主要产品包括：发动机、齿轮箱、传动轴和螺旋桨等。通过收购，潍柴动力公司获得了博杜安的产品、技术和品牌，扩大了公司产品配套范围。吉利汽车公司收购了 DSI（澳大利亚自动变速器公司），DSI 是全球第二大汽车自动变速器公司。

中国汽车工业企业在海外设厂的步伐加速。上汽与通用合作进入印度汽车市场。中国比亚迪汽车公司与埃及阿迈勒汽车制造厂合作生产的比亚迪轿车已经下线。① 吉利在俄罗斯的工厂将在 2011 年内投产，生产 3 款新车型。吉利还计划在俄罗斯组建负责销售业务的子公司。按照吉利海外战略规划，到 2015 年，吉利汽车的年出口量要达到 100 万辆。

（5）自主品牌轿车市场占有率有较大提高

"十一五"时期自主品牌轿车在国家政策支持下，取得了较好成就。（见表 2）2010 年，乘用车自主品牌共销售 627.30 万辆，占乘用车销售总量的 45.60%，比上年提高 1.30 个百分点。日系、德系、美系、韩系和法系分别销售 268.84 万辆、197.49 万辆、141.21 万辆、103.60 万辆和 37.34 万辆，占乘用车销售总量的 19.54%、14.36%、10.26%、7.53% 和 2.71%，与上年相比，日系、韩系占有率有所下降，德系、美系和法系呈一定增长。

表 2　2005～2010 年自主品牌轿车市场占有率

单位：万辆，%

年份	2005	2006	2007	2008	2009	2010
年轿车总销量	276.77	386.95	479.77	504.69	747.10	1375.78
其中自主品牌销量	72.66	98.35	124.53	130.82	221.73	293.30
市场占有率	26.25	25.42	25.96	25.92	29.67	30.89

资料来源：根据《中国汽车工业协会统计资料》整理。

2010 年自主品牌轿车销售 293.30 万辆，同比增长 32.28%，占轿车销售总量的 30.89%，比上年提高 1.22 个百分点。轿车、356 和 M06 单一品牌销量第一名均是自主品牌，分别是比亚迪 F3、长城哈弗和江淮瑞风。2010 年，日系、德系、美系、韩系和法系轿车分别销售 215.86 万辆、183.92 万辆、135.38 万辆、83.63 万辆和 37.34 万辆，占轿车销售总量的 22.74%、19.37%、14.26%、8.81% 和 3.93%，与上年相比，美系占有率增长最快，德系、法系微增，日系、韩系降幅分别达到 2.01 和 0.79 个百分点。

比亚迪 F3 获得 2010 年全年轿车车型销量冠军。随着东风汽车集团的风神 H30 上市，国内前 4 位大汽车企业集团都已推出自主品牌的产品，并且取得了不俗的市场销售成绩。

① 《中国工业报》2009 年 12 月 17 日。

我国汽车合资企业开发的自主品牌新产品也陆续推出。新一代自主品牌产品中不仅有小排量轿车，也有中高档轿车。

（6）自主创新能力进一步提高

"十一五"期间，国家、企业的 R&D 投入持续增加。国家对新技术、新能源汽车开发的投入，有力推动了新能源汽车关键、基础技术的研究与开发，推动了汽车节能与减排技术的开发。大汽车企业的 R&D 投入已经占销售收入的 3% 左右。企业投入的加大，使新车型、新技术的开发速度逐步加快。在轿车领域，企业已经由过去的逆向开发，转为正向开发；由低档、小排量轿车开发，转为中高档轿车开发；由国内开发，转为在全球配置资源进行开发。

汽车企业在中、低档轿车开发方面已取得长足进步。21 家汽车企业拥有自主品牌轿车 60 多款，包括上汽的名爵、荣威，一汽的奔腾，长安的悦翔、志翔、杰勋，比亚迪的 F3、F3DM，吉利的金刚、远景，奇瑞的 A5、A3、旗云、东方之子，以及长城炫丽、酷熊等。

长安汽车美国研发中心已经在底特律正式成立。该中心将负责专攻汽车底盘技术，主要应用于长安汽车未来自主研发的中高级轿车及 SUV 车型。至此，继意大利、日本、英国等海外中心之后，长安汽车"五国九地"的全球研发布局已经基本成形。

中国商用车的开发水平已经与世界先进水平接近。汽车用新材料、新装备的研究，取得了较大进展。中国汽车工业制造水平已经与世界先进水平接近。

随着中国人担任国际汽车工程师学会联合会主席，标志着中国汽车业在世界汽车工业中的技术话语权逐步提高。

（7）新能源汽车开发与产业化逐步加速

"十一五"时期中国新能源汽车产业化明显加速。国内主要汽车企业均加速了新能源汽车开发与产业化的步伐。国内现在有 34 家企业的 91 个整车产品具有小批量的生产能力。2010 年底，在国家试点城市，投入运行的新能源大客车已经超过 6000 辆。

上汽、一汽、东风、长安、奇瑞、吉利、江淮等企业都研发出了具有自主知识产权的新能源汽车。奇瑞、比亚迪、北汽福田等企业还实现了小批量生产。中国汽车企业在新能源汽车开发方面的实力开始引起跨国公司注意。例如，奔驰与比亚迪合作，就是因为比亚迪在电池方面具有很强的研发实力。

中国企业针对新能源汽车开发，成立了若干战略联盟，共同进行关键技术、关键零部件的开发与产业化推进。

新能源汽车基础设施建设开始起步。国家电网开始在 27 个城市建设电动汽车充电站。已经在北京、天津和西安建设电动车充电站试点，到 2010 年底在 27 个城市建设 75 座电动汽车充电站和 6029 个充电桩试点。

2. 汽车工业"十一五"发展遇到的主要约束与瓶颈

（1）能源约束日益突出

进入 21 世纪以来，中国石油对外依存度保持在 50% 左右。"十二五"期间即便按照汽车工业最低 5% 的增长速度预测，2015 年我国的汽车年产量将超过 2300 万辆，汽车保有量达到 1.5 亿辆，需要 2.3 亿吨的成品油。石油高度对外依存，不仅严重影响着中国经济的平稳运行，对中国政府的宏观调控形成严峻挑战，而且形成了潜在的、不可忽视的经济安全问题。

汽车工业的发展，汽车消费对石油进口有着直接的、紧密的关联。中国石油使用中，用于汽车消费的约占 80% 以上。实际上，中国汽车工业的运转，中国汽车消费市场的拓展，在某种意义上说，是建立在进口石油基础上的。石油进口价格的高企，也影响着消费者对汽车产品的选择，影响着消费者的汽车消费行为。

从宏观方面讲，汽车工业的发展，不能忽视中央政府维护国家经济安全；调整能源结构，节约能源的政策取向。从微观方面看，中国汽车工业要适应石油价格高企的市场环境，适应汽车消费者的理性选择；适应环境保护的需要，也必须重视能源问题。

从国际汽车市场看，为了适应石油短缺及环境保护需要，新能源汽车的研发与产业化已经成为国际汽车工业发展潮流，如果中国汽车工业不在发展新能源汽车和节约能源方面取得相应进展，就会在世界汽车工业竞争中处于被动态势。

（2）环境约束日益明显

"十一五"期间，中国汽车工业遇到的来自环境保护方面的压力越来越大。"目前全国约 1/5 的城市大气污染严重，113 个重点城市 1/3 以上的城市空气质量达不到国家二级标准，机动车排放成为部分城市大气污染的主要来源。据有关的研究结果表明，北京、上海、广州等大城市机动车排放的一氧化碳，碳氢化合物在大气污染中所占的比例分别达到 80%、75%，在部分大城市里说明机动车排放已成为这些城市大气污染的主要来源，由过去的煤烟型污染转成以机动车污染为主。"①

保护环境，减少排放，不仅成为中国汽车工业、企业面临的严峻挑战，也成为不可推卸的社会责任。

随着政府对于汽车使用造成的污染日益重视，从环境保护角度出发，对汽车工业发展、汽车使用、汽车产品开发做出的规制也日益严格。汽车产业链条的每一个环节都必须考虑和应对日益严峻的环境约束。

（3）城市交通约束日益严峻

2009年，全国汽车保有量达到0.7619亿辆，同比增长17.81%。全国载客汽车保有量为0.4841亿辆，占汽车总量的63.53%，同比增长25.73%。其中，小型载客汽车保有量为0.4243亿辆，占87.64%，同比增长29.31%。2009年，全国载货汽车保有量为0.1369亿辆，占汽车总量的17.96%，同比增长21.61%。其中，轻型载货汽车保有量增幅较大，截至2009年底，保有量已达到0.0765亿辆，同比增长18.43%。②

随着汽车保有量的增加，全国600多个城市有2/3出现交通拥堵，给城市交通造成的巨大压力，已成为地方政府高度关注的公共管理问题。尤其是大中城市，轿车的增加使道路不堪重负，交通事故迅速增加；城市管理更加困难，运转效率低下。在这种背景下，地方政府不得不推出严格规制汽车使用（主要针对轿车）的各种政策、法规。其中北京市的做法尤其具有代表性。北京市对于限制轿车消费推出的政策包括：限制北京市购买轿车的数量（一年24万个车牌，需要摇号取得）；限制外地车辆进入北京；提高停车场收费标准等。北京市的政策具有一定的示范效应，目前已经有十几个大城市准备推出与北京市类似的限制轿车使用的政策。地方政府推出的这些限制轿车消费的政策，对汽车工业发展产生了很大的影响。

（4）技术瓶颈突破日益迫切

在中国汽车工业实现规模上的迅速扩张、成为世界第一汽车生产国之后，技术水平的提高、自主创新能力的形成成为制约中国成为世界汽车强国的主要瓶颈。

中国汽车工业在整体上与国际先进水平的技术差距已缩短到5~10年。

---

① 环保部科技标准司副司长刘志全在"2010年中国汽车产业发展论坛"的讲话，新浪网，2010年9月5日。

② 公安部交通管理局统计数据。

在商用汽车开发领域已与国际先进水平接近。在轿车领域，国内企业虽已具备了一定的轿车车身开发设计能力，能够在原有平台基础上做局部改进，但轿车底盘开发能力和系统集成能力还相对较弱，导致自主开发产品的整体技术性能、质量和可靠性与国外同类产品仍有较大差距。中高档轿车整体开发能力仍然很弱。

目前国内零部件产业对技术输入有较强依赖性。中国汽车零部件企业在某些中低附加值产品方面具有相当的开发能力；在汽车关键零部件的技术开发方面具有一定能力，但是与国际先进水平差距甚大，尚不具备进行基础研发、同步开发、系统开发和超前开发的能力。许多关键零部件仅仅是仿制外国产品。中国汽车零部件企业批量生产的发动机只相当于国际20世纪90年代水平。汽车零部件行业整体技术水平与发达国家存在10~15年的差距。

在传统汽车领域，中国汽车工业在发动机、变速箱、电子器件等方面与发达国家汽车企业相比，仍然存在着较大差距。在新能源汽车领域，尽管中国汽车工业与发达国家相比，相对传统汽车而言差距较小，但在电机、电池、电控系统、电池基础件（隔膜）等方面差距较大，目前仍然需要进口。混合动力整车共用关键技术仍然有待掌握。新能源汽车产业化方面存在着10年左右的差距。

突破技术瓶颈应当是汽车工业在"十二五"时期的主要战略目标。

（5）品牌瓶颈突破更加具有战略意义

随着中国汽车企业自主开发的轿车产品陆续形成生产能力，推向市场；随着中国汽车企业自主品牌逐步向中高档轿车领域延伸；突破品牌瓶颈具有更加重要的战略意义。只有突破品牌瓶颈，国产轿车才能获得良性循环的足够利润乃至品牌溢价；才能使企业获得持续开发的动力；才能使国产轿车在产业链高利润环节中占有巩固的地位；才能使国产轿车走向世界。品牌瓶颈的突破，既有赖企业的努力，也有赖政府的支持政策。

（6）零部件瓶颈突破不能再拖

自中国汽车工业诞生以来，汽车零部件发展滞后，是制约中国汽车工业发展的重要因素，但这一问题却久拖不决。中国汽车零部件工业不仅水平低，而且分散、重复、企业规模小、开发能力较整车企业更弱。在新能源汽车领域同样面临着零部件滞后的问题。

汽车产品水平的提高，主要通过关键零部件水平的提高予以实现。汽车工业水平的提高同样如此。汽车产品的节能减排也有赖于关键零部件的生产制造和研发能力。

汽车零部件工业发展滞后的瓶颈，如果在"十二五"时期未能比较好地得到解决，中国汽车工业整体水平的提高和转型就难以真正实现。

"十一五"时期，汽车工业在发展中还存在着产业组织结构调整进展收效不大；产品结构调整进展不快等问题。产业组织结构调整虽然有一定进展，但是从整体上看，中国汽车工业产业组织结构仍然相当不合理，这与中国汽车市场仍然处于高速扩张密切相关。中国汽车工业产品结构不合理主要表现为轿车中高能耗的高档轿车、SUV 等车型的市场销售份额仍然在持续扩大，与中国能源结构严重不匹配。

二 "十二五"时期中国汽车工业的转型升级

1. "十二五"时期汽车工业转型升级的整体展望

首先，虽然国家把"十二五"时期年均 GDP 增长定为 7%，但是实际执行肯定要超过这一目标。即使 7% 也仍然是一个较高的速度。同时，政府提出要努力实现居民收入增长与经济发展同步、劳动生产率增长与劳动报酬增长同步。劳动者工资的普遍、持续增长意味着汽车消费具有持续增加的基础。中国千人汽车保有量仅为 46 辆，仍低于世界平均水平，并远落后于发达国家，二、三线城市和农村市场刚刚启动，决定了中国汽车工业"十二五"时期面临着较好的国内市场环境与需求。

较好的市场与需求环境固然保证了汽车工业较快的发展，但是也在一定程度上影响着汽车工业转型升级。"十二五"末期，随着市场的逐步成熟，发展速度会放缓，市场状况可能更加有利于引导企业越来越朝着水平、质量竞争的方向发展。这就为汽车工业"十二五"时期以较快速度发展，奠定了基础。

其次，中国科技实力在"十一五"时期迅速增强，中国的科技论文发表数量已经居于世界第二位；科技投入已经居于世界第三位。中国汽车工业科技实力也不断增强，大批海外归国科技人才加入汽车开发队伍；中国汽车工业在新能源汽车开发方面已经取得了较大进展；这些都将推动中国汽车工业自主创新能力的加速形成。

再次，支持中国汽车工业转型升级的原材料工业、能源工业、电子工业、机械工业、轻工业在"十一五"时期都有很大发展，技术上有了较大提高，为汽车工业转型升级提供了保证。

最后，汽车工业面临的能源、环境、城市交通的约束日益严峻，将在"十二五"时期给汽车工业转型升级以巨大的压力和动力。

从上述因素扼要分析，汽车工业"十二五"时期转型升级，面临着诸多有利因素，同时由于汽车工业、汽车企业仍有着较大的规模扩张空间，可能延缓转型升级，仍然需要政府通过各种政策措施予以推动。

2. 汽车工业转型升级的方向与目标

（1）汽车工业转型升级的方向

"十一五"时期中国汽车工业已经完成了规模上做大的历史使命，"十二五"时期汽车工业发展不应再强调数量、规模。"十二五"期间，汽车工业不应再盲目铺摊子，上生产能力。同时，中国汽车工业发展面临的能源、资源、环境与城市交通等方面的约束越来越严格。因此，中国汽车工业"十二五"时期发展要顺应国家以人为本，保障和改善民生的发展理念，坚持科学发展观，走可持续发展之路。汽车工业发展水平的提高，发展方式的转型应当是"十二五"时期发展的基本趋向。

"十二五"时期中国汽车工业转型升级的方向应当是：通过"十二五"时期的发展，使汽车工业整体发展水平有较大提高，使中国汽车工业整体发展达到或接近发达国家水平，使中国汽车工业具有整体的、较强的自主开发能力，新能源汽车发展取得较大进展，节能减排取得明显成效，使中国由汽车生产大国，初步转变为世界汽车强国。

（2）形成自主开发能力是首要战略目标

"十二五"期间，汽车工业的转型升级，要以形成较高水平的自主创新能力为第一位的战略目标。

从全行业看，要进一步提高基础研究水平，形成公共技术开发试验平台、信息库、数据库等基础开发支撑条件，在新能源汽车产品开发过程中形成比较有效、巩固的企业战略联盟，加强产学研战略联盟，进一步加速引进海外先进技术、人才为我所用。同时要预测、提出横向配套产业需要同步研发的产品的技术要求。要重点抓好汽车零部件水平的提高，先进产品的研发，要形成关键汽车零部件的自主开发能力。

鉴于传统汽车节能减排潜力仍然较大，因此在传统汽车领域，要突出研发先进的节能、减排技术和产品；要抓好替代能源技术和使用替代能源产品的研究与开发；尤其要下力气抓好发动机、变速箱、电子控制元器件的开发与制造。

"十二五"期间,传统汽车节能减排要争取上一个新台阶,排放整体争取达到欧4水平,百公里油耗进一步下降。

"十二五"期间,商用汽车的开发争取达到国际先进水平,中高档轿车的开发争取在国内市场上能够与跨国公司产品竞争,关键汽车零部件争取形成自主开发能力。

在新能源汽车开发方面,要在电控系统、电机、电池及关键原材料方面进一步提高水平、性能、可靠性,通过试验运行,考验产品质量,加速产业化。围绕新能源汽车产业化,汽车工业和能源工业的企业应当加速基础设施有关技术、标准的研究。

(3)加速扩大自主品牌的影响,提高自主品牌的地位

"十二五"期间,要把中国商用车品牌推向国际市场,争取成为国际知名品牌。中国轿车品牌的维护与推广要成为品牌建设的重点领域,其中中高档轿车品牌市场地位的确立应当成为政策支持的重点。中高档轿车品牌首先要争取成为国内为消费者接受的知名品牌。

"十二五"期间,争取使自主品牌汽车的市场占有率由目前的30%左右,提高到45%左右。

(4)转变汽车生产方式,提高产品水平,在节能环保方面取得较大进展

中国政府在国际气候谈判中承诺,到2020年单位GDP碳排放要在2005年基础上下降40%~45%,汽车工业对此必须承担相应的责任。"十二五"期间,汽车工业要进一步挖掘潜力,转变汽车生产方式,在汽车制造过程中减少排放和工业废料,提高能源、资源利用效率,争取在清洁生产,能源、资源利用方面达到国家先进水平,实现汽车的"绿色生产"。通过提高产品水平、效能,减少能耗和污染,使汽车产品更加安全。

通过生产方式的转变和产品水平的提高,使汽车工业成为环境友好型产业。

(5)大幅度提高汽车产品质量

"十一五"中国汽车工业在加速发展的同时,存在着重数量、轻质量的倾向。"十一五"期间全国消费者协会受理的汽车产品投诉从2006年的7761件,迅速增加到2010年的14093件。2010年,汽车消费者投诉同比增长了51.1%,其中因为汽车质量问题的投诉占55.5%。

"十二五"期间,要使中国汽车产品质量有大幅度的提高。

（6）产业组织结构逐步优化，形成5~6个年产汽车500万辆的企业集团

"十二五"后期，随着汽车市场的变化，中国汽车工业中的兼并重组可能逐步加速。"十二五"期间，在市场竞争的基础上，通过政府政策支持，调整、优化产业组织结构，有可能推动汽车企业兼并重组为5~6家大企业集团，围绕主要汽车工业集聚地域，优化产业布局。

中国汽车工业大企业集团应当具有完整的自主开发能力，系列的自主品牌，具有相当的国际竞争力和国际经营能力。

在发展大企业集团的同时，要鼓励、帮助中小汽车零部件企业的发展，使之成为建立在高度专业化分工基础上，具有专精技术，小而强、小而精的企业。鼓励汽车零部件领域企业成为专业化的大企业集团。

（7）深入开拓国际市场，加速国际化进程

"十二五"期间，中国汽车工业出口有望加速发展，在国际市场获得更多的市场份额。中国汽车企业在加速进入国际市场的同时，也必然加速自身的国际化。中国汽车工业也将更加深入地融入世界汽车工业体系，不断提高在世界汽车工业分工体系中的地位。

中国汽车工业要进一步开拓利用国际汽车工业资源的领域和渠道。通过海外兼并、合作研究、共同开发等多种形式，获得科技资源，继续努力吸引海外人才回国工作。

"十二五"时期中国汽车产品应当争取进一步扩大国际市场份额，获得稳定的国际市场。商用车和轿车要争取进入发达国家汽车市场。

（8）新能源汽车产业化取得实质性进展

《中共中央关于制定国民经济和是发展第十二个五年计划的建议》中指出："积极有序地发展新一代信息技术、节能环保、新能源、生物、高端装备制造、新材料、新能源汽车等产业，加快形成先导性、支柱性产业，切实提高产业核心竞争力和经济效益。"[①]

新能源汽车的发展，既是汽车工业的革命性飞跃，也带动了新材料、新能源、高端装备制造、节能环保技术等领域发展。因此，新能源汽车发展在"十二五"期间，是一件关系国民经济整体发展的重大项目。新能源汽车的产业化，不仅牵涉技术问题，也牵涉比较广泛的基础设施问题、经济运行方式

---

① 《中共中央关于制定国民经济和社会发展第十二个五年计划的建议》，人民出版社，2010，第16页。

问题，存在着较大的技术、市场环境等方面的不确定性。要争取在"十二五"末期，使新能源汽车产业化取得明显进展，新能源汽车及关键零部件的质量、可靠性有较大提高。

（9）围绕能源结构多样化，推动汽车产品开发

中国是一个有着多种替代石油的能源的国家。从目前看，CNG、LNG、乙醇、甲醇、二甲醚、煤制油（CTL）、生物质能源等在中国还有相当的发展空间和可能。在石油价格日益高涨的时代，这些能源可能发挥更大的作用。要适度加强对这些替代能源的研究，开发相应的产品与技术。

（10）提高汽车服务业的水平与竞争力

长期以来，中国汽车工业企业对于汽车销售服务环节重视不够，服务水平低，业态单一。汽车金融更是中国汽车企业的薄弱环节，与跨国公司相比，差距甚大。实际上，在成熟的汽车市场，汽车服务业是汽车工业利润的主要来源。发达国家成熟市场中，汽车产业从销售服务环节获得的利润占全部利润的 30% ~ 40%，而中国汽车产业从销售服务中获得的利润只占 10% ~ 15%。汽车服务业对于自主品牌发展具有重要作用，对于市场竞争起着决定性作用。因此，"十二五"期间，中国汽车工业企业应当把加强销售服务作为战略目标之一予以重视。通过增强汽车销售服务能力，增强企业竞争力，获得更多利润空间。

3. 中国汽车工业转型升级对国民经济的影响

汽车工业是一个对国民经济带动性很强，产业关联度很高的产业。2008年汽车工业总产值占 GDP 的比重已超过 8%。"十二五"时期汽车工业转型升级，必然会对整个国民经济、工业发展产生深远影响。汽车工业的转型升级将直接推动中国工业的转型升级。

第一，汽车工业持续的以较快速度发展，必然对国民经济增长产生积极的推动作用，并且带动就业。汽车工业直接就业与间接就业之比约为 1：6。汽车工业规模持续扩大，必将带动全社会就业增加。"十二五"时期汽车工业对就业增加的促进作用，将主要表现为汽车服务业增长带来的就业。

第二，汽车工业转型升级将全面带动我国工业的转型升级。汽车产品轻量化大量使用的各类钢板需要进一步提高水平；需要镁合金、铝合金、钛合金、塑料和复合材料等；带动了有色金属、塑料、石油化工等原材料产业的转型升级。

中国汽车工业虽然规模已经居于世界第一位，但在重要生产装备方面中

国产比例仍然较小。汽车工业转型升级，新产品的开发和新技术的应用，必然对生产装备提出更高的要求，促进高端装备制造业水平的提高。

汽车工业的转型升级、汽车产品水平的提高、自主创新能力的增强、新能源汽车的发展将为高端电子元器件、高端电子消费产品开拓广阔的市场，促进电子产业的发展和水平提高。例如，据中国汽车工业协会统计，2006年拥有前装卫星导航设备的乘用车辆达到14.7万台，到2009年，销量已经达到36.9万台，比2008年增长了近10%，其市场规模为55.72亿元，同比增长6.8%。据《中国前装导航地图市场年度综合报告2010》预测，我国前装导航汽车销量将在未来五年内稳步发展，年复合增长率将达到40%左右，到2014年中国前装导航汽车销量将会超过200万辆，达到207.5万辆，是2009年销量的5倍以上。

新能源汽车研发和产业化将催生一些新产业，推动横向配套工业的发展。例如，新电池的开发，使电池工业水平产生飞跃；新能源的使用，推动电力工业、电子工业、化学工业的发展。

汽车工业的节能减排和节约资源，将推动环保产业、资源回收利用产业的发展。

第三，汽车服务业的发展和业态多样化，将推动第三产业的发展，其中对金融业的影响尤其显著。

三 "十二五"推动汽车工业转型升级的政策与措施

（1）"十二五"期间，政府汽车产业政策重点应当转移到促进汽车工业水平的提高上。中国汽车工业发展重点要由追求量的发展转向追求质的提高，注重产业组织结构的调整，要逐步提高整车的技术标准，尤其是排放标准，通过提高技术标准门槛限制盲目发展。

今后政府政策要转向促进汽车工业结构调整和能力提高。注重防止盲目投资，扩大生产能力，在市场竞争基础上，进一步促进企业兼并重组。

（2）政府政策应当重点支持自主开发能力的形成。在实现了产量、销售量世界第一之后，中国汽车工业由大变强的关键在于加速提高自主开发能力，形成能够与发达国家汽车公司竞争的技术实力，在产品制造技术、产品设计开发技术等方面实现全面赶超。因此政府有必要对汽车企业开发新产品、形成自主开发能力给予财政、税收等方面的优惠。但是，需要特别指出的是，目前政策在这方面仍然不够明确、有力,有必要加速具有可操作意义政策的出台。

汽车工业自主开发能力的形成,在很大程度上取决于汽车零部件工业水平的提高。汽车整车水平的提高,在很大程度上亦取决于汽车零部件的水平。遗憾的是,我国汽车零部件企业技术水平、开发能力还大大落后于整车企业,今后相当长一段时间内,汽车零部件工业应当成为政府制定支持自主开发的政策时,予以关注的重点。

当前合资企业搞自主品牌成为引人注目的现象。对于这一新情况,有必要经过调查研究拿出相应政策,规定自主品牌、自主开发的底线。防止以搞自主品牌为名,把老产品拿到中国进行某些国产化改动后,博取政策优惠。

(3)政府要更加关注汽车工业节能减排。中国汽车工业的节能减排问题,不仅是国内经济发展的重大问题,也是国内重大社会问题,同时还是国际关注的重大问题。节能减排的推进,不仅关系汽车工业在国内的发展,还关系中国汽车工业能否大步进入国际市场。

政府应当通过重点支持汽车节能减排技术、节能减排关键新材料、关键零部件的研究开发,促进汽车工业技术水平的提高,促进汽车产品结构的改善、水平的提高。

政府要逐步提高整车的技术标准,尤其是排放标准,通过提高技术标准门槛限制盲目发展。在准备提高技术标准时,要注意与我国汽车工业整体水平相适应。在多数汽车企业技术能够达到、财务能够承担的情况下逐步提高技术标准。

"十一五"期间,政府通过严格执行燃油消耗标准,建立汽车产品油耗公示制度,发布节能汽车推广目录,有效促进了节能减排。"十二五"期间,要进一步严格执行燃油消耗标准、节能汽车推广目录,淘汰技术落后产品,严格汽车产业准入标准,抑制高能耗、落后生产能力的发展。

(4)切实开展旧汽车回收利用。旧汽车回收利用,不仅对减少环境污染具有重要意义,对充分利用资源、降低成本也具有重要意义。《汽车工业产业政策》已经对此做出了有关规定,但是缺乏执行细则,政府也并未把这件事提上日程。"十二五"期间,要加速制定实施细则,推动这一工作的开展。

(5)政府要保持对新能源汽车产业化的政策支持力度,应加速出台《新能源汽车发展规划》,给企业以明确的发展方向。国家"十二五"规划已经明确新能源汽车为战略性新兴产业。

　　首先，政府要集中政策持续支持新能源汽车关键技术和零部件的研发。要注重引导企业加大对于新能源汽车关键技术和关键零部件的投入，政府也要在基础研究、公共技术研究方面给予持续的财政支持。政府要持续支持产学研联盟对关键技术、原材料、零部件进行攻关。

　　政府要把政策支持集中于关键技术攻关和零部件产品研发，不再一般性地支持生产能力的形成。防止以新能源汽车名义，盲目扩大汽车组装能力。

　　要强调对自主创新能力形成的支持，重点支持自主开发的关键技术、产品及零部件，防止出现新能源汽车发展空心化导致的跨国公司再度控制核心技术和产品。要加速有关技术标准的推出，在制定有关技术标准时要多听取大企业的意见。

　　由于新能源汽车发展是一场技术革命，有些关键技术的突破可能出现在汽车产业之外，掌握在高技术小企业手中，因此政府要引导有关产业基金和风险基金投向这些企业。

　　其次，政府要及时推出促进新能源汽车市场化的政策。推动电动车产业化的政策要进一步完善。推动新能源汽车市场化的有关政策的制定不仅可以从政府提供财政补贴角度考虑，也可以从税收减免角度考虑。政府采购时，也可以考虑采购已经可以进入市场的新能源汽车，例如混合动力轿车、客车。通过政府政策引导、支持充电汽车以裸车的形态进入市场，同时开展电池租赁。

　　再次，对发展新能源汽车需要的锂、稀土等资源进行有效管理。随着新能源汽车的登场，稀土、锂等资源的市场和使用规模将迅速扩大，因此在这方面必须预先有所规划。

　　最后，在新能源汽车基础设施建设方面，政府要制定统一的标准与规划，适当超前进行建设。政府要加强对新能源汽车公共基础设施的支持。

　　新能源汽车如何进入市场，实际上存在着许多市场不确定性，例如，新能源汽车中的哪一类车型能够成为最早被消费者接受的车，是轻度混合动力车或是重度混合动力车，还是纯电动车？因此国家新能源汽车产业政策需要进行短期（1～2年内）的灵活调整。由于大量技术、市场不确定性的存在，政策制定要多听取专家、企业、行业协会的意见。要注意政策在研发、产业化、市场化等不同阶段的衔接与配合，注意政策的整体协调。要注意引入风险投资基金等，以化解由于不确定性较大、风险较大带来的产业发展障碍。在对新能源汽车予以购买财政补贴政策后，要及时跟踪完善有关政策，推出相关的实施细则。

（6）在发挥市场基础作用的前提下，通过政策引导企业兼并重组，优化产业组织结构。政府应当把这方面的政策与防止产能过剩结合起来予以推进，以促进汽车工业稳定增长，防止出现大起大落。

（7）采取有力措施，帮助汽车企业开拓国际市场。2010 年，中国汽车工业出口出现恢复性增长。鉴于汽车企业在国际市场的发展（包括汽车出口、在外国建厂及兼并企业）已成为影响我国汽车工业发展的战略问题；鉴于 2010 年国际汽车市场对中国汽车工业已经显现了机遇；鉴于汽车出口是中国汽车工业未来发展的基本趋势，因此建议 "十二五" 政府对汽车出口予以关注，制定支持汽车产品出口的相关政策，对汽车产品出口予以支持。

汽车产品出口中，国产品牌居于主导地位，因此扶持汽车产品出口与扶持国产品牌有密切关系。从这个意义上看，制定汽车出口的政策某种意义上也是扶持国产品牌发展的政策，政府有关部门应当把汽车出口作为汽车工业发展重大战略问题予以重视。政府对企业从海外引进人才、购买技术以及购买企业也仍然要给予支持和引导。

（8）落实支持自主品牌发展的有关政策。政府已在政府公务用车采购中，制定了国产品牌轿车必须占 50% 的规定，但目前这一规定实际上落实得很不理想。《2009～2010 年中央国家机关汽车协议供货汽车厂商名单》中，38 家进入采购名单的汽车厂家里有自主品牌车企 21 家，车型达到 60 多款。然而现实中实际订单并未随之增长。2009 年奇瑞汽车在政府采购市场销售 3400 余辆，仅占 2009 年政府采购总量的 2.3% 左右。又如，据《经济参考报》报道：宁夏财政厅斥资近 900 万元一次性采购公务用车中标公告中显示：包括 25 辆豪华奥迪 A6 在内的最终中标的 71 辆公务用车中，仅有 1 辆为自主品牌轿车。由此可见相关规定仍需予以进一步落实。由于我国本土企业的轿车自主开发正在从低端向中高端发展，落实这一政策就更加重要。建议政府有关部门加速出台有关规定的执行细则，同时加强对规定执行的监督检查。各级政府官员应当带头乘坐自主品牌汽车。

自主品牌发展不仅是企业的事情，也是政府和社会的事情。要从国产品牌的生产研发、购买、宣传、使用维修等方面，系统地制订发展自主品牌的政策措施。

（9）支持汽车服务业的发展。随着中国汽车市场中 "二手车" 交易的增加，要进一步完善 "二手车" 市场的监管制度，推动 "二手车" 交易的发展。进一步鼓励汽车租赁、汽车驾驶培训、汽车咨询、汽车传媒与信息服务等领域的发展。支持国内企业，开展汽车金融方面的业务，进一步放宽对功能汽车企业进入汽车金融领域的规制。

（10）保护汽车消费者利益，引导汽车消费。"十二五"期间，要进一步完善汽车召回制度；完善保护汽车消费者的投诉、维权制度，加速完善并尽快推出《家用汽车产品修理更换退货责任规定》及相关细则。通过制定相关政策，引导汽车消费，制定稳定的、鼓励小排量轿车使用的政策，使中国汽车消费结构更加合理。

汽车零部件行业——中国汽车工业的"阿喀琉斯之踵"*

一 强大的汽车零部件制造研发体系是成为汽车强国的基础

一个国家要想成为世界汽车工业强国，必须具备四个基本条件：足够大的生产规模与国内市场；在世界市场占有突出地位的大汽车企业集团；强大的汽车技术自主创新能力；强大的汽车零部件行业。

中国目前已成为世界第一的汽车产销大国，但仍不是汽车强国。其中一个重要原因就是，中国汽车工业仍然未能形成强大的汽车零部件制造研发体系，中国的汽车零部件行业仍处于落后状态，甚至难以满足自主开发整车新产品的需要。

汽车诞生以来的产业、技术发展、演变历程表明，汽车零部件制造研发体系不仅是建立强大汽车工业的基础，更是推动汽车技术进步，引发汽车工业技术跃迁的动力。每一次汽车产品技术水平大的变革，都是源于汽车零部件的技术革新。汽车产品水平的提高，主要通过关键零部件水平的提高予以实现，汽车工业水平的提高同样如此。以目前最热的新能源汽车为例，如果没有电池、电机与电控系统方面的技术进步，就很难想象新能源汽车的出现。在传统汽车领域，汽车发动机的每一次进步，都推动了汽车性能的大大提升。汽车电子零部件的大量应用，使汽车的节能、安全性能大大提高，驾驶更加便利。汽车产品的节能减排也有赖于关键零部件的生产制造和研发能力。汽车质量、安全性、可靠性的保证，也主要通过优良的汽车零部件得以实现。

在某种意义上说，汽车零部件的发展水平，代表了一个国家汽车工业的

---

* 2010 年在中国汽车零部件行业年会的演讲稿。

发展水平。汽车产品中包含的技术专利、技术创新，70% ～ 80% 体现于汽车零部件。汽车零部件的技术创新一般来说，应当超前于整车创新，成为新车型出现的基础。

从新中国汽车工业发展历史看，自汽车工业诞生以来，汽车零部件就发展滞后，成为制约中国汽车工业发展的重要因素。这一问题久拖不决，汽车零部件的研究与开发始终是中国汽车工业最薄弱的部分。在计划经济年代，虽然提出了"汽车零部件是发展的重中之重"的战略认识，但是难以落到实处。改革开放以后，汽车零部件发展虽然在规模上扩展很快，但水平、质量及研发能力仍滞后于整车的发展。

二　加入 WTO 后我国汽车零部件行业取得的进展

加入 WTO 后我国汽车零部件行业发展较快。2010 年汽车零部件行业工业总产值已达 1.4 万亿元。汽车零部件规模以上生产企业约 1 万余家。出现了潍柴动力、万向钱潮、曙光股份、宁波华翔等具备较强竞争实力，甚至能够进行全球购并的企业。我国的大汽车企业也把原来包含在企业内部的汽车零部件企业分立出去，使其成为独立经营的汽车零部件企业集团。一汽、东风集团中分立出去的汽车零部件企业，已成为行业中规模较大的汽车零部件集团。

汽车零部件研发有了较大进展。汽车发动机自主开发取得了突出成绩。一汽、中国重型汽车公司商用车的发动机研制获得成功，自主研制的商用车发动机与国际先进水平基本接近。潍柴动力开发的重型汽车发动机已经具有了国际竞争力。奇瑞发动机公司自主研制的新一代发动机 SQR486FC、华晨汽车公司研制的涡轮增压发动机获得成功。吉利汽车公司研制的技术要求较高的变速箱已出口海外。

在全球金融危机中，中国汽车企业抓住时机，通过海外购并，开辟了另一条获得零部件先进技术的路径。其中比较突出的事例是：潍柴动力公司收购法国博杜安公司。博杜安公司具有百年历史，专业从事发动机及驱动总成的设计、开发和销售，主要产品包括：发动机、齿轮箱、传动轴和螺旋桨等。通过收购，潍柴动力公司获得了博杜安的产品、技术和品牌，扩大了公司产品配套范围。吉利汽车公司收购了 DSI（澳大利亚自动变速器公司），该公司是全球第二大汽车自动变速器公司，破产前为福特、克莱斯勒及韩国双龙等大汽车公司配套。北京京西重工公司收购了美国德尔福公司的减振和制动业务。这些汽车零部件企业的收购，对提高中国汽车零部件工业的水平，增强中国汽车企业的国际竞争和开发能力都具有重要意义。但是，需要强调的是，即便通过购并获得了具有先进技术的企业，并不意味着先进技术唾手可得，仍然需要通过自主研发来实际锻炼队伍、获得经验、掌握消化获得的技术。合并后企业的内部技术转移，仍然面临着重重困难。

汽车零部件出口增长较快。2011 年汽车零部件出口额为 521.93 亿美元，占当年汽车工业出口总额的 75.71%。汽车零部件进出口贸易顺差为 211.7 亿美元。在政府政策支持下，建立了一批汽车零部件出口基地，促进了汽车零部件产业集聚区的形成。汽车零部件出口成为我国机电产品出口中新的增长点。

由于国内市场广阔，劳动力低廉，因此在改革开放进程中，吸引了越来越多的跨国汽车零部件集团。中国加入 WTO 后，成为世界汽车工业最主要的产业转移方向。全球最大的专业汽车零部件集团基本进入了中国。通用、福特、大众、丰田、日产、本田、现代等国际汽车巨头均在中国设立了合资零部件企业；世界著名零部件企业如德尔福、博世、伟世通、电装、江森自控、康明斯等纷纷在华投资建立合资、独资企业。国际知名的汽车零部件企业进入中国市场，带来了先进技术和管理，促进了我国零部件工业整体水平的提高。当然，也造成了某些问题。

三 我国汽车零部件行业发展中存在的弱点与问题

尽管我国汽车零部件行业取得了很大进步，但也应当看到汽车零部件与整车相比仍然滞后，与发达国家汽车零部件行业相比更是落后。中国汽车零部件行业仍是中国汽车工业的"阿喀琉斯之踵"。汽车零部件行业是中国汽车工业的关键环节，也是最薄弱环节。严重制约着我国汽车工业整体水平的提高，制约着自主开发能力的形成。

经过改革开放，我国汽车工业整体水平与发达国家汽车工业的差距有所缩小。中国汽车工业在整体上与国际先进水平的技术差距已缩短到 5~10 年。在商用汽车开发领域已与国际先进水平接近。在轿车领域，国内企业已具备了一定的轿车车身开发设计能力，开始正向开发，初步掌握了国际轿车设计的流程与规范，目前正进入中高端轿车开发领域。但轿车底盘开发能力和系统集成能力还相对较弱，导致自主开发产品的整体技术性能、质量和可靠性与国外同类产品仍有较大差距。中高档轿车整体开发能力仍然很弱。中国汽车工业汽车零部件行业整体技术水平与发达国家仍然存在 10～15 年的差距。

目前国内汽车零部件行业对技术输入有较强依赖性。中国汽车零部件企业在某些中低附加值产品方面具有相当的开发能力；在汽车关键零部件的技术开发方面具有一定能力，但是与国际先进水平差距甚大，尚不具备进行基础研发、同步开发、系统开发和超前开发的能力。许多关键零部件仅仅是仿制外国产品。中国汽车零部件企业批量生产的发动机只相当于国际 20 世纪 90 年代水平。

在传统汽车领域，中国汽车工业在发动机、变速箱、电子器件等关键领域与发达国家汽车企业相比，仍存在较大差距。跨国公司往往把关键汽车零部件掌握在自己手中，作为在合资企业中制约中方的利器。在中国新投产的合资企业整车，发动机、变速箱、离合器基本要依靠进口。汽车电子零部件领域差距更大，许多关键汽车电子零部件基本依靠进口。日本东海大地震发生后，由于变速箱、电子器件等关键零部件的日本生产厂受到影响，中国的中日合资汽车企业不得不减产。

在新能源汽车领域，尽管中国汽车工业与发达国家相比，相对传统汽车而言差距较小，但在电机、电池、电控系统、电池基础件（隔膜）等方面产业化差距较大，目前仍然需要进口。混合动力整车共用关键技术仍然有待掌握。新能源汽车产业化方面与发达国家相比存在着 10 年左右的差距，并不存在"弯道超车"的神话。

中国汽车零部件行业不仅水平低，而且分散、重复、企业规模小。中国汽车零部件行业中，100 人左右的小企业在数量上所占比重很高。很多企业还是依靠能耗大、污染大的落后工艺、装备进行生产，内部管理也落后。由于规模小，分散重复投资，导致大部分企业设备落后、工艺水平低，产品质量难以保证，技术开发费用难以筹措，先进技术采用、吸收速度慢，产品附加值低。

中国汽车零部件行业分散、重复，不仅表现在投资领域，而且表现在产品领域、生产工艺领域。中国汽车零部件行业大多是中而全、小而全的企业，缺乏深度的专业化分工，更缺乏长期专注于某个领域获得的技术优势和技术诀窍。在发达国家汽车工业中，具有自己独到技术，长期专注于某个汽车零部件领域的企业非常多。有些还成为世界级的企业。例如，日本的小糸车灯公司、美国的康明斯发动机公司。

中国汽车零部件行业不仅自主创新能力较低，还缺乏自主品牌。目前自主品牌零部件主要依靠低成本进入市场。然而中国汽车零部件企业具有成本优势的领域，又多是低附加值的汽车零部件。由于缺少自主品牌，很多中国汽车零部件已经完成了国产化，还要使用外国商标。由于自主品牌缺乏足够的声誉，难以产生品牌溢价，因而我国自主品牌汽车零部件进入跨国公司的全球配套供应链很困难，主要出口到汽车售后维修市场。我国零部件企业在汽车零部件销售和汽车配件生产流通领域商标专用权保护方面做得也不够。在售后市场上，更是存在着质量差、技术标准缺乏的许多汽车零部件。有些企业甚至冒用其他企业的商标、品牌。

中国汽车零部件产业还存在一个突出问题，就是外资控股、独资化倾向越来越明显。外商在中国投资的零部件企业目前约有1100余家，这些厂家生产技术相对先进、附加值高的产品。外资企业逐渐由"合作"战略转变为"控制"战略。日资、韩资企业的控股、独资化倾向尤其明显。欧美在华投资零部件企业的开放程度较高，但近几年新建的企业也都倾向于独资或控股。通过对主要技术、关键零部件的控制，实现整个产业链条的控制，是跨国公司在全球进行产业转移和产业布局的主要战略措施。

外资控制了国内汽车零部件市场大部分市场份额，国产零部件销售收入约占全行业的30%，拥有外资背景的汽车零部件厂商约占全行业70%以上，在这些外资供应商中，独资企业占55%，中外合资企业占45%，本土零部件主要应用于自主品牌汽车。

随着欧、美、日、韩主要整车生产企业进入中国，我国汽车零部件企业逐步分化成5个系统：遵循欧洲技术标准的生产厂家；遵循美国技术标准的生产厂家；遵循日本技术标准的生产厂家；遵循韩国技术标准的生产厂家；基本遵循我国原有技术标准的生产厂家。5个不同的技术标准体系，加剧了我国汽车零部件工业体系分割、分散的状况。在不同标准体系制约下，各自形成封闭配套体系，极大限制了中国汽车零部件产业资源的优化配置，影响了中国汽车工业产业链条的完整，影响了中国主要汽车企业的自主开发。外资封闭配套体系和外资控股、独资零部件企业的结合，也为跨国公司通过合资企业向国外转移利润提供了便利条件。

我国汽车工业在技术标准方面整体上处于依赖和跟随状态，加大了我国汽车企业对跨国公司的技术路径依赖、制造工艺依赖、零部件和原材料配套依赖。例如，在产品国产化方面大大降低了我国汽车企业的话语权，许多汽车零部件认证要到跨国公司总部去，按照对方技术标准进行检测。因此技术标准依赖对我国汽车工业自主创新，开发新产品形成了多方面的束缚，使自主创新成本增加，创建自己的产品平台更加困难。

如果对我国汽车零部件出口进行分析，可以看到同样是外国企业或合资企业占主导地位。从出口产品数量和构成上看，合资、独资零部件出口量占零部件出口总量的30%，出口额占零部件出口总额的70%，绝大多数是高端产品。自主品牌企业的出口量占出口总量的70%，出口额占零部件出口总额的30%，绝大多数是中低端产品。

中国汽车零部件行业的横向配套产业也相当弱。有些关键材料至今仍需进口，依赖外国企业。例如，汽车滤清器所用滤清纸，至今仍然没有国内厂家能够生产，全部从国外进口。

四　中国汽车零部件行业的振兴

汽车工业自主开发能力的形成，很大程度上取决于汽车零部件行业水平的提高，自主开发能力的形成。汽车整车国际竞争力的提高，在很大程度上取决于汽车零部件的水平。汽车零部件行业发展滞后的瓶颈，如果在"十二五"时期未能较好地得到解决，中国汽车工业整体水平的提高和转型就难以真正实现，中国就难以成为世界汽车工业强国。

振兴汽车零部件行业既需要政府政策予以支持，也需要企业付出努力。

从政府层面看，今后相当长时间内，汽车零部件行业应当成为政府制定支持自主开发的政策时予以关注的重点。首先要支持汽车零部件共用技术和关键零部件的研发与攻关，支持企业形成关键汽车零部件的自主开发能力。鉴于传统汽车节能减排潜力仍然较大，因此在传统汽车领域，要突出研发先进的节能、减排技术和产品；要抓好替代能源技术和使用替代能源产品的研究与开发；尤其要下力气抓好发动机、变速箱、电子控制元器件的开发与制造。"十二五"期间，传统汽车节能减排要争取上一个新台阶，百公里油耗进一步下降，关键汽车零部件争取形成自主开发能力。

在新能源汽车开发方面，要在电控系统、电机、电池及关键原材料方面进一步提高水平、性能、可靠性，通过试验运行，考验产品质量，加速产业化。围绕新能源汽车产业化，汽车工业和能源工业的企业应当加速基础设施有关技术、标准的研究。

应当看到，日益严格的排放标准、法规，将促进中国汽车企业加速新产品的开发，将对中国汽车零部件企业形成更大的冲击。因此，政府在推进先进排放标准的同时，要支持汽车零部件企业改进产品、提高水平。否则，将使跨国公司的汽车零部件产品加速占领国内市场。

为有效地支持汽车零部件企业，政府要探索切实可行的政策实施路径。在《汽车产业调整和振兴规划》中，针对汽车零部件推出了有关政策，但由于缺乏可操作性，效果不彰。汽车零部件体系的水平提高与自主开发能力形成，未见明显改善。在金融危机驱动下，外国汽车零部件企业加快了进入中国的步伐。整体看，中国自主开发的汽车零部件企业仍然生存困难。政府在汽车零部件领域的政策要符合该行业的特点：中小企业多、产品种类多、缺乏领军企业、开发投入难度大、资金难以筹措等。

政府要充分发挥行业协会的作用，通过行业协会把汽车零部件企业组织起来，共同攻关。在横向配套产业方面，尤其要由政府、协会牵头自主协调，进行攻关。

政府要通过政策支持、帮助中小汽车零部件企业的发展，使之成为建立在高度专业化分工基础上，具有专精技术，小而强、小而精的企业。鼓励汽车零部件领域的大企业通过兼并重组成为专业化的大企业集团。

对汽车零部件企业而言，要高度重视自主研发与品牌建设，通过提高产品附加值获得发展。汽车零部件企业尤其要针对产业链、价值链中的某些环节，进一步做精、做专、做深，在某一产品、某一技术，甚至某一加工环节上具有独特的核心竞争力，从高度专业化分工中获得稳定的市场地位和利润。

从新的视角分析我国产业竞争力[*]

——基于企业核心技术能力的产业竞争力评价体系

进入 21 世纪以来，我国工业规模迅速扩大，工业品出口迅速增长。2008 年我国制造业增加值达到 2 万亿美元，成为制造业第一大国。据美国研究机构 HIS 研究，2010 年世界制造业总产出 10 万亿美元，中国占世界制造业总产出的 19.8%，高于美国的 19.4%。我国有 200 余种工业品产量居于世界第一位。

中国工业化已经进入了中后期。今后中国工业化的主要任务是提高自主创新能力，完成由工业大国向工业强国的转变。在这种情况下，如何准确认识、评价我国工业发展质量、工业创新能力，成为制定经济发展战略和政策的关键问题。

自 20 世纪 90 年代中后期开始，我国政府有关部门和学者对评价我国产业竞争力进行了深入研究。这些研究借鉴了国际有关研究的方法与框架，结合中国国情，对于研究我国产业竞争力，进行产业竞争力评价，制定相关政策，发挥了很好的作用。但是，迄今为止的研究，都过于追求全面，重点不够突出，由于工作量过大，投入资源很多，因此不通过政府的力量，在平时难以进行操作。尤其在重点评价产业创新能力和企业制造能力、水平方面，还未见到有关研究成果。2009 年，笔者主持《基于企业核心技术能力评价指标体系的中国产业竞争力分析》课题，提出了一个简明扼要的、立足于企业核心技术能力基础上的产业竞争力评价体系，这一体系不仅突出地对于目前我国亟须解决的产业、企业自主创新能力问题能够给予评价，而且易于操作。在一个产业范围内，通过中介机构组织一个 5~6 个人的小组，即可进行，并且可以持续地进行年度跟踪监测，以下就是该评价体系的主要内容与应用成果。

---

[*] 原载《中国科技投资》2013 年 22~23 期。

一 基于企业核心技术能力评价的中国产业竞争力评价体系

(一) 企业核心技术能力评价指标体系

1. 企业主要产品水平评价指标

这一指标包括以下二级指标:

(1) 企业即期生产的能代表其所在产业技术特征的主要产品(例如,汽车产业中的汽车)与国际水平先进水平的对比

(2) 企业主要生产线、主要装备水平、加工工艺与国际先进水平的对比

(3) 企业主要产品关键零部件(例如,汽车产业中的发动机;船舶产业中的发动机与仪器、仪表、航空产业中的发动机与仪器、仪表)的水平与国际先进水平的对比

(4) 企业主要产品关键零部件的自制率(国内制造还是依靠跨国公司)

(5) 企业主要生产工艺流程及管理水平与国际先进水平的对比

(6) 企业主要产品关键原材料与国际先进水平的对比(在基本依靠国内市场提供的前提下)

2. 企业开发能力评价指标

这一指标包括以下二级指标:

(1) 企业在研新产品水平与国际先进水平的对比

(2) 企业研发人员队伍水平、规模与国际先进水平的对比

(3) 企业 R&D 投入占销售净额的比重与国际先进水平的对比

(4) 企业研发流程、实验方法、装备与国际先进水平的对比

(5) 企业技术专利数量与本产业跨国公司的对比

(6) 企业技术专利中发明专利所占比重与本产业跨国公司的对比

(7) 企业技术标准对国际技术标准体系影响力与本产业跨国公司的对比

(8) 企业年度推出新产品数量及新产品研制周期与本产业跨国公司的对比

(9) 企业研发数据积累和信息搜集效率与本产业跨国公司的对比

(10) 产业内用于共性技术研发和实验的大型科研、实验设备、基础设施的水平与本产业跨国公司、发达国家相关产业的对比

(二) 企业核心技术能力评价指标体系的应用

由于企业核心技术能力评价指标体系比较简单、直观,并且某些指标属

于定性描述的指标，因此课题组在运用这一指标体系时，除"企业主要产品关键零部件的自制率（国内制造还是依靠跨国公司）"；"企业R&D占销售净额的比重与国际先进水平的对比"；"企业技术专利数量与本产业跨国公司的对比"；"企业技术专利中发明专利所占比重与本产业跨国公司的对比"等四项指标采取数量分析方法外，其他指标评价与分析采取定性的德尔菲法进行评价，最后，根据各项指标所占权重，做出个别企业核心技术能力的总体评价。

采取德尔菲法进行评价时，同一产业内的企业邀请15名左右有关领域的专家（包括技术专家、学者和行业的专家）进行评价。

评价过程中，由于某些产业处于垄断竞争状态，因此只能选择前2~3家企业进行评价。产业集中度在70%以上的产业，每个产业选择前2~10家企业予以评价，产业集中度低于70%的产业选择前20~30家企业予以评价。

在对某一产业的代表性企业进行评价基础上，对予以评价的全部企业核心技术能力进行总体综合判断，得出了对该产业国际竞争力的评价。对该产业总体评价结论分成四个等级：不具有国际竞争力、具有一定的国际竞争力、具有较强的国际竞争力、具有很强的国际竞争力。

二　采用企业核心技术能力评价指标体系对中国重要产业国际竞争力进行评价

根据以上指标体系，我们于2011年对汽车、钢铁、家电、造船、机床、纺织等能够代表中国制造业水平的重要产业的企业核心技术能力进行了评价，并在此基础上对这些产业国际竞争力进行了评价，得出的结论是：

汽车产业具有一定国际竞争力，产业核心技术能力与国际先进水平存在10年左右差距。

钢铁产业具有较强国际竞争力，产业核心技术能力与国际先进水平存在5~10年差距。

家电产业具有较强国际竞争力，产业核心技术能力与国际先进水平存在5年左右差距。

造船产业具有较强国际竞争力，产业核心技术能力与国际先进水平存在10年左右差距。

机床产业不具有国际竞争力，产业核心技术能力与国际先进水平存在15

年左右差距。

纺织产业具有较强国际竞争力，产业核心技术能力与国际先进水平存在 5 年左右差距。

上述产业的评价结论与中国加入 WTO 时，相关文献的研究、评价结论相比，总体上与国际先进水平的差距均有所减少，减少幅度为 5 ~ 10 年。中国工业在加入 WTO 后，总体技术能力与水平的提高，呈现加速状态。但是通过以上分析也可以看出，中国工业的核心技术能力与发达国家相关产业相比，还存在着较大差距，由于中国工业核心技术能力还比较弱，因而国际竞争力与发达国家相关产业相比还比较低。其中，差距较大的是机床产业。机床产业是决定工业制造能力和水平的产业，该产业与发达国家的差距，也许真正反映了我国工业与先进工业国之间的差距。

三 对中国产业竞争力的总体分析及展望

通过《基于企业核心技术能力评价的中国产业竞争力评价指标体系》对中国产业竞争力进行分析，可以看到，中国产业竞争力在加入 WTO 后的 10 年，以较快速度提高。这些产业利用了加入 WTO 后有利的国际、国内市场条件进行了规模扩张，其核心技术能力也在逐步提高。虽然中国许多产业由于逐步融入国际产业链条，产生了对外依存过高，外资影响力过大，关键技术、关键零部件依赖跨国公司等问题，但笔者乐观地认为，经过 10 ~ 15 年努力，中国主要产业的国际竞争力将持续提高，中国主要产业的技术水平、产品水平将接近国际先进水平，在某些领域将处于国际领先地位。中国将基本完成由工业大国向工业强国的转变。

笔者持乐观态度的主要依据是：中国在产业发展进程中具有相对完整的工业、科研体系；具有完善的基础设施体系，基础设施建设仍存在较大空间；进入 21 世纪以来中国持续进行了巨大的 R&D 投入，在 R&D 投入中非政府投入已经超过了政府投入，巨大的投入经过 10 ~ 15 年将逐步转化为可见的产业竞争力；科研成果在世界上所占位置逐步提高；2012 年战略性新兴产业国内发明专利授权数量占战略性新兴产业发明专利授权的 68.03%，国外在华发明专利授权量占 31.97%，国内发明专利授权量是国外在华发明专利授权量的 2.13 倍；国内市场需求巨大，大国优势（以卫星产业为例）使许多需要高投入、范围经济的产业具有其他国家不具有的市场支撑；有多样化的市场，消费升级，地区差异，使产业、产品呈现多层次的需求；劳动力成本相对低廉，尤其是有着一支全球最大的、成本低廉、素质优秀的工程师队伍；政府政策比较有力，有相对长远、完整的产业规划；已基本掌握几乎所有产业的核心知识，具有基本的制造、研发能力；制定国际规则的话语权明显提高；十八届三中全会全面推动的新一轮改革开放将全面增强经济活力，市场经济对创新的刺激进一步提高，经济开放度持续提高，深化改革开放将给工业发展带来更大活力。

用制度创新推进汽车业混合所有制改革[*]

党的十八届三中全会公报提出："公有制为主体、多种所有制经济共同发展的基本经济制度，是中国特色社会主义制度的重要支柱，也是社会主义市场经济体制的根基。公有制经济和非公有制经济都是社会主义市场经济的重要组成部分，都是我国经济社会发展的重要基础。必须毫不动摇巩固和发展公有制经济，坚持公有制主体地位，发挥国有经济主导作用，不断增强国有经济活力、控制力、影响力。必须毫不动摇鼓励、支持、引导非公有制经济发展，激发非公有制经济活力和创造力。要完善产权保护制度，积极发展混合所有制经济，推动国有企业完善现代企业制度，支持非公有制经济健康发展。"

李克强总理在政府工作报告中也提出："增强各类所有制经济活力，坚持和完善基本经济制度。优化国有经济布局和结构，加快发展混合所有制经济，建立健全现代企业制度和公司法人治理结构。"

党和政府的重要决议、报告，为我们全面、准确地理解和推动汽车工业混合所有制改革设定了原则，指出了方向。我认为尤其值得重视的是如下三点。

首先，在坚持我国基本经济制度不发生颠覆性变化的前提下，积极推动混合所有制改革，仍然要发挥国有经济的主导作用，不断增强国有经济活力、控制力和影响力。国有经济控制力和影响力的提法具有新意，并且对我们推动汽车工业混合所有制改革有很强的指导意义。实施混合所有制改革，国家可以在资本比重、资本配置、资本管理方式等方面实施退出、变现、减少、稀释或改变存在形态，但是影响力、控制力并不一定相应变化。所有权的变化，可以通过管理机制、管理方式乃至监督、规制变化得到弥补。

---

* 原载《中国汽车报》2014 年 7 月 28 日。

其次，推动混合所有制改革，并非一味地私有化，而是在推动混合所有制的同时，优化国有经济的布局和结构，国有资本存在形态发生变化。这就意味着，在推动混合经济发展的同时，改变国有经济、国有企业的存在形态。推动混合所有制改革，不能简单地一卖了之，更不能搞成瓜分国有资产的盛宴。推动混合所有制改革，不止一种路径。如何改革，要根据不同产业，不同企业的具体情况而定。国资委最近出台的中央企业开展发展混合所有制经济试点的意见，把试点企业分成了不同改革路径，就是这一原则的体现。

最后，在改革中，所有制改革，要与企业内部治理结构、机制改革同步。迄今为止的经济学研究和企业运作实践已经表明，企业运营效率与企业是否私有化，没有必然联系，对于大企业而言尤其如此。当然，单一的国有资本企业必然有其问题存在，但是股份化的大公司，其内部治理结构如果不合理，依然会造成效率的低下。

一言以蔽之，要全面、准确地理解中央推动混合所有制经济发展的精神实质，推动混合所有制改革，要根据产业特点，产业发展不同情况，与企业内部治理改革同步进行，做出多路径的选择。

从我国汽车工业发展实际情况分析，汽车工业推动混合所有制改革，要重点考虑如下四方面的问题。

首先，我国汽车工业已经是规模全球第一的产业，但是由汽车大国向汽车强国的转变还没有完成。由汽车大国转变为汽车强国，关键在于自主研发能力的形成和自主品牌的成熟。从这两方面看，我国汽车工业发展仍然需要政府保持一定的调控、引导能力。最近几年，我国国有大汽车企业之所以能够在自主开发方面取得一定进展，是与国家保有对企业的调控、引导能力密切相关的。具体而言，国资委通过把自主创新作为对汽车企业领导者的业绩考核指标，推动、促进了国有大汽车企业集团努力自主研发。否则，仅仅以利润最大化，减少投资风险为目标，按照企业利益最大化去行动，完全挂在跨国公司战车上走就可以，这些企业不会有自主开发的内在动力。

其次，汽车工业属于竞争性产业，应当引入国内民营资本、外资，加速发展混合所有制经济，这是大方向。我国汽车工业目前实际上已经是混合所有制经济了。汽车工业的主体，已经是合资企业、民营企业。从我国经济对外开放的大趋势看，外部压力也使得目前的汽车大企业所有制结构不能不发生变化。

但是，汽车工业发展对于我国经济来说，又具有战略意义。我国工业化已经进入中后期，在这一阶段，对于工业水平提高、产业升级、结构调整起着带动性作用的产业，非汽车工业莫属。我国正走在由工业大国转变为工业强国的半途。中国下一步的发展是成为德国、日本那样的世界工业领导者，还是成为类似拉美国家的半拉子工业国家，取决于汽车工业拉动下的整体结构转变与水平提高。从维护国家经济安全角度看，我国汽车工业的发展方向，关系国家能源结构调整、能源供应保障，甚至关系军工生产任务。因此，虽然汽车工业加速实施混合所有制改革势在必行，但又需兼顾国家经济宏观发展、工业化进程的全局。政府对汽车工业企业仍然要在一段时间内保持足够的控制力、影响力。在推动混合所有制改革与一定时间内仍然保持政府控制力、影响力之间寻求平衡，要有制度创新。

再次，我国汽车工业中的大企业其规模已相当庞大，若干家企业已经进入世界 500 强，如此庞大规模的企业走混合所有制道路，一定要有战略设计，选择好合作伙伴，采取正确的战略路径。

最后，我国汽车工业中大企业（主要是指国有大企业），的确存在着政府管制、干预过多；内部治理结构有待改进；官僚化严重；冗余人员过多等问题，必须通过发展混合所有制予以改革。但是，内部治理结构和机制的问题，绝不仅仅是通过所有制转变就能够解决的问题，必须同时推动建立健全现代企业制度，优化公司法人治理结构，包括改变国资委对其管理的方式。

在上面宏观分析的基础上，笔者想具体谈谈汽车工业中推动混合所有制改革的看法：

正如前面已经分析过的，我国汽车工业从整体看，已经是混合所有制了。存在着大量的民营企业、合资企业。从分布领域看，汽车零部件领域基本上是混合所有制企业，在汽车工业的主体部分——轿车领域，基本上是合资企业和民营企业。汽车工业中混合所有制如此之大，为什么人们还感觉国有企业占比很大呢？那是因为在整车生产企业中，仍然存在着庞大的中央或者地方政府所有的国有汽车企业集团。这些大集团虽然下面的企业已经是混合所有制了，但是集团总部或者就整个集团看，仍然是国有控股企业。近年来，有些地方政府控制的汽车企业已经通过整体上市，进行了混合所有制改革，有些汽车企业从起家就是民营企业，但是国有控股企业仍然在汽车工业中占有主导地位。我们需要研究、探讨的主要是这些大型国有汽车企业。

对中央和地方政府拥有的大型汽车企业进行混合所有制改革，首先面临着改革战略目标的选择。应当以什么混合所有制形态作为其下一步改革的战略目标呢？目前流行的一种看法是，国家及其委托代理人——国有控股公司退出国有企业的具体经营管理，完全作为金融投资者存在，只管理国有资本的增殖即可。国资委推动中央企业混合所有制改革试点中，也设计了这种模式。根据这种模式，政府及其委托代理人——国有控股公司只作为投资者、食利者存在，换句话说，改革后的国有企业是以金融资本形态存在的，而非产业资本形态。通过这种形态的改革，政府固然大大减少了对企业的干预，管理起来也更加便利，但是对产业发展的影响力大大下降。这种形态的改革，对一般产业是可以的，对于汽车工业来说，显然与国家的战略目标不一致。试想，如果一汽、东风、长安、上汽等集团公司都改为单纯代表政府持股的资本管理公司，显然中国汽车工业发展的战略目标难以保证。

具体到大汽车企业的运营，把它们改造为单纯代表国家持股的企业，也是很难的。因为这些大企业已经成为控制复杂、股权复杂的多种所有制企业的核心，成为整合汽车生产、经营链条的组织协调核心，即便不从事自主研发等战略任务，也不能仅仅成为一个投资管理者。

我国国有大汽车企业还承担着整合内部资源，发展自主品牌、自主开发能力的重任。我国国有大汽车企业，都存在着一个合资轿车体系、一个自主开发轿车体系；同时还存在着一个商用车体系，在商用车体系中，我们略占优势；存在着一个汽车零部件体系；另外还存在着研发体系、销售维修体系等。要整合这些体系，在激烈的国内、国际市场上竞争，实现汽车强国的战略目标，仅仅作为国有资本监管者存在，是难以实现的。

汽车工业大企业集团的混合所有制改革方向应当是，具有产业资本形态的、保持政府相当控制力、影响力的、具有产业整合能力的混合所有制大股份制公司。未来中国汽车工业中大汽车企业应当成为类似福特、丰田、通用公司那样的汽车公司，而不是类似新加坡淡马锡公司那样的企业。

在明确中国汽车工业中政府控制的大汽车企业混合所有制改革战略目标的前提下，我认为这些企业的混合所有制改革应当分层次、有步骤地推动。

首先，在这些国有企业中，进一步深化改革，把集团内部仍然存在的许多可以通过市场化、股份制予以改革的附属部分先进行混合所有改革。例如，这些企业过去承担了相当的社会功能，需要予以剥离；仍然存在着某些效率不高的企业，在吃集团大锅饭；有些可以通过外包提高效率，引进竞争的领域，仍然存在着照顾关系企业的情况；有些亏损企业或前景不明的企业可以出售或倒闭；有些优秀企业可以允许其上市、独立经营。这些都可以在集团内部通过改革予以推动。集团内部可以主动推动的改革，不仅需要所有制变革，也需要从生产经营、战略规划角度予以整合。

其次，在整体上推动集团的混合所有制改革，可以通过多种路径进行。例如，推动集团在股票市场整体上市；充分利用已经上市企业，把下属企业整合进已经上市的公司，改造沉淀的资产。

需要指出的是，尽管这些大企业可以通过股份制改造，进行混合所有制改造，但是可能仍解决不了国有股独大、缺乏有效监督、活力不足等问题。因此，需要引进法人股东，在股权多元化的同时，改善企业治理结构。可以考虑通过向上下游企业开放股权；向其他大企业（包括民营汽车企业）开放股权；把一部分国有股权划给社保基金等方式，引进有话语权，有监督管理意愿和能力的大股东，改善企业内部治理结构。

整体上推动汽车大集团的进行混合所有制改革的难点在于，如何在推行混合所有制改革的同时，保持政府的适度影响力。笔者认为，解决这方面的问题，一方面可以通过设计股份制改造的规则制度来解决；一方面可以通过制度创新予以解决。例如，某些国家政府对关系国计民生的上市大企业规定，政府拥有一股有决定权的"金股"；规定政府有股权优先回购权等。

整体上推动汽车大集团的进行混合所有制改革，必然又会涉及合资企业股比问题。尽管最近一次合资企业股比问题的争论，以暂时维持股比限制不变为结论，但是随着中韩 FTA 谈判，中美投资协定谈判取得进展，这一问题早晚还要浮出水面。因此，结合汽车工业混合所有制改革，寻找维持政府控制力、影响力的新路径、新方式非常重要。

随着整体上推动汽车大集团的进行混合所有制改革，过去国家在汽车大企业集团中绝对控股的做法和思路必须改变。如果还试图在相当程度上保持政府的控制力、影响力，就要设计控股的改造方案。

再次，整体推动汽车大集团进行混合所有制改革，中央及地方政府要改变原有的、带有相当行政色彩的监督管理方式。大汽车企业必须尽快去行政化。例如，企业高管应当尽量采取社会招聘、选拔的方式，企业的行政级别也应当取消，对企业的干预应当尽量减少等。只有政府同时改革自身的管理方式，才能使企业真正转变经营机制，焕发活力。

最后，我国目前从事整车生产的汽车企业有 100 多家，许多地方政府拥有的汽车企业处于生死线上。对于这些汽车企业的处理应当更加市场化，通过发挥市场机制的作用进行兼并重组，加速汽车工业的混合所有制改革。当然，对这些企业的处理，要防止国有资产的低估与流失，从程序上、技术上做好国有资产的转移与处置，鼓励民营企业兼并重组国有企业。

总之，汽车工业中混合所有制的推动，要通过政府、企业、市场共同予以推动，要根据汽车产业的战略目标，企业实际情况具体实施。

"十三五"中国汽车工业发展探讨 *

中共中央十八届五中全会通过的《中共中央关于制定国民经济和社会发展第十三个五年规划的建议》（以下简称《建议》），为中国进入新的发展阶段，指出了方向，制定了发展战略目标、原则和新的发展理念。《建议》提出："到二〇二〇年全面建成小康社会，是我们党确定的'两个一百年'奋斗目标的第一个百年奋斗目标。'十三五'时期是全面建成小康社会决胜阶段，'十三五'规划必须紧紧围绕实现这个奋斗目标来制定。"中国汽车工业也要以这一奋斗目标为指针，结合汽车工业发展特点，考虑"十三五"汽车工业的发展路径与战略。笔者在学习《建议》的基础上，结合汽车工业实际，提出一些关于汽车工业"十三五"发展的看法。

一　汽车工业"十三五"发展必须遵循的发展理念

《建议》中提出："实现'十三五'时期发展目标，破解发展难题，厚植发展优势，必须牢固树立创新、协调、绿色、开放、共享的发展理念。"这五大理念，是中国汽车工业在"十三五"发展中必须予以遵循和重视的。

创新对中国汽车工业发展具有决定性意义。"十三五"期间，中国汽车工业、中国汽车企业必须把创新放在发展战略的首位。无论在传统汽车发展领域，还是在新能源汽车发展领域，都必须创新发展。

协调就是要与国家均衡发展相协调；与社会、经济、文化发展相协调；充分考虑民众对汽车工业的要求，充分考虑汽车发展带来的社会效应。

绿色就是要在生产、研发过程中减少能源、资源消耗，减少废气物排放。汽车工业的生产过程要绿色，为社会提供的产品也要"绿色"。

---

　　*　原载《中国汽车报》2016 年 1 月。

开放就是要进一步深化汽车工业的对内对外开放程度，在深化开放中，通过充分竞争，提高中国汽车工业国际竞争力，走向世界。

共享就是要在发展中，充分考虑汽车工业、汽车企业对社会、对国民的贡献，提高产业、企业的社会责任意识，在推动汽车工业自身发展进程中，为社会各方面和谐发展，做出贡献。

上述五大发展理念，既对汽车工业提出了要求，也指出了发展方向。其中，创新发展居于核心位置。《建议》提出，"十三五"期间"迈进创新型国家和人才强国行列"。通过创新引领产业、企业发展，是汽车工业在"十三五"期间制定产业、企业发展战略的基本出发点。围绕创新，才能更好地在发展中贯彻"协调、绿色、开放、共享"等理念。创新发展是中国汽车工业生存与发展的唯一路径。

二 《建议》勾勒的发展目标为汽车工业发展提供了基础条件

首先，《建议》提出："经济保持中高速增长。在提高发展平衡性、包容性、可持续性的基础上，到二〇二〇年国内生产总值和城乡居民人均收入比在〇一〇年翻一番。"经济总体保持中高速增长，为汽车工业稳定发展，提供了基础保障。

其次，《建议》提出："人民生活水平和质量普遍提高。就业比较充分，就业、教育、文化、社保、医疗、住房等公共服务体系更加健全，基本公共服务均等化水平稳步提高。"人民生活水平和质量普遍提高的目标，既意味着随着收入相对均等化，购买汽车的人群在扩大，也意味着为了提高生活质量，政府将更加重视并规制汽车产品的污染排放。

再次，《建议》提出："生态环境质量总体改善。生产方式和生活方式绿色、低碳水平上升。能源资源开发利用效率大幅提高，能源和水资源消耗、建设用地、碳排放总量得到有效控制，主要污染物排放总量大幅减少。"汽车工业在改善生态环境总体质量进程中，是关键产业之一，走绿色、低碳发展之路更加迫切。

最后，《建议》提出："用发展新空间培育发展新动力，用发展新动力开拓发展新空间。""拓展基础设施建设空间。实施重大公共设施和基础设施工程。"经济空间的新拓展，无疑为汽车工业发展、汽车市场拓展，创造了有利条件。基础设施的持续拓展，为商用车的发展提供了有力支持。

在《建议》勾画出的"十三五"总体背景上，我们可以看到"十三五"期间汽车工业发展的国内基本环境是有利的，当然也面临着挑战。

三 汽车工业"十二五"发展的扼要回顾

要看清楚汽车工业"十三五"的发展方向，并结合汽车工业实际，考虑汽车工业发展，有必要扼要回顾汽车工业"十二五"时期的发展。

第一，"十二五"期间，中国汽车工业产销规模稳居世界第一位，对中国汽车工业来说规模扩张已不是发展的主要目标。

第二，汽车工业在自主开发方面已取得了长足进展。正向自主研发在汽车企业已经渐入佳境，轿车自主开发已经进入中高档领域，从事自主开发的汽车企业已摸索出了一整套"自主研发"的新模式，新能源汽车自主开发能力显著提高，尽管目前还不为社会充分认识，但是笔者相信，在今后 5～10 年内必将获得显著成效。

第三，结构调整成为越来越引人注目的现象。结构调整主要表现在：新能源汽车持续保持了翻倍的增长速度，市场销售和生产规模已经进入十万辆级别，新能源汽车的产业化大潮正奔腾向前；SUV、MPV 持续增长，成为维持今年汽车增长的亮点；在政府政策引导下，排量 1.6 以下轿车再次成为轿车销售的热点；政府已经注销了若干"僵尸"汽车企业，产业组织结构调整逐步加速。

第四，新能源汽车革命方兴未艾。在政府政策支持下，中国新能源汽车连续几年出现爆发性增长。

第五，互联网企业加速介入汽车行业，正在逐步改变汽车工业的发展与运营形态。尽管所谓"互联网造车"能否成功，还是未知数，但是汽车工业在互联网时代将继续产生深刻变革，是确定无疑的。

第六，近年来随着中西部经济加速发展，中国"一带一路"倡议的推进，汽车企业（包括在华跨国公司）在中西部的布局已经基本完成，中国汽车工业的区域大格局已基本完成。

第七，中国汽车工业在出口整车达到百万辆规模后，遇到瓶颈，连续几年整车出口止步于百万辆，但是汽车企业在外国投资建厂成为引人注目的现象。

通过扼要回顾中国汽车工业"十二五"期间的发展，可以看出，中国汽车工业摆脱传统的规模扩张方式，全面进行转型，已势在必行。"十三五"期间，中国汽车工业的主要使命是，争取完成由汽车大国向汽车强国的转变，抓住汽车工业新技术革命的机遇，完成由在全球汽车产业链条中制造者向技术创新者的转变。

四 汽车工业"十三五"期间必须推进的重大转变

根据《建议》提出的理念、要求，以及中国汽车工业发展实际，中国汽车工业在"十三五"期间，应当做出如下重大转变。

由追求规模、速度，向追求水平、效益转变。"十三五"期间，无论从市场增量看，还是从外部发展环境看，中国汽车工业自进入21世纪以来的高速增长已经过去，代之以竞争更加激烈，技术、生产方式、经营方式变化更加迅速的时代。在这种背景下，提高产品水平、质量，变革生产、经营方式以获得利润，是汽车工业发展的根本路径。

由依靠劳动力、资源等生产要素的粗放投入，向依靠智力、技术投入转变。"十三五"期间，中国汽车工业以往依赖原材料、劳动力比较低廉的价格形成的比较优势，将逐步丧失（目前中国一线员工的工资水平是日本员工的1/3或1/2），必须通过加大智力和技术要素的投入，通过创新获得新的竞争优势。

由增量扩展，转向存量调整。"十三五"期间，在年均增速相对缓慢的情况下，产业内的结构调整将成为产业发展的重要特征。过去那种铺摊子、上项目的状况，将逐步被产业组织结构调整、产品结构调整、经营方式调整所代替。企业如果再盲目铺摊子，是要吃大亏的。总体上看，汽车产业内部服务业将快速增长，汽车企业将越来越依靠发展汽车服务业，在产业链条的下游（汽车金融、维修服务等）获得利润。

由传统汽车产品为主，转向新能源汽车和传统汽车并行。"十三五"期间，将是新能源汽车持续较快发展的时期，也是汽车工业技术革命的关键转变期。汽车企业能否抓住机遇，获得后发优势，需要有超出常规的创新思维。新能源汽车崛起带来的挑战，最主要的是如何把握时机，在传统汽车和新能源汽车之间，适当地配置资源。如果仍一味地把资源（尤其是产品研发资源）向传统汽车投入，可能失去"弯道超车"的机遇，但如果过早转移资源配置重点，又会因为技术革命中的不确定性冒风险。如何把握，考验企业家智慧。

由主要依靠国内市场，逐步转向依靠国内、国际两个市场。《建议》提出："发挥出口对增长的促进作用，增强对外投资和扩大出口结合度，培育以技术、标准、品牌、质量、服务为核心的对外经济新优势。实施优进优出战略，推进国际产能和装备制造合作，提高劳动密集型产品科技含量和附加值，营造资本和技术密集型产业新优势，提高我国产业在全球价值链中的地位。"这段话对汽车工业具有很强的指导意义。"十三五"期间，中国汽车市场竞争将更加激烈，庞大的国内产能必须依靠努力开拓国际市场，才能得到化解。过去，中国汽车企业对国际市场的重视、开拓不够，今后应当把开拓国际市场作为关系企业生死存亡的大事来抓，在努力提高自身竞争力基础上，开拓国际市场。

五　中国汽车工业"十三五"发展展望

根据《建议》中对国民经济总体发展的要求与构想，结合中国汽车工业实际，笔者认为"十三五"期间，中国汽车工业发展将呈现如下六个趋势。

第一，中国汽车工业在国内市场上的增速将会是中速，即能够保持6%左右的增长率。其中，轿车的增长率可能在某些年份会快一些，商用车的增长率则在某些年份会低于6%的年均增长率。

第二，产品结构持续发生变化，SUV、MPV等车型仍然会在"十三五"前半期以较快速度发展。新能源汽车仍然会快速发展。

第三，中国汽车企业走向国际市场的步伐会逐步加速。"一带一路"倡议的实施，也为中国汽车企业走向国际市场提供了战略机遇。经过"十二五""十三五"期间的努力，中国汽车产品在国际市场上将具有更强的竞争力。中国汽车产品整体出口规模（包括汽车零部件）将逐步扩大。

第四，改革、变革将始终伴随"十三五"汽车工业发展。包括国有汽车企业混合所有制改革；互联网、物联网带来的汽车企业生产、经营方式的变革，政府对汽车工业管理方式的改革，汽车消费、使用方式的变革等。

第五，"十三五"中后期，汽车产业组织结构的调整会加速。边缘化的汽车企业（包括某些合资企业）被主流汽车企业兼并重组的进程将加速，产业集中度将进一步提高。

第六，"十三五"期间，中国汽车企业的自主创新将取得较"十二五"更加显著的进展，尤其在新能源汽车方面。汽车工业总体水平，通过政府相关计划的推进，也将得到长足进步。

我看中国汽车工业之兼并重组[*]

　　上汽与南汽的合并重组，曾经使行业内外不少人兴奋不已，认为中国汽车工业的兼并重组进程将大大加速。当时笔者对上汽与南汽合并重组这一事件的分析结论是：上汽与南汽合并重组表明中国汽车工业产业兼并重组进程逐步加快，但中国汽车工业组织结构的全面调整，兼并重组进程对中国汽车工业产业组织格局产生的巨大影响，仍须假以时日。中国汽车工业后来的发展，印证了笔者这一结论的正确性。

　　在这次全球经济危机中，为挽救汽车工业，中国政府推出了振兴与调整汽车工业的一揽子政策，效果明显。中央政府推出的政策中，包括促进汽车企业兼并重组的政策、目标。最近又发生了广汽兼并长丰汽车公司的事件，一时间又激起了行业内外对汽车企业加速兼并重组的热望。中国汽车工业在这次全球经济危机中真会发生急剧的、全局性的产业组织结构调整吗？要回答这一问题，必须审视一下影响中国汽车工业产业组织结构重组的基本因素。

　　加入 WTO 前，影响中国汽车企业兼并重组的主要因素有如下几点。

　　国有汽车企业在计划、财政、税收、人事安排等方面的条块分割。由于汽车企业分属不同层次的政府"老板"；中央政府与地方政府在财政、税收、就业等方面具有不同利益；资源优化配置障碍重重，企业发展受到很大局限。低水平重复投资、重复建设随之而来。能力强的企业由于得不到足够支持，难以迅速发展；能力弱的企业由于得到地方政府的支持难以退出。出于推动本地区经济发展，解决就业的考虑，地方政府把汽车工业企业作为本地区的支柱产业。不到山穷水尽的地步，汽车企业间的兼并重组，很难得到地方政府的真正支持。

　　汽车市场波浪式不断扩大，汽车需求层次很多。即便计划经济体制下汽

＊　原载《汽车产经报道》2009 年第 18～19 期。

车需求呈现明显的剧烈起伏，但由于中国经济毕竟在持续发展，因此汽车需求总体上持续扩大。在汽车需求低谷时，中小企业依赖政府有关部门支持不倒闭，在汽车需求高潮时，又能够起死回生。

中国汽车市场与国际汽车市场相隔绝。由于中国汽车市场与国际汽车市场相对隔绝，中国政府通过高关税（载货汽车、轿车分别为 100%～200%）保护中国汽车工业，因此造成中国汽车市场上什么汽车都可以卖出去，市场竞争压力小，兼并重组的压力也小。

中国汽车工业技术进步缓慢。由于中国汽车市场与国际汽车市场相对隔绝，中国政府通过高关税予以保护（轿车的关税达到 100%～200%），同时在计划经济体制下企业缺乏技术进步的动力和能力，因此中国汽车工业出现了产品几十年一贯制的现象。产品技术水平差、质量差的企业也能生存。改革开放前，没有外资企业进入。改革开放后，虽然外资企业进入了中国汽车市场，但是出于对中国汽车工业发展错误的战略考虑，中国政府一度只允许有限的跨国公司进入中国合资，因而导致了这些企业在中国汽车市场上凭借垄断地位赚得盆满钵满，同样对产品开发与技术进步贡献有限。技术进步缓慢，自然难以拉大企业间竞争实力的差距，企业之间进行的只是低水平的、差异化很小的竞争，延缓了兼并进程。

加入 WTO 后，影响中国汽车工业企业兼并重组的基本因素发生了不同程度的变化。

首先，由于政府财政日益转变为公共财政，不再投向竞争性产业；我国已基本完成由计划经济体制向市场经济体制的转移；在政府机构改革中大幅度撤裁了政府专业工业管理部门；新成立的国有资产管理部门基本不介入企业的经营管理；国有汽车企业受到的条块分割束缚，在很大程度上得到了改善。但是，地方政府对地方国有汽车企业的扶持与管理，仍在相当大程度上掣肘汽车企业的兼并重组。

其次，加入 WTO 后，中国汽车市场不仅持续扩大，而且是以高速度持续扩大。2000～2007 年，中国汽车工业产量从 200 万辆飞速跃升至 800 多万辆。从 2001 年开始到 2007 年，连续 7 年保持了年均百分之二十几的高速增长。2008 年，中国成为仅次于美国的世界第二大汽车生产国。2006 年以来，中国成为世界第二大新车销售市场。在全球汽车市场增长几乎停滞的状态下，中国汽车市场成为拉动全球汽车市场的重要因素。预计 2009 年，中国将成为世界第一的汽车市场。中国汽车市场迅速发展，成为汽车企业迅速发展的主要推动力，也成为国内、国际资本进入中国汽车产业的主要诱因。正因为中国汽车市场持续快速发展，再加汽车市场的多样化需要，因此使各类汽车企业都能够在中国汽车市场分一杯羹。市场急速扩大，是中国汽车产业在加入WTO后，价格持续下降的情况下，仍然能够持续扩张的主要原因。市场急速扩大，也是中国汽车工业产业集中度迟迟不能提高的主要原因。

再次，中国汽车市场已基本与国际汽车市场接轨。关税保护程度大幅度下降，进口配额取消。尽管中国政府对汽车工业的保护程度大大下降，但仍保留了整车平均税率为25%的保护性关税。在加入WTO前中国内部对于汽车工业能否在加入WTO后继续存在的大辩论中，笔者就指出，如果中国汽车市场扩大导致中国汽车企业生产规模扩大，能够通过规模经济效益降低成本，那么25%的关税保护就是有效的。现在的状况，充分验证了笔者这一论点。保护性措施的存在，使某些原本不具有国际竞争力的厂家也可以生存。

最后，跨国公司成为影响中国汽车工业企业兼并的重要角色，在几个合资大企业中尤其如此。加入WTO后，中国汽车工业在制造环节的水平迅速提高，同时由于在轿车领域与跨国公司全面合资，在相当程度上产生了技术依赖。在相当程度上，中国轿车市场上的技术之争成为跨国公司之间的竞争，由于跨国公司之间在产品、水平相当，因而又减弱了技术对企业兼并的影响，技术竞争转变为引进产品的竞争。跨国公司在华战略意图对中国汽车企业的影响日益深化。中国汽车工业原来统一的技术标准体系，被分割成欧、美、日、韩及中国本土五大标准体系。技术标准体系的割裂，成为影响企业兼并重组的重要因素，这一因素在汽车零部件企业中影响更大。

从上面对影响中国汽车工业兼并重组的基本因素分析看，即便在本次全球经济危机中，影响中国汽车工业兼并重组的基本因素并未发生太大变化：地方政府仍可以对汽车企业的兼并活动进行干预，可以通过各种措施挽救、支持本地汽车企业维持生存。

由于保护性措施的存在，国内汽车企业并非在赤裸裸的国际市场环境中竞争，因此即便在危机中，感受到的冲击仍低于国际市场，获得利润的空间仍高于发达国家汽车工业，同时由于全球经济危机降低了全球汽车工业生产成本，也有利于企业维持生存。

全球经济危机中，尽管发达国家的汽车工业跨国公司遭受重创，可以获得利润并保持相对高速发展的中国汽车市场即成为跨国公司赖以维生的必争之地，使它们更加注重自身在中国的发展。跨国公司的战略意图依然会对中国汽车企业的兼并活动产生重大影响。由于技术标准等问题依然存在，企业兼并面临发展战略及效率方面的选择。

最主要的是中国汽车市场持续扩大，远未达到饱和程度，中国政府为帮助汽车产业振兴推出的政策，使中国汽车工业即使在全球经济危机中仍保持了相对较高的发展速度，为中国汽车企业生存提供了相当大的空间，减缓了过剩生产能力的压力，即便 2009 年中国汽车工业实现 7% 左右的增长，中国汽车市场的竞争依然未到你死我活的饱和程度。

综上所述，汽车产业兼并重组正逐步加速，在某些政策影响较小的领域会更快，某些已边缘化的企业将不得不接受兼并，地方政府也会在利益范围内支持兼并，但汽车产业组织结构整体发生明显变化需要相当的时间，大约 5 ~ 10 年产业组织格局才会发生根本改变。

最后，笔者想引用一段话结束本文："积极推动汽车行业改组联合。要地不分南北，厂不分军民，发展跨部门、跨地区横向经济联合，克服目前汽车行业'小而散'，企业'大而全'、'小而全'的状况，我们设想到 2000 年全国逐步形成一汽集团、二汽集团、重型汽车集团等几个大型骨干企业为主体的汽车企业集团。"这是中国政府有关部门在 1986 年提出的宏伟蓝图，今天读来令人唏嘘不已。路漫漫其修远。汽车企业的兼并重组，政府总是惦记着，实现与否却主要取决于市场。

新能源汽车的发展趋势、问题与政策建议 *

　　全球进入金融危机以来，新能源汽车作为发达国家、新兴国家刺激经济，调整产业结构的一个重要领域得到了政府的高度重视。美国总统奥巴马的拯救经济对策中，很重要的一个内容就是发展新能源汽车。我国也把新能源汽车作为新兴战略产业之一予以重视。的确，新能源汽车的发展不仅意味着汽车工业自身的革命，也意味着相关产业的革命，意味着全球产业结构的调整，更重要的是通过汽车能源革命，带动了全球能源消费的变化，从而可能改变全球地缘政治和地缘经济的战略态势。因此，一个国家是否能够赶上新能源汽车崛起这班车，对其在 21 世纪的国际经济政治地位，也有着重大影响。

　　在"中共中央关于制定国民经济和社会发展第十二个五年规划的建议"中，明确提出培育发展战略性新兴产业。此前，温家宝总理于 8 日主持召开国务院常务会议，审议并于 2010 年 10 月 10 日发布《国务院关于加快培育和发展战略性新兴产业的决定》。会议从我国国情和科技、产业基础出发，确定了战略性新兴产业发展的重点方向。现阶段选择节能环保、新一代信息技术、生物、高端装备制造、新能源、新材料和新能源汽车七个产业，加快推进。

　　本文在对全球新能源汽车的发展进行简略论述的基础上，对我国新能源汽车发展的趋势与问题进行扼要分析。

一　新能源汽车在主要汽车生产国的发展趋势

　　20 世纪 90 年代，新能源汽车发展逐步加速的背景是：原油价格的持续走高。21 世纪新能源汽车热的掀起，除对原油价格及保持供应稳定的担忧外，还加上了绿色环保、低碳经济的色彩。

---

* 原载中国社会科学院工业经济研究所《问题与对策》2011 年 2 月 20 日。

20 世纪中后期，发达国家政府和汽车界对氢燃料电池轿车的发展推崇备至。日本经济产业省还制定了氢燃料电池轿车的发展规划，按照该规划，2005 年氢燃料电池轿车进入市场导入阶段；2010 年进入普及阶段，如今 2015 年进入正式普及阶段。如今看来，经济产业省这一计划已经落空。20 世纪末，各主要汽车生产国的大汽车跨国公司开始研发油电混合动力轿车，首先进入汽车市场的新能源轿车是油电混合动力轿车。这是耐人寻味和值得注意的。

1997 年，日本丰田汽车公司研制的混合动力轿车正式进入市场销售，每台轿车 60 万日元，政府给予消费者 20 万日元的补助，但是其消耗的汽油是传统轿车的一半。油价上涨到 70 美元以上时，这种混合动力轿车的消费模式开始逐步被接受。随着生产量的逐步增加，丰田汽车公司研制的混合动力轿车成本逐步降低，开始进入美国市场，日本政府对本国消费者给予的补贴也逐步减少。2010 年，丰田汽车公司的混合动力轿车在美国、日本热销，在日本甚至到了持币待购的程度。新能源汽车的登场已经是一个现实的趋势。

究竟哪一类新能源汽车能够成为 21 世纪新能源汽车的主流，目前还看不清楚，主要原因来自以下三个方面。

首先是石油究竟能够以消费者可以接受的市场价格稳定供应多少年？这一问题目前仍然没有准确答案。影响新能源汽车推广与市场化的最主要因素是石油价格，石油价格持续在 100 美元/桶以上时，新能源汽车将加速发展，反之在与传统汽车的竞争中，就处于劣势。

其次是各类新能源汽车技术上的成熟程度及市场适用性（包括被消费者接受的性价比），目前即使是已经推广到市场上的新能源轿车（例如，丰田汽车公司研制的混合动力轿车），仍然存在着技术方面的问题。从总体看，目前新能源汽车仍然处于市场导入阶段的初期，离开政府政策的支持，难以与传统汽车相竞争。

再次，由于传统汽车不断通过技术进步进行节能减排的潜力仍然比较大，在节能减排方面获得持续进展，就使新能源汽车的市场化增加了不确定因素。今天，世界主要汽车生产企业中，在传统汽车上应用先进技术，提高性能，不断改进传统汽车的能力、水平，仍是发展的主流。传统汽车技术提高的潜力依然很大。通过在传统汽车上使用乙醇、甲醇、天然气等替代能源，也在相当程度上缓和了对石油能否稳定供应的担心。传统汽车的主导地位在最近10 年仍然是难以动摇的。

总之，从中长期看，目前汽车工业正处于一个重要的历史过渡阶段，在这一过渡阶段，有许多革命性的趋势，同时也存在诸多不确定因素。新能源汽车是发展方向，但是多长时间内能够成为汽车工业主流，仍难以看清楚。因此，目前发达国家汽车企业，都在纯电动汽车、混合动力汽车、氢燃料电池汽车等方面进行投入，同时也没有放弃传统汽车的研发。从现实的市场化进展分析，首先进入市场的新能源汽车是混合动力轿车，至于纯电动轿车能否与混合动力轿车竞争甚至逐步占据主导地位，还要看各种重大因素的变化（例如石油价格）。燃料电池汽车进入市场则需要较长的时间。

二　我国新能源汽车发展态势

我国政府及汽车工业及时抓住了新能源汽车发展的机遇，自 20 世纪以来，在政府（主要是国家发展和改革委员会、科技部）的支持下，在新能源汽车基础理论、公共性技术、关键技术环节等方面进行了深入研究，取得了重大进展。目前可以说我国汽车工业在新能源汽车的基础基础理论、公共技术基础、关键技术环节等方面与发达国家基本上处于同一水平。通过产学研共同攻关，在新能源汽车产品研发方面也取得了重大进展。目前，我国主要汽车企业都具有相当的新能源汽车的技术储备，混合动力客车、轿车，纯电动客车、轿车已经投入了试运行。继北京奥运会之后，混合动力轿车已经在世博会、亚运会上运行。

我国政府为了应对金融危机推出的《汽车工业调整与振兴规划》，其中一个重要内容就是促进新能源汽车的产业化、市场化。《汽车工业调整与振兴规划》中确定，建立电动汽车基础设施配套体系，电动汽车产销形成规模。改造现有生产能力，形成 50 万辆纯电动、充电式混合动力和普通型混合动力等新能源汽车产能，新能源汽车销量占乘用车销售总量的 5% 左右。主要乘用车生产企业应具有通过认证的新能源汽车产品。

在《汽车工业调整和振兴规划》中推动电动汽车有关政策刺激下，电动汽车产业化明显加速。国内主要汽车企业均加速了新能源汽车开发与产业化的步伐。国内现在有 34 家企业的 91 个整车产品实现了小批量的生产能力。2010 年底，在国家试点城市，投入运行的新能源大客车已经超过 6000 辆。

上汽、一汽、东风、长安、奇瑞、吉利、江淮等企业都研发出了具有自主知识产权的新能源汽车，但只有奇瑞、比亚迪等少数企业实现了小批量生产。我国汽车企业在新能源汽车开发方面的实力开始引起跨国公司注意。例如，奔驰与比亚迪合作，就是看上了比亚迪在电池方面的研发实力。

新能源汽车基础设施建设开始起步。国家电网已经开始在 27 个城市建设电动汽车充电站。已经在北京、天津和西安建设电动车充电站试点，并且计划到 2010 年底在 27 个城市建设 75 座电动汽车充电站和 6029 个充电桩试点。

政府已经制定了新能源汽车目录，正在制定有关标准和相应的优惠政策。

从整体看，我国新能源汽车发展已经基本完成了产业化阶段的准备工作（混合动力汽车更成熟一些），进入了市场导入准备期。我国新能源汽车的市场导入已经比发达国家晚了 5 ~ 10 年，此时政府的政策支持至关重要。

三 我国新能源汽车发展存在的问题

整体上我国能源汽车产业化方面比日本等国家落后十年左右，不可盲目乐观，追求"弯道超车"。我国新能源汽车发展中仍然存在着一些不可忽视的问题：

首先，在新能源汽车领域，许多地方、企业热衷于上整车项目，对于电动车的关键零部件及公共基础设施研究开发不够、投入不足，在电动车的关键零部件及公共基础设施产业化方面更是落后于整车。目前，已经在试运行的某些新能源汽车，实际上关键零部件仍然是从海外跨国公司购买的。

其次，某些关键技术、关键原材料、关键零部件，我国汽车工业企业并未真正掌握。关键的电池、电机和控制系统，我国企业技术水平与产品成熟度，与外国企业存在着相当大的差距。电子控制技术未能掌握。汽车用锂电池的轻量化、可靠性、能量密度与外国有关企业的产品相比，差距明显。电池生产缺乏一致性。关键原材料、关键零部件的成本仍然比较高。

我国在传统汽车开发方面的落后，导致有关问题（例如相关汽车零部件的开发能力弱，产品水平低）在新能源汽车开发时仍然存在，制约着新能源汽车的发展。

再次，整车产品的批量试生产考验不够。在混合动力汽车开发方面，我国只在轻度混合汽车上有一定优势，中混和强混则处于劣势。

复次，我国为汽车工业配套的横向工业落后，导致新能源汽车开发的原材料、零部件滞后，产品可靠性受到影响。

最后，发展新能源汽车的基础设施和市场环境建设滞后。我国新能源汽车的技术标准、为新能源汽车运行服务的基础设施的技术标准制定，目前均落后于发达国家，也落后于产业化的需要。新能源汽车赖以运行的充电站的建设，也刚刚开始。

四　加快我国新能源汽车发展的若干建议

第一，要注重引导企业加大对于新能源汽车关键技术和关键零部件的投入，政府也要在基础研究、公共技术研究方面给予持续的财政支持。政府要持续支持产学研联盟对关键技术、原材料、零部件进行攻关。

政府要把政策支持集中于关键技术攻关和零部件产品研发，不再一般性地支持生产能力的形成。防止以新能源汽车名义，盲目扩大汽车组装能力。政府要强调对自主创新能力形成的支持，重点支持自主开发的关键技术、产品及零部件，防止出现新能源汽车发展空心化导致跨国公司再度控制核心技术和产品。

第二，要加速推出有关技术标准，在制定有关技术标准时要多听取大企业的意见。

第三，政府要及时推出促进新能源汽车市场化的政策。推动电动车产业化的政策要进一步完善。推动新能源汽车市场化的有关政策的制定不仅可以从政府提供财政补贴角度考虑，也可以从税收减免角度考虑。政府采购时，也可以考虑采购已经可以进入市场的新能源汽车，例如混合动力轿车、客车。

由于新能源汽车如何进入市场，实际上存在着许多市场不确定性，例如，新能源汽车中的哪一类车型能够成为最早被消费者接受的车，是轻度混合动力车还是重度混合动力车，还是纯电动车？因此国家新能源汽车产业政策需要进行短期（1~2年）的灵活调整。由于大量技术、市场不确定性的存在，政策制定要多听取专家、企业、行业协会的意见。要注意政策在研发、产业化、市场化等不同阶段的衔接与配合，注意政策的整体协调。要注意引入风险投资基金等，以化解由于不确定性较大、风险较大带来的产业发展障碍。

第四，新能源汽车的崛起是一场技术革命，有些关键技术的突破可能出现在汽车产业之外，掌握在高技术小企业手中，因此政府要引导有关产业基金和风险基金投向这些企业。

第五，制定支持新能源汽车进入市场的市场政策。例如，支持充电汽车以裸车的形态进入市场，同时开展电池租赁。

第六，对发展新能源汽车需要的锂、稀土等资源进行有效管理。随着新能源汽车的登场，稀土、锂等资源的市场和使用规模将迅速扩大，因此在这方面必须预先有所规划。

第七，在新能源汽车基础设施建设方面，政府要制定统一的标准与规划，适当进行超前建设。在防止新能源汽车出现过度投资的同时，政府要加强对新能源汽车公共基础设施的支持。

应当重视与扶持农用电动车的发展*

在我国汽车界还在为电动汽车的发展进行争论、探索之际，我国农村已经出现了大规模电动车的应用，并且形成了相当大的生产规模和消费规模，摸索出了比较适合农村及城市边缘地区应用电动车的商业模式，值得引起政府重视，并且予以认真对待。

笔者所说的"农用电动车"是指目前在山东、浙江、江苏、河北等东部发达地区农村被广泛应用于农村及城市边缘（郊区）的所谓"低速电动车"。这类低速电动车一般来说时速比较低，使用铅酸电池。在汽车界讨论电动汽车发展时，被称为"低速电动车"；由于其一般是在电动摩托车或农用汽车基础上发展起来，并且主要应用于农村及生产边缘，因此笔者称之为"农用电动车"。

农用电动车一般来说具有以下特征：时速较低，最高时速每小时 50～60 公里，续航里程 100～200 公里；乘坐 3～4 人或 4～5 人，乘坐舒适度比较差（尽管有些车型也用了独立悬挂，内饰下了一些工夫，但是与真正轿车比，相差甚远）；使用铅酸电池（有些车可以选用锂电池）；依靠目前普通建筑中 220 伏标准充电插头，利用小充电桩充电；按照目前的农用电动车使用规制，使用成本（尤其是税费）较正规轿车低很多。乘坐 2～3 人的三轮电动车（一般无外部车棚），购买价格 2 万元左右；乘坐 4～5 人的四轮电动轿车，购买价格在 4 万元左右，整车质量在 0.6 吨～1 吨。

农用电动车由于与我国东部及中部农村经济发展水平相契合，与农民提高出行及生产经营的需要相契合，因此得到了迅速发展。现在已经形成了相当大的规模（缺乏完整、准确的统计数字），总量大约在年产 200 万辆以上。已经形成相当完整的产业链条（从整车、电机、车身、齿轮到车轮），成为某

---

* 2011 年 7 月，在工业和信息化部有关会议上的发言稿。

些县或县级市的支柱产业，形成了产业积聚。有些企业的生产能力、规模已经达到年产 20 万辆。出现了主要为农用电动车提供零部件的大规模生产车身、车轮、电机、前后桥的专业厂。制造水平迅速提高，在生产中应用了阴极电泳、机器人自动焊接等技术与装备。① 适应农村需要，具有农村市场特色的品种逐步增加，农用电动车的生产方式、装备、技术水平正在逐步向轿车靠拢。一个依靠农村市场需要，立足农民提高生活、生产水平需要的产业正在蓬勃崛起。

在我国农用电动车市场化进程中，已经形成了相对固定的商业模式：农民购买农用电动车后，可以在自己家利用目前的充电设施进行充电。农民到县城购买东西、卖农产品、送孩子上学，乃至婚丧嫁娶都能够很方便地利用农用电动车。农用电动车开到县城后，如果电力不足可以在沿街商店门外设置的小充电桩充电，然后开回家，停放在自家院落。由于农民日常生活、生产出行半径一般不超过 40 公里范围，因此农用电动车基本满足了目前农民提高生活水平，发展生产的需求。② 目前电价低于油价，因此农民购买农用电动车的热情很高。重要的是，农用电动车的价格、使用方式与农民的收入水平和提高生活质量的需要相吻合，因此在市场牵引下迅速发展。

从宏观经济、社会发展看，农用电动车具有极为重要的意义。首先，它的出现满足了农民提高生活水平，提高生产效率的需要，解决了半数人口的机动出行问题；其次，它的出现满足了新农村建设的需要；再次，它的出现改变了农村能源供给和消费结构，使农村节能减排有了一个有效途径，对改变我国整体能源供给、消费结构也有贡献；最后，它的出现促进了县域经济发展，带动了农村人口的就近就业，形成了一个产业群，扩大了农村人口的出行范围，促进了农村服务业的发展。

当然，以汽车工业的视角看，农用电动车也存在着问题：技术水平不高、安全性差、质量可靠性有待提高、使用铅酸电池，回收利用问题比较大，等等。因此，前一段讨论新能源汽车发展时，在低速电动车方面存在着争论，争论的结局目前看似乎是：不抑制但也不支持。

笔者认为：不抑制但也不支持的结论，算是够开明的了，给了农用电动车足够的、依托市场自主发展的空间。我国农村的企业家正是依托这一政策

---

① 笔者江苏调查所见。
② 同上。

空白期，获得了生存发展的机遇。但是，笔者认为，不抑制但也不支持是不够的，政府对于农用电动车的正确态度应当是：重视与扶持。

我国目前的一半人口仍然生活在农村，为了提高他们的生活水平，提高生产经营能力，必须发展农用电动车。从我国工业化、城市化进程分析，我国用十年左右的时间，把约一亿名农民转化成市民。如果按照目前的速度，20年后，仍然有5亿左右人口生活在农村，他们的需要，使农用电动车面临着广阔的、可持续发展的市场。如果考虑到中小城市乃至大城市边缘人群的需要（北京郊区这类车就很多），农用电动车的市场就更加广阔。农用电动车产业不是短暂的过渡性产业，它一定具有较长的生命力。

如果我国广阔的农村，能够通过农用电动车实现能源结构的转换，不仅对改善国家能源安全有较大意义，对于减少碳排放也具有世界意义，我国在这方面可以说对世界做出了贡献。

随着农村需求水平的提高，农用电动车产业也必将逐步提高自己的技术水平，逐步向汽车靠拢，最终成为具有中国特色的汽车工业的组成部分。农用电动车产业的发展，对于汽车工业的发展是具有促进作用的，尤其是农用电动车在使用、消费中积累的经验，可以供城市新能源汽车发展时参考。

我国汽车工业发展中长期存在着过度重视技术水平先进与否，忽视国情特色的倾向，存在着以发达国家技术方向为发展战略选择的偏好。当然，作为一个后发国家，借鉴发达国家的经验，发挥后发优势是必须的，也是正确的。但是不能忽视中国国情，尤其是一个发展中大国的国情，更不应带有某种成见，把为农民服务的产品视为"不入流"。过度追求技术的先进性，有时会导致巨大的失败。例如，美国的铱星系统，其技术先进，在商业上却很失败。实际上韩国在发展电动车的过程中，就不像我国追求较高的速度，韩国政府把电动车现阶段的速度，只定为每小时60公里。

市场经济体制中，任何成功的商品都是技术、经济发展水平、市场需要的有机结合。再好的技术如果不能为市场接受，不能找到合适的商业模式，也难以获得成功。农用电动车就是强烈的市场需求、合适的价格与成本、适度的技术成功耦合的结果。这种成功的耦合，在城市新能源汽车推广中，仍然处于探索阶段。

从新能源汽车发展角度看，我国是一个市场广大、地区自然状况差异很大、地区间收入差异很大、市场需求差异甚大的国家，因此我国新能源汽车的产业化、市场化，必然是一个多途径、多模式、多技术路线的发展进程。

从这个角度看，农用电动车的存在与发展，也有其必然性。

政府可以在以下六个方面制定政策，对农用电动车予以重视、支持。

第一，把农用电动车的发展纳入新能源汽车的发展规划；第二，鼓励、支持科研机构为农用电动车发展提供技术援助，把国家目前在新能源汽车科研项目攻关中已经取得的成果，逐步转移、应用于农用电动车；第三，制订必要的安全、质量标准，提出生产一致性要求，促进农用电动车技术水平、质量的提高；第四，对于农用电动车制造所需的原材料、关键零部件——电机、电池逐步提高其技术标准；第五，组织汽车行业、企业的专家对农用电动车企业进行咨询、诊断，帮助农用电动车企业逐步提高经营管理、生产工艺水平；第六，对于农用电动车所用的铅酸电池的回收利用，制定可以操作的政策。

下　编 |

借鉴与争鸣

改革开放进程中，中国汽车产业发展的重大问题上，始终充满了争论。自 20 世纪 80 年代以来，笔者参与了所有汽车产业发展重大问题的争论。要不要发展汽车产业？要不要发展轿车？如何在日益开放的环境中支持、保护中国汽车产业的发展？围绕这些问题，不同领域的人士，出于不同的利益，发表了不同的看法，有些争论甚至非常激烈。进入 21 世纪，还有人反对轿车进入家庭。

笔者在写作有关学术论文的同时，在《人民日报》《中国汽车报》《中国经济时报》等报章上陆续发表了一些面向大众的评论文章，为澄清某些不正确的看法和误解，做了一些工作。

在日益开放的环境中，中国汽车产业已在全球汽车产业中位居规模第一。中国汽车产业的成长，与对外开放密切相关。中国汽车产业通过对外开放不仅引进了先进技术、生产方式，还引进了政府管理汽车产业的理念、经验。借鉴外国政府的管理方法、外国企业的经营与开发经验，观察全球汽车产业发展态势，构成本书下篇的重要内容。

在开放环境中，中国汽车产业如何利用外部资源发展壮大，尤其是利用外部资源加速自主创新进程，也成为我关注的重要领域。

笔者还对我国汽车产业的发展做出了前瞻，并指出了需要予以关注的重大问题。

试论我国汽车工业保护政策 *

由于前几年大量进口汽车，国内汽车工业界及其他各界的有识之士不得不大声疾呼"保护民族工业"。其实对汽车工业实行保护政策的问题，并不是今日才存在的，国家也的确对汽车工业进行了保护。值得深入探讨的是，这种保护政策是否健全，并进而寻求一种能更强有力推动汽车工业发展的保护政策。本文拟在这方面做一初步尝试。

一　从日本、韩国汽车工业发展的历史看汽车工业保护政策

探讨我国汽车工业保护政策，有必要对其他各界的汽车保护政策进行简要分析，在分析中与我国汽车工业保护政策进行对比，从而进一步研究我国汽车工业保护政策。

世界各发达国家在其汽车工业起步阶段、发展阶段，都曾对汽车工业进行过保护，采取过相关保护政策。当前正在发展汽车工业的一些发展中国家也正在或已经对本国汽车工业进行保护。这方面的事例很多，本文只对日本和韩国的汽车工业保护政策做一简要分析。

1. 日本对汽车工业采取的保护政策

20 世纪 50 年代到 60 年代，日本汽车工业正处于起步和发展阶段，为保护本国汽车工业，日本政府采取了一系列保护措施，主要有如下四个方面。

（1）实行保护关税。对进口车征收关税时，按车轴距规定不同的关税税率，轴距越短的小型车税率越高，限制了小型车进口。

（2）征收物品税。由于进口汽车大多为大型车，日本政府规定物品税的税率大型车为 50%，小型车为 20%。这样在国内市场上促进了国产车的发

_____

* 原载《经济研究参考资料》1987 年 3 月 6 日。

展，提高了国产车的价格竞争力。

（3）通过外汇分配制度限制外国车进口。

（4）规定政府官员一律不准乘坐外国轿车。

在采取上述措施进行保护的同时，日本政府还采取了各种措施扶持本国汽车工业的发展，主要有如下五个方面。

（1）政府金融机构提供低息贷款。1956～1970 年日本开发银行和中小企业金融公库向 529 家汽车零部件厂贷款 348 亿元。政府系统的银行贷款带动了民间银行向汽车工业贷款，使汽车工业得到了大量资金支持。

（2）对汽车行业实行特别折旧制度。1950 年制定的 "企业合理化促进法" 规定，从 1951 年开始对汽车制造业，1956 年开始对汽车零部件制造业，实行特别折旧，即在购置 "合理化" 机械时，第一年可折旧一半，对重要机械可在三年内折旧 50%，从而加速了汽车厂家内部资金积累和设备更新。

（3）在汽车行业进口必要设备时，政府给予免除关税的优惠，同时鼓励与国外合作、引进技术。

（4）日本政府鼓励企业进行汽车行业提供新技术、新车型的研究，提供开发补助金、鼓励技术进步。

（5）日本政府通过开发银行贷款促进汽车厂家的合并，指导企业建立能对外竞争的批量生产休制。当前已形成以丰田、日产为首的两大汽车企业集团。丰田、日产已开始积极寻求在美国设厂，向跨国集团发展。

2. 韩国对汽车工业采取的保护政策

韩国汽车工业的发展起步较晚，但自 20 世纪 60 年代以来一直以高于 20% 的年增长速度递增，现已打入美国市场。

韩国对汽车工业的保护措施主要有：

（1）采取关税保护措施，对进口与国产同一级别的汽车，要申请许可证，并课以 2.5 倍的进口税。

（2）韩国汽车工业起步阶段以 CKD 方式组装不同国家的汽车。对此，政府规定在一定时间内（五年左右）基本实现零部件国产化。与此同时，鼓励使用自产的零部件，对进口零部件课以 60% 进口税。

（3）鼓励与外国资本合资，但民族资本始终掌握企业的主导权，这样做的目的在于避免外国企业对韩国汽车工业造成过大的影响，减少他们对 "国产化" 的发言权。

韩国对汽车工业也相应地采取了一系列扶持政策，主要有以下两点。

（1）以开拓国际市场为目标，强行调整汽车工业生产体制。取消 8 个厂的汽车装配许可证，令其转产零部件，对现代、大宇、起亚等公司增加投资。以三大公司为中心按零部件品种实行专业化生产，在金融、技术方面与主机厂组成命运共同体。

（2）对出口轿车进行补贴。韩国汽车工业每年出口汽车不足其产量的20%，是用内销加价补贴出口的办法降价国外销售的。韩国政府为了在国际市场上竞争，还批准了现代公司的卖方贷款申请。

日本、韩国的汽车工业保护政策有四个共同的特点。

（1）主要是依靠关税壁垒对本国汽车工业进行保护。

（2）日本、韩国都是用法律法规来促进汽车工业的发展。日本 1956 年 6 月制定了《机械工业振兴临时措施法》，把汽车零部件作为扶持对象之一。韩国政府则制定了《汽车工业扶持法》（1962～1967），规定建立汽车装配厂要得到当局批准，扶持法鼓励在当地生产组装汽车的零部件。

（3）两国的汽车工业保护措施与扶持措施是紧密配合在一起的。两者的紧密融合形成了一个完整的汽车工业保护政策。汽车工业发展的历史说明，单纯的保护只能是消极的、被动的保护，不利于汽车工业的健康发展。

（4）两国的汽车工业保护政策都是随着时间变化的，不是永无休止的绝对保护。两国在其汽车工业的起步、发展阶段都实行了保护政策，而随着本国汽车工业的成长，逐步实行了"自由化"，撤除了关税壁垒，使本国汽车工业投入激烈竞争的国际市场。这方面的反面例子是印度，由于在 20 多年中用高关税进行无休止的保护，汽车工业缺乏改造和技术进步的积极性，产品落后、设备落后、成本高。最近印度政府已意识到这一点，开始转向对外开放。

世界汽车工业发展的历史表明，在汽车工业发展的初期，必须进行保护。我们在发展本国汽车工业时，对这一点也要有坚定的、明确的认识。同时，我们要从各国实行保护政策的正反两方面经验、教训中吸收有益的东西，使我们的汽车工业保护政策更为有力地推动汽车工业的发展。

二　我国汽车工业保护政策的简要回顾

1950～1982 年，我国每年进口汽车（不包括轿车）数量不大，在几千辆到 2 万辆之间起伏。可以看到，国家对汽车工业采取了一定的保护措施。否则在强手林立的 20 世纪 50 年代才起步的我国汽车工业就不会形成年产 40 万辆的生产能力和一个主机、零部件相配套的汽车工业体系。我国汽车工业的问题在于30年来年年进口，而且数量越来越大。

1981~1985年，我国共进口了52.7万辆汽车，其中轿车24.5万辆，占进口汽车总数的46.5%，进口这么多车共用外汇40.6亿美元。进口增加迅猛的主要是1984年和1985年，分别比前一年增长3.36倍和2.07倍。这两年进口汽车相当于"六五"前三年进口总和的5.3倍，占"六五"期间进口汽车总额的84%。仅1985年一年的汽车进口数量，就相当于1949~1979年汽车进口数量的总和。(1985年共进口汽车33.5万辆，用汇24.9亿美元)。

由于1985年的市场形势和有关部门对进口汽车采取的措施，对以后的汽车工业保护政策较有意义。因此在这里多讲几句。国务院曾于1985年6月决定对小轿车、8吨以下载重车征收高额进口调节税。可以看出有关部门已经意识到大量进口汽车的问题，并有保护国内汽车工业之意。然而就在1985年8月进口面包车每辆仍达近10万元的价格，进口吉普车每辆6万多元，进口双排座小卡车每辆3.4万元。上面讲的还不是黑市价格，进口车价格上涨进一步带动了国产车的价格上涨。1985年8月5日，解放CA15市场牌价为3.75万元；解放CA15K柴油车牌价为4.25万元；东风EQ140为4.2万元。湖南汽车厂生产的湘江五吨载重汽油车也上涨，2.3万元一辆。以上尚不包括10%的汽车购置费。1985年6月17日对外经济贸易部发出了《关于明确进口汽车办理进口许可证的通知》，但仍刹不住汽车进口。直到国家采取了更为严厉的行政措施，同时经济政策转为紧缩开支，压缩基本建设规模，汽车进口的狂潮才转为低落，汽车市场也趋向疲软。

汽车进口年年都有，数量逐渐增大，是与我国汽车工业发展缓慢分不开的。日本20世纪50年代汽车工业水平和我们相差不多，现在已相差甚远。韩国汽车工业起步较我们更晚，如今已在不少方面超过我们。由于我国汽车工业发展缓慢，因而汽车产品在国民经济发展中始终处于短缺状态。这就使国家不得不采取临时进口的办法来弥补一时的短缺，而短缺一时的被弥补又造成了暂时"安全感"，使决策部门忽视了投资于汽车工业的紧迫感，直到下次短缺的到来。30年中我们忽视了对汽车工业持续的大量投资和扶持政策，不能不说是一大失误。1953~1982年，国家对汽车工业共投资人民币64.6亿元，其中中央投资为42.1亿元，全部固定资产总值大体上只同一个大型石化企业差不多。国家对汽车工业的全部投资共约109亿元，只占工业总投资的0.9%。这样必然使我国在进口汽车问题上出现"短缺—进口—再短缺—再进口"的恶性循环。走出这种恶性循环的出路在于大力扶持我国汽车工业。保护与扶持是汽车工业保护政策的两个有机组成部分。有保护而无扶持是消极的保护，最终将使保护归于失效。经济问题，只能用发展经济来解决。保护是必要的，扶持更不可少。国内外汽车工业的成功与失误都证明了这一点。

三 汽车工业保护政策中的行政手段与经济手段

新中国成立以来，我国基本上是以行政命令的手段来阻止汽车进口，在中国当前条件下是必要的，也简单易行，但行政手段有以下弊病。一是长期依靠行政手段来保护汽车工业，容易使国内汽车工业产生虚假的安全感，缺乏外来的刺激；二是从国际、国内的环境看，长期以行政手段阻止进口是困难的。特别是考虑到我们要在将来打入国际市场，以及我国即将加入《关税及贸易总协定》的状况，就更加迫切地要从单纯使用行政手段，过渡到行政手段与经济手段并用，最终主要使用经济手段，要有一个大体的期限；三是行政手段也较为容易被行政手段击破，前一段各地区、各部门绕过中央有关规定进口汽车就是明证。

用提高关税的经济手段抑制汽车进口，具有行政手段所没有的好处。既可以根据国内汽车工业的发展，灵活调节税率，又可以使国内汽车工业处于竞争状态之中奋发进取，但从前一段运用这种手段的效果看，并不理想，其原因有如下两点。第一，我国汽车市场上的主要购买者仍是企事业单位，也就是通常讲的"公家"。因而社会主义制度下的资金"软"约束现象，在汽车产品购买上表现突出。花公家钱，为公家办事，考虑的主要是有没有车、按单位行政级别该买什么车，等等，价格因素只放在次要地位。甚至前一段农民个体户买车，也有相当一部分是在低利优惠农贷的资金"软"约束背景下进行的，有的自有资金不到10%，有少数人购买动机完全是为了倒手从中渔利。在这种资金"软"约束背景下，价格失去了市场上应有的作用。大量进口豪华轿车，连日本人也为之惊讶，认为中国的出租汽车是世界上最豪华的。同样，国内乘客如果不是有"公家报销"这一资金"软"约束存在，也是不敢坐这类车的。车辆的单位所有制，使汽车大量闲置的状况也出于这一原因。在购买时不考虑经济成本，在使用时也不考虑经济效果。第二，与前一点紧密相连的是在国内资金"软"约束严重存在，同时在国内需求与供给相差较大的情况下，高关税造成的价格效果可能仍在购买者所能接受的范围内，高价车仍可以有销路，如前所述，同时带动了国内生产汽车的价格上涨，使 "质次价高" 的车也有销路。随着国家政策的变化，往往由畅销转为滞销，因为资金约束由 "软" 变硬，但随后又可能变 "软"，因为是用国家的钱进口的，不能不进行推销。

四　小结

（1）我国汽车工业的保护政策必然是保护与扶持紧密结合的政策。我国汽车工业保护政策应当是把汽车工业发展与汽车产品、技术进出口相结合的 "通商产业政策"，而不应当是两张皮，两者要有结合在一起的长远战略规划。

（2）我国汽车工业保护政策应当是行政手段与经济手段相结合的政策。在今后一段时间内我国的汽车工业势必以行政手段为主，以经济手段为辅。随着时间的推移，国内汽车工业的发展，国内汽车产品消费对象的变化，两者的主次位置会逐渐发生变化，最后过渡到以经济手段为主。在采用关税壁垒手段时，要有一个逐渐在某个时间内，对某个产品撤除壁垒的时间表。否则，关税这一手段将达不到应有的效果。

（3）为弥补行政手段可能存在的漏洞，必须加紧制定汽车工业振兴条例。此条例必然是把保护与扶持政策紧密结合的产物，以立法的形式来支持、保护汽车工业的发展。

（4）在不得不进口一些汽车时，要首先考虑国内汽车的销路。进口车的数量（除少数国内不能生产的车种外）其上限应当形成一个供给略大于需求的买方市场。竞争，对抑制国内 "小而全" 汽车厂生产 "质次价高" 的汽车是有好处的，但我们再不能干牺牲国内汽车工业去大量进口外国车的事了。在不得不进口时也要贯彻 "技贸结合" 的原则，注意引进技术。

（5）严格禁止散装件进口。合资企业也要规定并限制其散装件进口的数量，促使其加速国产化。

（6）制定国产车的合理价格政策，以利于在国内市场上与外国车竞争，以利于打入国际市场。1985 年那种价格飞涨的情况不应再出现。实际上，1985 年汽车价格飞涨一方面导致国产车对进口车竞争下降，另一方面引起 "替代" 作用，使小四轮拖拉机等 "替代" 运输工具挤入了本来应由汽车占领的市场。从长远来讲，制定合理的价格政策是促进国内汽车工业健康发展和推动汽车工业走向世界的重大问题。我们过去忽视了这方面的研究，今后应做深入细致的调查研究工作。

中韩汽车工业技术引进比较研究[*]

韩国汽车工业起步于 20 世纪 60 年代初，在 50 年代只有一些维修厂，当时的工业基础尚落后于我国。到 1990 年以年产 132 万辆进入汽车生产国前 10 名。现就我国汽车工业与韩国汽车工业的发展，特别是在技术引进过程上做一对比，以期对我们有所启发。

一 汽车工业起步时技术引进比较

我国汽车工业通过苏联援助，进行整个工业的移植，一下子建立了一个当时较先进的汽车生产厂，较全面地掌握了当时引进的汽车制造技术，从此走上了自己的发展道路。我国汽车工业的引进始于 20 世纪 50 年代，1956 年形成批量生产能力。

韩国汽车工业于 20 世纪 60 年代初开始起步，当时主要是装配外国车，产量小、核心技术掌握不多。60 年代中期，走上了与外国汽车厂家全面合资、合作的发展道路。1965 年 9 月，新进和新韩两家汽车公司合并，与日本丰田汽车公司技术合作，开始装配汽车。1968 年 10 月，现代汽车公司与福特汽车公司合作在蔚山建立汽车装配厂。1969 年 10 月亚细亚汽车公司与意大利菲亚特汽车公司技术合作，在光州建立汽车装配厂。他们与外商合作不仅是为引进技术，也是为了引进资金，当时韩国主要汽车厂家均有外国汽车生产企业的股份。60 年代末，韩国汽车工业的外资占 40%，与外商如此全面地合作、合资，使韩国深深地卷入汽车工业的国际分工。在引进的起点上，就已能窥见其引进技术可能达到的深度与广度。当然，这种合作、合资初始阶段，由于民族工业力量薄弱，也带来了

* 原载《汽车与配件》1991 年第 8 期。

相应的问题。如全面地以 CKD 方式装车带有发达国家汽车工业附庸的色彩。

二 起步后的技术引进比较

我国汽车工业在 20 世纪 50 年代引进技术后,至 1978 年以前,处于相对封闭的状态,技术引进数量甚少。而韩国正是自 60 年代末到 70 年代大量引进技术、合资经营,为 80 年代的崛起打下了基础。他们的技术引进是一个持续不断的过程,而我国则呈休眠状态(详见表 1)。直到改革开放,我国汽车工业技术引进才再度活跃起来。

表 1　中韩汽车工业技术引进数量（1966～1991 年）

单位：件

年度	中国	韩国	年度	中国	韩国
1966		1	1979	6	23
1967		1	1980	5	11
1968		5	1981	10	10
1969		6	1982	4	16
1970		11	1983	21	25
1971		4	1984	38	42
1972	1	4	1985	57	49
1973		8	1986	21	88
1974		12	1987	12	78
1975	1	10	1988	28	77
1976	1	8	1989	20	57
1977		8	1990	13	57
1978	2	28	1991	18	50

资料来源：笔者根据中韩有关资料整理。

现代汽车公司 1975 年与意大利汽车设计公司合作,在三菱公司设计的基础上,设计制造出小马牌轿车,车身由意大利设计,发动机装用三菱的 1238CC 汽油机;向英国巴克莱银行贷款 1 亿美元,从英国利兰公司购买设备,在蔚山建立了一条年产 1 万～5 万辆的生产线。

亚细亚汽车公司于 1976 年并入起亚汽车公司。1977 年与东洋公司技术合作,开始装配 2 吨货车,日产 300 辆,还按东洋公司技术生产布里沙轿车。

1977 年，在韩国政府策划下，大宇集团购买了高丽通用（韩国新进汽车公司与美国通用合资企业）50% 的股份，并改名为新韩公司，开始大量发展轿车。起亚汽车公司则与日本汽车厂家合作，生产货车、大客车，并于 20 世纪 80 年代初打入世界市场。当我国 80 年代中又一次大规模引进技术时，韩国汽车工业则已进入与外商大规模合作打入世界汽车市场的阶段。

1982 年 4 月，现代汽车公司决定与日本三菱合作扩建蔚山厂，1985 年 2 月落成，可年产 30 万辆，投资 3.4 亿美元。新厂扩建由三菱参与投资，并进行技术指导，工艺水平很高，大量采用装焊机器人，生产组织采用丰田看板方式，其主要目标是出口。三菱汽车、三菱商事各占该公司 7.5% 的股份。起亚汽车公司于 1986 年初，和早已与起亚有合作关系的日本松田伊藤忠与美国福特合资建设所下里轿车厂。外资比重为松田 8%、伊藤忠 2%、福特 10%。开始时由松田提供一些关键零部件，逐渐由起亚自制。后来他们又合资在南阳湾建立年产 20 万辆的轿车厂。合资企业的目标是出口轿车，大部分由福特在美销售。

1984 年大宇公司与通用汽车公司合作，生产前轮驱动超小型轿车，原定 7 万辆，后又扩大其生产能力，共投资 5 亿美元。1986 年建成，年产能力为 16.7 万辆。1985 年 9 月，大宇又与通用建立两个合资企业，为其超小型轿车生产汽车零部件。1987 年日本五十铃向大宇提供大型货车制造技术，还根据车种不同提供 40% ~60% 的汽车零部件。1986 年，大宇和日产达成协议，由日产提供 1 吨级巴纳特厢式车和客车的生产技术并合资经营。东亚公司则由日本富士重工提供技术生产轿车，1987 年投产，由富士重工供应发动机。

1987 年韩国汽车工业年产量达 97.7 万辆，同年我国汽车年产量为 47.2 万辆，一举超过了我国。而在 1985 年，韩国汽车工业年产量为 37.8 万辆，我国为 44.3 万辆。到 1986 年末，韩国五大汽车公司的汽车出口已达 21.6 万辆（约 10.8 亿美元），其中轿车占 98.5%；出口北美占 85%，其次为英国、爱尔兰等欧共体国家。

三 技术引进的政府目标比较

长期以来，我国汽车工业的技术引进是以自力更生、替代进口为目标的。政府自 20 世纪 80 年代中期以来，曾把汽车工业列为支柱产业，但也是主要着眼于发展交通运输，以满足国内需求为重点的。

韩国本身市场狭小，政府在工业化初期已意识到汽车工业是劳动、资金和技术密集型综合产业，附加值高、带动面广，因而一直把汽车工业作为外向型重点工业来抓。采取各种法规、政策，推动企业走向国际市场。曾先后制订四次汽车工业发展和振兴计划，并根据各阶段的具体情况提出相应的扶持和引导措施。为了鼓励引进技术和外资，政府规定，外资项目在投资 50% 以下者，即时认可；外资 300 万美元以下者，免去政府外资审议会的认可手续。引进技术则由汽车工业发展初期的认可制改为申报制。

需要指出的是，在政府支持下，韩国汽车工业界，一直把出口与国产化结合起来。虽然国产化进展较慢但由于进口关键零部件，1980 年，已出口汽车 25074 辆，约合 8700 万美元。因而在其发展进程中，既未过于求 "大而全" 自成体系的发展，又积累了外汇资金。例如，韩国汽车工业 1967 年的整车国产化率为 21%，1971 年达到 50%。1980 年小型轿车国产化为 93.5%，中型轿车为 69.4%，货车为 79.5%。实际上也长达十余年，才到这个国产化水平。而同期我国汽车工业的产品均为 100% 国产，但在引进技术和产品水平方面的差距，却是很大的。因此 80 年代韩国一举超过我国不足为奇。

四　技术引进的政策比较

中国、韩国的汽车工业均是在原来一片空白的基础上发展起来的，对发展中国家来说，汽车工业这类战略产业的兴起，政府干预是必然的，问题在于干预方式不同。

我国汽车工业的技术引进政策，在改革开放前，长期处于边缘位置，只是由政府做出技术引进的个别行政决定。改革开放后，由于缺乏经验，虽然制订了若干技术引进的政策，但缺乏系统性。在技术引进的战略指向上，仍停留在由政府行政领导拍板的方式。技术引进迄今仍在相当大程度上是一种政府行为，尚未制订出《汽车工业振兴条例》。政府在具体引进项目上，又往往管得过细，宏观调控则十分不力，重复引进屡禁不止。至今我国汽车整车生产厂家数为世界之冠。企业对技术进步缺乏实力和内在的动力，尚未形成企业追求技术进步的内外部环境和相应的机制。

相比之下，韩国汽车工业的技术引进政策则表现得较有系统性、连续性。1962 年 4 月他们制订了发展汽车工业的五年计划，同年 5 月又制订了《汽车工业扶持法》，限制进口，保护国内市场。1962 年 10 月，韩国当局指定若干厂家专门发展某一车型，同时对有关厂家予以经济支持。为提高国产化率，

1969 年制订了发展汽车工业基本计划。1973 年，又为开发制造小型轿车、零部件立足国内，形成大批量生产能力，扩大出口，而制订了第三次汽车工业长期计划。主要内容有：到 1975 年，轿车国产化率要达到 95% 以上，开发1500CC 以下"韩国型"轿车，生产批量达到年产 5 万辆以上，目标价格每辆2000 美元。1979 年，韩国当局把汽车工业定为"十大战略产业"之一，提出了大规模发展计划，力图达到国际水平，成为汽车主要生产国。

上述计划大都未能按期实现，有的相差甚远，但毕竟表示了政府对汽车工业的一贯方针，并对汽车工业的发展起了极大促进作用。1972 年，针对当时汽车工业分散重复的状况，韩国政府公布了"中小汽车装配厂废止措施"，根据这一措施，吊销了所有中小企业的装配许可证，只准他们生产零部件，只准许现代、亚细亚、高丽通用、起亚四大公司生产整车，并要求这些厂提出计划，尽快国产化。由于亚细亚公司提不出国产化计划，于 1973 年被取消了轿车生产权。1987 年工商部在取消对生产车种的限制前，对现代、起亚、大宇三家公司在生产车种上也有所限制。直到 1986 年，韩国汽车工业羽翼渐丰，当局才决定自 1987 年起实行"自由化"，取消对本国汽车的保护。

五　零部件发展政策的比较

我国汽车工业发展中，汽车零部件的发展一直处于滞后状态。虽然较早建立了较为完整的汽车零部件生产体系，但由于技术引进既少，又为时过晚，在 20 世纪 80 年代我国汽车工业开始较多地引进整车制造技术后，汽车零部件就处于更为滞后的状态。对汽车零部件的发展则缺乏必要的系统政策。这种状况在 80 年代中后期有较大转变，但国家对汽车零部件发展的政策支持和帮助仍是远远不够的，从宏观上对汽车零部件企业的管理、调控则软弱无力。目前我国 3000 余家汽车零部件厂，真正能专业化、大批量、系列化生产高水平零部件的厂为数甚少。

相比之下，韩国汽车零部件的发展，国产化虽然经过了一个逐渐提高的过程，但由于一直与引进的国外整车、汽车零部件技术相联系，因而保持了随着国产化率上升，水平也不断提高的态势，从而保证了整车制造水平的提高。

韩国还通过制订各类政策来促进汽车零部件的国产化。1963 年，由于外汇紧缺，无力进口汽车散件，当局制订了零部件生产的"韩国标准"。当时确定75 家能生产合格产品的企业为系列企业，从中又指定 9 家为出口零部件专业厂，在资金、技术上给予重点支持。后来在制订汽车工业发展计划时,都把提高国产化率,发展汽车零部件生产列为重要内容,并选择一些尚不能生产的零部件,指定一些企业限期完成国产化。如 1970 年曾选择 145 种零部件,交给 86 家企业生产,"韩国标准"也增加到 36 种。1971 年开始实施汽车零部件生产的专业化、系列化,当时指定一个工厂专门生产一种零部件,由整车装配企业与他们签订合同。实际上当时韩国汽车零部件企业专业化程度很低,57.8% 的汽车零部件企业还生产其他产品。为此,1975 年当局制定了《中小企业系列化促进法》,1976 年采取了"生产分离措施",明确规定生产分工,发动机和车身由装配汽车的大企业负责生产,其余零部件由零部件企业生产;并鼓励汽车企业拥有自己的零部件系列企业,向他们提供技术和资金,但不得干预他们的生产。根据《中小企业系列化促进法》,先选定 35 家,后又选定 62 家为系列企业,并要求集中生产 131 种零部件。1967～1976 年引进零部件制造技术 26 项,大部分是从日本引进的。为解决过于依靠日本的倾向,从 1978 年 4 月开始同时引进英、美、德国的零部件技术。1979 年 3 月,除已指定的 50 个品种 138 个企业外,政府又指定 30 个品种 115 个企业为专门生产零部件的企业。为了支持汽车零部件的发展,在昌原综合机械工业区建设 75 万坪面积的汽车零部件制造基地,促进汽车零部件生产集团化。为提高产品质量,把"韩国机械金属品试验研究所"作为汽车零部件工业的技术中心使用。

六 中韩汽车工业技术引进比较给我们的启示

我国汽车工业通过 20 世纪 80 年代大量引进技术,在某种意义上,正处于韩国汽车工业 80 年代初的情况,这是一个战略转折点。我国汽车工业的战略重点已转向轿车,并选择了合资方式、引进技术、解决资金不足问题。因此,在继续开放的同时,要研究如何更好地通过合资引进技术,并在全行业推广、消化吸收的问题。同时要随着大中型企业的进一步搞活,使企业成为技术引进和消化吸收的主体。只有通过转变经营机制,使企业自身具有强烈的追求技术进步的机制和能力,才能使我国汽车工业的技术水平不断提高,才能使技术引进成为一个随着我国汽车工业水平不断提高而持续不断的过程。否则,大规模的、间歇式的技术引进模式又会重演,仍将陷入"引进—落后—再引进—再落后—再引进"的恶性循环。这不是危言耸听,而是已被我国汽车工业发展史上历次引进所证明了的。

我国汽车工业的远虑与近忧*

笔者今春在日本考察期间，深深感到围绕汽车工业发展的两大国际潮流——环保潮流与汽车新能源开发潮流，值得引起我国汽车工业界重视，并应置于战略地位予以考虑。人无远虑，必有近忧。如果我们不从现在起就对这两大潮流予以充分注意，到2000年就可能发现：我们的汽车产品依然不能走出国门，中国汽车工业在20世纪八九十年代的种种辉煌设想，均将化为泡影。这绝不是危言耸听！

这两大潮流，实际上密切相关。一个是环保潮流，人们对生存居住的环境，越来越注意保护。我在日本期间，常能看到因为环境问题，在街头散发传单、宣传品的人。不少20世纪60年代受环境污染之害的民众，仍然在与政府打官司，新闻媒介对此也颇为乐意报道。日本汽车业也充分注意到了这一点。丰田汽车公司为此专门设立了环境对策委员会，下设环境规划委员会、工厂环境委员会。丰田汽车公司提出"丰田地球环境宪章"，表示要对社会做出贡献。进入丰田市的时候，的确天高云淡，看不到我国工厂密集区烟雾腾腾的景象。在丰田公司下属生产厂参观时，我感到其工厂内部也十分注意环境。在汽车出厂前的最后一道检测位置上，一旦汽车开上去，立即有一个吸气装置升起，把废气吸入地下。

日本汽车工业如此注意环境，是与其注意到国际上环保潮流的强大，以及对市场的影响分不开的。日本兴业银行的有关报告强调，认真研究国际环境保护法规日趋严峻情况下的对策，是日本汽车工业90年代的"最大课题"。与我们座谈的日本自动车工业协会常务理事香川勉先生告诉我们，美国加州已做出规定，在1998年该州销售的汽车中，必须有2%的电动车，美国其他州也将如此。在这种情况下，日本也必须开发电动车。预计2000年日本将生

---

* 原载《中国汽车市场》1994年第4期。

产 20 万台电动车。日本通产省汽车工业审议会的专家也呼吁要加速研制电动车。政府已为此设定了目标，对有关项目进行了资助。著名汽车厂家、电池生产厂家也投入大量经费、人才。日本学者船濑俊介在其《未来的电动车战略——电动车拯救地球》一书中，重点从环保角度论述了电动车的意义，以及汽车必然向电动车发展的趋势。

与环保潮流相呼应的是，国际汽车工业开发新能源汽车，汽车更加向着少污染、节能方向发展的潮流。目前的电动车在技术上尚存在许多问题，价格是汽油车的 2 ~ 3 倍；目前电池太大，需要经常充电，不利于长途驾驶等。但是，如日本自动车工业协会的香川勉先生所指出的那样，电动车只是正在研制的一种车而已。目前在日本以氢、天然气为燃料的汽车很受重视。马自达汽车公司正在研制以氢为动力的汽车，已取得重大进展。研制中的以天然气为燃料的汽车的主要问题是压缩装罐后易爆。新能源汽车在 20 世纪末将有较大进展。这是日本汽车界许多人的共同看法。

环境保护与新能源的开发使用这两大潮流，我国汽车工业界的人士应当予以充分的认识。前者意味着汽车产品使用的市场环境日趋严峻，后者意味着汽车产品技术进步的加速。这两大潮流的融汇则意味着世界汽车市场的竞争，仅凭着大批量、低成本的优势并不一定能取得胜利。未来国际汽车市场中的环境与能源两项重大因素的结合，使汽车产品竞争中，低成本的优势相对下降，技术优势上升，进入国际汽车市场的壁垒将大大提高。这对于我国汽车产品是极为不利的。我们过去试图依托国内市场形成大批量、低成本的汽车生产优势的战略构想可能在 2000 年落空。

由于可以理解的原因，我国汽车工业界对这两大潮流重视不够，或者认为这个问题太虚了，是遥远的、未来的事。值得注意的首先是这两大潮流的奔涌，使我国目前引进的一代车型（实际上已较为落后），到国产化完成时，国际市场已基本没有了，技术差距再次拉大。另外是从目前我国汽车工业的实力、管理体制来看，均不利于应付这两大潮流带来的挑战。各大集团均忙于引进车型的消化吸收；国家有关部门又无力支持新产品的开发。也无法集中力量搞新技术的超前开发。在这种情况下，中国汽车工业在技术上有被越抛越远的可能，这种危险是十分现实的。面对这种严峻形势，笔者作为一名曾置身于汽车工业中的老兵，仍要大声疾呼：要高度重视环境和能源问题，要有战略眼光，从现在起进行紧张的工作，否则到 2000 年时，中国汽车工业的前景仍将是不容乐观的！

轿车工业发展将带来什么?*

在关于轿车工业发展，轿车进入家庭的讨论中，有识之士已开始从各个方面全面审视轿车给我国经济、社会发展可能带来的后果。笔者也想对此做一简要探讨。

轿车工业发展将推动经济高水平高质量发展。

汽车工业是一个关联度大、带动性强、波及效果明显的产业。据日本有关资料，汽车工业对其他产业带动的直接相关度为 1∶2.4~2.7，如果考虑到更多层次的间接相关度，对经济增长的影响就更大。以美国为例，汽车工业使用了美国 25% 的钢材、60% 的橡胶、50% 的钢铁、33% 的锌、17% 的铝、40% 的石油消耗量。商业中，经销汽车商行的收入占美国批发商业的 17% 和零售商业的 24%。

目前我国的煤炭、钢材等主要工业产品的产量已居于世界前列，然而GDP 的位次仍然落后，一个重要原因就是我国工业品中高附加值产品所占比重低。根据有关研究对中日两国 35 种最主要的工业产品产量的统计分析，中国有 24 种产品产量超过日本，2 种产品产量接近日本，只有 9 种产品产量低于日本。但按同一价格尺度计算，中国 35 种工业产品的价值只有日本同类产品价值的 52%，其原因主要是中国高附加值的产品比重较低。日本仅商用汽车和轿车 2 项产品按人民币折算的价值就比中国 35 种工业产品总值还高出 22%。

轿车工业发展将促进国民经济良性循环。

国民经济要走上良性循环的轨道，就要使商品在市场上顺利地实现其价值。生产与消费要相匹配。生产出来的商品，在消费者手中实现其价值，再开始下一次生产、消费的循环。这是经济学的常识，也是市场经济运行的简

---

* 原载《人民日报》1995 年 3 月 3 日。

单道理。

各类工业原材料、机床设备等，只是中间产品（或者叫投资类产品、这些产品价值的实现，有赖于最终产品的价值实现）。如果我们找不到一个可以使这些中间产品实现其价值的、带动面广、附加值高的最终产品，整个国民经济的正常发展与循环，就会受到阻滞。在市场经济条件下，轿车工业的大发展，可以为其他某些中间产品带来大发展的需要与可能。以近几年我国钢铁、塑料、机床等工业为例，这些工业之所以在开发新品种上有了较大进展，相当大程度上是由于我国轿车工业引进的新的轿车产品的刺激。

从上面的粗略分析可以看出，轿车工业的发展是促进国民经济良性循环的一个重要因素，至于把轿车工业的发展与通货膨胀联系起来，则是风马牛不相及。我国钢材之所以进口，很大程度上正是由于国内钢材从品种、水平上尚满足不了轿车工业发展的需求。某些钢材的积压，也正是因为不能满足最终产品的需要。如果我们生产了大量没有最终需求的产品，就会导致产品大量积压，引发通货膨胀。

轿车工业发展将提高我国人民生活质量。

改革开放以来，我国经济加速发展，人们的生活观念、价值观念也发生了重大变化。轿车在人们心目中已不再是地位、权力的象征，而是生活水平、生活质量提高的标志。在加速运转节奏的市场经济社会，时间即效益，即金钱。人们都在争取用最少的时间，办更多的事。轿车作为一种最为个性化的交通工具，大大开拓了人们的生活空间。由于生活消费水平的提高，逐步富裕起来的人民对轿车的追求，是一个必然趋势。

如果我们不正视人们对轿车的需求，不能及时地提供足够的国产轿车，那么不仅旅游业、房地产业的发展会受到阻滞，乘机填补空缺的国外轿车还将进一步打掉人们心中的民族自豪感，更加引起人们心中的不平衡。

有些观点认为，目前少数人消费家用轿车，会导致社会不平等，这无异于因噎废食。实际上任何耐用消费品进入家庭都是一个自然过程，总有少数人先进入某一消费领域，然后逐渐普及。如果想等到大多数人都达到某种水平，再一声令下，一起进入大众消费阶段，这不是在计划经济时代延续至今的空想，就是对市场经济的无知。人为地抑制人民群众在某一历史时期的消费欲望，早已被证明是不成功的。

人类漫长的文明进化过程中，至今恐怕尚找不出一件既可推动历史进步，有益于人类文明程度和生活水平的提高，又绝无一点弊病的事物来。我们讲发展轿车工业，绝非可以无视轿车发展可能带来的种种弊端，而是相信种种弊端是可以予以治理限制甚至避免的。而治理限制甚至避免这些弊端的前提条件——国家的富庶又恰恰与发展轿车工业密切相关。一个贫困的国家固然可以免去发展轿车的种种弊端，但其全体人民为贫穷所困的窘境，恐怕也不是令人羡慕的吧！

轿车进入家庭是必然趋势[*]

20世纪90年代以来，中国汽车工业的发展日益为国际、国内各界人士所瞩目。1994年，中国轿车工业的发展，特别是轿车进入家庭，成为人们议论乃至争论的焦点之一。不论赞成或反对，对"轿车进入家庭"这一问题，争论得如此热烈，这本身就表明，"轿车进入家庭"已成为中国人不得不予以注意的现实。

一　轿车进入家庭是中国消费结构发展的必然趋势

从我国国民经济和人民消费结构来看，2000年以前，轿车尚未达到普遍进入家庭的水平，但据国家统计局的抽样调查，1991年全国收入在5万元以上的家庭有530万户，他们具有购买夏利这一档次轿车的能力。如华西村的农民，1993年3月成批购买250辆捷达轿车。全国已有1900万个乡镇企业，只要其中有5%的人像华西村的农民一样购买小轿车，中国每年的轿车需求量就超过100万辆；城市中有购车愿望的人也越来越多，北京市仅1993年两个月中，一个汽车自选市场上就销售私人购买的轿车700多辆，且购买价大多为10万～20万元。全国1993年私人拥有的乘用车（轿车、小客车、吉普车）已达60万辆。再过十年或更多一点的时间，人均国民收入达到1000～2000美元时，将形成轿车消费的高潮。考虑到我国人均收入相差较为均衡，在某一收入阶段达到购车水平的人会同时激增，为了不重蹈出现彩电、冰箱消费热时无法满足市场需求的覆辙，目前应大力发展轿车工业。

从需求预测看，轿车进入家庭也是必然趋势。据各方面的专家、研究机构、企业的预测，比较一致地认为，我国到2010年轿车需求量为350万～400

＊　原载《人民日报》1995年3月27日。

万辆，其中相当部分为私人购车。

考虑到轿车工业的发展，实际上牵涉到我国整体工业水平的提高，有待于相关工业的发展。轿车生产企业的规模、水平达到具有国际竞争力并能生产出大批量、低成本的轿车要有相当的时间，因此现在大力发展轿车工业，不是拔苗助长，而是未雨绸缪。

二　外国人眼里的中国汽车市场

20 世纪 90 年代以来，国际汽车界开始出现了"中国热"。他们把中国视为世界最后的、有待开发的轿车市场。连 80 年代最不愿向中国投资的日本汽车界也不惜工本，要打入中国市场。外国汽车界之所以看好中国市场，不是他们对中国有什么偏爱，而是因为中国的轿车市场已经由潜在变成了现实。因此，从外国大汽车公司的角度看中国的轿车进入家庭，是十分有意思并发人深思的。

丰田汽车公司认为，中国轿车市场上，2000 年前后"随着轿车价格的下降，轿车便会作为方便耐用消费品向高收入阶层浸透"，"2010 年以后，轿车价格变得更便宜，当轿车的价格为家庭年收入的 1.5 倍左右时，以城市的劳动阶层为主体，轿车将会在一般家庭中迅速得以普及"。

大众公司认为："可以预测，到 90 年代末在中国约有 400 万 ~500 万个家庭，其收入水平将使他们考虑购买家庭轿车。"

日本本田公司认为，"现在中国的汽车拥有量充分显示出中国正处在汽车化的前夕。""中国整体的轿车需求量在 2015 年将为每年 400 万辆，将成为相当于现在日本的大市场。"

韩国大宇公司认为，2010 年中国将进入轿车的普及阶段，个人将成为主要的汽车购买者，轿车将成为中国汽车工业生产的主要车型。

需要强调的是，上述结论是在各大汽车公司独立地对中国轿车市场进行了深入调查后得出的。在这些大致相同的结论背后的潜台词是："从现在起就要大力进军中国市场！"当我国有些人还在对是否发展轿车疑虑重重时，外国大汽车公司已经开始实际行动了。我们难道要坐视未来的中国轿车市场被外国人分割，坐视中国的轿车消费者开着舶来的轿车吗？

我们应看准历史、经济发展的大趋势，抓住时机发展我国的轿车工业，积极推动轿车进入家庭，从而使我国的经济实力、人民生活水平跨上一个新的台阶。

从市场经济角度看轿车工业的
发展和轿车进入家庭[*]

近来，社会各界对发展轿车工业以及轿车进入家庭，议论纷纷，颇为热烈。笔者也参加了不少此类研讨会，听到了一些对发展轿车工业的意见。归纳起来，笔者认为，相当一部分反对发展轿车工业、反对轿车进入家庭的人，并未能从市场经济的角度去分析、看待这个问题，因此产生了种种忧虑、责难。笔者想从市场经济角度，在这篇短文中扼要地对某些观点进行分析。

一 发展轿车工业会拉大社会差距吗？

有些人认为发展轿车工业，提倡和鼓励轿车进入家庭，会拉大社会差距。我认为这完全是一种似是而非的看法。

首先，在过去计划经济的条件下，只有政府官员（而且在很大程度上是高级官员）才有乘坐轿车的权利。在市场经济条件下，只要人们有了相应的购买力，就可以购买。由仅仅高级官员及其子女消费，到老百姓只要有钱就可以买，这无疑缩小了社会差距。市场经济中，人们在消费时是相对平等的。当然，也可能有人讲，目前买车的是大款、大腕等，但他们中大部分人的钱还是来自正当途径（如果我们不犯红眼病）。随着人们收入水平、消费水平的提高，会有更多普通百姓进入轿车消费者行列。这方面已有极多的统计数据，笔者在此不再重复了。

其次，即便不发展轿车社会差距也已经存在。发展轿车和推动轿车进入家庭，不过是工业界、企业界对我国消费模式、结构变化做出的反应，

＊　原载《中国汽车报》1995 年 4 月 19 日。

是结果而不是原因。发展轿车工业、使轿车进入家庭有利于货币回笼，有利于发展工业、发展第三产业，有利于 GDP 的提高，有利于提高人均收入水平，从而有利于缩小社会差距。

二　轿车进入家庭能被人为地阻止吗？

反对轿车发展的某些人认为，应该大力发展公共交通，尽量少发展轿车。笔者认为，这是无视消费者主权和选择意愿的空想。

首先，市场经济的一个基本原理就是尊重消费者主权，生产要与消费相吻合。政府为百姓兴办的公共交通服务体系，实际上也是在交通产品这一市场上提供了一种消费选择，提供了某种公共产品。但是，首先，这种公共交通服务体系所提供的服务，并非尽如人意，有时甚至很恶劣，这样相当多的消费者就要选择别的交通工具。北京市由只有大公共汽车，发展到大公共汽车、小巴士、面的、出租轿车共同构成的城市交通体系，正是消费者在不同层次上进行选择和消费的结果。其次，这种公共交通服务体系所提供的交通服务是一种"集体运输"，亦即不能充分考虑每个消费者的需求，而轿车是一种极为个性化的交通工具。最后，这种公共交通服务体系，需要国家给予大量财政补贴，国家能长期支持这种体系不断的、无限制的扩张吗？轿车进入家庭，完全是消费者自己衡量消费与支出的一种个人消费行为。

据国家统计局抽样调查，1991 年全国收入在 5 万元以上的家庭有 530 万户，他们具有购买夏利这一档次轿车的能力。如华西村的农民，1993 年 3 月，成批购买 250 辆捷达轿车。城市中有购车愿望的人也越来越多，北京市仅1993 年两个月中，一个汽车自选市场上就售出私人购买的轿车 700 多辆，且购买价大多为 10 万~20 万元。全国 1993 年私人拥有的乘用车（轿车、小客车、吉普车）已达 60 万辆。再过十年或更多一点的时间，人均国民收入达到1000~2000 美元时，将形成轿车消费高潮。如此之大的潜在需求，不是谁人为创造出来的，而是我国经济持续高速发展的必然结果。

既然有如此之大的潜在需求，在轿车需求高峰时，我们能光凭着一厢情愿去劝说消费者坐公共汽车吗？如果我们既不发展轿车工业，又无法劝说（强制是谈不上了）消费者坐公共汽车，出路只有一条，让消费者开进口轿车！

三 公路问题难以解决吗?

反对发展轿车工业的人认为,目前城市交通已经够拥挤的了,轿车工业大发展以后,目前的公路系统将承受不了。

公路系统在我国计划经济时代,完全是由国家出钱修建的,修好后也是由国家维护。这么大的一个国家,即便要建成接近于发达国家的公路网,无疑对国家财政是一个巨大的负担。可是从市场经济角度看,如果公路系统也由企业当作营利事业来经营,就不一样了。这一点可以从我国这几年收费高速公路的迅速发展看出来。正是由于有了收费的公路,在人们买车时收了汽车购置费(这种费是否为最佳方法暂且不论),交通部门才有了稍微多一点的资金去修公路。人们在交纳汽车购置费时(尤其是集体、个人购车),无疑也同时改变了原来的修公路的资金来源。实际上日本相当一部分修公路的钱来自汽油税。用使用车的人交的税来修公路,促进了公路的修建,再进一步促进汽车的使用,形成良性循环。如果我们仍停留在计划经济时代,用静止的、单一国家出资发展公路的眼光去看轿车的发展,无疑是找不到出路的。

以上是笔者扼要地从市场经济角度对反对发展轿车,反对轿车进入家庭的几个观点进行粗略的分析。笔者认为,如果我们换个角度,是会得出完全不同的看法的。如果我们不是自 1978 年以来在改革开放中不断朝着市场经济方向迈进,我们今天也许还会停留在研究如何发自行车、缝纫机票的时代,当然也不会议论发展轿车和轿车进入家庭的问题。

轿车，真的不适合国情吗？*

在最近开展的一场关于是否要发展轿车工业的辩论中，有不少人认为从中国国情出发不应当发展轿车工业。笔者发现相当多的文章对中国的国情分析仅仅停留在某些片面的材料，甚至直观的认识上。因此笔者引用一些经过权威部门多年研究的结论与数据，来回答中国是否可以发展轿车工业的问题。

一 能源是否能满足轿车工业发展的需要

根据石化部门的预测，到 2000 年时，资源供给将可满足汽车工业发展的需要。实现目前制订的轿车工业发展目标后，汽车保有总量约为 2000 万辆，其中轿车保有量约为 600 万辆，当年需求约为 100 万~140 万辆，当年轿车生产 150 万辆。按照目前制订的汽车工业产业政策要求，从现在起已在调整汽车燃油的结构。到 2000 年载重量超过 5 吨以上的汽车将主要采用柴油作为燃料。经过调整后的 2000 年汽车燃油需求，车用汽油量为 3500 万~3800 万吨，车用柴油量为 1900 万~2400 万吨。这种需求量，我国石化部门是可以满足的。

由此可见，对轿车发展的能源保障，有关部门是建立在理论的思维分析之上的，并不是仅凭着"与美国人在能源消费上赌气"而做出发展轿车工业的决定。如果真是那样的话，中国改革开放十余年来，经济管理部门的决策水平反而倒退为市井之辈的地步，任何稍有头脑的人也不会把那类极为随便的话作为严肃的论题来批判。

* 原载《中国经济时报》1995 年 7 月 8 日。

二 道路能否满足轿车工业发展的需要

有的人士认为，中国的道路条件拥挤度大大超过美国等发达国家，因此不应当继续发展轿车。可实际情况呢？我国三大城市北京、上海、天津的车均道路面积（平方米/辆）分别为137、119、192，是发达国家城市的3倍左右。道路汽车密度（辆/里）分别为56、84、75，是发达国家城市的1/5～1/2。这些数据是权威部门在权威会议上拿出的，总比道听途说来的可靠吧。

有的人认为自行车比机动车有优越性，更能促进城市交通畅通。可权威部门的分析恰恰相反。"由于大量自行车交通的存在，与机动车混行，尤其在交叉路口的干扰更为严重。城市交通事故中自行车肇事及自行车参与肇事占60%以上。"

根据交通部门预测，2000年时中国公路总里程达125万公里，汽车用公路里程达1.85万公里（其中高速公路3000公里、一级公路8000公里、二级汽车专用公路7500公里）、二级公路11万公里、二级以下公路112.5万公里。预计到2020年建成"国家道路主干线快速系统"，这一系统以五纵七横12条路线连接全国203个城市，覆盖人口达六亿。可实现400～500公里范围内汽车当日往返，800～1000公里范围内可当日到达。

三 家庭是否有能力购买轿车

中国汽车工程学会的分析是：当家庭年收入达到车价的1/3时，就会有买车的可能。根据国家信息中心提供的数据，我国城镇1992年人均收入约为2032元，比1991年增长18.5%。而广东人均年收入为3488元，上海为3026元，增幅更大。1993年和1994年，增幅还高于这个水平。现在一些收入较好的企业，其职工的年平均收入已达1万多元，如按10%年增长率计算，到2000年要增加1倍。那时年收3万元以上的家庭将为数不少，当然这未计入通货膨胀因素。如果家用轿车达到15万元的价格，则将会有大批轿车进入家庭。

上海汽车工业技术中心认为：目前城镇家庭平均年收入在1.5万～2万元的占绝大多数，到2000年时，大多数家庭年收入也不会超过3.5万～4万元，所以按家庭一年半总收入的标准来测定家用轿车价格，在2000年前后导入期的家用轿车价格不应超过 5 万 ~ 6 万元。

天津市汽车工业公司认为：一般家庭年收入在 0.8 万 ~ 1 万元的居多，购车意向价格在 5 万元以下占 70%；购车年份在 2005 ~ 2010 年。家用轿车销售价按 1993 年价格水平不宜超过 5 万元。

从上面的分析，我们可以看到，有关部门、厂家充分考虑到中国国情，他们指的轿车进入家庭也并非提倡高消费，更不是"大款消费模式。"

四　发展轿车工业决策过程的简要回顾

中国是否需要发展轿车工业的研究、探讨，开始于 20 世纪 80 年代中期，起源于进口轿车大量冲击了国内市场，国内轿车需求的激增。自 1985 年以来陆续召开了大小十余次轿车工业发展研讨会，其中较重要的有国务院发展中心、中国人民建设银行、中国汽车工业公司共同发起的"汽车工业战略研讨会"，有高层官员、企业家、专家、学者参加的"我国 2000 年汽车工业发展战略研讨"，由国务院汽车工业决策咨询小组召开的"中国汽车工业发展战略研讨会"等；组织了十余项大型轿车工业发展战略课题研究，其中较重要的有中日合作的、中美合作的、有国家科委组织的等；各地区、行业、企业组织的有关专项研究更是无法统计。在大量研究论证基础上，1987 年国务院做出了发展轿车工业的决策。

笔者有幸参与了其中大部分研讨。笔者之所以扼要回顾了这些决策过程，是想说明轿车工业的发展经过了 10 年的慎重决策论证，不是某个人、某个机构、某个行业一时的心血来潮，而是有充分依据，充分考虑了国情，并为国情所推动才做出的。

五　题外话

笔者在写完这篇短文时，觉得有些累了。为什么？因为笔者觉得在近 10 年探讨中许多本来早已解决的问题，再次不厌其烦、不厌其详地端出来，再论述一番。这引起了笔者对目前这场辩论的思考。

其一，目前仍有这么多人，对发展轿车工业忧心忡忡，说明过去花费了大量人力、物力、财力获得的科学结论，只供政府决策参考，并未充分向公众宣传，导致现在还需要普及发展汽车工业的"常识"。

其二，许多不了解内情的人士，往往把新闻媒介肤浅、片面的宣传作为不应发展汽车工业的论据，未免过于轻率。

其三，有必要组织一些跨行业的座谈会，进行认真的、在共同话语范畴上的对话，这样才能更好地沟通。否则双方各说各的，永远无法进行真正意义上的辩论。

最后讲几句闲话，说归说，做归做，买轿车的老百姓还是一年比一年多。他们不管什么学者担心的"污染""拥挤"，也不去操心什么"可能拉大的社会差距"。也许有一天，他们觉得开轿车这玩意儿不如乘磁悬浮列车（目前日本也尚未投入商业运营）快捷，他们自然会有这种需求，可又来了许多问题，磁悬浮是否也有很多污染？政府从哪里筹集资金？讨论问题，既要有科学家的精密头脑，又要懂得现代经济运行规律。

文明的困惑 *

　　近来，在发展轿车工业的问题上，掀起了一阵不大不小的旋风。笔者有幸加入这场争论，并从经济学角度发表了几篇文章。据笔者所见，反对发展轿车最有力的似乎是一些已经坐上轿车或买了轿车的文化人。他们对世界的事情了然于心、思考深长，提出了一些非经济学的意见。笔者在此文中也想就一些非经济学的问题谈一谈自己的看法。

一　从 BP 机引出的思考

　　近来工作单位从工作需要出发，给笔者配备了一个 BP 机。开始还觉得挺方便，没过几天就烦了。一会儿来一条无关痛痒的信息，一会儿一个无关痛痒的先生或小姐呼你一次，真让人无法静下心来思考、读书、工作。信息社会的"信息轰炸"竟随之而来。由此我想到，自有人类文明以来，能不能找到一种只有利、没有弊的发明。恐怕没有！就拿彩电来说，讲它对眼睛有害的人有之；讲它对孩子学习有影响的人有之；讲它让人得电视病的人更有之。可是中国人民仍在四五年的时间内，走完了工业发达国家用了十几年才完成的由黑白电视到彩色电视的转换过程。

　　轿车也是如此，尽管它可能带来种种弊病，但只要利明显大于弊，人民、社会就会接受它。这不取决于书生们辩论的结果，而取决于千百万人的明智选择。顺便讲一句，对轿车使用在技术上限制（安全、排污）很严厉的美国，1994 年汽车生产量再次跃居世界第一。

---

　　*　原载《中国汽车报》1995 年 6 月 5 日。

二 小国寡民与工业化

不少人把未来可能造成的污染，作为反对发展轿车的理由。如果讲环境优美，中国在 1840 年以前，处在自然经济状态，环境可谓基本无污染了。但换来的是西方列强用洋枪大炮宰割中国，换来的是鸦片渗入中国的城乡。工业化，是中国人民不得不做出的唯一抉择。世界经济、政治环境的变化，也早已使小国寡民成为一种空想，而工业化有其自身的发展规律，一个大国，经济发展到一定阶段，便自然产生发展汽车工业的需求与动力。

如果按照西方国家某些智者的观点，例如罗马俱乐部的著名报告，发展中国家早就应该放弃工业化，以达到零增长，减少污染。如果发展中国家真的按照西方智者的话去办，恐怕大多数国家要跪倒在发达国家脚下，乞求援助。

工业化，固然带来了种种工业社会的弊病，但也产生了治疗这些弊病的财富和智慧。发达国家在发展轿车工业的同时，不断通过科技进步大大降低轿车排污量，就是证明。

三 全球化的视角与脚下的土地

我国的知识分子很幸运，生活在一个信息全球化的时代，使他们可以具有全球的视角，可以提前预测到某些将在中国发生的情况。因此，当西方国家已经充分享受轿车工业发展带来的甜头，回过头来品尝轿车工业带来的苦涩时，我们有些知识分子也同时尝到了滋味，并大声说了出来。这很好！可以使我们有预见性地、更好地发展轿车工业。但是如果在与他人一起品味苦涩时，忘记了脚下这片土地的具体情况，就不那么好了。打个通俗的比喻，一个吃足了山珍海味的人对一个还没吃饭的人说："山珍海味伤身体。"无疑是可笑的。

知识分子因其善于思考、关心国家大事，而常常处于焦躁、忧虑之中。但中国目前最需要忧虑的仍是国民生产总值的持续稳定增长。

四 有限的智慧与无限的智慧

人类的智慧，从整体上来讲是无限的，而从每一代人来讲，又都是有限的。如果人类在做每一件事、发明推广每一件文明事物前，均进行无休止的论证，我们今天恐怕还未走出蒙昧时代。任何进步的事物，如果只讲它的不足或弊端，总可以找到否定它的理由（如果一心想否定的话），也总会有反对者。当蒸汽机推动人类社会向工业化迈进时，甚至遭到工人们的捣毁，可最终仍然被接受了。人类总是发明了一件又一件利弊相关的新事物，然后又用更新的事物去代替变得陈旧了的事物。旧的弊端被克服，新的弊端却又产生了，然而人类不断进步。

与智者们远大精深的思考相比，也许人类勇于探索的实践精神更为可贵！当我们这一代人开始努力推动中国进入轿车社会时，笔者坚信后一代人用他们更高的智慧评判时，赞成的会比批评的多。

汽车文化是什么[*]

　　也许除电话、计算机等传播信息的产品外，还没有其他产品能够像汽车那样深刻地改变人们的生活方式。在发达国家，人们的生活方式带有强烈的汽车文化的印迹，人们的行动、思维有相当一部分是建立在使用汽车的前提和基础上的。

　　在我国，随着人们对"轿车进入家庭"的关注，种种"汽车热"的现象大量出现。书摊上《外国名车》《汽车之友》一类的报刊、画册畅销，汽车博览会上拥挤不堪，办驾校成了生财之道，拿驾驶执照成了最时髦的事。中国还没有汽车文化，但汽车文化的种种前兆开始在中国出现。什么是汽车文化呢？

　　汽车文化在很大程度上是轿车文化。因为载重车主要用来进行生产、经营性的活动，与每个人的切身生活关系不太密切。而只有轿车才有极强的渗透力，影响到人们的衣食住行各方面，深刻改变了人们的生活方式。西方国家大城市的布局是以存在大量私人轿车为基础的；人们的个体行为方式也是以轿车为基础的。围绕轿车发展起来的形形色色的服务设施、附加产品成为现代化和时髦的象征。人们在设计、选择轿车的型号、式样、色彩时，形成了汽车美学等，亦即汽车文化的重要组成部分。

　　在我国也可以印证这一点。我国生产载重车已有40年的历史，但人们从未把汽车文化作为一个问题提出来。原因无他，就是因为载重车对人们的生活影响力、渗透力都太小，仅有的一点轿车又为政府官员乘坐之故。只有轿车成为平民百姓日常生活的一部分时，汽车文化才能形成。

　　汽车文化意味着新的时空观。汽车，使人们的活动速度大大提高，活动范围大大扩展。汽车文化，意味着在汽车时代，人们用新的眼光去看待周围的空间，去体会新的时间观念。

　　铁路，是一种"线"的运输工具，且极具"集体性"，因而对人们时空

　　* 原载《中国经济时报》1995 年 5 月 16 日。

观的影响比不上汽车。航空，是"点"的运输工具，且价格较贵，因而对普通人的影响也比不上汽车。汽车，普遍地渗入了人们的生活，尤其是轿车对人们的生活影响更大。以北京为例，过去人们把坐公共汽车跑一趟郊区，视为长途，而且一般来说，一天的时间就消耗了。今天，人们已把天津视为郊外了，当天往返并非难事。正因为有了新的时空观，人们才敢于设想出"星期日工程师"的方式，把城里的科技人才请到乡镇企业去发挥作用。有了新的时空观，人们思考工作计划、安排工作的方式都已经并将继续发生巨大变化。实际上，现在北京人在郊区购买小楼，正是建立在开轿车往返的生活方式基础上的。

汽车文化意味着整个社会更加讲求效益。随着人们形成新的时空观，全社会节奏加快，更加讲求效益。这一效益，来自最大的节约——时间的节约。汽车文化所导致的人们快节奏、高效益的工作、生活习惯，必将使讲求效益成为整个社会的共同心理状态，从而使汽车的使用更为普及。

汽车文化是更为个性化的文化。火车、飞机都是"集体性"很强的运输工具，而汽车尤其是轿车则是"个性化"的运输工具。轿车扩大了人们出行时的选择范围，提高了人们活动的私密性。星期天、节假日，人们可以根据自己的愿望，前往不同的地方。而轿车没有进入家庭时，人们往往只能等待单位组织的集体出游。

人们对轿车的选择也导致了消费的个性化。现在发达国家在生产汽车时采取多品种、小批量混流生产方式，就是为满足轿车消费者不同层次的个性化要求。轿车的大量使用，还增加了人们私生活的非透明部分。这也是轿车更加受到人们喜爱的原因之一。

随着人们对汽车尤其是轿车的了解和喜爱，随着轿车大量进入家庭，与轿车密切相关的"汽车美学"必将兴起。这种"汽车美学"，实际上是现代工业文明的一种副产品。汽车，无论从造型、使用时的感觉、色彩等方面看，都是工业品中最能唤起人整体美感的一种，它往往曲折地反映出人们对力量、速度的追求，对男子汉象征的追求与赞美。在这个意义上说，汽车美学的兴起，对我们这个缺乏阳刚之美的时代，倒不乏振奋人心的作用。

汽车文化意味着社会更加趋于平等。我国的轿车消费，过去是官员，现在加上了企业家、大款。随着轿车大量进入家庭，这一社会差距的明显标志将成为人们普遍的生活方式。那时社会各阶层之间的差距，从外观上看将明显缩小，人们对轿车也不再从心理上存在今日的种种不适了。

轿车工业是中国的朝阳产业 *

 轿车工业对中国经济发展，对中国人民的生活具有何种重要意义，在笔者看来是一个在 20 世纪 80 年代已经充分讨论的问题。但是现在看，对轿车工业要不要发展还存在着众多分歧，因此还有旧事重提之必要。为了使讨论更加深入，笔者尽量结合现在的情况变化进行分析，而对 80 年代讨论过的问题不再详细展开。

 "朝阳工业和夕阳工业"在经济学词典里，并不是一个经过严格界定的词，我国经济学界在进行讨论时也并未从经济学意义上予以严格界定。因此在开始讨论之前，笔者想把"朝阳工业和夕阳工业"的概念予以界定，以便深入地进行研究。

 什么是"朝阳工业"呢？笔者认为，就是市场空间广大，有着强烈市场需求；有着良好的成长性；技术领先，对先进技术吸纳力强；对经济发展带动力强。反之，市场空间日益萎缩、增长停滞、技术落后，对经济发展影响力日见衰落，甚至产生负的外部效应，就无疑属于"夕阳产业"了。注意，笔者在此提出的标准是建立在开放的市场前提下的，是世界性的。由此可以看出，"朝阳产业"和"夕阳产业"可以用经济学的确切标准来衡量，而不应成为一种感性的甚至感情色彩严重的、模糊的、时髦的词。一个工业属于"朝阳产业"还是"夕阳产业"，并不取决于其诞生和存在的时间，而取决于其是否符合经济学意义上的标准。

一 从中国需求结构看轿车工业

 中国人民处于温饱型消费阶段时，交通通信消费支出比重极低，城镇

---

 * 原载《首都经济》2000 年第 6 期。本文是笔者主持的中国工程院课题"中国轿车工业发展"子课题"汽车产业在国民经济发展中的作用"的摘要。

1985 年为 2.13%，农村为 1.73%，在各类消费比重中均居末位。随着温饱型消费结构向小康型消费结构转变，1997 年城镇居民交通通信支出比重上升到 5.6%，在各类消费比重中的位次提前了两位。农村居民交通通信支出比重 1997 年虽然只提高到 3.3%，但农民对交通通信消费的收入弹性近年来不断上升，1997 年达到 1.93，即农民收入每增长 1%，农村用于交通通信的支出将增长 1.93%，这预示着农村消费结构正在向小康型加快推进。国家在前几个五年计划对交通通信基础设施的大规模投资，已经使交通通信供给约束基本解除，这将为"十五"时期城乡居民扩大交通通信消费提供便利条件。到 2005 年，城镇居民交通通信消费支出将提高到 8.4%；农民交通通信支出比重 2005 年将达到 5.9%。全国平均交通通信支出比重上升到 6.9%。交通通信方面的强烈需求将促使交通运输机械制造业（尤其是汽车工业）、信息产业迅速发展。

90 年代末期，我国城镇已基本实现住房分配货币化和住房消费商品化的改革，"十五"时期城镇居住消费比重将稳步提高，预计到 2005 年城镇居民居住消费比重将上升到 13.4%，与农村 2005 年 13.8% 的水平基本接近。农村居民用于居住的消费比重在"十五"时期大体稳定，略有下降。

提高消费档次，实现高档消费品的更新换代，推动了消费工业品的升级和产业结构的调整；中国二元化的经济结构导致的城乡之间、区域之间的不平衡发展和不平衡消费，也为各类工业消费品提供了广阔的市场。通过启动城镇居民住、行需求和进一步开拓农村市场，完全能够保证工业的迅速增长。

预计到"十五"后期，随着人民收入的逐步提高，住房、汽车等十万元级别的消费品将对工业增长起到更加明显的推动作用。中国工业发展仍面临着一个广阔的国内市场。中国的轿车工业也面临着一个广阔的市场空间。具体的调查研究结果，支持上述宏观分析的看法。

中国经济景气监测中心于 1999 年末进行的一次调查显示了汽车、教育、旅游和住房继续作为消费热点，网上购物等新的购物方式将成为主流。

此次调查是在北京、上海、广州三大城市，对 500 多位城市居民进行随机抽样得出的。

调查中，汽车、教育、旅游和住房继续被居民认定为消费热点。与此同时，被调查者表示依次可能在住房、教育、汽车和旅游上进行大额消费。

调查中，66.5% 的居民认为随着 21 世纪的到来，自己或家庭的收入会有较大幅度的提高。57.5% 的居民自认为在消费上是实用主义，而 14.6% 的居民认为自己属于消费主义——并非必要地花大量的钱买艺术品、名酒，不断更换更大屏幕更全功能的电视音响等，借助消费寻找心理满足。虽然仅仅对大城市的调查不足以显示中国城市居民的消费心态，但收入差距决定的消费多元化、居民消费观念的变迁已是不言而喻。

在21世纪中国人民将由小康走向富裕，被调查者的这种消费心态是与即将进入的富裕社会心态相符合的。富裕社会对汽车的需求不仅是对生活必需品的需要，而且是对身份、地位象征追求的需要。因此将更加促进轿车市场的扩大。

根据北京美兰德公司、四川展望市场资讯有限公司等13家信息调查机构去年底对全国14个城市居民进行的生活观调查，表示在买冰箱彩电等大件、买国库券、存钱得息、存钱防老等传统支出方面用钱的居民，只占全部的41%，而在买车、买房、住房装修、子女教育、旅游、留学、办公司、买股票等新的支出方面用钱的居民，已占72.4%。这标志着中国城市居民的支出结构正发生着质的变化，即从传统的支出点向新的支出点转变。

剔除生活必需的日常开支外，新的支出结构有三大特征：由过去以产品消费为主转变为以教育为龙头的服务消费为主；产品消费中由过去中低价位产品为主转变为电脑、汽车、住房新三大件高价位产品为主；生活余款的使用由过去存入银行转变为风险投资。

今年城市居民开支意向将进一步转变。此次调查中，当问到"2000年您家的开支打算主要投向那些方面"时，有64.5%的居民表示打算投向新的支出增长点，只有32%打算投向传统的支出点。新支出点的开支人数比传统的高出一倍多，差距比1999年进一步扩大。调查中表示预计买住房、买汽车等高价值产品的人数达19.9%，比预计买传统产品的消费人数高出一半多。

这项调查表明，1999中国私人汽车家庭拥有率达到7.8%，其中家庭轿车拥有率已达到4.2%。1999年14城市购买各类汽车的居民家庭占到了2.6%，私人购车总量约为34万辆，总额达216亿元人民币。

这次调查是在北京、大连、长春、哈尔滨、上海、南京、苏州、济南、郑州、武汉、广州、成都、西安和兰州进行的。此次调查总体为14个城市4000万非农业居民，调查的方法为商业中心区与生活小区的配额抽样拦访，设计样本为6400人，实获有效样本6352人。由于调查规模足够大，因此其结论有力地支持了轿车在中国有着广大市场的论点。

根据对 1999 年北京几大汽车市场的购车统计，销售总额的 90% 已为私人购车，当然其中绝大部分为轿车。

从轿车消费与保有的实际情况，也可以看出轿车在中国有着广大的市场空间。

根据对一些国家和地区的经济发展和社会情况分析，当人均国民生产总值超过 1000 美元时，购车进入较快增长阶段。我国东部沿海地区和城市已进入了这一阶段，应此今后对轿车的需求会以较快速度上升。与发达国家相比，我国每千人均拥有的汽车只相当于 1/50；每平方公里国土拥有的轿车只相当于 1/20；每公里道路拥有的汽车只相当于 1/3；我国汽车保有密度是世界上最低的几个国家之一。因此汽车在我国有着广阔的市场空间。据统计，1984年底我国共拥有私人汽车 17.8 万辆，1997 年私人汽车保有量已达到 358.36万辆。国内私人轿车保有量占全国汽车保有量的比重从 1990 年的 14.8% 上升到 1997 年的 29.39%。1990 ~ 1997 年私人汽车保有量年均增长 23%，是全社会汽车保有量年平均增长率的 2 倍以上。从汽车需求看，2000 年汽车私人购车比例将占到全部汽车销售的 55% 左右。私人购车已代替集团购车成为汽车市场增长的主要动因。

1997 年全国人均国内生产总值为 6079 亿元，由于地区差较大，城市居民收入差距拉大，在城市和沿海发达地区人均国内生产总值已达到了 2 万 ~ 3 万元。目前我国约有 520 万户年均收入在 3 万元以上的家庭，因此将有相当一批人陆续进入购买汽车的行列。据调查在北京、广州、上海的居民有 70% 表示在今后 5 ~ 10 年内购买汽车。私人购买汽车的主要目标是轿车。

据汽车市场销售部门初步统计，在汽车产品中，大约 50% 是私人购买的。随着政府公务用车的取消，企业公务用车的改革，私人购车还将进一步增加。在轿车市场上，私人更是购车的主要力量。1998 年，据北京亚运村汽车交易市场统计，5 万元以下的汽车，90% 是私人购买；10 万 ~ 20 万元的汽车，1998 年有 80% ~ 85% 是私人购买。以私人为主的汽车消费市场的形成，必将对汽车工业的发展产生重大影响。

需要指出的是，上述对轿车的强烈需求，是在当前中国汽车市场环境下出现的，受到了扭曲的市场环境和汽车消费政策的严重抑制。

如中国轿车工业面临着苛捐杂税十分沉重的市场环境。一辆车从出厂到最终消费者手中的价格，约有 1/3 是各道中间环节再加上去的。这在世界各国是不多见的。地方政府出于地方保护的目的，往往出台一些不利于汽车销售和使用的政策。如某些地方对出租汽车的车种做出了规定，限制非本地轿车进入本地市场。还有一些地方制定了限制轿车使用的土政策。如上海市征收私人汽车牌照的费用，一个牌照2万元。北京市对购买汽车征收停车场费等。公路上乱收费已是司空见惯。有些地方还对汽车使用收取高额停车费、"复检费"，甚至水利建设附加费。

汽车贷款在国外是促进汽车销售的重要手段，而中国轿车贷款刚刚开始，目前正在不断摸索改进。1998年10月初，中国人民银行正式宣布允许中国建设银行、中国工商银行、中国银行、中国农业银行开办汽车贷款业务。这是国家在经济处于低谷时刺激消费，进而刺激经济增长的一个重要政策。这一政策的逐步实施，将对汽车的消费产生深远的影响。同年11月，中国建设银行率先退出了汽车贷款实施细则，确定了开办汽车贷款的汽车品牌和贷款年限，仅建设银行上海分行推出汽车贷款两个月后，已受理130多笔汽车贷款业务，合同金额为1000万元。针对困扰汽车贷款实施达到最大问题——贷款保险问题，中国农业银行与几家保险机构达成了合作协议，由保险公司为购车贷款人提供还款保证保险服务，从而使困扰汽车贷款实施的贷款人不还款的问题，找到了较好的解决方法，为汽车贷款的大规模实施创造了条件。随着这一汽车销售方式在中国的不断完善，将对汽车销售产生更大的影响。

随着国家对汽车工业销售政策、消费政策进行必要的调整，轿车的市场要比目前显示出来的大得多。

二 从成长性看轿车工业

中国轿车工业具有很好的成长性。

20世纪90年代以来，汽车工业的产品结构发生持续变化。变化的主要趋势是：载货车在汽车产品总量中所占比重明显下降，客车和轿车所占比重明显上升；载货车在汽车总产量中所占比重总体下降的同时，重型载货车在载货车中所占的比重上升，中型载货车所占比重持续下降；客车所占比重有所增加；轿车所占比重提高较大。从表1可以看出汽车产品结构的变化。

表1　1990～1998 年汽车产品的结构变化

单位:%

年份	货车	客车	轿车
1990	70.88	20.79	8.33
1991	67.60	20.96	11.44
1992	60.01	24.66	15.33
1993	59.75	22.54	17.71
1994	58.07	23.43	18.50
1995	51.37	26.29	22.34
1996	47.00	26.80	26.20
1997	42.24	27.24	30.52
1998	39.83	28.36	31.54

资料来源：国家机械局统计资料。

表 1 可见，90 年代以来，载货车所占比重已下降了 31.05%；客车所占比重稳步增加；轿车所占比重增加一直呈增加之势。按照世界汽车工业发展规律，一个国家的汽车工业最终将以轿车工业为主体。因此从目前轿车工业在汽车工业中占的地位看，中国轿车工业还正在成长初期。

图 1 可以看出中国轿车工业的增长幅度一直高于整个汽车工业的增长幅度。

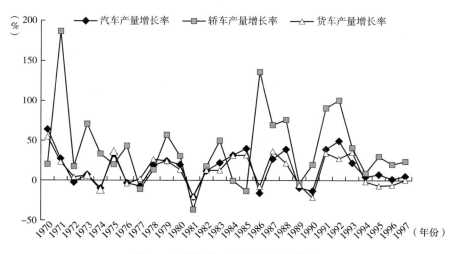

图 1　中国汽车工业历年产量增长率

90 年代以来，汽车市场需求自 90 年代中期进入低速增长，1998 年中国汽车工业甚至出现了 0 增长。尽管如此，中国轿车生产企业 1998 年生产轿车 50.71 万辆，销售 50.83 万辆，销售率 100.24%。1998 年产销同 1997 年相比，生产增长 5.21%；销售增长 6.95%。1999 年，中国汽车工业恢复增长，全部汽车工业全年生产汽车 185 万辆，增长 13.5%。轿车工业发展较快，总产量达 57.1 万辆，增长 12.6% 占全国汽车总产量的 30.89%，创下历史新高。

综观整个 90 年代的工业发展，除电子信息产业之外，汽车工业是增长速度最快的工业部门，轿车又是汽车工业中增长最快的部分。90 年代，中国汽车工业总产值以年平均 23.7% 的速度增长。1991 年汽车工业总产值为 654.2 亿元（1990 年不变价），1998 年汽车工业总产值已达到 2987.6 亿元（1990 年不变价）。汽车工业在全国工业总产值中的比重由 1991 年的 2.3% 上升到 1998 年的 4.1%。日本在汽车工业成长期（20 世纪 50 年代到 70 年代）年平均增长率为 20% 左右。中国汽车工业的增长与此相近，由此也可以看出中国汽车工业仍处于高成长期。

与 1990 年相比，中国汽车工业的产量增加了 1.3 倍；销售额增加了 6.2 倍；利税总额增加了 5.3 倍；工业增加值增加了 4.5 倍。之所以出现销售额、利税总额、工业附加值的增长大大快于产量增长的状况，就是由于汽车工业内部结构发生了重大变化，高附加值、高利润的轿车产品所占比重大大提高。根据日本亚洲经济研究所的研究成果，80 年代到 90 年代末，中国汽车工业的利润率是中国其他加工工业的两倍，而投资率却低于其他加工工业。在我国的机械工业中，汽车工业也是利润率最高的。

三 从吸纳先进技术看轿车工业

90 年代以来，轿车产品已发生了巨大的变化。随着新技术、新材料的应用，轿车正在成为用新技术、新材料、工艺制造的，行进中的电子网络平台。传统概念的汽车正在退出历史舞台，新的电子网络时代的汽车已经出现。汽车制造业正在成为集高新技术之大成的产业。

这方面最突出的例子是美国政府牵头组织，由美国官、产、学共同实施的 PNGV 计划。

1993 年美国政府继 "阿波罗" 登月计划之后，又一次由政府牵头组织了一项庞大的计划，这就是新一代汽车合作计划（Partnership For a New Generation of Vehicles 缩写 PNGV）。这一计划对美国、对世界工业，尤其是汽车工业的影响巨大，对美国经济竞争力和制造业实力的提高，都已经并将继续产生巨大作用。正因为如此，美国总统克林顿认为："只有'阿波罗'登月计划可以与之相比。"

美国在冷战期间，由于倾全力开发战略武器，因而在民用制造业方面开始落后于欧洲国家、日本。在汽车工业方面，美国因为汽车进口导致的贸易逆差一度达到 600 亿美元，国际汽车工业竞争在 90 年代趋于白热化，美国汽车工业更是受到日本汽车工业的强烈冲击。在这种情况下，克林顿政府上台后相继提出两个口号："为了美国的利益发展技术。""技术是经济的发动机。"强调了具有明确社会经济目标的关键技术的重要性，并制定了国家关键技术计划。

在这种背景下，新一代汽车计划在政府倡导下出台了。出台这一计划的战略目标是：通过这一计划，带动美国制造业的复兴，提高美国制造业的国际竞争力，使美国制造业在国际竞争中重新处于领导地位；在军事项目的研究大大削减后，以此来保持美国在关键领域的技术创新势头，推动国民经济的持续发展；促进美国汽车工业的技术创新，提高美国汽车工业以及整个美国工业的国际竞争力。

从美国政府发起新一代汽车合作计划的战略目标看，美国政府在考虑这一计划时显然绝不仅仅着眼于汽车工业的发展，而是着眼于美国的整体战略利益。

1993 年 9 月，克林顿总统正式宣布了"新一代汽车合作计划"的主旨宣言，标志着新一代汽车合作计划启动。预计 2000 年出概念车，2004 年出样车，整个计划为期 10 年。

新一代汽车合作计划的主要技术、经济目标是：

A. 提高燃料效率 3 倍（以 1993 年的技术水平计算）。

B. 大大降低排放污染物。

C. 改进可回收性，汽车用材的可回收率，由目前的 75% 提高到 80%。

D. 大量采用新一代轻质材料使汽车自重大大减轻。

E. 价格与现有价格相当。

F. 满足已有的安全标准。

从新一代汽车合作计划的技术、经济目标看，美国不仅要推出一代技术上全新的汽车，而且要使新一代汽车具有很强的市场竞争力。

美国政府每年为该计划拨款 3 亿美元,福特、通用、克莱斯勒三大汽车公司每年投入 10 亿美元。

该计划由美国副总统戈尔分管,总体协调。参加的政府机构有:能源部、商务部、运输部、国防部等。美国三大汽车公司以合作者的身份参加,并在计划中相互合作。参加的其他厂商遍及 30 个州。美国的许多名牌大学、国家研究机构、国家实验室也参与了这一计划。

参加该计划的单位共 453 个,该项研究包括了 758 个子课题。

从新一代汽车合作计划的组织实施看,其规模非常庞大。美国政府对这一计划采取了官产学结合的组织,而且允许三大汽车公司在一起共同进行项目研究。这对一向重视反垄断的美国政府和三大汽车公司来说,都是破天荒的,标志着美国工业发展政策和思路的重大转变,也标志着汽车工业发展方式的重大转变。由于汽车工业的科研开发投入巨大、风险巨大,因此连崇拜自由竞争的美国都不得不由政府出面组织汽车产品开发。从某种意义上说,汽车工业的竞争已成为国家间的竞争。

新一代汽车合作计划进行 5 年之后,在以下四个方面已取得了巨大进展。

首先,树立了前所未有的重大技术目标,即在不降低性能、不提高成本的前提下,将燃料的效率提高了 3 倍。

其次,保持了美国在先进制造技术和高技术方面的领导地位,对美国经济、技术的全球竞争力和经济发展起到了重要作用。

再次,把原来用国防投资建立的国家实验室用于汽车工业,把许多分散、孤立的项目有机地结合起来,形成了一个众多科研单位为一个目标工作的整体。找到了高技术科研单位与市场经济相结合、与企业相结合的途径,保持了美国的战略研究力量。

最后,美国三大汽车公司合作进行研究,在某种程度上形成非竞争的合作关系,这是史无前例的。政府与企业间,也以合作和分担共同的技术目标,在相当程度上代替了过去的命令和控制关系。

具体来说,技术上在燃料电池、动力电子学、4 冲程直喷式发动机、轻质材料等方面取得了巨大进展。

1996 年,美国三大汽车公司都研制出了 PNGV 试验样车,证明了生产各种"超级轿车"的可能性。2000 年在美国底特律举办的北美国际汽车国际展览会上,三大汽车公司都展出了 PNGV 概念车。新一代汽车合作计划正在按期实现。

从新一代汽车合作计划的进展看，到21世纪前十年，20世纪已高度成熟的传统汽车产品将转变为以高技术重新改造过的，建立在新型轻质材料、新能源和新型混合动力基础上的高新技术产品。汽车工业也将变成高新技术产业。汽车工业的材料、装备和工艺，将发生根本的改变。这不是讲故事，而是美国人，同时也是欧洲人、日本人正在深谋远虑的现实。20世纪90年代以来，汽车工业正在发生一场技术革命。

日本本田汽车公司已抢先推出了世界上最省油的汽车"Insight"据估计这种新型轿车每加仑汽油可以跑80英里，整个车体由塑胶和铝构成，排污标准比日本目前标准还要洁净50%。本田公司称这款新车在美国市场上售价不超过2万美元。

法国雷诺公司已研制出汽油/电力混合动力车，取名为NEST的样车已经向公众展出。

意大利菲亚特汽车公司已与政府环境部达成协议，协议规定菲亚特公司将在2005年之前生产并开始销售每百公里耗油量不超过3升的超经济型轿车，到2010年废旧汽车材料的回收利用率应达到95%。

德国巴斯夫公司已研制成功燃料电池用催化剂，并已与福特、奔驰和加拿大帕拉德公司联合组建电动汽车合资公司达成了供货协议。

日本日产公司、日立制作所和新神户电机公司合作开发的锂离子电池降低了稀有金属电极的成本，提高了对镍电池的竞争力。

随着网络技术的普及与发展，人们可望在今后几年内看到集各种电子设备于一身（包括电话、电脑、卫星接收和全球定位系统）的"网络汽车"问世。日本已推出了集20余项多媒体技术于一身的汽车，开发出了车用高速电子交换网、汽车智能导行系统。英特尔公司研制出了汽车电脑系统。汽车正在由以机械为主的运输工具，转变成为行进中的电子设备与网络的高效工作平台。

汽车工业一直是先进生产制造与管理方式的发源地，80年代的精益生产方式曾对全球制造业产生了巨大影响。在网络时代，汽车工业企业已成为网络的最大用户。2000年2月25日，美国汽车工业三巨头通用、福特和戴姆勒—克莱斯勒宣布，三家合作将建立一个世界上最大的网上市场，它们计划通过这一网上市场每年购进2500亿美元的零部件和其他物质。美国报界说，这一计划一旦投入运作，将使其他商业网站变成侏儒。新的网络系统可以为生产一辆汽车降低成本1000美元。三大汽车公司希望新的网络系统在几年内将购买成本降低 10%。更值得注意的是，2000 年 2 月 1 日日本丰田公司宣布，该公司同美国通用汽车公司、德国大众汽车公司就实质上统一汽车和零部件的设计与开发系统达成了基本协议。丰田公司将从 2001 年起与通用汽车公司和大众汽车公司分别相互联通设计开发用计算机，加速汽车零部件的开发。通过这次合作，将建立三家公司统一零部件规格的基础。通过这次合作，三大汽车公司把合作扩大到信息技术领域。国际大汽车公司将通过制定标准与规则，把世界汽车工业牢牢地控制于掌中。信息技术革命也成为全球汽车业重组的因素。

需要进一步分析的是，我们所说的电子商务，实际上是要以企业与企业（B2B）或企业与个人用户（B2C）之间大量的商务活动为基础的，其所替代的是传统的企业与企业、企业与私人间的商务活动。电子商务离开企业与企业、企业与私人间的商务活动，就会成为无源之水、无根之木。网络经济是建立在实体经济基础上的经济，促进着实体经济的发展。汽车工业作为当代世界生产批量最大的高技术加工工业，必然成为电子商务的重要依托之一。网络经济必将进一步促进汽车工业在效益更高的水平上运行。

同样中国轿车工业的发展也大大推动了中国工业的技术进步与产业升级。这方面的问题，笔者将在另一篇文章中予以专门论述。

从上面的分析看，汽车工业仍然是一个站在世界技术进步最前列的产业。尽管世界汽车工业已经历了百年的风雨沧桑，但它和航空工业一样，仍然充满了生命力，仍然是高技术产业。中国的轿车工业是充满生命力的产业，并将对中国 21 世纪的工业发展、经济发展，起到巨大作用。

四 从带动经济发展看轿车工业

从理论上说，汽车工业与相关工业的发展，其波及效果为 2.67，即每增加一个单位的汽车工业产值，带动相关工业增长 2.67 个单位的产值。汽车工业的发展，其带动效果是十分明显的。

在我国汽车工业的发展，全面带动了中国国民经济的发展。

汽车工业为国家提供的税收越来越多，1998 年汽车工业实现利税总额为226 亿元，其中税为 168.2 亿元。这还不包括对汽车产品的中间收费。

根据有关资料推算，1998 年末中国汽车行业及直接相关行业的就业人数为 2790 万人，占全国城镇就业总人数的 13.5%（1998 年末按 20687 万人计算）在我国城镇就业人数中平均每 7 人就有 1 人从事与汽车有关的工作。这已与世界发达国家汽车工业的就业人数相近。如 20 世纪末，美国汽车工业提供了美国工作岗位的 1/7。在中国汽车行业及直接相关行业的就业人数中，汽车行业的职工人数为 196 万人；汽车使用部门职工约为 2107 万人，其中汽车驾驶员 1676.5 万人、交通运输就业人员约 430.8 万人；销售维修人员约 243 万人，其中汽车销售服务人员约 12.1 万人、汽车维修就业人员约 230.9 万人；能源及材料部门约 217.2 万人；汽车科技情报人员、管理人员、从事汽车保险人员约为 26.2 万人。

轿车工业的发展对中国产业结构的升级起到了推动作用，带动了其他产业的发展。1981 年中国汽车工业消耗钢材为 91 万吨，1995 年已达到 355.4 万吨。汽车工业的发展推动了钢铁工业发展高附加值的薄板。20 世纪 90 年代中期，汽车工业的需求，占我国钢铁总产量的 5%～6%；汽油总产量的 80%～90%、机床总产量的 14%～16%、钢化玻璃总产量的 50%、轮胎的 45%、工程塑料的 15%、油漆的 15%。随着轿车工业的发展，汽车工业对这些产品的水平、质量要求都大大提高，进一步促进了这些产业的技术改造和产品升级。汽车工业，尤其是轿车工业的发展还大大促进了汽车维修、汽车销售、汽车租赁、汽车美容等服务性行业的发展。

从世界范围看，以轿车工业为主的汽车工业，对经济发展的带动作用也是明显的。据统计，其拉动 90 年代美国天然橡胶的 70%、工业机器人的 60%、人造橡胶的 49%、机车的 40%、钢材的 11%。美国汽车工业在美国政府看来仍然是具有战略意义的产业。"开发新一代车辆的合作伙伴计划通过加强美国最重要的产业之一而具有推动经济增长的潜力。汽车及配件工业是美国制造业中最大的产业。美国的汽车制造商、经销商和供应商直接提供着超过 200 万的工作岗位，而且使 1300 万以上人工作于相关产业。总起来看，美国汽车工业提供了美国工作岗位的 1/7。然而，美国汽车工业的成功不是没有代价的。陆地运输所使用的燃料占到我们以石油为基础的能源需求的 43%，这导致美国对国外石油资源的依赖，而且加大了美国的贸易赤字。此外，美国有接近 2 亿注册的卡车、公共汽车和轿车，它们造成了美国空气污染的 1/3。开发新一代车辆合作计划，通过建立低成本和高质量的制造工艺，以及开发面向未来的技术，将给美国汽车工业带来利益。与此同时，该计划能够帮助联邦政府实现节约燃料和控制污染的目标。"

五　结论

从上面的分析我们可以看出，在中国轿车工业仍然是充满机会与生命力的朝阳产业。在中国轿车工业仍然大有可为。从跨国公司争先恐后地进入中国汽车工业，建立合资生产的企业也可以看出这一点。轿车工业在 21 世纪将是中国工业保持以较快速度发展的巨大推动力之一，轿车工业的发展对中国 21 世纪产业结构调整和升级起着重要的作用。21 世纪中国由工业大国向工业强国迈进，从轿车工业的发展可以鲜明地体现出来。显然发展轿车工业将给中国带来重大的利益。在世界发达国家仍然把轿车工业作为国民经济的支柱产业予以发展的时代，在汽车工业已经发生技术革命的时代，我们切不可对发展轿车工业再犹豫、迟疑。

最后，笔者想强调一点，在中国轿车工业大有前途，并不一定是中国的轿车工业大有前途。在中国的轿车工业发展所带来利益，不一定是中国的利益。在中国即将加入 WTO 之际，面对机遇与挑战并存的形势，中国汽车工业要对以往与跨国公司合作的道路进行必要的总结，以利用中国市场的有利条件，在政府的支持与扶持下真正成为具有国际竞争力的支柱产业。

日本汽车工业的技术引进与创新[*]

中国汽车工业界和学术界在研究中国汽车工业发展时，常常自觉不自觉地把日本汽车工业作为国际比较的参照。但是，在对日本汽车工业发展道路的理解上又存在着相当的片面性。例如，经常把日本汽车工业第二次世界大战后的发展状况与中国汽车工业进行比较，来说明中国汽车工业发展缓慢。其实，日本汽车工业起步比中国早得多，而且所处的国际、国内环境也有极大不同。本文就是在认真研究日本汽车工业发展第一手资料的基础上，对日本汽车工业技术引进与创新进行的扼要论述。希望此研究对中国汽车工业发展有所借鉴，并推动中国汽车工业界、学术界对日本汽车工业的研究更加深入。

一 第二次世界大战前日本汽车工业的技术引进与创新

（一）起步阶段的技术引进与创新

日本汽车工业起步虽然比欧美国家晚，但与其他国家相比，日本汽车工业又是起步相当早的。1900 年，日本从美国输入了第一辆蒸汽发动机汽车。1901 年，日本国内开始出现了汽车贩卖店。

1902 年，日本自动车贩卖店"双轮商会"的技师内山驹之助利用输入的发动机组装了日本最早的汽车。1904 年，山羽虎夫在自己的作坊式的工场中成功制造了日本第 1 辆蒸汽汽车。之所以说"制造"，是因为其主要的配件和发动机是自己生产的。内山驹之助利用了他在俄罗斯符拉迪沃斯托克机械工场里学习到的汽车构造知识和工作原理。山羽虎夫在制造汽车前，先后在日

---

* 原载《经济管理》2002 年第 17 期。

本的海军造船所、小野滨造船所学习过电气基础知识和电器零部件的知识，在东京的邮递电信试验所进行过研究工作。在这些知识与经验的基础上，山羽虎夫开设了山羽电机工场。日本蒸汽汽车的发动机技术与当时铁路用蒸汽机车技术有很大相似之处。而日本的铁路机车制造技术来自英国，英国技术工程人员在日本机车的制造中发挥过重大作用。因此，可以说日本最初的汽车生产、设计技术在很大程度上来自国外。日本在科学技术领域比除欧美以外的国家先行一步，尤其是在政府支持下的军事工业优先发展，使日本具有了消化吸收外来技术的广泛基础。早期汽车产品比较简陋，生产与设计比较容易，产品的技术专业化程度不高，掌握一定技术的某些技师就可以自己开展某些设计和手工制造工作。例如早期的汽车车身、车架，可以向生产乘用马车和铁路机车的厂家订货。

1907 年，日本第一台汽油发动机汽车研制成功。1911 年桥本增次郎的自动车工场 "快进社" 成立。桥本增次郎曾在美国学习汽车的开发设计和生产方式。日本将这一年作为日本汽车工业的起步之年。桥本增次郎的自动车工场实现了月产 50 辆的生产计划，在日本建立了批量生产体制。桥本增次郎的自动车工场要从英国、法国输入汽车零部件。

日本汽车制造首先实现国产化的是车身。大正时期（1912 ~ 1926）日本汽车零部件工业开始起步，但多数汽车是由输入的汽车零部件和国产零部件混合组装的。第一次世界大战爆发，中断了某些外购零部件的供应，刺激了日本国内汽车零部件的生产。

美国福特汽车公司和通用汽车公司分别于 1925 年、1927 年进入日本，进行汽车组装生产。美国汽车公司的进入，对日本汽车生产企业形成了巨大压力，同时由于其大量进口汽车零部件，使日本外贸收支恶化，确立在日本生产、采购零部件的体系成为必要。这两大公司开始在日本组织用于维修的零部件的生产，随后开始培育用于装车的零部件的生产。例如，两公司铸造件就委托给日本企业生产，接受委托生产的公司 "户田筑物公司" 后来成为日产汽车公司的前身。两个公司的需求，带动了日本汽车零部件制造、铸造、锻造、机械加工、钣金等方面的生产能力，为日本民族汽车工业的发展也打下了基础。20 世纪 30 年代末，日本的汽车零部件生产企业已经达到 132 家。日本的汽车车身和零部件已经开始出口到中国。1933 年，日本销售的汽车中只有 1681 辆国产汽车，仅占全部汽车销售额的 9.7%。在这一过程中，日本汽车工业逐步掌握了汽车零部件的制造技术，为日本汽车工业发展打下了基础。在福特、通用公司称霸日本的时代，其他国家汽车也大量输入日本，日本民族资本的汽车生产企业处于困难境地。

（二）日本汽车工业独立发展阶段的技术引进与创新

随着第一次世界大战的爆发和战后日本在亚洲进行扩张，日本政府逐步把汽车工业作为与军事密切相关的产业加以扶持。日本本国资本的汽车生产企业陆续登场。1933 年，日产汽车公司成立；1933 年，丰田自动织机制作所自动车部成立（即丰田汽车汽车公司的前身）成立；1917 年，三菱公司推出了三菱 A 型汽车。

日本本国资本的企业登场后，都立即推出了自己的产品。这些产品的技术来源大致有四个途径：（1）通过对欧美国家汽车产品的分解、仿照，获得的技术，例如丰田就是把美国的福特、雪弗兰等汽车加以分解、研究，然后全力以赴地进行试制，把卡车和公共汽车推向市场。在重要汽车零部件的研制方面，丰田公司同样采取了把外国汽车零部件分解、测绘、仿制和方法，获得技术。（2）通过购买专利和设备获得的技术。例如发动机生产的关键技术就是通过专利权购买获得的。日本汽车工业生产所需要的大量精密机床也是通过进口获得的。值得特别提出的是日产汽车公司于 1936 年购买了美国格拉哈姆·培吉汽车公司所属的西沃伦工厂的全部设备，该工厂的发动机能够用于制造轿车和卡车。日产根据这次技术引进获得的技术和图纸，研制了日产大型车。当时很多零部件不过关。例如由于日本的铸造件不合格，只有等待横滨新铸造工厂（同样是引进美国一家公司的技术）投产，才得到解决。（3）通过邀请外国专家获得的技术。例如日产公司就聘请了三轮汽车的发明者美国的威廉·H. 哥哈姆指导生产。在他的领导下，又邀请了冲压、锻造、铸造和装配等方面的专家来指导。在外国专家指导下，日产 1936 年第一次在日本安装了年产 5000 辆的流水作业线。这一产量超过当年日本全年产量。（4）日本本国汽车企业共同努力获得的技术。日本达特汽车厂、石川岛汽车制作所、东京瓦斯电力公司等经过共同设计与研制，于 1932 年开始推出商工省要求的标准型汽车（6 缸发动机、45 马力、最高时速 40 公里、货车和大客车）。

第二次世界大战爆发后，日本汽车工业被军部指定为"重要产业"，列入战时生产计划。在此之前，美国汽车生产企业从日本撤出。日本汽车工业企业在战争时期，生产量有了较大增长，为汽车配套的原材料、零部件的水平和质量也有了相当的提高。例如汽车用钢材质量和规格不统一、质量差，所用的炭钢和特殊钢在相当大程度上需要进口。经过政府制定有关标准和检测，同时企业也投资自己生产钢材，才得到解决（日产就自己设立了鹤见钢厂）。有些零部件例如车轮等，建立了大规模生产体系。1938年，已经有了769家汽车零部件生产企业，日本汽车零部件生产摆脱了手工业的色彩。

日本学者认为，20世纪30年代是日本汽车工业国产技术的基本形成期。1938年，日本政府商工省设立了"自动车技术委员会"，该委员会由政府陆海军、内务省、商工省、铁道省的官员和学者、企业家组成。主要任务是提高国产大众车的水平；决定与汽车、汽车零部件型式有关的事项；决定与汽车燃料有关的政策；改善汽车零部件质量性能；决定与汽车制造设备有关的事项；决定其他汽车生产技术上的事项。日本民间也成立了"自动车技术协会""自动车新人会"，对政府进行技术咨询，对外进行汽车技术调查。这一时期还成立了对汽车以及零部件产品的质量进行试验、检查的机构。

汽车生产在1941年达到了最高点——4.28万辆，为战前最高水平。其后由于战争，产量不断下降，到1945年生产规模只有5000辆。

在战争时期，日本的汽车企业根据军部的要求，主要集中力量生产军用卡车、公共汽车以及其他战时用车。由于在政府与军方的管制、监督下，对产品的坚固、耐用有严格要求，因而促进了日本汽车工业水平的提高。

1939年根据工商省命令，研制出了中型乘用车（日产：50型，1468cc；丰田：新日本号，2258cc）。日产和丰田研制了军用卡车（日产：180型，水冷直列6汽缸，3670cc，80马力发动机；丰田：GB型，水冷直列6汽缸，3386cc，75马力发动机）。尽管军部禁止研制小型乘用车（750cc以下的轿车），但是为了战时军事指挥官和达官显贵的需要，日本汽车企业于1942年研制了高级乘用车（直列8汽缸，120马力），1943年，进行了公路试验，尽管后来由于战争，没有投入产生。30年代有些汽车公司还对轿车进行了开发。例如川崎车辆（现在的川崎重工）研制出了"六甲号"轿车。对汽车发动机的开发也取得了进展。顺便说一下，在战争爆发前日产公司已经可以生产达特桑轿车。1932年丰田公司研制了"SA"型轿车，虽然只生产了215辆，但是很受欢迎。这些根据日本国情开发研制的轿车，为战后日本轿车的开发储备了技术。

在战争年代，日本汽车工业由于要应付汽油匮乏的局面，因此对以电力、木炭为动力的汽车进行了研究；由于钢材、木材不足，日本汽车企业不得不研究如何节约材料。这些都为战后日本汽车工业积蓄了技术，日本战后汽车产品以节能、节材、小型化为技术优势，不是偶然的。

战后的日本汽车工业是在战前经过几十年漫漫长路获得的技术基础上继续发展的。无论是从已经有的科学技术基础，还是汽车工业发展的经验、人才与技术积累来看，日本汽车工业都做好了战后腾飞的准备。日本汽车工业的发展与战后从一张白纸上开始发展的中国汽车工业、韩国汽车工业有根本的区别。

二 战后日本汽车工业的技术引进与创新

（一）战后大规模技术引进与消化吸收

第二次世界大战结束后，由于日本汽车工业没有被 GHQ（联合国最高司令官总司令部）指定为赔偿财产，因此日本汽车工业很快恢复了运转。摆脱了军部束缚的日本汽车工业企业首先把生产重点放在小型 3 轮卡车方面。同时很快开始了轿车的研制。日本的卡车生产因为朝鲜战争的爆发，得到了快速发展。由于美国军用汽车要求严格，因而日本汽车企业不得不到美国学习工厂的生产管理经验，把美国汽车工业的企业管理制度与经验，质量管理制度与经验搬到了日本。

在轿车研制方面，日本汽车企业几乎都采取了引进技术的方式。日本大汽车企业几乎都在 1953 年与外国汽车生产企业签订了技术核准协议。值得说明的是，丰田公司坚持自己开发轿车产品。日产在引进技术的同时也在开发自己的产品。根据日本学者的研究，即使是不引进技术的丰田，在技术上实际也受到福特的较大影响。技术引进对日本汽车工业企业迅速提高轿车生产水平和获得技术起到了很大作用。

1945 年，日本成立了财团法人"日本生产性本部"。在该机构的组织下，日本汽车工业企业组织访美考察团，对美国汽车工业的经营管理、公司体制、会计制度、销售制度、劳资关系、福利制度、工资制度进行了详细的考察。考察报告向全行业发表，这样，对日本汽车工业企业整体生产管理水平的提高起到了重要作用。日本汽车企业还聘请了美国汽车企业有大批量生产管理经验的工程技术人员做技术指导。

日本的汽车企业通过消化吸收引进技术或者自己开发，在 20 世纪 60 年代获得了快速发展。实际上这些企业在消化吸收、引进技术的同时，也在开发自己的产品，例如日产汽车公司就在消化吸收英国奥斯汀轿车生产技术的同时，研制了小型轿车 "达特桑 110 型" 和小型货车 120 型。经过两年的努力，于 1957 年 11 月研制成功了 210 型发动机 (1000cc，34 马力)。日本汽车企业的快速进步，与日本汽车工业原来具有的基础是分不开的。日本有些学者把此时的日本称为 "汽车中进国"，"汽车中进国" 追赶 "汽车先进国" 的方式，自然与发展中国家有极大不同。

与引进技术同步，日本汽车工业企业开始引进生产设备，更换战争时已经陈旧的设备。大规模进行生产设备投资。丰田公司和日产公司引进了美国的机械加工生产线设备，大大提高了汽车发动机零部件的加工效率、精度和水平。丰田公司引进的隧道式浸炭炉大大提高了齿轮耐久性。1951 年、1952 年日本汽车工业企业增强了涂装、组装以及热处理设备。1953 年、1954 年日本汽车工业企业大量输入专用机械，实现了锻造、铸造自动化。在提高装备水平的进程中，丰田公司与日产公司就重大设备研制，共同进行了开发。

与整车技术引进同步，日本的汽车零部件企业也引进了自动离合器、转速表等产品生产技术。通过汽车零部件的国产化，日本汽车零部件生产企业的设计技术、材料加工技术、涂装技术、检查技术、制造技术、组装技术等有了很大的提高，降低了零部件的制造成本。

科研开发体制进一步健全。日本政府建立了汽车开发试验场。1956 年，丰田建立了自己的汽车试验场，接着日产、铃木、富士重工、三菱等公司也建立了自己的试验场。各大企业开始建立独立的汽车开发部门。

随着日本汽车工业引进技术国产化，日本原材料工业尤其是钢铁工业也引进了先进冶炼技术。奥地利于 1952 年发明了氧气顶吹转炉技术，日本几个大公司在 1956 年组成专门研究机构，几年后用这项技术完成了工业化生产的技术革新，1965 年日本转炉生产钢的比例已居于发达国家最前列。日本还把在此基础上研制成功的转炉未燃废气体回收方法作为专利向欧美出口。原材料工业水平提高，为日本汽车工业水平提高创造了条件。

(二) 自主开发阶段的技术引进与创新

随着引进技术消化吸收的完成以及自主开发的进展，日本大汽车企业开始走上了自主开发为主，同时开展对外合作的技术开发道路。1955 年，通产省发表了《国民车育成纲要》提出了未来国民车的技术指标：时速 100 公里以上；乘车定员 4 人；大修里程 100000 公里以上；排气量 350 ~ 500cc；自重

400 公斤以下；月产 2000 台规模时，售价 15 万日元以下。日本各大汽车企业纷纷开发出了具有自主知识产权的小型轿车产品。军工企业的人才和技术此时大量转向汽车工业，对日本汽车工业能够较快地完成消化吸收引进技术，并开发自己的产品起到了重要作用。三菱公司、丰田公司在开发中应用了航空技术。富士重工与航空工业有着密切关系，原中岛飞机公司被分解成 13 个公司后，有 5 家并入了富士重工，因此在"斯巴鲁 360 型"的设计开发中也应用了航空技术。

60 年代中期，日本汽车企业自己开发的轿车产品已经在某些方面超越或者接近世界水平。根据日本工业技术研究院有关研究，1964 年日本的汽车产品，在劳动力成本，价格等方面具有一定优势；在质量、性能等方面逐步与世界水平接近。在油耗方面已经优于外国轿车。因而日本汽车开始向美国出口。但是日本的汽车产业生产集中度大大低于欧美国家。日本汽车企业的这种集中度相对较低的状况，一方面说明日本的汽车企业竞争力比较强；另一方面也表明规模比较小是日本汽车企业的一个弱点。这一弱点在 90 年代充分显示出来，因而导致了日本汽车企业被外国大汽车公司兼并。日本汽车工业企业中实力较差的企业与外国大汽车公司的合作一直在进行。日本通商产业省看到了日本汽车工业需要进一步重组的前景，因而强调了所谓"两大民族资本育成论"，当时政府企图支持的企业是丰田和日产。

由于国内、国际市场竞争的加剧，为了与丰田、日产等公司相抗衡，1969 年三菱重工与美国的克莱斯勒公司合作，按照 65% 和 35% 的比例出资，组成合资公司，共同进行技术开发。五十铃与通用汽车公司合作，通用公司占有 34.2% 的股份，双方在资本、生产、技术销售出口等方面进行全面合作。马自达与福特进行了合作。在汽车零部件领域也进行了合作。1970 年福特出资 50%、日产出资 25%、东洋工业出资 25%，成立了生产、开发变速箱的公司。日本的汽车工业随着日本市场的开放，日本汽车企业走向世界，在技术上、零部件上，合作进行车型生产等方面都在日益国际化。

20 世纪 60 年代中期到 70 年代中期，日本汽车企业引进了轿车车身设计技术、内外饰生产技术、安全以及防止排气污染技术等，在开发能力上进一步下功夫。引进技术多采取了旨在排除专利限制的合同形式。车身设计主要引进意大利技术，并且聘请意大利设计师设计车身外形。零部件生产厂家引进了后视镜、座椅、遮阳板等产品的制造技术。在这一时期，日本汽车产品在技术上已经达到世界先进水平。

70 年代中期到 80 年代，日本汽车工业企业的开发能力和制造能力进一步提高。日本汽车企业在节油的小型乘用车方面，优势来越明显。80 年代初，日本汽车企业已经在劳动生产率方面超过了欧美企业。日本汽车企业的技术进步是以六七十年代的大规模投资为基础的。60 年代，日本汽车企业通过大量投资，实现了铸造、锻造、涂装、机械加工等生产环节生产技术的自动化、高度化，大大提高了生产效率。从 1962 年开始，日本的丰田、本田、日野、五十铃等企业为了大规模进行设备投资，先后从美国各大银行取得了近 3000 万美元的贷款，主要用于购买美国的汽车生产线、电子计算机控制管理系统等现代化工艺装备，此后继续进行设备投资。80 年代初，日本汽车企业的人均装备率和装备生产率也超过了欧美企业。日本企业在制造技术、产品开发、产品技术水平和性能等方面全面达到了世界一流的水平，在某些方面甚至超过了美国企业。1981 年，日本汽车产量超过了美国。

（三）进入世界汽车工业前列后的技术引进与创新

20 世纪七八十年代日本汽车企业的国际化有了进一步的发展。丰田与通用汽车公司，日产与西德大众公司合作。随着日本汽车市场的开放，汽车世界市场竞争日益激烈，日本通商产业省看到了日本汽车工业需要进一步重组的前景，因而重新强调了所谓"两大民族资本育成论"，政府看好的是丰田，由于日产实力已经削弱，因此政府企图把本田与日产结合起来，但最后没有成功。

20 世纪 80 年代初，日本汽车出口导致了日美之间激烈的贸易摩擦，从另一个角度表明了日本汽车产品技术水平的提高。里根政府的运输部部长在 1981 年呈送里根总统的报告中称："当今日本汽车制造者在成本比较上有 1000 至 1500 美元的优势。主要原因有：生产率高。日本的管理系统能够适应效率和质量，再加上先进的生产方法，这就使日本的汽车制造者在生产汽车时，在人工、耗能和耗损方面都比美国低。工资标准低。虽然两国雇用方法不尽可比，但是日本汽车公司每小时的劳动工资显然低于美国公司。大体上，今日日本直接从事汽车生产的工人所得工资相当于美国同业者的 2/3。""日本占优势的原因主要在于对生产加工技术的妥善组织。"里根政府的运输部部长这段话表明，对于美国汽车工业来说，在技术开发方面日本尚未对美国构成威胁。

20 世纪八九十年代，日本汽车工业在技术开发方面取得了更大的进展。

随着发达国家汽车市场对汽车的环保要求越来越苛刻，日本汽车企业不得不更多地进行基础开发，在汽车工业最尖端的技术领域进行开发。日本企业开始把汽车产品开发的重点由提高行驶性能转向更加节能、节材、安全、舒适、环保和多功能。汽车产品日益向机电一体化方向发展，使用新材料、新工艺越来越多。汽车生产由大批量单一品种，向小批量多品种转化。在这方面，日本企业起了带头作用。

日本汽车工业企业自20世纪70年代中后期开始转变生产方式，引进加工中心、各种机器人等设备，80年代中期，基本形成了柔性加工系统。使其能够更好地适应市场的变化和技术进步。日本汽车企业的机器人使用量是世界最多的。CAD/CAM的推广使用，使汽车新产品的开发大大加快。日本汽车产品的性能、企业的生产率都得到进一步的提高。

日本汽车企业的产品设计开发能力超过了欧美汽车企业。20世纪80年代中期，日本一个产品开发小组设计一台全新的日本轿车需要170万个工程设计工时，从开发设计到发货给用户需要46个月，而具有可比性的欧美厂家则需要300万个工时和60个月。虽然美国学者在研究这一现象时认为，主要是日本人在产品开发组织方式上比较先进，反映了日本汽车企业在产品开发方面的竞争力。由于日本产品在技术上的提高，到90年代北美汽车市场上已经把日本汽车作为高技术的产品来看待。例如，美国通用汽车公司的夸特4型发动机，被专家认为落后于丰田同样的发动机4年。根据美国麻省理工学院的研究比较，日本汽车企业的研究开发经费支出，自80年代初期就超过了欧洲国家。自80年代初期，日本汽车企业申请的专利数量已经超过了美国汽车企业。

这一阶段，日本汽车工业企业在研究开发、生产技术、管理方式等各个方面都成为世界汽车工业"优等生"，以至美国企业不得不向日本企业学习"精益生产方式"。

20世纪90年代，汽车工业的全球化发展迅速。汽车企业间的大规模兼并不断发生。80年代，世界汽车企业中产量在100万辆以上的有12家，其中超过400万辆的有3家。经过90年代的重组与兼并，现在世界级汽车企业只有通用、福特、戴姆勒-克莱斯勒、丰田、雷诺-日产、大众和本田。除本田外，年产量都在500万辆以上。全球汽车生产能力大大过剩，使汽车工业成为低利润的产业。90年代汽车工业开始了以燃料电池汽车为代表的技术革命。新的技术革命使汽车工业新技术开发所需的资金越来越多，使规模较小的汽车企业难以承受。例如，在美国 "新一代汽车合作伙伴计划" 中，美国政府每年投入 3 亿美元，三大汽车公司每年投入 10 亿美元，持续 10 年，参加的有美国政府和企业的 453 个单位。可见汽车产品的开发投入已经非一般汽车企业所能够承担。日益严峻的环境保护要求，也迫使汽车企业不得不加大技术开发的投入。汽车工业的新产品开发更新速度加快，使开发的投入规模更加巨大。20 世纪 70 年代汽车产品的生命周期为 7 年，90 年代缩短到 4 年，目前已经缩短到 2 年左右。这样，即使是规模较大的世界性汽车公司也往往难以独立维持。

在这种全球化的经济技术背景下，笔者在日本就日本汽车工业的发展进行学术考察时，日本政府官员、学者和企业界人士对日本汽车工业的技术水平，仍然表示了很大的自信。日本汽车企业在混合动力汽车的研制，汽油发动机的研究和改进等方面都处于领先地位。尤其是丰田、本田在燃料电池汽车的开发方面具有很强的能力。正因为丰田、本田在这方面的强大技术开发能力，因此当美国政府推行官民一体的 PNGV 计划时，丰田、本田却对经济产业省的有关计划表示冷淡，仍然以企业开发为主。近年来日本汽车工业中的一些大企业被西方国家大汽车公司控股，在相当程度上并不是因为技术落后的原因，而是因为这些企业经营方面的问题以及日益开放的日本汽车市场竞争激烈所致。西方大汽车公司控股日本汽车企业一般来说有 3 个动机：利用日本经济不景气，汽车企业在股票市场上价格较低，低价获得优良资产；通过控制日本汽车企业进入东南亚（日产、三菱等企业在东南亚都有分公司）；获得日本汽车企业的有关技术。西方大汽车公司控制日本汽车企业并非使日本汽车企业成为技术上的受控制者，而是合作伙伴。日本汽车企业在西方跨国公司中的地位，与我国的汽车合资企业是完全不同的。

20 世纪 90 年代，随着日本经济长期陷入不景气，日本汽车市场不断开放；产品技术开发投入巨大；日本汽车工业企业不得不日益国际化。通过合作来求得生存，进行技术开发。为使日本经济走出危机，日本政府自 90 年代以来不断推进经济构造改革。经济构造改革的一个重要指导思想就是进一步自由化，引入竞争机制，这也加剧了日本汽车市场的竞争。日本汽车工业进行了大幅度的兼并重组。目前，日本汽车工业的大企业中，只有丰田和本田保持了 "日系资本" 的血统，其他企业已经纷纷加入西方大跨国公司的行列。2001 年 10 月，日本 11 家汽车生产企业的股本关系是：丰田以 51.2% 的股份控制着大发，以 50.1% 的股份控制日野。美国福特汽车公司以 33.4% 的股份控制着马自达。戴姆勒·克莱斯勒公司以 34% 的股份控制了三菱。法国雷诺汽车公司以 36.8% 的股份控制着日产，以 22.5% 的股份控制着日产柴。美国通用汽车公司以 49% 的股份控制了铃木，以 20% 的股份控制了五十铃，以 21% 的股份控制了富士重工汽车公司。日本汽车工业人士认为，日产和三菱如果不愿意被兼并，也可以再维持一段时间，但是它们对未来没有把握，不能不选择与西方大跨国公司合作的道路。现代文化研究所（丰田的智囊机构）专务高山勇人先生认为："技术开发投入越来越大，许多企业难以承受，是它们选择被兼并的重要原因。"日本的汽车企业规模不大（与世界前几位汽车企业比），难以承担技术开发的巨大风险，加速了日本汽车企业被兼并的进程。

燃料电池的开发，智能交通系统的应用是企业在 21 世纪初发展的生命线，而这些技术开发所需的巨额费用，是一个企业单独负担不了的。目前汽车工业技术开发已经是跨集团甚至跨越敌对势力进行合作，不这样很难生存。经济产业省制造产业局自动车课课长辅佐佐藤太郎认为，日益严峻的环境保护法规，迫使汽车生产企业不断加大技术开发投入，而这种投入对任何一个汽车企业都是高昂的，因此企业不得不进行合并。成本与规模也是世界汽车工业重组的重要原因。当前严峻的问题是降低开发与生产的成本，世界各大汽车公司都在通过合作，共用平台，零部件共同采购，组成共同销售往来降低成本。目前世界汽车生产企业至少要达到 200 万辆才是生存规模，日本符合这一标准的只有丰田、本田、日产三家，而日产由于债务只好与雷诺合作。

日本汽车工业乃至世界汽车工业正流行的战略口号是"选择与集中"。所谓"选择"，就是在自己不具有技术优势的领域，选择具有技术优势的战略伙伴进行合作开发生产；所谓"集中"，就是把资源集中于自己最具有技术优势的领域（例如小型轿车或者重型卡车等）进行开发生产。由于任何一个大公司已经难以承担完全由自己开发所有车型的成本，因此每一个大公司都集中力量于自己最具有优势的产品甚至关键零部件。以前日本公司是全系列开发、生产。过度地强调全系列开发、生产所有车型，正是某些日本汽车企业衰败的原因。20 世纪 90 年代，马自达公司提出要向生产"宝马"那样的汽车生产商转换，投入巨额资金开发豪华轿车，并在防府建立第二座工厂，随着泡沫经济的破灭，巨额债务终于使马自达陷入困境。现在日本汽车企业强调的是集中在特定领域自己生产，其他领域进行合作。公司之间在竞争的同时，战略联盟关系也越来越密切。

　　随着汽车产品的电子化程度不断提高，日本的一些大电子企业进入汽车工业。而汽车工业企业也进入了电子工业领域。丰田就拥有庞大的电子技术开发队伍。同时，丰田公司也与松下电器公司进行技术合作。

　　在全球化不断加速，市场日益开放的条件下，日本汽车工业的技术创新方式和途径都在发生巨大变化，进入了新的阶段。

汽车帝国的没落*

  2008 年底，笔者获悉通用汽车公司将要继克莱斯勒汽车公司之后倒下的消息。当时有些不太相信。因为通用毕竟与克莱斯勒不同，是美国汽车工业的老大，50 余年雄踞世界汽车工业之首。然而，通用汽车公司终于支撑不下去了，连一向把通用汽车公司的利益看成国家利益的美国政府，也认为实在不能再用以前的招数再支持其混下去，于是申请破产保护成为通用汽车公司延续生命的最后一招。

  通用汽车公司走到这个地步，原因很多，但是笔者想一言以蔽之，那就是通用汽车公司患了严重的"大企业病"。

  通用汽车公司可谓汽车工业中的"老大帝国"。称其老，因为其已是百年老店；称其大，因为其最近 50 余年中经常居于世界汽车产量的第一位；称其为汽车帝国，是因为其不仅在规模、产量上长期居于第一位，而且建立了遍布世界的生产、研发基地，是名副其实的全球性公司，具有很强的金融运作能力，在企业管理上也曾经为世界汽车工业树立了榜样。然而，也正是由于其成功，导致了其逐步成为汽车工业的"恐龙"，患上了大企业病，内部机制僵化，战略和策略僵化，难以及时自我调整，终于在全球经济危机的打击下走向没落。

  通用汽车公司的"大企业病"突出表现在其僵化的内部结构上。在汽车产品研发投入越来越大、风险越来越高的今天，世界主要汽车企业为防止风险，均在不同程度上采取了集中于几个产品平台，甚至进行联合开发的策略，以减少投入、降低风险。通用汽车公司则依旧延续了其众多子公司自成体系，多品牌、多平台的研发、经营模式，结果导致"备多力分"，难以形成核心竞争力。海外公司（尤其是设在欧洲的公司）的亏损，使通用汽车公司手忙脚

  * 原载《搜狐汽车》博客，2009 年 1 月 8 日。

乱。欧宝公司从 2000 年就开始亏损，2008 年更是严重亏损，不得不向德国政府申请援助。庞大而低效的供应商、经销商体系直到进入破产保护后，才不得不予以整顿。僵化的内部结构、一旦遇到外部巨大冲击，通用汽车公司就像一只每支触角都被钉死的巨大章鱼，难有还手之力。

通用汽车公司是一家上市公司，实际上已经成为一家由 CEO 控制的公司，财产的直接拥有者（即便是大股东）对公司的影响力很有限，而高级经理层则已官僚化，公司内部管理层次众多，决策迟缓。这种内部治理结构必然导致决策僵化，公司内部改革创新难以进行。正因为如此，这次美国政府在对通用汽车公司进行注资的同时，逼迫其 CEO 辞职。

由于管理和战略转型僵化，通用汽车公司在内部管理、战略上存在三个重大缺陷：在 20 世纪 80 年代受到日本小型节油轿车冲击后，仍然把主要力量放在生产油耗高的大排量汽车上；在开发新能源汽车时，忽视了对现有产品的提高，以致现有产品在油价高涨时难以与日本产品竞争，新能源汽车又难以获得利润；由于通用汽车公司长期居于世界汽车工业第一名，因此逐步形成了一支习惯于高工资、高福利的工人队伍，公司每年为职工支付的社会福利高达 70 亿美元，平均每辆汽车分摊的社会福利成本高达 1000 多美元，是大众公司的 3 倍左右、丰田公司的 10 倍左右。巨额社会福利支出，导致在激烈的汽车市场竞争中，通用汽车公司的产品成本居高不下。与美国本土设立的日本汽车企业相比，通用汽车公司在成本上也处于明显的劣势。

通用汽车公司长期居于世界第一的位置，使其丧失了对危机的敏感性。自 2005 年以来就陷入亏损，通用汽车公司的 CEO 不但不进行深入反省与改革，反而粉饰升平，经常唱高调，以致在本次危机中山穷水尽。

通用汽车公司及另外两家美国大汽车公司长期以来存在着对于政府扮演"最后买单"者的想法，存在着对于政府支持的期待与依赖。20 世纪 80 年代初，在日本危机冲击下，美国汽车工业普遍面临危机，当时的美国总统里根对日本政府施加政治压力，迫使日本政府不能不"自愿限制"汽车出口，为美国汽车工业争取了喘息之机。美国政治家认为："通用汽车公司的利益即是美国的利益。"因此，通用汽车公司对待危机的态度，与我国大国有企业有相似之处——呼吁政府救援。

我国许多人认为，美国政府这次是下决心不救通用汽车公司了，这种观点没有看到本质。实际上，美国政府为挽救通用汽车公司不遗余力。美国政府先是对三大汽车公司进行注资，我们可以通俗地称为"内科疗法"；其后使通用汽车公司进入破产保护程序，可以称为"外科疗法"。通过进入破产保护程序，置之死地而后生，可以迫使通用汽车公司强大的工会不得不接受重组的条件，摆平了其他大股东。同时血淋淋的重组也就此展开，剥离不良资产开始了，裁减工人的计划终于开始实施。奥巴马政府对通用汽车公司的病症心里有数，对付重症不能不下猛药。

恐龙衰亡的时代，兴起了许多体形小、反应灵活哺乳动物。通用汽车公司这只恐龙能否演化成哺乳动物呢？我们只能拭目以待。

中国能够从通用汽车公司没落中吸取经验什么经验教训呢？我认为，最重要的一条是政府与大企业的关系。大企业一旦发展到一定规模，对国家的经济发展、就业、社会稳定等方面具有巨大影响，就可能在相当程度上"大而不倒"，乃至"绑架"政府的政策。政府出于经济发展、保证就业、维持社会稳定等考虑，往往不得不予以援手。大企业则自恃有政府支持，缺乏危机感，故步自封。政府处理与大企业的关系的正确做法是，既要予以必要的支持，又要防止过度扶持。想想我国大汽车企业与政府的关系，想想我国大企业的行为方式，想想我国大企业的实际竞争力（我国多数大企业的国际竞争力恐怕还远不如通用汽车公司），不能不让人回味许久。

远望一个汽车帝国没落的身影，我国政府与汽车企业应当引起深刻的警惕与反思。

我看丰田汽车公司之“召回门”事件*

　　近来丰田公司几次召回其在海外市场上生产的轿车，颇为引人注目。人们对此之所以关注度很高，一来因为召回涉及车辆甚多；二来因为这件事发生在丰田公司。丰田汽车公司自 20 世纪 80 年代打入美国市场，在国际汽车市场上树立了产品质量高且节约汽油的江湖地位。其后，在美国及欧洲市场上几乎无往不利，成为世界第一大汽车公司。人们不禁要问丰田汽车公司怎么了？我们还能不能买到安全可靠的轿车？

　　不少评论家对于丰田汽车公司的“召回门”事件发表了评论。但据笔者所见，大多大而无当，比较空洞。有人认为，丰田汽车公司的扩张超过了其实力，甚至连丰田汽车公司想做世界第一，也成为丰田汽车公司栽跟头的原因。要真正对丰田汽车公司此次“召回门”事件做出有实际操作意义的分析，恐怕只有丰田汽车公司自己。因为，只有对实际的设计、生产管理全过程进行深入研究，才能得出具有说服力的结论。但笔者认为，从目前已经有的资讯看，丰田汽车公司至少在下面四点上可能做得不够。

　　首先，产品设计有问题（丰田汽车公司自己也承认了这一点）。我们对产品设计出现的问题做进一步的分析，就不能不对 20 世纪 80 年代以来越来越流行的用计算机软件系统做汽车开发的辅助设计有所警觉。计算机软件系统做汽车开发的辅助设计，大大减少了汽车新产品开发的成本，用真正的汽车样本进行碰撞大大减少。同时缩短了新产品的研发时间，但也带来了对新产品实际检验不够的问题。

　　其次，丰田汽车公司的海外供应商管理存在问题。丰田汽车公司在日本国内，与汽车零部件供应商是一体的，丰田汽车公司可以帮助供应商进行新产品的开发，长期的供货关系能够形成比较稳定的、质量保证比较好的零部

　　* 原载《汽车产经报道》2010 年第 6 期。

件体系。然而,丰田汽车公司能否在海外成功"克隆"这种关系,是大有疑问的。

再次,丰田汽车公司患了与通用、福特类似的"大企业病",不再是那个早年兢兢业业、唯恐在市场上被淘汰的家族企业了。据有关报道,一年前,英国丰田汽车公司就曾经出现过脚踏板的问题,丰田汽车公司认为是小概率事件,未能予以重视。在美国出现问题后,应对危机的表现也较迟缓。大抵一个企业,成为世界规模,在世界各地进行生产、销售,必然出现管理层次增加、决策迟缓、对第一线的问题认识不足的毛病。丰田汽车公司也未能幸免。

最后,丰田汽车公司在海外是否成功"克隆"在国内的全员质量保证体系,也是一个问题。丰田汽车公司在日本国内的质量保证体系,是建立在独特的"丰田文化"基础上的。在丰田汽车公司内部,全体职工都是社员,人人都有保证质量的责任感。在欧美文化占主流的企业,即便想这样做,也不一定能够成功。

丰田汽车公司的"召回门"事件,对于丰田汽车公司形成了较大冲击,召回的汽车约810万辆,造成的损失接近丰田汽车公司一年的利润,而且持续面临在美国这样一个"律师国家"打官司的问题。

丰田汽车公司这次栽了个大跟头。我们能否得出丰田汽车公司就此一蹶不振,甚至日本制造业就此一蹶不振的结论呢?笔者认为不能。因为丰田汽车公司有着深厚的企业竞争文化;有着精良的制造技术和先进的产品。尤其值得指出的是,在关系新能源汽车的竞争方面,丰田汽车公司是混合动力轿车的领跑者;丰田汽车公司号称"丰田银行",在资金管理上有着独特之处,使其可以抗击突发的外部冲击。此次对丰田汽车公司的冲击,只是伤及皮肉,并未伤及筋骨。只要丰田汽车公司能够及时地进行危机管理,还是能够卷土重来的。实际上,在去年金融危机对汽车工业的冲击上,也可以看出丰田汽车公司应对危机的能力比通用等公司要强。

行文至此,笔者想特别指出,刚刚走出国门的中国汽车企业要认真研究丰田汽车公司的教训,看到"走出去"进行跨国经营的艰辛,以如履薄冰的态度走向世界。

"听证" 攸关政治*

围绕丰田汽车"召回"引发的一系列事件，仍在持续发酵。随着丰田章男先生在鸠山首相力挺下，有些悲壮地走到美国议会，用英语向美国人民道歉，丰田公司面临的技术与管理问题已基本大白于天下，并且得到了丰田公司自身的反省。对丰田公司来说，疾速扩张之后，能有一个认真总结、检讨的机会，进行阶段性的调整与改进，未必不是一件好事。毕竟这是丰田公司成为世界性企业以来遇到的首次重大挫折。

但在丰田公司召回的同时，其他的大汽车公司也在召回（最近是韩国现代汽车公司的召回），为什么仅仅丰田公司的召回引发轩然大波呢？这是因为尽管丰田公司尽力纠正技术和管理上的失误，弥补事件发生后危机公关失误导致的影响，丰田公司今后在美国面临的问题，却与政治攸关。由召回引发的经济事件已演变为政治风波。政治是经济的集中体现。"丰田丸"在美国市场上能否成功地渡过危机，已经在相当程度上取决于政治上的攻防。

在经济危机阴影仍然笼罩的美国，丰田召回事件，对于某些利益集团而言无疑是天上掉下了馅饼。于是推波助澜，他们站在为消费者生命负责的道义高度，对丰田公司穷追猛打就是必然的选择。

这些利益集团主要是：美国通用和福特两大汽车公司及其支持的政客。美国通用和福特两大汽车公司在密歇根州有强大的影响力，在美国议会有强大的院外活动能力。丰田汽车自进入美国以来即成为他们的强大对手，在这次经济危机中丰田在美国的企业实际上表现也好于通用和福特两大汽车公司。因此把丰田押上议会的政治审判台，无疑最符合他们的利益。

---

* 原载《汽车产经报道》2010 年第 7 期。

美国政府。本次经济危机中，奥巴马政府不得不对通用和克莱斯勒等汽车公司进行注资，实际上成为这些大汽车公司的最大利益相关方。这些汽车公司能否重组后起死回生，不仅关系政府资金的安全，还关系政府的业绩。因此美国政府在这次事件中实际上是受益者。此外，奥巴马政权把发展新能源汽车作为拯救美国经济的核心政策之一。丰田公司在世界汽车界，是新能源汽车的领跑者，去年丰田的混合动力汽车到了供不应求的地步。因此，丰田公司受到打击，奥巴马政权的高官一定心态微妙。

相关的大众传媒企业。美国的大众传媒企业相当程度上受制于有关利益团体和广告提供商，并且善于炒作。这次事件中美国大众传媒企业一边倒的姿态，耐人寻味。

美国的工会。美国的汽车工人工会，是美国势力很大的团体，也是民主党历来的最大支持者。丰田公司与美国工会的关系，并不是很融洽。在经济危机中，劳工团体是很容易对于所谓"外来势力"做出过度反应的。

美国的律师们。美国是一个有着浓烈"诉讼文化"的国家，看看被律师们"咬"得遍体鳞伤的美国烟草界，就知道律师的厉害了。面对美国消费者对丰田公司的诉讼，2010年律师们期待着生意兴盛、财源滚滚。

这就是丰田面对的强大政治势力。即便丰田公司能够成功地应付"听证"，还有许多诉讼在等候。也许把这些诉讼持续下去，更符合某些利益集团的利益。

当然，在这场政治攻防中，丰田也不会束手待毙。首先，日本政府已经在力挺丰田。据日本智囊机构研究，如果丰田公司减产30万辆汽车，日本GDP将下降0.12%，而鸠山内阁刺激经济计划所能够产生的效果，不过是刺激GDP增长0.4%。因此，丰田汽车关系日本经济的兴衰。

其次，丰田公司在美国进行了多年耕耘，已经在美国政界有了深厚根基。因此，丰田公司不乏私下与某些势力讨价还价的能力。再说，丰田公司在美国的工厂，是给当地带来税收和就业的重要力量，已经是美国企业，这也让某些势力投鼠忌器。

总之，"丰田戏剧"今后的戏码已经是政治上的较量。丰田公司依靠自己的力量可以较快地纠正技术、管理上的问题，政治上的攻防却是刚刚开始。这一攻防实际已经使美日政府参与其中，其进展仍然值得关注。虽然最终对企业兴衰起决定作用的还是企业自身的实力，但政治上的冲击仍会转化为市场上的负面因素。

对于中国大企业来说，丰田召回事件带来的最深刻教训是：在大规模进入世界市场后，如何在有关国家进行政治上的耕耘与布局，以政治和法律手段保证自己的利益尤为重要。对中国大企业来说这是一个全新的问题，在这方面，中国企业还只是小学生。

全球经济危机中的中国汽车工业*

　　2008 年末，由美国金融危机导致的全球经济危机，明显影响了中国经济的增长。中国经济增长明显放缓，为此中央政府及时推出了 4 万亿人民币的抑制经济下滑的投资政策。2009 年，"保持经济以 8% 的速度增长" 成为各项政策的核心。中国中央政府之所以推出 4 万亿人民币的抑制经济下滑的投资政策，其主要驱动力是：通过扩大国内需求，减少、削弱由于全球经济危机带来的外需急剧减少对中国经济造成的冲击。除了 4 万亿的计划，中国中央政府还陆续推出了十余个产业振兴计划。在这些产业振兴计划中，除了扩大内需的支持政策外，一般都包括了支持有关产业产品出口的政策。由于 2005 年以来出口对于中国经济增长的贡献率超过了 20%，因此中国政府在扩大内需的同时，不得不支持产业、企业努力出口，以尽量减轻外部需求减少带来的冲击，中国汽车工业也是如此。加入 WTO 后的中国汽车工业除了迅速成为世界汽车产量第三位的国家外，最大的变化就是成为汽车净出口国。2003 年以来，汽车出口几乎每年都以 60% 以上的速度高速增长。高速增长的汽车出口，不仅为汽车工业提供了检验自己产品的机会，更重要的是为中国国内逐步形成的庞大汽车能力提供了一个出口，减少了过剩生产能力对于产业的冲击。但是，这一有利的外部因素，在 2009 年大大改变了。

　　在全球经济的凄风苦雨中挣扎的全球汽车市场上，发达国家各主要汽车企业都遭到了战后最严重的冲击。美国三大汽车公司不得不乞求政府施以援手；日本以丰田、日产为首的主要日本汽车企业全部进入了亏损状态，2009 年 1 月丰田公司海外出口同比下降了 23.3%，为丰田公司战后从未遇到的严峻状况。2008 年度丰田公司亏损达到 3500 亿日元；日产公司的亏损为 2650 亿日元。汽车工业在发达国家仍然关系 GDP 增长、就业增长，是带动相关产

　　* 原载《汽车产经报道》2009 年第 20 期。

业最多的产业，因此在全球逐步抬头的贸易保护主义，在汽车工业领域可能得到突出的表现。

目前全球兴起的贸易保护措施大致有几类：第一类是不惜违反 WTO 有关规定，赤裸裸地提倡抵制某些国家某些产品的进口，例如，最近南美国家巴拉圭就在提倡抵制阿根廷和巴西的产品；第二类是在制定拯救经济计划时，规定本国财政支出的项目必须购买本国产品，美国总统奥巴马制定的拯救经济计划中就有所谓"购买美国制造"的条款；第三类是通过隐蔽的贸易保护主义措施，例如制定更加严格的技术标准、检验、检疫规定，事实上阻止或减少其他国家产品的出口，最近我国产品受到的这类限制越来越多，主要来自发达国家；第四类是通过各种方式对本国产品给予补贴。

中国是以"中国制造"著称的工业品出口大国，因此不可避免地要受到贸易保护主义的严重冲击。同时中国政府采取的抑制经济下滑的政策，也受到发达国家政府的高度关注。最近，笔者在访问日本时，了解到日本经济产业省就把中国政府做出的提高对纺织品出口退税的措施，视为贸易保护措施。

由于本次经济危机，实际上是二战以后金融体系、经济体系的重组，是经济运行规则的改变，因此 2009 年不可能出现经济复苏。全球经济恢复必将是 U 形态势。在漫长的经济谷底，也必然使贸易保护主义更加具有市场。尽管发达国家政府也在高喊"反对贸易保护主义"，但是考虑到选票和舆论，任何政府也不能不首先顾及眼前。在同一个经济集团内部，甚至也出现了同室操戈的现象。

在这严峻的形势下，中国汽车工业面临的形势又如何呢？中国汽车工业应当如何判断当前的形势呢？

笔者认为，首先要看到形势是严峻的。形势严峻之处在于，这场危机的确是全球第二次世界大战以来最严重的危机，危机的时间将是比较长的，涉及的范围是最广的，从发达国家到发展中国家无一幸免。不同的只是冲击程度而已。

其次要看到，由于汽车工业是发达国家核心产业，汽车公司在发达国家属于具有强大政治活动能力的、在国民经济中占有举足轻重地位的大企业，因此在这一领域围绕着保护与反保护的斗争将格外激烈，政府对于汽车产业、汽车企业的援助方式也多种多样（从直接给予财政支持到政府支持下整合兼并）。

再次，也要看到，汽车工业与其他工业不同，全球性的产业链条已经形成，全球性的生产方式已经成熟，这些都必将制约着汽车工业领域的贸易保护主义。例如，最近笔者到日本访问，了解到有趣的现象：尽管日本汽车出口不景气，但是九州地区福冈市的博多港，2008 年对中国汽车零部件的出口为 517 标准箱，从中国进口的汽车零部件则为 2417 标准箱。我遇到的日本汽车企业研究人员称中国汽车市场是"救生圈"。这种状态，实在出乎我的预料，由于时间关系，没有来得及问汽车零部件进出口的内容。但由此也可以看出中日两国汽车工业产业链的关联度在进一步深化，将对中日两国汽车产业的分工产生深远影响。这类深刻的分工状态在全球均不同程度地存在，必将限制汽车产业中的贸易保护主义。

复次，要看到在竞争更加激烈的市场上，我国汽车产品技术水平相对较低，可能导致我国汽车产品在某些市场上承受更大的压力。

最后，虽然发达国家政府在不同程度上对汽车工业进行保护，但是从共同的利益出发，世界主要国家对于反对贸易保护主义还是能够形成共识。这一点在 G20 会议的声明中得到了体现。

在上述大背景下，我们可以进一步分析我国汽车工业可能面临的贸易保护主义态势：

首先，以俄罗斯为代表的中东欧国家及发展中国家，是我国的主要整车出口国。中东欧国家目前正是金融危机冲击下最新一轮陷入危机的国家。但是这些国家（除俄罗斯外），汽车工业并不占有重要地位，因此与其说这些国家会对我国汽车采取贸易保护措施，不如说由于本国经济危机导致对我国汽车需求大量减少。在经济危机导致的汽车需求急剧萎缩环境中，我国汽车产品的致命弱点——技术水平低就显得格外突出，对我国汽车在俄罗斯等国家市场上的竞争产生重大影响。值得注意的是，俄罗斯最近认为我国汽车产品水平低，并且出于与日本的经济交易，不允许我国轿车企业在俄罗斯设厂，而让日本汽车厂进入。这种情况在其他国家是否也会出现？

其次，发达国家汽车市场已经陷入"整体陷落"的状态，因此其基本上依靠"以旧换新"的市场，即便对本国汽车工业来说也难以提供支持，对于本来就难以进入的我国汽车工业来说，意义就更加微弱。发达国家即便采取贸易保护主义措施，也是在发达国家之间起作用。发达国家汽车市场的不景气，会对我国的汽车零部件企业产生影响。

再次，就发展中国家整体而言，主要是出于本国经济的状况，减少了对中国产品的需求。在巴西、墨西哥等少数汽车工业具有一定实力的国家，由于我国汽车出口有限，出现专门针对我国汽车工业的贸易保护措施的可能不大。

最后，在 WTO 框架内，多数国家如果不是遇到重大经济利益冲突，悍然采取明显的贸易保护主义措施，还是要有所顾忌的。在全球经济危机中，有求于中国的国家比较多，中国在国际经济利益博弈中处于有利地位。这也有利于抑制汽车产业可能遇到的贸易保护主义措施。

总之，在全球经济危机中，中国汽车工业可能遇到贸易保护主义的干扰，但不是主要问题。主要问题仍然是由于全球经济不景气导致的全球汽车需求急剧萎缩。我国汽车产品在竞争加剧、迅速萎缩的汽车市场上，由于技术水平低而处于更加不利的地位。

在这种情况下，中国汽车企业在国际市场上要更加低调，少说多做；依托国内国际两个市场，更加致力于自主开发能力的形成；同时抓住机遇，引进技术和人才。根据笔者最近对日本的访问，我认为在中小企业中，在 50 多岁最容易被"提前退休"的技术人群中，引进技术与人才是大有可为的。在我国汽车工业遭遇明显的贸易保护措施的冲击时，要依靠协会和政府，以集体的力量，依托 WTO 相关法规与之周旋。

寻求相对优势 *

最近对一些汽车企业自主研发情况进行了调研，从本次车展上也看到了整个中国汽车行业在自主研发方面做出的成绩。总体上看，我有一个印象：中国汽车企业的自主研发已经到了一个转折点。跨越这个转折点，即可以出现明显的效果。支持笔者这一结论的是：自主研发的汽车企业已投入了大量资源；经过 1~2 轮自主研发车型的上市积累了经验，自主开发开始由 A 级车向 B 级车挺进；熟悉了开发的流程与步骤；建立了广泛利用国际资源的开放式开发体系；合资企业中的经验与知识开始外溢到自主研发领域；新能源汽车为中国企业提供了新机遇；坚持下去，必有大成。笔者是乐观的。

但是，自主品牌要有大成，还需要再加两把火。第一把火是建立在企业力量基础上的，这就是寻求相对优势。自主品牌面临着先天不足。所谓"先天不足"是指出国内、国际汽车市场缺乏足够的市场认知和品牌溢价。在"先天不足"的情况下，如何与跨国公司产品竞争呢？答案是在全产业链条中寻找相对优势。中国汽车企业的相对优势是什么呢？那就是熟悉本土市场；具有制造环节的优势；能够提供比较方便的维修服务。我国的家电企业实际上也是利用这些相对优势发展起来的。遗憾的是，我国汽车企业长期以来对这些相对优势认识不足、利用不够！

熟悉本土市场，可以使企业在产品设计时更加贴近消费者；制造环节的优势，可以使企业在产品质量、可靠性的提高上下功夫，从而以质量优势弥补技术差距；提供比较方便的维修服务，则更是大有可为，当年我国洗衣机、冰箱企业提供的"红地毯"式的服务，使我国家电企业逐步取得了与跨国公司产品相抗衡的力量。

笔者欣喜地看到，我国汽车企业现在也开始认识到相对优势的重要，并

---

* 原载《汽车人》2013 年第 6 期。

且开始努力了。例如，北汽自主品牌轿车登场，即率先承诺将提供"三包"服务；比亚迪汽车公司则在认真反思的基础上，提出了将旗下全系车型由原来2年或6万公里的质保期均延长到4年或10万公里。这些做法值得其他开发自主品牌的企业仿效。只要认真寻找并发挥相对优势，自主品牌可以发展得更加迅速。

第二把火，就是政府政策。希望政府能够尽快实施政府机关轿车采购条例，使自主品牌轿车发展得到更好的外部支持。

谈 "SUV 现象" [*]

从全球汽车工业发展看，SUV 以及正在中国汽车市场开始红火的 MPV，均属于细分市场上的 "非主流" 车型、跨界车型。然而，就是这些非主流车型、跨界车型成为中国汽车自主开发企业最近扭转颓势、遏制市场份额下降、重拾信心的立足点。笔者姑且把这种现象称之为 "SUV 现象"，谈一点心得。

笔者认为，"SUV 现象" 之所以在中国出现，首先是由于中国国内市场广大、消费的地域差距很大，不同消费主体间需求差异很大，因此导致对 SUV、MPV 的较大需求。这些细分化市场上的产品，在我国这样一个 13 亿人口的超大型国家里，拥有相对比较大的绝对规模，足以支持若干企业驰骋其中。

其次是中国汽车市场的消费群体中，相当一部分人已经进入了汽车消费升级换代的阶段。汽车的消费升级换代可以选择两个方向：一是换更高档的轿车；二是换能够满足更高、更多需求的车。第二类升级换代者，必然要考虑购买 SUV、MPV 一类的车。据我对发达国家尤其是日本的观察，日本的汽车消费者在轿车升级换代时，基本上是如此做的，甚至有人购买 8 座的小客车，上面可以放冲浪板或小橡皮艇。

再次是消费者行为方式的改变，中国汽车消费者已经由过去的开车上下班，改变为周末或小长假进行较长距离的出行，甚至到路况不好的深山老林、荒漠戈壁去，这也导致了 SUV、MPV 一类的车的流行。

最后是 SUV、MPV 一类的车，从性价比上最能发挥中国本土自主品牌企业的优势。合资或进口 SUV、MPV 产品相对较贵，中国汽车企业的产品在水平接近的情况下，自然对追求时尚，又比较节俭的汽车消费者具有较大吸引力。

"SUV 现象" 的出现，一方面是市场逼出来的；另一方面也是企业主动的

* 原载《中国汽车界》2015 年 8 月刊。

战略选择。例如，长城汽车公司长年来专注于 SUV 这一细分化市场，立足于这一领域的竞争，终于取得了较稳固的市场定位，不仅产销量居于第一位，其产品水平、质量也得到了消费者的认可。

"SUV 现象" 的出现，固然是企业应对市场挑战做出的回应，同时也对我们思考中国汽车自主品牌发展之路，有所启发。但凡后进国家、后起企业，要追上领先者，一定要找到可以发挥相对优势的竞争领域，进行 "非对称" 博弈，才有机会实现赶超。对于中国汽车自主开发企业而言，笔者所见的能够发挥相对优势的领域有两个：就地域而言，向全球发展中国家以及新兴国家出口，是中国自主开发企业的空间相对优势领域；就产品而言，SUV、MPV 以及正在迅速崛起的新能源汽车是中国汽车自主开发企业的相对产品优势领域。

中国汽车自主开发企业在 SUV、MPV 等领域取得的成绩不是偶然的，是采取了寻求相对优势战略的结果。这一相对优势，不仅体现在生产、研发、经营领域，更重要的是体现在全心全意地贴近中国汽车市场、理解汽车消费者需求、及时做决策的高层战略管理方面。这也是汽车跨国公司天然具有的相对弱点。

在全球汽车跨国公司 CEO 眼中，中国汽车市场始终是全球汽车市场的一部分，中国汽车市场上合资企业的发展以及产品的投放，要符合其全球战略，不可能像本土企业那样赌上身家性命。他们考虑的是，如何以某些产品在中国汽车市场上获取最大利润，而不是深入理解、全面开拓中国汽车市场。这就造成了有些合资企业长期生产单一产品，以致濒临失败的现象。全球汽车跨国公司的 CEO 可以听到中国合作伙伴的意见，但是从听到接受，必然是一个迟缓的过程，很多时候听到了并不一定接受。中国汽车自主开发企业在决策管理方面的相对优势，不可忽视。

谈点具有哲学意味的想法。笔者是跨界从事研究的学者（研究领域主要是国家安全和产业经济），在研究工作中，笔者发现，不论国家竞争、军事斗争还是企业竞争，都离不开寻求相对竞争优势。在我国工业发展中更是如此。正因为寻求到了相对优势，我国企业先后在家电、手机等领域打败了实力雄厚的全球跨国公司。

我国汽车企业也正是凭借相对优势，以相对比较好的技术加上相对低的成本，在商用汽车领域成功抵御了加入 WTO 后的冲击，至今依然在中国商用汽车市场占有主导地位。

相对优势既可能存在于对于市场的独特认识，也可能存在于对资源的巧妙整合（例如，小米手机的出现），还可能存在于独特的商业模式。当前，新能源汽车的爆发式发展；互联网、物联网对中国汽车工业的冲击越来越大；无人驾驶正在逐步变成现实；一个变革汽车工业研发、生产、发展、经营模式的大好时代已经到来。在新能源汽车领域如果注意把技术、商业模式、生产方式予以巧妙组合，是大有希望的。

相信中国汽车自主开发企业，一定能够找到越来越多的、可以发挥相对优势的领域和路径，走向成功。

"Z 点" 猜测[*]

从哲学上讲，任何事物内部，总是矛盾的对立统一，存在新与旧的矛盾对立。新生力量达到或超过 50%，就到了由量变引发质变的阶段。需要指出的是，根据笔者的经验判断，无论自然系统或社会系统，一旦到了可能发生转折的力量平衡点附近，很可能出现变化加速度。此时新生力量往往以人们料想不到的速度加速发展，乃至短期完成新旧交替。从近代社会变革看，偌大的清王朝，武汉新军振臂一呼，顷刻瓦解；辽沈战役后蒋介石的军队从数量上说还与解放军相近，但很快崩溃。一旦越过 50% 的力量平衡点，新生事物往往高歌猛进，摧枯拉朽。从最近中国市场的事例看，从传统电视，到平板电视，从模拟信号手机到 4G 手机，从录像机到 DVD，转换之快有目共睹。

笔者把事物转化的关键点，暂且称为 "Z 点"（汉语拼音 "转化" 的第一个字母）。当前，猜测 "Z 点" 成为全球汽车工业的热门话题。

随着汽车工业百年未见的技术革命的推进，汽车界人士、政治家、技术专家，开始推测，传统汽车的主导地位何时被新能源汽车取代。企业界比较有代表性的是日本丰田汽车公司。丰田汽车公司做出了到 2025 年基本不再生产传统汽车的计划（目前生产的普锐斯是否计算在新能源汽车范围内尚不清楚）。

各国政界对 "Z 点" 也有所猜测。日本经济产业省的规划是 2020 年新能源乘用车占全部乘用车的比重为 20% ~ 50%；2030 年新能源乘用车占全部乘用车的比重为 50% ~ 70%。到 2030 年基本实现了新能源乘用车成为乘用车的主体。德国议会的一批议员则呼吁政府，在 2030 年停止传统乘用车生产。荷兰则更为激进，国会准备在 2025 年全面禁止传统汽车销售。

我国汽车界的猜测相对比较保守，据中国汽车工程学会发布的《节能与

---

* 原载《汽车人》2016 年第 12 期。

新能源汽车技术路线图》，到 2030 年我国节能与新能源汽车占 50% 的比例，节能汽车中包括各类混合动力。归纳一下，按照最保守的说法，到 2030 年节能与新能源汽车的占比也到了 50%，进入了急剧变化的"Z 点"。

上述猜测或者意愿，究竟有多少准确度，只有留待将来验证，但是这些主观意愿会转变成客观上推动转变加速的动力，使历史进程进一步提速。

从 2017 年算起，也就是 10 来年的时间，大约开发传统汽车新车型两到三轮的时间。在 10 来年的时间里，新能源汽车要能够从目前多种技术路线角逐的局面，逐步形成单一主流技术趋势，推出主导车型，也是很紧张的。因此，在"Z 点"到来之前，对于企业、政府的眼光、战略都提出了巨大挑战。

笔者认为，从战略上，要对"Z 点"的来临及其后的"大雪崩"有充分的准备。可以说关系未来汽车企业生死存亡的战略决策，需要在目前做出，而做出准确的战略抉择又是相当艰难的。目前生产传统汽车的主力厂家，需要在研究、开发传统汽车，发展新能源汽车两者间进行战略优选，确定战略步骤，优化资源的战略配置，可以说今天做出的决策影响 5 年后，也必然同时影响着 10 余年后的决战。决心闯入汽车业的后来者，也要充分考虑市场的复杂性和技术不确定性。仅靠 PPT 造车，当然难以成事。某些现在处于"轻资产"状态的企业如果真正投身汽车业，则要对市场、技术风险有足够的心理准备，要准备足够的"银子"。在急剧变化的当下，投资一旦选错技术路线，将陷入左支右绌的窘境。

高瞻远瞩，是企业家在今后汽车市场竞争获胜的首要条件。只有准确做出战略判断，才能抢得先机。纲举目张，是政府引导汽车工业发展取得成功的首要条件。政府既要坚定地推动新能源汽车发展，为之创造必要的条件，又要防止过度干预，切忌胡子眉毛一把抓，尤其在技术层面，要适当超脱，过度、过深的介入可能适得其反。

工业 4.0 对中国汽车工业的挑战[*]

全球金融危机爆发后，美日欧等发达国家陆续推出了拯救经济的计划，试图通过发展一系列战略性新兴产业，使经济重新走上依靠产业立国的道路。

美国奥巴马总统挽救经济政策的核心是，推动"再工业化"，通过发展软件产业、化学、制药、农业、教育、医疗、新能源、新能源汽车等战略性新兴产业，走出经济不景气。欧洲国家、日本拯救经济计划中包含有与美国类似的支持新兴产业发展的内容，如日本的"科技工业联盟"、英国的"工业2050 战略"。

中国政府在全球金融危机爆发后，出台了十大产业调整和振兴规划，其中核心部分是支持新兴产业、新技术的发展。其后中国政府又确定了七大战略性新兴产业，对节能环保、新一代信息技术、生物、高端装备制造、新能源、新材料和新能源汽车等产业予以重点支持。

工业 4.0 是全球金融危机爆发后，各个国家、地区推出的一系列新产业振兴规划的延续和深化。

互联网、工业物联网、云计算、智能机器人、3D 打印、模拟技术、新材料等经过产业化运用后逐步成熟，为工业 4.0 深度介入工业生产、运营创造了条件。

发达国家和新兴国家制造业的高端化、智能化，为工业 4.0 方案的提出，提供了刺激和需求。

金融危机后成长起来的新兴产业的竞争日益激烈。这些产业不仅成为有关国家再工业化的新动力，而且成为在全球产业链条中占据制高点、体现国家制造业国际竞争力的核心。发达国家和新兴国家在制造业领域的竞争日益激烈。中国作为制造业大国也参与其中。

---

* 原载《中国汽车界》2015 年 7 月刊。

工业 4.0 是继 18 世纪后半叶，以蒸汽机发明为标志的机械化生产的第一次工业革命；19 世纪后半叶，以电力发明为标志的电气化和流水线生产的第二次工业革命；20 世纪下半叶，以信息技术为主要标志的第三次工业革命后的又一次工业革命。第四次工业革命主要特征是：融合利用既往工业革命创造的 "物理系统" 和第三次工业革命打造的 "数字信息系统"，通过虚拟网络系统和实体物理系统（Cyber Physical Sytem，CPS）的体系融合，使传统生产体系全面智能化。

工业 4.0 对全球产业结构、全球产业分工、产业竞争带来的影响是全面、深刻的。工业 4.0 将带动规模巨大的投资，拉动相关新兴产业的发展。

工业 4.0 是综合运用 21 世纪最先进技术与工业体系，使互联网、物联网、大数据等新技术深入生产、经营、研发层面，既是工业生产力的革命，也是生产方式的革命。工业 4.0 的核心是提高大数据的可用性和集成度，使价值链上所有的产品、装备、资源、管理者互联互通，改善生产流程，最终实现企业、客户价值最大化。工业 4.0 使原来管理者、生产者——机器系统的单向控制，变为双向反馈调节。工业 4.0 将使工业生产运行更加智能、柔性、高效、绿色，对企业的生产、营销、研发、员工素质等方面的影响是全面、深刻的。

工业 4.0 对政府制定政策、法律、法规的影响是深刻的。

工业 4.0 即便在发达国家中推进，也将是循序渐进的。不同行业、不同企业有不同的推进路径与阶段。有些行业可能在推动工业 4.0 过程中受益很大，有些行业可能受工业 4.0 的影响比较小。

对发展中国家而言，可在某些行业、某些领域借鉴工业 4.0 的经验和做法，但不能照搬。

中国是世界主要制造业大国。虽然近年来，第三产业在增长速度和创造新工作岗位上超过了第二产业，但是工业仍是中国的立国之本。工业 4.0 计划对中国工业既是可以借鉴的摹本，也是挑战。中国政府高度关注工业 4.0 计划，并根据国情，推出了类似行动计划："互联网 +""工业 2025" 等。研究与借鉴工业 4.0 计划，为中国工业的结构调整、产业升级提供了可借鉴的思路、方法和技术路径。

从全球工业发展历史看，汽车工业既是新的生产方式、管理方式的发源地，又是新的生产方式、管理方式的试验场。流水线生产方式、精益生产方式都首先应用于汽车工业。从目前对工业 4.0 的研究与实践看，工业 4.0 生产方式最适于能承担高投入、产生高收益、技术密集、资本密集、大批量生产的产业，这一产业非汽车工业莫属。

因此，中国汽车工业将最先感受到工业 4.0 带来的冲击与挑战。相比工业 4.0 造成的挑战，电商以互联网方式介入汽车销售只是皮毛而已。

中国汽车工业企业在推动工业 4.0 时，面临的最大挑战是中国工业水平与发达国家的整体差距。从这个意义上看，工业 4.0 计划也是对中国工业的挑战。

德国、美国、日本等国家的企业基本上实现了工业 3.0，正在向 4.0 发展，也就是从生产自动化迈向网络信息化。在中国，各个产业、企业间存在很大差距，有的产业、企业已接近工业 4.0，但还有一部分仍停留在 2.0 到 3.0 的发展阶段。这也意味着中国汽车企业在推动工业 4.0 生产方式时，首先面临着如何装备自己的困难。中国推动的工业 4.0，难以简单模仿和复制发达国家的做法。

中国汽车企业面临着已有生产能力和技术装备的整合问题、外部资源的整合问题。经过改革开放 30 余年的努力，中国汽车企业在制造能力、装备水平上已经接近发达国家的水平。但是，中国装备制造业的发展滞后于汽车工业的发展。中国汽车企业主要生产线是由欧洲、日本装备制造企业装备起来的。在推动工业 4.0 时，如何系统地改造、创新会遇到许多问题。

工业 4.0 生产系统中，技术融合、标准制定是关键。软件技术、物联网技术、传感器技术并不在汽车企业内部甚至产业中，如何协调，也是问题。

随着工业 4.0 生产方式的推进，在合资企业中，外方的话语权可能进一步提高。

工业 4.0 对汽车企业管理者、员工的素质也形成了挑战。

工业 4.0 本质上是以智能化代替人工，是以资本、技术资源，代替人力资源的工业化进程的延续。随着资本集约程度、技术密集程度大幅度提高，只有高效益、大批量才能获得高回报，而这对从事自主品牌、自主研发的企业构成了挑战。

从上面的分析看，中国汽车工业必须重视工业 4.0 的挑战，并且认真研究应对之策。工业 4.0 在汽车工业中推广虽然是一个逐步探索的过程，但是要有紧迫感。最重要的是，要具有战略远见，根据企业自身情况以及国内汽车市场竞争态势，提前规划企业的未来。

谈股比放开 *

近来随着工信部苗圩部长的一次讲话，合资汽车企业是否放开 50% 股比限制这一问题，重新成为经济界热议的话题。

合资汽车企业的股比限制，之所以成为中国汽车工业发展进程中的重大问题，波澜起伏，老是成为舆论焦点，是因为股比问题牵涉中国汽车工业能否真正成为具有自主开发能力的产业。这一问题涉及面广，对行业发展影响深刻。

中国汽车工业界乃至中国经济界各方面围绕股比问题的争论，曾经很动感情。主张放开股比限制的一方认为，是否开放股比限制，是检验中国经济是否真正开放、真正落实了以市场竞争为基础的改革的大问题；不主张开放的一方认为，假如放开了股比，将使中国汽车工业失去自主发展的机会，是向跨国公司投降。双方在争论中，很有在"政治是否正确"上争个高下的意思。

笔者在历次争论中写了不少文章，也是站在主张暂不开放股比一方的。笔者认为，抛开"政治正确"与否不说，从具体操作路径看，当时（前几年）开放股比也是有问题的。最具体的重大问题就是，我国大汽车企业集团用于自主开发的资金就是来自合资企业 50% 的股比分红，如果放开了，这些企业自主开发的资金如何保证？还有，当时中国汽车企业自主开发正处于爬坡的关键时期，不宜做重大改变。当然，当时笔者还有一个建议，股比开放要先向国内企业开放。

现在又过了几年，中国汽车企业在自主开发方面渐入佳境，在某些领域（如 SUV、MPV、新能源汽车）已经初步找到了获得相对优势的竞争路径，中国汽车企业已开始了全球兼并。在这种情况下，如果再拖个一两年，放开股

---

* 原载《中国汽车界》2016 年 6 月刊。

比限制是可议的。毕竟中国汽车企业不能总是依赖政府保护,政府也有总体战略利益考虑需要汽车工业做出改变。从苗圩部长的讲话中,可以体会到合资汽车企业股比开放已到了倒计时。背水一战,也可以促使中国汽车企业有危机感,加速自主开发的进程。

其实,即使在对外谈判中真的放开了合资汽车企业股比限制,在具体操作技术上也不是毫无办法,况且现在多数合资企业已在原有合资框架下,签署了又一轮合资协议。当然,中国汽车企业不能把希望寄托于通过技术操作来继续维持现状。毕竟真正能够自立于全球汽车企业竞争市场,要靠企业自身的扎实努力。

最后笔者想再强调一下,放开股比要首先对国内资本放开,从现在就开始考虑和推进这一问题,将使我们在真正对外资放开时更加主动,更有回旋余地。现在就推动对内资企业开放股比,还有利于国有汽车企业推进混合所有制改革。前一段时间,某些大汽车企业的领导人锒铛入狱,也提醒我们放开股比,有利于改变国有汽车企业的治理结构,提高效率、改善经营管理。

加入 WTO 前,笔者曾经写文章呼吁放开民营资本进入汽车产业的限制。由于政府在加入 WTO 前解除了对吉利等企业的轿车准入限制,使中国汽车工业更加有竞争力,对迎接开放后的挑战,起到了很好的作用。现在,也应当首先对国内资本开放国有汽车企业的股比,引入其他领域的资金和经营者,使国有汽车企业更加具有活力。

加入 WTO 时,很多人认为"狼来了",中国汽车工业将面临灭顶之灾。笔者当时就认为,中国汽车企业将在"与狼共舞"的过程中成长起来。现在笔者还是对股比放开后的中国汽车工业抱持乐观态度。

21 世纪初我国高技术产业发展的政策选择[*]

本文立足于我国高技术产业发展的现状与未来十年的发展趋势，对我国政府在高技术领域内可能采取的政策进行研究。由于各个高技术产业所处的发展阶段和面临的问题有很大不同，因此本研究涉及的是高技术产业整体发展所需要的公共政策。

一 我国高技术产业发展中存在的主要问题

1. 高技术产业发展的结构不合理

我国高技术产业发展结构的不合理主要体现在三个方面：一是制造业发展迅猛，而以软件业为代表的高科技服务业的发展却严重滞后，不仅落后于欧美日等发达国家和中国台湾、新加坡、韩国等新兴地区和国家，而且落后于印度、巴西等发展中国家；二是在高技术产业中，信息制造业一枝独秀，其他行业例如生物产业、航空航天产业等相对还比较弱小，发展速度也比较缓慢；三是组装加工能力发展迅速，研发能力大大滞后。

2. 企业自主创新能力弱，具有自主知识产权的核心技术少

中国高技术企业规模普遍偏小，R&D 投入严重不足。2001 年，OECD 成员国平均已达到 2%，其中最高的瑞典超过 3.5%，韩国达到 2.5%。依据普适性的一般规律，R&D 占 GNP 不到 1% 的国家是缺乏创新能力的；在 1% ~ 2% 之间，才会有所作为；大于 2%，则这个国家的创新能力可能比较强。日本、韩国等国家在 1997 年这一指标就已分别达 2.83%、2.79%，瑞典更是高达 3.59%。美国在 1999 年这一指标也是 2.7%。我国 R&D 在 GDP 中的比重

* 本文是赵英主持的商务部科技司 2004 年课题《高技术产业发展对世界经济的影响及对我国外贸的机遇与挑战》的总报告。徐朝阳参与了写作。本文曾扼要在《经济管理》发表。

虽然从 1990 年的 0.68% 上升到 2002 年 1.1% 的历史最高水平，但是与发达国家相比 R&D 经费投入的绝对规模与相对规模都偏低，长期低强度的 R&D 经费投入已经成了严重制约我国科技创新能力的"瓶颈"因素之一。

由于我国高技术产业的多数企业尚未形成自主开发能力，尚未具有自主知识产权的核心技术，技术水平普遍较低，主要高技术产品的核心技术以及关键部件均掌握在发达国家企业手中，关键零部件基本上依赖进口，在知识产权方面比较普遍地受制于跨国公司，已经成为我国高技术产业发展面临的主要问题。

3. 高技术产业经济效益低

发达国家高技术产业增加值占产值的比重一般在 30% 以上。美国高技术产业的增加值率 1999 年为 43.0%，比制造业平均水平高 6.5 个百分点。日本和英国的高技术产业增加值率大约为 36%，略低于本国的全部制造业的增加值率。法国和加拿大的高技术产业的增加值率也都超过 30%。韩国 1999 年的高技术增加值率为 27.2%。我国 2002 年高技术产业增加值率为 25%。尚且落后于韩国 1999 年的水平。同期我国制造业增加值率为 26.8%，高技术产业增加值率低于制造业增加值率低 1.8 个百分点。从各类高技术产业看，计算机与办公设备制造业与国外的差距最突出。我国计算机与办公设备制造业的增加值率仅 20%，而美国、日本达到 50% 左右，英国超过 40%，法国、加拿大和韩国也都高于 30%。

从各高技术产业的情况分析，发展速度较慢的医药制造业，由于产值规模扩张缓慢，利税较为稳定，产值利税率指标略高于其他行业，1998 年为 9.7%。产业发展速度最快的计算机与办公设备制造业产值利税率最低，仅为 4.6%。航空航天产业的产值利税率为 5.8%，低于高技术产业平均值。电子信息产品制造业 2003 年利润率降到 3.7%（全球平均为 6%），也低于我国制造业平均水平（5.7%）。

4. 高技术产业发展的市场环境亟须完善

突出地表现在以下几点：一是知识产权市场规模小，发展速度慢，技术商品的质量和技术含量有待进一步提高；二是法制环境不健全，科技立法工作滞后，对知识产权的保护力度不够，侵权行为仍然比较猖獗，严重阻碍了高技术企业的自主研发的积极性，也不利于跨国公司对华的技术扩散；三是行业中介组织的发展严重滞后；四是在高技术产业化进程中，某些环节仍然薄弱（例如，缺乏中试基地以及相应的资金；缺乏扩散与传播高技术信息的公共平台；缺乏对引进技术的组织攻关）；五是许多高新技术开发区和地方政府只是重视基础设施等硬件方面的建设，对于形成有利于创新的文化、生活环境尚未充分予以注意。

5. 科技资源利用效率低

主要体现在三个方面。一是科技人员数量多、产出少。目前我国科技人力资源总量达到 3200 万人，数量位居世界第二。但我国科技人员在《科学论文索引》（SCI）、《工程索引》（EI）、《科学技术会议录索引》（ISTP）等 3 系统上发表的论文总量长期在世界十名开外，近年来虽有较快发展，却仍在五名以外，与我国庞大的科技人力资源数量不相符合；二是科技成果转化能力弱，研究开发与生产环节脱节，科研机构与企业脱节的矛盾没有得到根本解决。三是由于在我国科研体制中仍然存在着条块分割的现象，某些重大项目缺乏协调，因此在高技术产业开发中重复开发、重复研究仍比较多，有限科技资源没有得到相对优化的配置。

许多军民科研开发项目仍然是按照产品需要分别予以组织，而不是按照科学技术的内在联系进行系统开发。军民科技开发力量仍然难以紧密结合。

6. 以加工贸易为主体的高技术产品出口面临土地、原材料和劳务成本上涨的压力

我国高技术产业仍处于规模扩张的粗放发展阶段。1993～2002 年，加工贸易在全部高技术产品出口中所占的比重由 70.2% 上升到 89.6%。中短期内，我国劳动力成本低廉优势还将继续，高技术产品出口以加工贸易为主导的格局仍将在很大程度上得到维持。但是，随着我国经济高速增长，土地资源日趋紧张；原材料价格持续上涨，而且对进口依赖越来越大；劳务成本也持续上涨；土地、资源、劳动力对高技术产业加工贸易的发展模式的制约将越来越强烈。如果我国高技术产业仍然停留于原来的发展轨道，我国高技术产品出口竞争力将会受到成本更低的其他发展中国家的挑战。

7. 高技术专门人才匮乏

我国科技人员总量虽多，但真正符合高技术产业需要的高技术人才相当匮乏，表现为：缺乏能够进行顶层设计的战略性科学家和开创性技术人才；缺乏国际型人才，能够熟练地使用外语或者精通国际通行规则的高技术人才数量太少，无法与印度、新加坡等使用英语的国家相比，既精通技术又有必要的管理知识的复合型人才较少；不同行业间人才供需的严重失衡；高技术人才主要集中在北京、上海、广州等少数几个城市；高级技术工人极为短缺。

8. 高技术科研成果商品化、产业化仍然比较慢

在我国已经进行的"863"等大型科研计划中,科研成果的产业化率是比较低的。在军工科研领域更是有大量的成果未能转化成民用商品。

二 21 世纪初我国政府制定高技术产业政策面临的有利条件与约束条件

1. 21 世纪初我国政府制定高技术产业发展政策的有利条件

随着我国经济保持稳定、高速增长,税收持续增加,政府用于支持高技术产业发展的财政支出将持续增长。

发达国家的历史经验表明,企业最终将成为 R&D 的投入主体。目前我国企业用于 R&D 的总额已经超过了政府 R&D 的投入总额,预计今后 10 年内仍然会持续增加,增加幅度会比较大,速度也将比较快。企业用于 R&D 的资金增加,企业 R&D 能力不断增强,为政府支持与开展高技术产业科研开发项目、鼓励企业进行开发活动打下了基础。政府可以用有限的资金,引导企业在高技术领域的 R&D 投入,发挥更大的作用。

跨国公司将仍然把中国作为投资的重点,不断把生产制造基地转移到中国,同时跨国公司将继续把研发中心转移到中国。随着全球化浪潮中,R&D 国际分工的进一步深化,随着高技术产业全球性分工,高技术产业中某些研发环节的外包已经成为世界潮流,有利于我国接受跨国公司的高技术产品、高技术的转移。

据笔者对北京地区摩托罗拉、GE、DBA 等跨国公司研发中心、大连软件园跨国公司研发中心的调查,这些跨国公司的研发中心设在中国固然有使产品本土化的任务,主要还是为了母公司开发设计产品,利用中国低廉、优秀的高技术人才。今后这类研发中心还会增加。这就使跨国公司的技术外溢增加。

跨国公司制造基地持续向中国转移,使我国高技术产业在生产力方面得到提高;跨国公司研发中心进入中国,可以使我国高技术产业加速获得某些开发能力。同时,跨国公司在生产技术、研发方面带来的技术转移和技术外溢,可以使政府把有限的财政资源用于真正需要政府支持的,与国家安全、公共利益密切相关的高技术领域。

随着世界政治格局的变化,我国通过国际合作获得高技术的机会与领域也在不断增加。开展多领域、多形式的国际合作,可以使我国在高技术产业发展上获得更多的技术来源。

随着我国科研体制的深入改革，我国大部分科研机构已经具有了为经济建设服务、为企业服务的内在驱动力。

随着改革的深入，我国军工产业已经转变为承担军工任务的军民融合的高技术产业。据笔者估计，我国军工领域的大部分科研机构在 21 世纪前十年会基本完成体制、机制的转型，这就为我国高技术产业在统一规划下发展、更好地利用有限资源创造了条件。

在我国进入人均 GDP 3000 美元经济发展阶段后，由于维护国家安全的需要，人民提高生活水平的需要，社会经济发展的需要，对于高技术产业的需求会急剧增加，为高技术产业新产品、新技术的产业化创造了条件。

2. 21 世纪初我国政府制定高技术产业发展政策的约束条件

尽管我国政府能够掌握的财政资金持续增加，但是与发达国家相比，仍然是比较低的。因此，政府只能对高技术产业予以重点支持。

由于我国加入了 WTO，因此在对高技术产业进行政策支持时，就要考虑 WTO 的有关条款。我国政府最常用的财政、税收等政策手段的使用，受到相当的限制。

跨国公司对于知识产权方面的控制越来越严格，其通过知识产权获得垄断利润的趋向也越来越明显。因此，虽然跨国公司会对我国高技术产业的发展带来技术外溢，但是也会在某种程度上抑制我国自主研发能力的形成。跨国公司对我国高素质、高水平技术人才的争夺，也是影响我国高技术产业开发能力形成的重要因素。

出于国际战略的需要，霸权国家仍然会采取许多政策措施，限制其他国家对我国转移先进技术，限制我国参加许多尖端领域的国际合作项目。

我国政府的税收优惠政策，已经在比较广泛的领域使用，进一步运用的空间受到限制，包括受到财政承受力的限制和受到加入 WTO 有关条款的限制。长期对某些产业过度使用税收减免政策，也易于导致寻租行为，扭曲市场配置资源的作用。

三　今后十年我国政府高技术产业政策制定的总思路

今后十年，尤其在"十一五"期间，政府不需要再重新制定一系列推动高技术发展的政策，而需要根据我国高技术产业发展的不同领域、不同需要，对已有政策做必要的调整与补充，在某些领域做比较大的变动。政府应当在已有政策的基础上突出重点，深入不同产业、不同发展环节，制定不同的政策。

今后十年，尤其在"十一五"期间政府推动高技术产业发展政策的总体目标应当是：重点突破，区别对待，提高水平，在转变企业、科研机构机制上下功夫，创造和改善发展高技术产业的市场环境，引导市场资源配置，使我国高技术产业获得可持续发展的能力。如果说"十五"期间我国政府政策重点解决的是高技术产业在开放条件下迅速发展，扩大规模的"量"的问题；"十一五"期间就应当把政策重点放在提高高技术产业的水平、附加值、能力等方面，推动高技术产业"质"的提高。所谓"高技术产业的可持续发展能力"是指：在高技术发展的关键领域、关键环节、关键产品上具有自主开发的能力，具有自主知识产权；高技术产业的结构调整与升级，不依赖和受制于跨国公司；在全球高技术产业链的分工中，能够不断提升其位置；在高技术产品价值链中，能够逐步向高附加值环节发展。

为了实现"十一五"期间高技术产业发展的上述目标，促进我国高技术产业"质"的提高，实现高技术产业的可持续发展，我国政府的政策也要有所变化。具体地说，要由财政支持、税收减免政策为重点，逐步转向创造有利于高技术产业发展的国际、国内环境，通过改革政府体制，进一步对外开放，转变企业机制使已有的科技成果、科研开发能力存量充分发挥作用，以进一步解放科技开发生产力为重点；由笼统地对高技术产业进行扶持，转向在高技术产业中选择某些的确需要政府扶持的战略性产业、关键产品和产业化关键环节，进行扶持；由侧重扶持与发展生产经营能力，转向侧重扶持开发能力；由侧重财力、物力等资源的配置，转向人力资源的优化配置；在某些领域，政策的存在形态由政府的行政指令与法规，转向通过人大立法，形成法律，加速有利于高技术产业发展的法律体系的形成；由侧重供给的政策转向供给与消费并重的政策。

在制定政策中，有必要从宏观上使针对高技术产业发展的政府科技政策、产业政策、贸易政策更加协调、更加一体化；在中观、微观领域要更加差别化，针对更加具体的重要环节，制定更加具有针对性的政策，使政策效果"精益化"。

根据上述"十一五"期间我国高技术产业发展政策的战略目标以及我国高技术产业存在的突出问题，我国高技术产业政策应当具有以下三个战略趋向。

首先，应当基本坚持目前已经推行的、行之有效的对于高技术产业的各项优惠政策，在规模上继续加速高技术产业的发展。

其次，对前面已经有的各项对于高技术企业的优惠政策进行微调，针对不同领域、不同企业、不同的产业环节（例如生产与研发环节），制定更加有针对性的优惠政策。在某些发展比较成熟的领域（例如，微型计算机生产领域）则应当缩小享受优惠政策的范围，以防止由于政策扭曲市场配置资源的作用，导致不平等竞争，甚至使我国目前高技术产业领域以加工贸易为主，处于产业链条低端的状态固化。经过政策微调，应当更加有利于研究开发能力的形成、产业链条中的升级、产品的高附加值化。

最后，要着眼于通过改革使我国已经有的科研开发资源得到优化配置，已经有的科研成果、科研力量存量得到更好的发挥，新投入的资源能够得到更大的效果。

四 加快我国高技术产业发展的政策建议

在上述高技术产业基本战略目标与基本趋向的指导下，笔者对"十一五"期间及今后 10 年的高技术产业政策提出如下具体建议。

1. 继续发挥政府财政税收政策对于高技术产业的推动作用

我国自 20 世纪 80 年代以来陆续出台的一系列加速高技术产业发展的财政税收政策，对我国高技术产业的发展起到了很大推动作用。我国产业政策的实践也表明，在目前体制下，财政税收政策是效果比较显著的产业政策手段。在今后十年尤其是"十一五"期间，这些政策基本上应当继续执行。政府对于高技术产业仍然要坚持运用财政税收手段，但是要更加有针对性。确定目标后，在比较小的领域内，可以采取更加优惠的政策（例如我国政府对软件产业已经实施的政策）。同时需要根据不同产业的技术经济特点、不同发展阶段进行微调。

总体上看，我国政府在财政税收政策运用方面，已经趋于极致，不宜再扩大优惠政策的范围与领域，但可以在某些重要领域、环节给予特殊优惠。财政税收手段的应用要逐步由生产领域前移到研究开发领域，由对产品的优惠政策转为对研究开发的优惠政策，例如鼓励跨国公司在华设立研发机构方面。

在实施财政税收优惠政策时，要有公开的论证，同时对项目、政策实施的效果应当有绩效评价，通过不断健全财政税收政策的监管与评价制度，提高政策的运用效果。

在研究调查中笔者发现，由于我国政府已经出台的税收优惠政策颇多，并且往往出自多个政府部门，因此企业对于许多政策并不了解，也难以享受政策优惠。因此政府有关部门要根据 WTO 的有关条款对于已经有的税收优惠政策进行精简、合并，并且广泛进行宣传，使企业易于了解并使用有关政策。

由于我国高技术产业基本上还处于弱小状态；企业实力远不能与跨国公司相比；高技术产业的开发风险很大，在高技术产业的基础研究领域、共性技术研究领域以及产业基础设施领域仍然需要政府投入。我国政府的 R&D 投入，与发达国家相比仍然很少。因此在"十一五"期间，政府在高技术产业 R&D 投入方面仍然需要较大幅度的增加。

政府财政投入主要应用于高技术产业基础研究；产业共用新技术的开发；高技术产业基础设施的建设；具有我国特色并且可以在某种程度上有利于我国高技术产业、企业发展的技术标准体系的形成；战略性产业（尤其是与国家安全有关的产业）中的重大项目（例如登月、新能源等）；高技术科研成果的推广与普及等。为了打破跨国公司的垄断，政府对某些高技术领域的关键性产品与技术也可以直接予以支持。

2. 建立有利于高技术产业发展的市场环境

改善市场环境与科研开发环境的政策，属于改变高技术产业发展软环境的工作。这方面的工作投入不大，是政府比较容易做到的。因此，"十一五"期间政府应当在这方面首先突破，使高技术产业发展的软环境有一极大的改善。

加强市场环境的建设，一要建立知识产权评估和交易体系，包括规范知识产权评估机构的认证制度，促进知识产权评估机构健康发育；建立知识产权交易市场，完善知识产权的转让、抵押、处置制度；形成业内自律和业外监管有机结合的运行机制。进一步健全维护知识产权的有关法律、法规，严格执法。建立宣传和协助维护知识产权知识的有关中介机构，逐步形成有利于知识产权维护的文化氛围。

二要发展创新型中小企业服务体系，推动高新技术企业创业服务中心的建设，建立技术服务、咨询服务、信息服务网络。

三要建立有利于高技术产业发展的法制环境。推动促进高技术产业发展的法律、法规制定，强化依法行政，规范市场秩序，完善竞争规则。重点是完善知识产权保护制度，强化知识产权保护意识，提高知识产权管理水平。

四要完善有利于创新的技术标准体系，通过国际标准和先进技术标准的推广、国际计量和技术法规的执行以及严格的监管制度，形成公平合理有效的企业技术进步推进机制。

五是把市场环境建设与体制改革结合起来，加强行业中介组织建设，对其中的非营利性机构给予政策扶持。

3. 改革高技术产业发展的投融资体制

首先，调整政府投资结构和投资方式，提高资金使用效益。要加大对高技术产业发展的资金支持。国家投入要侧重支持战略性的高技术产业化项目、高技术企业创业期的引导资金，以及利用高技术促进传统产业技术升级和产品更新换代的补助资金等，并要完善相应的决策程序和监督评价体系。

其次，建立多渠道的高技术产业投融资体制。推动创业投资基金相关法律法规尽快出台，促进创业投资机构建立规范的风险约束机制与产权激励机制。拓宽创业资本来源渠道，培育多元创业投资主体。规范发展创业板股票市场，建立多层次资本市场体系，为创业投资提供多种退出渠道。加快发展创业投资中介服务机构，促进创业投资的行业自律。制定相应税收优惠政策，鼓励创业资本投资于国家鼓励发展的高技术创业企业。要加强引导，利用税收优惠、补贴、放宽市场准入领域等多种方式鼓励企业和个人增加对高技术产业的投入，广泛吸引社会各界的投资。建立、健全为高技术产业中小企业服务的投融资担保体系。

最后，要建立和完善高技术产品出口融资体系。对企业的高技术产品出口和高技术境外投资项目，在流动资金贷款和出口信贷方面给予政策性金融支持。建立担保基金，为企业出口高技术产品提供出口信贷担保服务。建立风险规避机制，为到境外从事高技术产业投资的企业提供保险服务。

4. 产业扶持政策逐步由直接支持产业化过渡到以支持研究开发和技术创新为主

无论是发达国家还是发展中国家，都把支持高技术产业的发展作为政府产业政策的重要内容，但发达国家和发展中国家在扶持高技术产业发展的方法上存在着较大的差别。总体上看，发达国家主要是支持高技术产业研究开发和技术创新，较少干预科技成果的产业化过程；而包括中国在内的发展中国家却往往把重点放在支持科技成果的产业化上。事实证明，把支持研究开发和技术创新作为高技术产业扶持政策的重点，市场扭曲程度小，由选择失误导致的风险损失相对较低，是一种更为有效的政策选择。因此，我国对高技术产业的扶持政策应当逐步实现由直接支持产业化过渡到以支持研究开发和技术创新为主的转变。比如：加大对高技术产业研究与开发的支持力度，以及对专利和其他软技术购买的补贴，支持产学研合作，组建技术开发联合体或技术联盟，大力发展风险投资和孵化器等。

5. 支持和鼓励外商投资企业在华的研发活动

应当充分认识外资研发机构在技术扩散、人才培养以及提高我国技术创新能力加快我国产业结构升级中起到的重要作用，改变以往把培养自主创新能力与鼓励外资研发相对立的观点，改变以往在吸引外资过程中重引进制造企业轻引进研发机构的做法，采取切实措施，支持和鼓励跨国公司在华设立研发机构，支持和鼓励其研发活动。中国高技术产业自主开发能力的形成，要着眼于全球范围内资源的利用，包括外国的知识产权和人力资源。

根据我们在北京地区对跨国公司在华科研开发机构所做的调查，目前我国政府制定的吸引跨国公司在华建立研发机构、研发企业的政策，实际上没有超出对于一般外资企业优惠政策的范围，因此他们觉得口惠而实不至，实际上这些政策跨国公司在华建立企业时都可以享受。

"十一五"期间，要专门针对外资企业在华设立科研开发机构或科研企业，有针对性地制定有关政策，使对外资生产企业的优惠政策与对外资研发机构或研发企业的优惠政策有所区别。以进一步吸引跨国公司在华设立研发机构，鼓励其在华进行研发活动。目前可以在以下四方面制定专门法规和优惠政策。

首先，要进一步落实"WTO条款"中关于国民待遇的承诺，放宽对外资研发机构的活动限制，给外资研发机构国民待遇。

其次，要在相当程度上把跨国公司的在华研究机构或企业视为我国研究开发体系的组成部分，除涉及军工的项目外，政府的重大科研攻关项目也应当允许其参与竞争或与本国研究机构共同开发。

再次，要对跨国公司在华研究机构或企业进口研究所需的实验设备、材料等给予减免关税，对人员的进出给予便利。"中国绿卡"的发放，应当主要面向外资研发机构的科研人员。对跨国公司在华研究机构或企业形成的技术成果的使用不予干预，并且在知识产权保障方面予以支持。

最后，制定有效措施，鼓励、推动外资研发机构对华的技术扩散，鼓励其就地转化科研成果。

从中长期看，要争取使中国由跨国公司的生产制造基地成为跨国公司研发中心的集聚地，这需要认真研究一系列的配套政策。

在鼓励、吸引外国研发机构来华的同时，也要鼓励我国企业在境外收购、兼并高技术企业及研究机构，与国外大学、科研机构建立多种形式的合作关系。

6. 实施人才战略，加大吸引和培养高级专门人才的力度

高技术产业的特点之一是，人力资源成为产业、企业的核心竞争力。市场环境是否能够调动与发挥人力资源的创造性，决定着高技术产业竞争的成败。因此，发展高技术产业的政策，也必须针对生产力要素中最活跃、最富于变化的部分——知识与人才。要把进一步改善高技术产业中人才的工作、生活环境作为重要的政策因素予以考虑；要把进一步发挥人的积极性、创造性作为高技术产业政策的一个基本点。

要进一步改革人事制度，加大力度清除阻碍人才自由流动和合理配置的过时政策。制定吸引国内外科技专家、企业家参与高技术研究开发和高技术企业创业的优惠政策，形成开放、流动、人尽其才的用人机制。鼓励人才在国际、国内的自由流动。

要调整出入境管理、居留制度和收入自由汇兑等方面的政策，加大政策引导力度，以利吸引海外高技术人才。对于我国急需的科研人才，及时地发放中国"绿卡"。

要提高高级技术工人的待遇，着力培养高级技术工人。

7. 进一步深化改革政府对科研院所的管理体制，促进科研体制的合理化，促进科研院所内部机制转化

政府在高技术产业领域改革政策的应用，是成本比较低的，同时收益也比较大的。改革政策发挥作用，首先在政府效率提高方面。通过改善高技术产业规划，政策制定的统一性、完整性、协调性，提高政府政策运行效率、协调效率。其次是提高政府行政效率。再次是通过打破条块分割，提高资源使用效率。最后是改善企业、科研机构的运行效率和机制，充分发挥其潜力。但是，这方面的改进，需要政府之间的协调，需要高层次的整合与推进。

要进一步改革对于科研院所的管理体制与管理方式，逐步形成一个统一的高技术产业科研开发体系。

以产权制度改革为突破口，加快转制科研院所现代企业制度的建立，完善治理结构，重点应从结构调整转到内部运行机制的完善上来，着力推动建立开放、流动、合作、宽松的运行机制，使转制科研院所成为产业竞争前关键技术开发和为产业技术进步提供有力支持的研发力量。尤其要做好军工领域研究院所的机制转化工作，使我国这方面集聚的科研力量能够充分地发挥其对国民经济的影响力。

8. 通过改革进一步促进军民融合

我国的高技术产业无论从人才、成果、设备各个方面看，相当大一部分集中于各个军工大集团中。应当看到，我国的军事工业在 20 世纪 80 年代开始进入民品生产领域，经过 20 年的努力，我国的军事工业就其生产经营活动主体以及比重而言，已经成为以民为主的产业集群了。在这些领域已经形成了军民融合的高技术产业体系。但是，也应当看到，由于现行管理体制与企业机制仍然有待改革，军工系统的巨大潜力远未得到发挥。"十一五"期间，应当通过改革，打破军民界限，统一规划，统一组织攻关，逐步形成统一的高技术产业体系，形成军民融合的高技术开发体系。

逐步开放军工科研体系内的大型研究实验设备和基地，为全国高技术产业服务。

9. 中央政府的高技术产业政策与区域政策相结合

经过 20 余年的发展，我国已经形成了若干高技术产业集聚地。在这些高技术产业集聚地，形成了有利于发展具有特色的高技术产业的地区优势，并且强化着该地区高技术企业的竞争优势。因此，"十一五"期间，中央政府应当针对各个高技术产业集聚地不同产业的特点，制定一些具有地域和产业特点的政策。同时，要与地方政府制定的优惠政策相结合。

高技术产业集聚地的形成，本身就在很大程度上是市场发展与选择的结果。某些高技术产业本身的发展就需要相当的地缘因素支持。推动高技术产业集聚地的形成与发展，本身就与市场机制相吻合。中央政府如果顺势而为，在高技术产业集聚地可以把中央政府根据不同高技术产业制定的财政税收政策等与地方政府对高技术产业的扶持政策结合起来，更好地促进高技术产业的发展。

10. 调整、充实已有的高技术开发区

我国的各类高技术开发区在不同程度上存在着入区企业有相当一部分技术层次较低，有些实际上从事贸易活动、功能不完善、配套设施不足、服务能力差等不足之处。

"十一五"期间，中央政府可以考虑根据不同产业特点，对产业特色极为突出的高技术开发区给予某些特殊政策。

高技术开发区内要逐步完善生活娱乐、服务、信息设施，使开发区更加适合高技术人才生活。

提高开发区入区高技术企业的门槛，以利于土地、基础设施等资源的集约化使用。

在具有明显产业特色的开发区，应当加强中试基地的建设。我国目前科研成果转化率低，中试环节薄弱，是一个关键问题。根据一般技术开发规律，用于中试的资金应为研究费用的 10 倍左右。由于中试处于产业化与科研的中间位置，因此往往科研机构无能为力，企业又不愿意冒风险。由政府在同一高技术产业、产品研发集中地，建设中试基地是一个解决办法。

11. 以行政手段引导外资进入高技术产业重点领域，推动高技术产业改造传统产业

通过中央政府颁布《外资进入领域引导目录》《淘汰旧工艺、旧设备目录》等，以行政手段引导外资，推动高技术产业改造传统产业，是一个有效途径。

实际上，这些行政命令也是产业技术政策的具体体现。在"十一五"期间，应当根据高技术产业发展战略目标，适当调整有关目录，以促进高技术产业水平提高，扩大其对于传统产业的影响。在节能、节材等领域尤其要通过政府的产业技术政策加速推广新技术、新产品。

12. 把促进高技术产品出口与替代进口结合起来

在外贸政策上，政府应当把出口导向与进口替代更好地结合起来，以推动高技术产业发展。由于许多高附加值的高技术产品其需求只是中小批量的，因此通过政府采购、重大工程（包括国防工程）订货，就可以解决其市场需求问题，但必须在供需双方有足够的信息沟通。可以由我国高技术产业企业提供的，尽量不再进口。

发达国家政府都通过政府采购对于高技术产业的发展予以支持。美国、日本、法国在这方面力度均很大。尤其是美国，通过军品的采购，孕育成熟了原子能、航天航空、IT 等高技术产业，使美国高技术产业发展一直走在世界最前沿。

"十一五"期间，我国政府的采购要与高技术产业的发展相协调，与外贸政策相协调，与我国已经具有的科研生产能力相协调。提高重大项目采购，带动高技术产业的发展。

13. 逐步实现外资企业的国民待遇

外资企业在高技术产业领域本来由于其技术资金力量雄厚就占有优势地位，再加上其享受"超国民待遇"，使我国高技术产业企业在竞争中受到巨大压力，也导致了不平等竞争。因此今后我国政府在高技术产业领域应当根据情况逐步取消外资企业的"超国民待遇"，统一税率同时取消对外资企业的歧视性待遇。例如，取消对外资设立的研发企业、机构参与我国有关科研项目的限制与歧视。

新中国汽车工业发展的基本经验与历史任务*

回顾中国汽车工业发展 50 余年的历史，根据笔者亲身参与汽车工业发展的体会及长期研究汽车工业的心得，不揣冒昧，对中国汽车工业发展的基本经验与历史任务做扼要论述，并提出应对当前全球汽车市场恶化的政策建议。

一 新中国汽车工业发展的基本经验

回顾新中国汽车工业发展 50 余年的历史，可以得出如下基本经验：

第一，汽车工业的发展要建立在面向市场，以市场机制为基础和基本发展动力，尊重市场规律的基础上。

第二，政府对汽车工业的宏观管理，也要建立在让市场机制充分发挥作用的基础上。政府应当尽量不干预企业正常的经营与发展。

第三，汽车工业的发展要以企业发展为中心，即便政府必须予以扶持和保护时，也要建立在企业自身努力和竞争的基础上。

第四，政府对于汽车工业的保护与扶持，在今天看来也是必要的。但是，政府的保护与扶持必须限制在一定领域、一定阶段。政府的保护与扶持，不能替代市场竞争对企业的激励作用，更不能替代企业自身的努力。

第五，在坚持对外开放中得到发展，对外开放必须与中国汽车工业发展实际相适应。中国汽车企业在走向世界时，必须量力而行。

汽车工业发展 50 余年的经验证明，只有坚持对外开放，才能使企业在与国际汽车工业、国际汽车市场的融合中得到壮大，获得技术、人才、资金和市场；在对外开放中要兼顾中国作为一个发展中国家，汽车工业正在逐步成长的特点。实践表明，正是由于中国政府在对外开放中充分考虑了汽车的状

* 原载《中国工业报》2009 年 10 月 30 日。

况，有序地开放，才使中国汽车工业在开放中减少了冲击，在竞争逐步激烈的市场上增强了竞争力。

实践表明，中国汽车企业走向世界，不仅受到对外部环境了解不深入，对外国公司的经营状况、经营方式、企业文化难以把握的制约，更主要的是受到中国汽车企业内部机制和能力的制约。中国汽车企业真正"走出去"，兼并重组外国大汽车企业，是一个渐进的过程。过于乐观、过于急躁可能导致惨痛失败，上汽在兼并韩国双龙汽车公司遇到的重大挫折，就是一个很好的例证。

第六，必须以自主创新、拥有自主品牌和核心技术为产业、企业发展的核心。中国汽车工业发展的历史证明，只有具备自主创新能力，拥有自主品牌和核心技术，中国汽车工业、中国汽车企业才能具有自主发展的主导权，才能成为具有国际竞争力的产业，才能实现可持续发展，才能独立自主地走向世界。

第七，汽车工业的发展，内部结构必须协调，汽车工业与相关产业的发展也必须协调。中国汽车工业在发展进程中，对于汽车零部件工业一直重视不够，导致今天很多问题难以解决。汽车工业相关产业的发展滞后于汽车工业，也使汽车工业技术水平、产品水平的提高受到掣肘。

二 未来 10~15 年汽车工业的历史任务

未来 10~15 年，中国汽车工业的历史任务是：

一是由汽车大国变成汽车强国。中国汽车工业在规模扩展方面已不是问题，汽车产量达到世界第一只是时间问题。今后，汽车工业追求的主要目标是，通过提高技术水平和国际竞争力，成为在世界汽车工业中居于强者地位的产业。

二是逐步形成自主开发能力，使自主品牌的轿车在中国汽车工业中占据主导地位。对于中国汽车工业来说，资金、市场、生产能力已经不是问题，制约汽车工业发展的主要瓶颈是技术与品牌。中国汽车工业在这方面任重道远，需要付出巨大的努力。

三是迎接新能源、互联网带来的技术革命。从世界汽车工业的发展趋势看，中长期内新能源汽车的发展已经是必然趋势。从 10~15 年看，新能源汽车的登场，将成为现实。如果能够成功应对新能源汽车的挑战，中国汽车工业就能够后来居上，在技术上与发达国家达到同一水平。如果对这一挑战麻木不仁或应对失误，中国汽车工业就会丧失历史性机遇。

四是逐步积累走向世界的经验，成为世界舞台上的汽车工业。经过 10 ~ 15 年的时间，使中国汽车大企业能够运用外国法律、熟悉有关国家企业文化、具有国际金融运作能力、成功进行企业兼并的国际化企业。争取中国汽车大量出口，在国际市场中占有突出的份额。

五是通过产业重组，改变汽车工业产业组织结构不合理的状况，形成具有世界竞争力的汽车工业企业集团。今后 10 ~ 15 年，随着中国汽车市场逐步发育成熟，汽车工业产业组织结构调整就会逐步加速。企业的兼并重组，是随着市场情况而变化的过程。政府人为的介入难以收到好的效果。但是政府可以因势利导，推动这一进程，逐步形成几个具有国际竞争力的大汽车企业集团。

三　应对全球汽车市场恶化的政策建议

2008 年，在国际经济危机冲击下，全球汽车市场急剧恶化，全球汽车工业普遍陷入严重危机，美国、日本、欧洲的汽车工业均出现负增长。在这种背景下，中国汽车工业的发展速度也明显放慢。2008 年中国汽车工业生产和销售总量分别为 934.51 万辆、938.05 万辆，同比分别增长了 5.21% 和 6.70%，分别比 2007 年同期回落了 16.81% 和 15.14%，为中国加入 WTO 以来的最低增长率。在国际经济危机下，中国汽车工业也遇到了国内需求不畅、国际汽车市场大幅度萎缩等问题。针对这些问题，政府已经出台了《汽车产业调整和振兴规划》，把汽车工业放在很重要的地位予以支持。在落实这些政策的基础上，汽车工业在应对当前危机时应当注意如下五点。

一、在落实《汽车产业调整和振兴规划》时，要注意防止地方保护主义。例如，在落实汽车下乡政策时，某些地方政府指定只有本地汽车企业产品才可以享受政策优惠；有些地方政府仍然对本地区已经没有发展前途的企业予以财政支持等。

二、在推动汽车企业重组时，政府只能因势利导，切忌人为地主观构想一张蓝图，然后通过行政手段予以推行。汽车工业发展的历史表明，这种构想一般来说收效甚微。

三、不能放弃对国际汽车市场的开拓。目前，中国汽车工业已经在某些国家受到贸易保护主义的影响。中国的政府、行业协会与企业要一体化地对外推进，必要时可以通过 WTO 有关条款保护中国汽车企业的利益。

四、从中长期看，农村汽车市场应是中国汽车工业深入开拓的领域。需要指出的是，政府和汽车企业都应当把汽车下乡作为战略措施予以对待，而不是权宜之计。政府要进一步制定汽车进入农村市场后的有关法规，尤其要保证农村汽车用户消费者权益，为消费者提供更方便的维修服务。汽车企业则要摸索适合农村市场的销售方式、维修服务方式，使农村成为支持中国汽车工业长期发展的稳定市场。

五、在经济危机时，企业切忌盲目扩张，尤其不要盲目到国外收购汽车企业。在这次危机中，中国汽车企业真正的机会是收购某些具有独特技术的中小型汽车零部件企业，并借机引进技术人才。目前，韩国的中小企业已经从日本大量引进退休或下岗的技术人才，中国汽车企业也应当利用这一机会。

中国汽车企业"自主开放"研发之途*

进入 21 世纪以来，中国汽车企业在自主研发道路上进行了多方面的探索，目前适合中国国情和开放环境的"自主开放"研发模式已经逐步成形。本文在笔者相关课题研究成果基础上，对"自主开放"研发模式予以扼要论述。

一 中国汽车工业的"自主开放"创新模式逐步形成

（一）推进"自主开放"创新模式的主要路径

中国汽车企业探索"自主开放"的创新模式，概括起来，有以下五条主要路径。

1. 基本立足自身力量进行自主研发

采取这一路径推进时，中国汽车企业基本依靠自身开发队伍，沿着自身选择的技术路线进行研发。例如，在 SUV 领域执中国市场牛耳的长城汽车公司，在其哈弗系列产品的开发中就是基本依靠自己的力量，取得了较好成绩。

尽管走这一路径的企业基本立足于自身的力量与选择，但是并不意味着没有外部资源的利用和介入。其一，在产品开发方面，可能存在着委托国际汽车设计公司的情形（委托设计在 2010 年前后已经成为中国汽车企业开发新产品的普遍做法）。其二，人才队伍组成方面，在不同程度上存在着借重、依靠外聘专家的情况。这些专家往往把持产品开发的关键环节，或者可以解决

---

* 本文是中国社会科学院 2014 年科研课题《汽车工业自主研发》的总报告，完稿于 2015 年 10 月。此后根据持续深入调研，有较大补充。赵昭参与研究、写作。摘要曾在《汽车人》杂志刊载。

某些关键工艺问题。其三,在产品开发方面,存在着不同程度的借鉴,甚至模仿(所谓"逆向工程")。这一点在自主开发初期尤为突出。其四,在新产品研制方面,存在着对国际设计和流程的学习与借鉴,存在着关键领域与外国企业进行的联合开发。其五,在新产品的生产与质量保证方面,较多采用外国企业在华生产的零部件,有些零部件在国际市场采购。

这一路径的优点是:可以充分发挥企业自身长处,新产品开发建立在企业对国内市场深刻把握的基础上,决策速度快、自主性强、不受外部掣肘。

这一路径的缺点是:自主开发的产品水平较低,往往处于市场中低端,开发风险较大。

2. 通过合资企业技术外溢加速推进自主研发

进入 21 世纪后,中国的汽车大企业集团,全部与跨国公司建立了合资企业。通过合资,中国汽车企业一边学习跨国公司的制造和开发技术,一边利用由此形成的知识、经验与人力资本(包括技术人员和工人)进行自主开发。有些企业在合资、合作的产品基础上,利用原来平台,逐步打造自身新产品系列。例如,一汽集团在与日本马自达公司合作生产马自达轿车的同时,利用该轿车底盘,开发出奔腾系列轿车。东风汽车公司利用合资企业技术和平台,开发出风神系列轿车。

在政府推动下,合资汽车企业,纷纷开展了"合资自主"品牌汽车产品的研发。发展合资自主品牌时,一般是跨国公司把已有老款车型平台、技术引进中国,在合资企业进行改造,形成新的品牌。实际开发工作量有限,也谈不上开发深度。

沿着这一路径推进时,由于跨国公司自身的决策以及利益关系,参与合资企业的中方可以获得的技术外溢是不同的,甚至有很大差异。多数中方企业获得的技术外溢是有限的,并非合资跨国公司主动转让的,是通过艰苦学习获得的,但也有跨国公司自愿转让的案例。例如,德国宝马汽车公司,对华晨汽车公司的自主开发就给予了相对"大方"的支持:一是大力支持华晨掌握先进发动机技术;二是帮助华晨发展华颂自主品牌;三是支持华晨全方位提升企业管理水平和技术。宝马已经授权华晨,在华晨绵阳工厂生产宝马N20 发动机。

这一路径的优点是:减少了新产品开发早期风险,开发投入较低,新产品登场可以利用既有的生产、配套体系,生产成本较低,新产品可以继承合资产品的某些技术、品牌优势。

这一路径的缺点是：缺乏核心技术的掌握，开发深度不够，缺乏整体的开发过程，往往局限于既定产品的改造，难以真正形成新产品开发的系统能力，难以形成具有自身特点的产品系列。这一路径，较大程度上受制于跨国公司的技术专利、全球战略、国内市场策略，在一定时间内可能增加对跨国公司的依赖。

3. 通过系统购买、兼并海外汽车企业，获得开发能力

进入 21 世纪后，中国汽车企业开始尝试通过国际兼并获得产品开发能力。2004 年，上汽收购了韩国双龙汽车，开启了中国汽车企业通过国际兼并、重组获得开发能力的尝试。2005 年上汽收购了英国罗孚汽车公司。罗孚日薄西山，但依然具有较强的研发能力。这也是上汽集团收购的战略出发点。

2008 年全球金融危机发生后，中国汽车企业抓住时机，进行了海外收购。吉利汽车公司完成了对沃尔沃汽车公司的收购。通过收购，吉利汽车公司不仅可以获得沃尔沃的关键技术、知识产权和品牌，跻身高端汽车生产商之列，而且可以获得海外经营、生产运作的基地与市场。从其后的进展看，吉利收购、整合沃尔沃基本顺利，目前双方在开发方面已经进行了紧密合作。利用沃尔沃技术力量，吉利开发的中高端轿车 GC9（博瑞）、领克在国内市场成长迅速。

中国汽车企业在收购汽车零部件企业方面进展较大。其中较突出的事例是：潍柴动力公司收购法国博杜安公司。通过收购，潍柴动力公司获得了博杜安的产品、技术和品牌，扩大了公司产品配套范围。吉利汽车公司收购了DSI（澳大利亚自动变速器公司）。该公司是全球第二大汽车自动变速器公司。

这一路径的优点是：可较快地获得技术与产品，与合资相比受外方制约相对较小，可以在原有技术、产品平台基础上获得较好的市场回报（立足于国内市场）。

这一路径的缺点是：在吸收、合并海外企业的过程中，由于中方海外购并经验不足，整合能力相对薄弱，技术水平差距相对较大，再加上存在着文化融合，政府、工会制约等政治风险，中方企业往往难以系统地成功获得或者转移核心技术，并且存在兼并失败的风险。

4. 购买海外汽车公司技术或进行技术合作、委托开发

由于国际汽车市场消费长期低迷，尤其是全球金融危机对汽车工业打击沉重，中国汽车企业获得了系统购买整车技术的机遇。上汽、广汽和北汽等均通过收购国际汽车技术平台推动自主轿车项目的快速发展，效果较为显著。

系统购买整车技术比较突出的事例是：北京汽车工业控股有限责任公司

以 2 亿美元收购了瑞典萨博公司的系列产品技术、知识产权,包括 3 个整车平台、3 个主力车型、2 个发动机系列、主打的 4 款发动机和 2 款变速器的知识产权,其中包括 79 项专利。

除了抓住机遇系统购买技术外,中国汽车企业还通过购买海外具有汽车开发、设计能力,专业从事咨询、设计的知名汽车设计、咨询企业来获得开发能力,学习开发技术。例如,长安汽车公司就在欧洲、日本、美国等地拥有当地的设计、开发企业。上汽在兼并罗孚汽车后,仍然保留了其在英国的产品开发中心,继续从事新产品开发。该中心开发的新产品不仅针对中国,也针对海外市场。

21 世纪以来,中国汽车企业在海外购买汽车设计开发企业、汽车技术咨询公司,或者委托这些企业设计新产品、开发新技术。合作开发的实例迅速增加。中国汽车企业还采取在海外投资设立研发企业、招聘当地人才的方式,在发达国家建立研发设计公司。中国汽车企业一般把任务委托给这些企业,同时派出国内技术人员参与共同开发,从而培养人才,获得技术。

表 1 中国汽车企业与意大利设计公司合作设计的自主品牌 (2005~2013)

品牌	车型	意大利设计公司	参与形态
华晨	骏捷、骏捷 FRV	乔治亚罗	参与设计
江淮	和悦	宾尼法瑞纳	负责外观造型
	同悦		
长丰	CS6	宾尼法瑞纳	委托设计
哈飞	赛豹	宾尼法瑞纳	委托设计
奇瑞	A1	博通设计	联合设计
	A3	宾尼法瑞纳	联合设计
	瑞麒 G6	博通设计	联合设计
长安	奔奔	I.D.A 设计	联合设计,首席设计师 Justyn. norek 主持
陆风	风尚	I.D.A 设计	
一汽奔腾	B70	I.D.A 设计	

资料来源:笔者根据有关报道、资料整理。

2010 年以后中国汽车企业轿车新产品的开发,即便自身负责产品的全过程开发,也在不同程度、不同关键环节与外国汽车设计开发、咨询公司进行了合作,或者委托其完成。

这一路径的优点是：操作上比较灵活，可以根据企业自身情况要求发达国家汽车企业或机构予以合作。汽车企业自身自主权比较大，可控性较强，可以使自身人员参与其中，并且得到某种程度的提高，在发达国家汽车工业处于低速乃至停滞增长状态下，有较大可选择空间。产品开发起点相对较高，新产品品牌也可以从收购的海外既有品牌上获得某种利益外溢，减少市场风险。

这一路径的缺点是：技术掌握的系统性、深度不够，需要自身有明确的战略定位和技术路线，有较强的全球资源协调、整合能力。同时，要在技术的实际消化吸收，产品的国产化方面，投入更多、更大的精力和资源。

从上面对中国汽车企业自主研发主要路径的分析看：四种看似不同的路径各有其优势与劣势，但都是采取整合自身和外部资源的方式，通过自主开放予以推动的。中国汽车企业在进行"自主开放"研发时，根据自己的市场环境、研发实力、研发需求等，具体决定侧重于在某一路径上推进。

在目前为止的"自主开放"研发推进中，采取单一路径推进的企业并不多。多数企业是根据自身需求与特点，在发展不同阶段，根据自身情况，侧重于某一路径的同时，兼采其他路径。例如，上汽在自主开发中，既兼并购买了海外汽车企业，同时也基本依靠自身力量进行开发。拥有各大合资企业的大汽车集团，都是在合资企业中，推出了所谓"合作开发"产品，同时又都推出了自己开发的产品平台。就自主创新产品而言，中外资源融合更加明显。许多新产品是在对海外产品平台、技术体系加以利用、再开发基础上形成的。在产品设计、检测阶段，更是中外融合、一体推进。例如，吉利汽车公司开发的中高端轿车 GC9（中文称博瑞），就是集中了吉利和沃尔沃两方面的研发力量，基于既有的 KC 平台，在得到沃尔沃部分技术支持下开发成功的。其外形设计则出自吉利现任副总裁、沃尔沃前任设计副总裁彼得·霍布里之手。该车的出现，一定程度上改变了吉利轿车的低端形象，并且进入了政府采购，被列为外交部的外事礼宾用车。[①]

总之，无论哪种路径，均具有充分利用海外或国内合资企业资源，在自身为主组合各种资源的开发体系中予以融合，从而形成"自主开放"研发体系的共同点。所以，笔者把中国汽车企业自主研发模式定义为"自主开放"研发模式。

实际运作中，中国汽车企业采取哪种路径自主创新，往往根据形势有所

---

① 《汽车商报》2014 年 12 月 18 日。

变化。采取单一路径推进自主创新的汽车企业基本没有。主要汽车企业往往采取几种路径混合,同时又有侧重的推进方式。例如,以自主研发为主的奇瑞汽车,在自主推动的同时,2011 年 11 月与以色列公司合资成立了 "观致汽车有限公司"。奇瑞与以色列公司合作开发的新轿车观致,已经进入市场。

5. 四种自主开发路径的扼要比较

为深入认识四种开发路径的利弊,笔者从开发成本、市场风险、新产品技术水平、自主程度等 4 个维度进行相对精确的比较,分成高、较高、中、低等四个等级列表说明。

表 2 四种开发路径的比较

	开发成本	市场风险	新产品水平	自主程度
1	高	高	中	高
2	低	中	高	中
3	低	较高	高	中
4	较高	中	高	高

从表 2 可以看出,四种路径相比较,并不存在某一路径的绝对优势。中国汽车企业只能根据自身需要、环境与资源灵活地予以运用。中国汽车企业在各种外部条件约束下,选择了某一路径作为主要方向的前提下,可以兼采其他路径的某些做法,对不得不选择的路径予以优化,在一定程度上缓解其选择路径的劣势。中国汽车企业在实际推进中,也是如此做的。

(二) "自主开放" 创新模式的主要特征

尽管中国汽车企业在 "自主开放" 创新模式中,存在着四种路径的相对区分,但是通过对四种路径上前进的中国汽车企业自主开发策略的分析,可以看出 "自主开放" 创新模式,存在着若干共同特征。

1. 形成了一支由海内外人才共同构成的、较高水平的国际化开发团队

中国主要汽车企业逐步形成了一支由海内外汽车研发人才构成的,能够较完整地从事轿车整车研发的科技、工艺国际人才团队。在中国现有从事汽车技术开发的人才队伍中,约有 70%、7 万人在为从事自主研发的企业工作。[①]

---

① 笔者参加 "搜狐汽车" 2012 年组织的汽车自主研发状况调查,得到的数据。

这支团队一般由三部分人才组成：从跨国公司引进的人才、国内培养的人才、"海归"人才。

从跨国公司引进的人才，往往是具有相当资历和能力，并且能够在某些方面给中方带来明显进步和效益的高端人才。例如，在长安汽车公司6000余人的研发队伍中，有10个国籍的外籍优秀人才共计300余人在长安汽车研究院工作。2014年，长安汽车公司聘请前BMW设计总监克里斯·班戈执掌长安汽车公司的意大利都灵设计中心。长安集团还引进了庞剑、赵会等海外人才，在解决汽车噪声与振动、安全碰撞等领域形成了70余人的团队。①

长城汽车强调创新导师型专业人才引进模式及人才培养体系建设。已引进了来自德国、日本、韩国、比利时、法国、意大利、英国、美国、加拿大等国家130多名导师型专业人才，涉及造型、电子电器、底盘、传动、动力、内外饰、整车实验技术等主要研发模块。

吉利在其上海设计中心拥有100名员工，包括外籍员工总计18人。在投资沃尔沃后，吉利总部包含了来自瑞典、韩国的众多技术开发人员。

国内培养的人才，尽管是国内大学、研究机构培养锻炼出来的，但相当一部分人具有国内合资汽车企业工作的经验，有些人还有跨国公司工作的经历。

"海归人才"呈现与日俱增的态势。"海归人才"中，除了近年在外国获得博士、硕士学位的人员外，还有许多已经在跨国公司工作，并且具有相当经验的资深研究人员。这类研究人员回国后，一般在中国汽车企业担任研发单位的负责人或成为研发项目的领军人物。

例如，奇瑞、长城、吉利等企业新产品开发的负责人，基本上是"海归人才"。有些"海归人才"则在国内开办了从事汽车设计、开发的咨询公司为国内汽车企业提供开发服务，还有些"海归人才"进入大学、研究机构从事汽车开发基础理论的研究，带动了中国汽车企业基础研发理论的提升。

2018年，中国从事自主创新的主要汽车企业（一汽、东风、上海汽车、吉利、长安、长城等），从事研发的人员均已达到11000人以上。

2. 形成了一个高度开放、有机融合的国际化开发体系

中国主要汽车生产企业均在不同程度上，逐步在全球部署、运作研发体系。

---

① 《中国汽车科技人才发展报告》（2012）。

奇瑞与拜尔材料科技公司成立了奇瑞—拜尔轻量化联合实验室；与韩国 SK 电讯联合成立了车联网技术联合实验室；与富士通公司共同研究和开发嵌入式软件；与麦格纳集团共同开发汽车内外饰件；与伟世通 – 汉纳共同开发汽车空调系统；与法雷奥合作开发和生产汽车照明系统；① 与以色列企业在合作开发 "观致" 轿车，形成了国际研发体系。

东风汽车公司通过入股法国 PSA，可以在一定程度上参与研发，分享技术。

PSA 的技术对东风大幅度开放。这意味着 PSA 有望为东风自主研发 "输血"，提升东风自主品牌的技术能力，而风神 L60 正是第一个落地项目。

除了合作研发，东风有望通过整合研发机构直接获得技术和团队。神龙的汽车测试中心已全面向东风开放，研发中心运行方面，将按照东风入股 PSA 的承诺，未来神龙的武汉研发中心、PSA 亚太研发中心将与东风技术中心合并，所有技术为东风集团所用。

长安汽车在意大利都灵、日本横滨、美国底特律、英国伯明翰建有开发中心，拥有数千人的开发力量。根据长安汽车公司的分工，进行不同产品、技术的研发。例如，长安汽车美国研发中心设在底特律，该中心负责专攻汽车底盘技术，主要应用于长安汽车未来自主研发的中高级轿车及 SUV 车型。

吉利集团在利用、发挥兼并后的沃尔沃的研发能力的同时，不断充实、调整自身在国内的研发机构，使之得到相应的提高。吉利在瑞典哥德堡、西班牙巴塞罗那、美国洛杉矶、中国上海都建立了设计中心，从事吉利产品造型、功能的设计以及市场前期调研。最后确定新车造型时，由吉利的总设计师彼得·霍布里做出决定。

2017 年 8 月 4 日，吉利控股集团与沃尔沃汽车签署协议，成立技术合资公司。新公司按照 50：50 的股比，通过相互授权架构方式，实现整车架构、高效动力总成等前沿技术的共享与零部件联合采购。这也充分表明中国企业在合资合作中，尊重知识产权与合规经营。②

北京汽车工业公司则通过与德国 MBtech（奔驰技术）合资成立北汽德奔汽车技术有限公司，与奔驰全面进行技术合作。北汽德奔汽车技术有限公司

---

① 《中国工业报》《汽车周报》，2012 年 2 月 17 日。
② 《汽车人》2017 年第 9 期，第 11 页。

将负责自主品牌高端车的设计，新能源汽车研发，前瞻技术的本土化运用等。

上海汽车收购罗孚后，在伯明翰建有两个开发中心。上海汽车通过调集上海大众、上海通用两个合资企业中的技术骨干，吸收海外的研发人才等，目前已经形成"上海主导、全球联动"的研发模式，在全球拥有3000名工程师。此外，上海汽车还联手上海通用等体系内的合作伙伴，开发发动机、变速器等核心部件。其中，与上海通用联手开发小型发动机的投资达10亿元。

从上面列举的几个案例看，中国汽车企业研发体系的国际化深度，达到了中国汽车工业建立以来前所未有的程度。深度组合、利用全球技术资源构成的国际化研发体系，是中国汽车企业自主创新能力的核心要素。

表3 中国汽车企业海外研发机构设立情况

汽车企业	海外研发机构地点和名称	成立年份
东 风	瑞典特罗尔海坦 T Engineering AB	2012（收购）
上 汽	英国伯明翰 上汽英国研发中心	2017
北 汽	意大利都灵 北汽研究院意大利都灵造型办公室	2011
广 汽	美国硅谷 广汽硅谷研发中心	2017
北汽新能源	德国亚琛 北汽新能源亚琛研发中心	2015
	德国德累斯顿 中德汽车轻量化联合技术研发中心	2016
	美国硅谷 北汽新能源硅谷研发中心	2015
	美国底特律 北汽新能源底特律研发中心	2016
长 安	意大利都灵 长安欧洲设计中心	2010
	美国底特律 长安美国研发中心	2011
	英国伯明翰 长安英国研发中心	2010
	日本横滨 长安日本设计中心	2008
吉 利	瑞典哥德堡 吉利欧洲研发中心	2013
	英国考文垂 前沿技术研究中心	2015
	美国洛杉矶 造型设计中心	
	西班牙巴塞罗那 造型设计中心	
江 淮	意大利都灵 江淮意大利设计中心	2005
	西班牙巴塞罗那 造型设计中心	2006
奇 瑞	日本东京研发机构	
	澳大利亚墨尔本自动变速箱研究院	
长 城	日本横滨 长城日本株式会社	2016

续表

汽车企业	海外研发机构地点和名称	成立年份
比亚迪	巴西圣保罗电动巴士工厂兼研究中心	2015
蔚来	美国硅谷 德国慕尼黑 英国伦敦	智能网联 自动驾驶技术 造型设计 FE 项目
众泰	日本横滨日本众泰研发中心株式会社 意大利都灵 欧洲众泰造型中心	2016

资料来源：笔者根据《中国汽车产业发展报告》（2017）、《中国乘用车品牌发展报告》（2017）整理。

中国汽车企业认识到，可以依靠自身的研发基地，与海外研发企业、本土科研机构、大学、系统内的企业，通过互联网、大数据、卫星通信连接起来，形成虚拟研发中心（Virtual research center，VRC）。[①] 这种模式已得到推广。

大众、通用、福特、丰田、本田、日产等世界主要汽车厂家，已先后在中国设立研发机构。奥迪、奔驰、日产等跨国公司已在北京、上海等地建立了设计中心。随着中国市场逐渐成为各豪华汽车品牌的主战场，主流高档车企的本土化研发渐成趋势。2011 年，奥迪在北京设立的技术研发中心正式投入运作。奥迪在北京的研发中心分为内饰、外饰、装饰 3 个部门，将使奥迪新车或者改款的本土设计研发工作进一步前移，推进奥迪的车型更贴近中国市场和中国文化。

跨国公司公司在中国设立研发中心，虽然不可能对中国汽车工业转移核心开发技术，但是对提高中国汽车工业技术水平、开发能力、培养技术人才具有一定积极意义，在一定程度上产生了技术外溢。

需要说明的是，中国汽车企业的研制开发体系不仅对外充分开放，对内也充分开放。20 世纪 90 年代以来，中国汽车企业逐渐改造了封闭式的自主开发体系，通过建立固定的合作关系，建立产学研联盟，委托研发等方式，与国内科研机构、大专院校形成了广泛的合作研发体系。

中国汽车企业研发体系建设，以跨国公司研发体系为标准。在规划、装备等方面充分借鉴了跨国公司研发中心的经验、标准。例如，长城公司的哈

[①] 虚拟产品研发系统在美国、日本、德国早已出现。

弗技术中心，采用德国专家设计方案，可以完成产品企划、造型规划、工程设计、产品试制、整车试验等各项工作。华晨汽车研发基地也体现了宝马公司的影响。

3. 形成了一支优秀的技工队伍

中国从事自主开发的汽车企业，在新产品研发、生产过程中，注重技工队伍的组织与培养。技工队伍的关键岗位，一般由具有比较丰富经验和专业知识的工人担任。优秀技工的主要来源是：

中国汽车企业自身教育、培训机构培养的具有大专水平的工人。例如，吉利汽车公司就有计划地在自己设立的大学、培训机构中培养新产品研发、生产所需要的工人。各大汽车企业均有自己的培训技术工人的学校或培训中心。

工人在合资汽车企业生产线上工作、培训一段时间后，再调入自主产品生产线上工作。例如，广汽传祺生产线上的工人，就轮流在广汽的合资公司生产线上工作一段时间，然后再转到传祺生产线工作。

在中外合作的技工学校学习、培训的学生。这些技术工人，经过合资企业、技术培训机构的训练和实践后，在自主新产品研发和投产过程中，能够以较高的技术水平进行生产，保证了新产品的质量。

招聘的外国技工。在有些从事自主开发的汽车企业中，关键的工作岗位上招聘外国高级技工来完成工作。例如，奇瑞就在生产线关键岗位招聘了外国技工。

随着工人素质、装备水平和管理水平的提高，汽车企业全员劳动生产率持续提高。2001~2015 年，全员劳动生产率由 69269 元/（人·年），提高到 293808 元/（人·年）。[①]

4. 形成了一支具备国际眼光和经验的管理人员队伍

中国从事自主开发的汽车企业，一般来说，具有比较系统的、具备国际眼光和经验的管理人员队伍。其中包括：能够对整个企业创新发展进行战略规划的企业统帅；能够对整个新产品开发进行推动、领导的技术领军人物；能够组织实施新产品市场化的企业领导者；能够熟练掌握国际、国内公关与销售的市场专家；能够在全球范围内组织金融资源的金融专家；精通国际、国内法律的专家。这些队伍，有些存在于企业内部，有些则以外包形态存在。

---

① 《汽车产业发展报告（2017）》，社会科学文献出版社，2018，第 320 页。

管理人员队伍的主要来源是：

经过合资企业锻炼的领导者，在自主开发企业从事新产品开发、检测与运营的企业领导者，往往就是曾经在合资企业工作过的负责人。例如，一汽、上汽、华晨负责自主研发和生产的主要领导者均来自合资企业。

海归人员，在研发试验部门这一点尤为明显。例如，奇瑞研究院的领导者就是一支基本上由各类海归精英组成的研发领导团队。

国际、国内招聘的人才，例如，奇瑞在投产"东方之子"时，就雇用了20多名外国技术人员和管理人员（包括德国人、日本人和韩国人）。奇瑞总装厂的一条生产线名叫寺田真二生产线（东方之子的总装线），此线的总长是原三菱的一位日本管理者，现在已经成为奇瑞的一员，被请来帮助奇瑞改进现场管理。2013年，奇瑞完成开发艾瑞泽7原型车时，奇瑞研发团队中已经包含了来自福特、保时捷的外籍设计师。奇瑞还曾把原来在上汽通用工作过的美方负责人墨菲招致旗下，负责新产品——观致汽车的销售。吉利开发的SUV博越是由沃尔沃设计总监彼得·霍布里带领的国际化团队，经过三年半时间设计出来的。[①]

政府从外部派遣高层领导进入国有汽车企业。这方面的人才一般担任汽车企业的高管甚至最高负责人。

通过国际兼并重组，对被兼并企业人才团队予以利用，例如，吉利兼并沃尔沃以后，基本保留了原来的研发、销售架构，并且吸收沃尔沃的专家到中国吉利进行开发工作。在中国本土建立了与沃尔沃合作的吉利研发中心。

5. 逐步建成了支持自主研发的实验测试基础设施体系

自主研发的实验测试基础设施体系中包括：进行自主开发实验测试所需要的主要实验设备（例如新产品碰撞测试设备）；建立了完整的实验测试中心（包括整车和零部件测试）；完备的实验测试环境和条件（例如，新产品试车场）；研发设计所需的计算机、网络体系。

为建设支持自主创新的实验测试基础设施体系，中国汽车企业做了巨大投入。

普华永道2016年发布的《2015年全球创新1000强：汽车行业数据分析报告》指出："中国成为全球第四大汽车企业研发首选地"，中国汽车研发费

---

① 中国汽车工业协会：《中国乘用车品牌发展报告》，社会科学文献出版社，2017，第120页。

用占全球汽车研发费用的份额从 2007 年的 4% 增长到 11%。[①] 2018 年，中国的汽车企业研发支出增长最快，增幅达 34.4%。

长安汽车公司坚持将每年销售收入的 5% 投入自主品牌研发领域，到"十二五"末，已投入 490 亿元加强产品和研发能力建设。"十三五"期间还将累计投入 300 亿元。上汽集团"十二五"期间研发投入约 300 亿元，"十三五"将累计投入 200 亿元。[②] 自 2014 年起，吉利汽车的研发投入已经占营业收入的 10%。

2006 年，东风公司投入研发的经费已达到 86 亿元。公司拥有亚洲最大试车场，能独立完成汽车碰撞试验。东风公司已建成了国内最先进的汽车质量试验和检验体系，现在还担负着行业的实验任务。

中国汽车企业自主研发的实验测试基础设施体系的建设，基本以国际水平为标准。其中主要实验检测设备往往是引进的，例如，碰撞试验的模拟人是从德国进口的，观察碰撞试验结果的高速相机同样是从德国进口的。许多重要实验室的设计、建设，是外包给海外公司的。以国际标准建立起来的实验测试基础设施体系固然满足了高水平新产品开发的需要，但也显示了中国汽车工业乃至整个工业体系的弱点——高技术装备依赖海外。中国汽车工业的自主研发，没有带动中国工业技术装备的发展（在生产领域也是如此），不能不说是很大的遗憾。

经过十余年努力，中国从事自主研发的汽车企业依靠自身努力和政府扶持，逐步建立了比较系统的支持自主研发的实验测试基础设施体系。

6. 形成了具有国际先进水平的制造能力

中国汽车工业的生产制造能力已经居于世界前列。生产设备、装备基本上居于世界一流。

汽车生产四大流程（总装、拼焊、油漆、冲压），基本是以国际水平的设备组成的流水线；在检测、物流管理等领域也已是国际水平。关键工艺流程中，机器人应用已比较广泛。主要汽车生产企业生产线上的主要装备基本是进口的。重要实验、检测装备也在很大程度上依赖进口。例如，碰撞用假人全部从欧洲企业进口，维修也依赖外国企业。

具有国际先进水平的制造能力，保证了新产品在生产制造环节的质量、

---

① 普华永道 2016 年发布的《2015 年全球创新 1000 强：汽车行业数据分析报告》。
② 《中国汽车工业发展报告（2017）》，社会科学文献出版社，2018，第 30 页。

成本、可靠性。大量新技术、新材料得到应用,使中国汽车工业的制造水平、产品质量得到保证。汽车零部件产品设计和制造水平明显改善。计算机辅助开发技术在骨干企业已得到普遍应用。汽油机电控燃油技术已得到推广。在骨干企业中已经建成了具有世界先进水平的大型自动化冲压生产线、加工自动线、焊接生产线、涂装生产线、总装配线、产品检测线等。汽车生产关键装备基本依赖进口的状况有所改变,国产机器人开始在汽车生产线上得到应用。轿车车身钢板国产化取得了重大进展,实现了用国产含磷冷轧钢板代替进口镀锌钢板。中国汽车工业在铝和铝镁合金的应用方面已经接近世界先进水平。

具有国际水平的制造能力的形成,不仅得益于用国际水平的装备进行生产,而且得益于与国际顶级供应商合作,形成具有国际水平的汽车零部件供应体系。例如,广汽自主开发的新产品——传祺就是建立在与国际汽车零部件供应商合作的体系上的。传祺的国际化程度非常高,全球前十位的供应商都为其提供配套。吉利、奇瑞、长安、长城等公司新开发的轿车产品同样是全球采购。

7. 形成了开放的零部件供应体系

中国汽车企业在自主开发过程中,同时建立了开放的供应商体系。这样做的好处是,可以保证汽车零部件的品质、水平与整车开发同步,保证整车开发进度和提高水平。例如,广汽在开发传祺时,就建立了全球供应链体系,到 2016 年供应链体系中 35% 是欧美系企业,15% 是日韩系,其余 50% 是国内顶级的零部件供应商。[①] 对传祺而言,整合全球优势资源,在配套上与博世、电装、大陆集团等全球十大顶级供应商结成战略合作伙伴关系,使其达到了国际先进水平。

博格华纳(BorgWarner)公司专门为中国长城汽车(GWM)定制了 DualTronic 离合器和控制模块,该模块采用先进的电磁阀和摩擦材料。博格华纳传动系统总裁兼总经理 Robin Kendrick 说:"我们很高兴通过提供专业技术支持帮助客户迎合中国的节能环保政策,因为我们在 2013 年与长城公司达成了战略合作伙伴关系,致力于帮助长城公司在中国汽车市场发展,我们将继续与长城公司紧密合作,共同实现未来目标。"[②]

---

① 《汽车人》2016 年第 7 期。
② "汽车焦点"麦肯锡微信公众号 2016 年 118 号。

全球最大汽车线束系统制造商——德尔福 2015 年全球销售总额 152 亿美元，约 30 亿来自中国市场。德尔福在中国布局了 23 家制造基地，3 个研发中心。[①]

通过对上述"自主开放"创新模式特征的分析，我们可以看到"自主开放"创新模式是中国汽车企业根据自身特点和开发需求，在全球范围内组织、优化配置开放资源的战略选择。这一战略选择，是中国汽车企业在激烈的市场竞争中逐步摸索出来的。尽管在执行中有所侧重，但是在充分利用国际、国内两种资源进行系统整合，坚持自主选择权、主导权方面是一致的。

"自主开放"创新模式，在不同的企业有不同的做法、不同的重点、不同的路径，但是也具有共同点：

其一，"自主开放"创新模式是以我为主的，中方企业具有创新战略、创新策略、产品开发方向的主导权。中国汽车企业通过系统集成创新，拥有自主开发设计的所有整车设计确认权，并且拥有几乎全部知识产权，包括自主产品的品牌等。例如，华晨汽车在研发过程中，深化国际合作，整合国际资源，打造"高品质技术联盟"。在整车造型设计方面，华晨汽车与德国宝马、保时捷，日本丰田，意大利宾尼法利纳、乔治亚罗等国际顶级设计公司进行开放式合作，建立起了整车技术联盟；与包括博世、FEV、江森、李尔等世界知名零部件企业合资合作，建立起零部件技术联盟。在这些技术联盟中，华晨居于主导地位。

其二，在具有全过程主导权的前提下，中国汽车企业在国际、国内进行资源整合、优化，进行系统集成创新。在这一过程中，中国汽车企业根据需要，把自身资源与国际资源逐步予以融合，逐步建立起与国际接轨的汽车产品技术开发体系。"自主开放"创新体系与国际接轨是全面的，从技术开发到实验、管理、新产品经营。

其三，这一创新过程中，形成了具有中国特色和企业特色自主开发的成果、路径和经验。中国汽车企业对自主知识产权拥有自主支配的权利。

其四，"自主开放"创新模式中，不仅仅是技术开发能力的提高，也是企业内部经营管理机制的改造与提高。

"自主开放"创新模式的逐步实施和完善，对中国汽车工业自主创新能力的形成；中国汽车企业充分利用后发优势形成具有国际水平的开发体系；中

---

① 《汽车人》2017 年第 1 期。

国汽车企业掌握新产品的自主品牌；中国汽车企业掌握创新体系的主导权；都是一个相对较好的选择。

"自主开放"创新模式的形成，必须具有五个支持因素：持续增长的广阔市场（足以吸引外部资金和技术流入）；海外回流的汽车开发人才（近年来大批海外留学生和在汽车企业工作过的技术人才回流中国）；具有整车开发的话语权（自主开发的企业可以自主决定系统创新）和系统集成能力；良好的金融环境（支持企业境外投资）；必要的政府支持。21 世纪，这些要素在中国都存在。①

二 "自主开放"创新模式取得的进展

(一) 基本掌握了轿车开发的方法与流程

遵循正确的产品开发流程，可以减少研发成本，避免走弯路。目前，中国汽车企业已基本掌握了与发达国家汽车企业同样的开发流程。例如，上汽集团的自主研发体系参考了大众、通用的全球开发流程，和英国技术中心掌握的罗孚产品开发流程以及双龙的流程，通过上汽在上海的安亭技术中心、南京的技术中心和位于英国伯明翰的上汽技术中心，制定出适合三地需求的体系，并在运行当中不断优化。奇瑞汽车公司在开发新车型时，根据开发流程，把想做的东西分解到最细的部分，然后从最小的部分进行开发验证，从小的往大的验证，从大的往小的分解，从用户需求、从产品定义分解到组成汽车的每一个零件和材料的定义，开发伊始，就尽量使开发的结果符合原来的预想目标。

长安汽车公司在全面对标、学习借鉴先进公司的产品开发流程（PDS）基础上，探索出一套具有长安特色的"以开发流程为核心的汽车自主研发管理体系"（CA – PDS）和产品试验验证体系（CA – TVS）。通过十多个关键节点的确立，实现了开发设计流程从趋势分析，到造型设计，再到工程化设计、仿真分析、试验验证，直至市场反馈和设计改进的完整闭环控制，形成了项目团队对整个上下游产业链各类资源的统筹协调、高效调配的长效机制，确保了研发、制造、供应等各环节开展工作有章可循、有据可依。

---

① 笔者在 2010～2018 年从事中国汽车企业自主开发调查时，向 30 余家企业的领导、部门领导、技术开发人员询问，得出的结论。

（二）新产品开发水平逐步提高

2006 年前后，中国汽车企业进入正向开发阶段。经过十余年努力，中国汽车企业自主开发的传统汽车产品逐步由小排量、低端产品向中排量、中高端产品（按照国际分类 B 级轿车）扩展。其中长城汽车开发的 SUV "WEY"成功进入 SUV 中级车细分市场。吉利开发的领克，上汽开发的荣威，广汽开发的传祺 GA8、GS8 已进入中高端轿车市场。与发达国家相比产品水平差距已缩短到 10 年左右，开发技术差距则缩短到 10 年左右（主要指传统汽车，新能源汽车差距则更小）。2016 年，汽车企业自主开发的乘用车在中国市场上已占乘用车总销售量的 43%。

中国汽车企业已可以自主开发自动变速器。盛瑞自动变速器有限公司自主研发的世界首款前置前驱 8 挡自动变速器（8AT）已批量投放市场，形成了年产 55 万台的生产能力。中国主要汽车企业均具有自主开发传统汽车所需发动机的能力。

在新能源汽车领域，中国汽车企业自主研发的产品与世界水平更加接近。电动汽车在研发水平上基本与跨国公司同步。中国汽车企业已经掌握了新能源汽车主要关键零部件——电池、电机、电控系统的研发与生产技术。2017 年，中国新能源汽车动力电池总配套量达到 370.6 亿 Wh，其中，乘用车配套量 139.8 亿 Wh，占比 37.72%；客车配套量 145.7 亿 Wh，占比 39.31%；专用车配套量 85.1 亿 Wh，占比 22.95%。锂离子电池配套量 369 亿 Wh，占配套量的 99.56%。其中，三元：165.6 亿 WH，占锂离子电池配套量的 44.87%；磷酸铁锂：180.7 亿 Wh，占比 48.96%；锰酸锂：15.4 亿 Wh，占比 4.17%；钛酸锂：7.4 亿 Wh，占比 2%。中国已经成为全球最大的动力电池应用市场。[①]

2016 年，全球动力电池前十家企业中，有 7 家来自中国。中国动力电池企业——宁德时代，从规模看已是世界最大。

中国汽车电池企业基本掌握了电池原材料、电池单体研发、制造核心技术，水平与国际相当。电机技术进步与国际同步，但某些关键零部件还需要进口。[②]

---

① 《中国汽车工业发展报告（2017）》，社会科学文献出版社，2018，第 3 页。
② 中国汽车工业协会研究报告：《中国新能源汽车的发展与政策》（2018）。

中国生产的纯电动车续航里程已普遍超过 300 公里。2017 年，中国新能源汽车产销量分别达到了 79.4 万辆和 77.7 万辆，同比分别增长 53.6% 和 53.3%。[①]

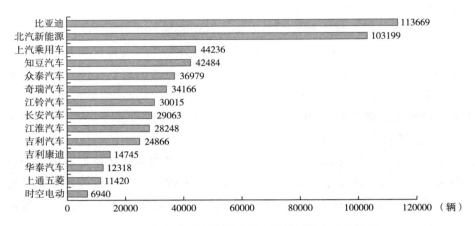

图 1　2017 年中国新能源乘用车累计销量车企排行榜

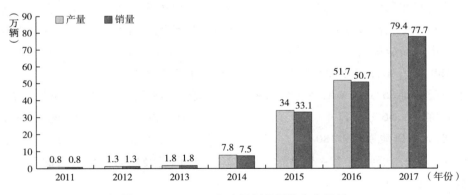

图 2　2011～2017 年中国新能源汽车产销量

资料来源：中国汽车工业协会《中国新能源汽车统计资料》（2017）

在产品质量、可靠性、安全性方面，中国汽车企业自主开发的轿车产品更是取得了长足进步。美国国际消费者调查机构 J. D. Power 亚太公司发布的 2018 年中国汽车销售满意度研究报告显示，自主品牌与国际品牌的差距在

[①] 中国汽车工业协会 2018 年 1 月 11 日发布的数据。

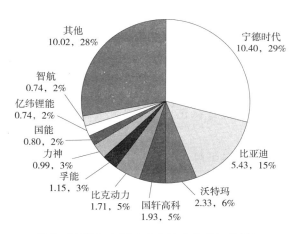

图 3　2017 年中国动力电池企业装机量排行

2011～2017 年连续 7 年缩小，在 2018 年又有所扩大。原因是自主品牌新增加了很多智能化装置，这些装置刚装在自主品牌上，初始阶段导致消费者抱怨增加。①

（三）由单一车型开发，转向平台化、模块化开发

上汽、一汽、广汽等汽车企业在自主开发中不同程度地运用了平台化、模块化的开发方式。平台化开发方式已普遍使用，模块化开发方式则逐步进行探索。

例如，广汽传祺取得市场成功的一个重要原因是，以正向开发打造的独立 DNA 为基础，实现产品开发的平台化、模块化。目前，广汽传祺已形成两大体系与 A0/A 级、B/C 级 4 个平台的清晰产品线布局，计划未来五年，逐步向市场投放 20～30 款车型。

2014 年 9 月 13 日，吉利控股集团欧洲研发中心在瑞典开始运营。研发中心由吉利汽车和沃尔沃汽车联合建立，开发全新的中级车模块化架构和相关部件。吉利与沃尔沃共同打造了 SPA 和 CMA 两个平台。吉利与沃尔沃在 CMA 中级车基础模块架构上实现了技术共享。领克汽车及沃尔沃 40 系汽车都出于这一架构。②

---

① 美国 J. D. Power 亚太公司：《中国汽车销售满意度研究报告》，2018。
② 《汽车人》2017 年第 8 期。

（四）积累了经验，锻炼了队伍，培养了人才

21世纪以来，中国汽车企业自主研发，基本上完成了三轮以上新产品开发。在开发进程中，逐步培养、凝聚起具有一定水平和经验的人才队伍。目前，各个自主开发企业的人才队伍，平均年龄比较低（企业研究中心负责人年龄在50岁，部门负责人为35~40岁，一般工程师为25~30岁），正处于成长阶段，经过十年左右的锻炼，将挑起汽车工业自主研发的重担。

（五）开发能力不断提高，初步掌握核心技术

从事自主研发的主要汽车企业初步掌握了传统汽车先进发动机、变速箱等核心技术，在碰撞安全、噪声震动舒适性（NVH）、动力性、经济性、行驶性等核心技术领域初步达到了国际水平。[①] 目前虽然在最新关键技术领域（主要是发动机、变速箱）与发达国家存在5~10年的差距，但是可以说中国汽车工业在轿车领域已具有了系统的、接近国际水平的开发能力。

在智能网联汽车技术开发方面，中国汽车企业自主创新也取得较大进展。比亚迪自主开发了IGBT（Insulated Gate Bipolar Transistor）全称绝缘栅双极性晶体管。2017年，比亚迪研制的IGBT4.0成功，已具备国际水平。比亚迪成为中国唯一拥有包括IGBT芯片设计制造、组模设计制造、大功率器件测试应用平台、电源和电控环节在内的完成产业链条的企业。

在新能源、智能网联技术革命的大背景下，中国高技术企业陆续进入汽车产业，在自主创新上发挥了巨大作用。

宁德时代，成为新能源汽车电池的领导者。锂离子动力电池能量密度已成为其产业化瓶颈，为此美、日、韩等国都制定了相关产业政策，其目标均指向"2020年能量密度达300Wh/kg"。2018年，在国家重点专项支持下，宁德时代新能源科技股份有限公司研发团队攻克高镍三元材料及硅碳负极材料等关键核心技术，率先开发出比能量（质量能量密度）达304Wh/kg的电池样品，在这一国际竞赛中领先。科大讯飞在智能语音系统的研制方面成为领军企业，并且在中国汽车产业中占有最大的市场份额。

BAT（百度、阿里巴巴、腾讯）在智能驾驶领域进行了巨大投入。阿里巴巴专注于智能网联和高精地图，阿里巴巴与上汽共同打造了智能互联系统

---

① 《中国汽车工业发展报告（2013）》，社会科学文献出版社，2013，第188页。

（斑马智行系统）；百度专注于 Apollo 智能驾驶计划；腾讯则与广汽合作，打造智能概念车 iSpace，并且获得了深圳市的自动驾驶技术测试牌照。在华日本车企将中国视为拉动智能网联汽车技术进步的引擎。本田决定参加中国百度推进的自动驾驶项目"阿波罗计划"。丰田和日产则参加了滴滴出行成立的汽车共享企业联盟。

中国汽车工业专利申请呈现持续上升趋势。2017 年达到 27.7 万件，其中发明专利为 8.1 万件，发明专利占比 29.2%。智能网联汽车专利增幅较大，2018 年 1～8 月智能网联汽车专利公开量为 4527 件，已经超过了 2017 年的 4377 件。预计全年同比增长 50 以上。

三 中华 V7——"自主开放"创新模式的一个案例

笔者在 2010 年以后深入、全面地对自主开发企业进行了调查，其中就包括对华晨汽车的三次调研（最近一次是 2018 年 10 月）。

华晨汽车较早在"自主开放"道路上进行了不懈探索。

2011 年起，华晨汽车公司就通过技术合作和全球化招聘，引进国内外知名车企的技术、工艺、管理人才。其中外籍专家 8 名、领军型专家 7 名，国外项目团队 3 个。有 22 位来自德国、日本、美国、意大利、英国等国家的研发、管理人才，投身到华晨汽车的创新发展中，成为高级管理人员。例如华晨汽车集团副总裁彼得·阿茨勒（德国）、华晨中华汽车公司高级工艺师 Johann Heckl（德国）、华晨汽车工程研究院高级工程师杨永镇（韩国）、华晨汽车工程研究院高级设计总监迪米特里·维切多米尼（意大利）、华晨汽车工程研究院技术总监常涛（英国）等，他们曾经任职于德国宝马、韩国现代、意大利宾尼法利纳、英国伟世通等世界一流汽车制造、设计、零部件集团。当时这些来自德国、日本、美国、意大利、英国等国家的研发、工艺、管理人才投身于华晨汽车的创新发展，为华晨汽车效力。根据笔者调研，现在华晨的研发团队，仍然拥有 10 多位韩国、美国专家。

华晨汽车在研发过程中，深化国际合作，整合国际资源，打造"高品质技术联盟"。在整车造型设计方面，华晨汽车与德国宝马、保时捷，日本丰田，意大利宾尼法利纳、乔治亚罗等国际顶级设计公司进行开放式合作，建立起了整车技术联盟；与包括博世、麦格纳、FEV、江森、李尔等世界知名零部件企业合资合作，建立起零部件技术联盟。在 V7 开发中，采用了宝马发动机（宝马 CE 系列中的 CE16），满足了国六排放标准。在这些技术联盟中，华晨居于主导地位。通过整合全球资源，华晨汽车自主开放创新具有了优秀、可靠的全球供应链做后盾。

华晨汽车的自主开放创新，建立在与宝马的长期战略合作基础上。宝马总部根据协议每年为华晨汽车自主开发提供顾问咨询，每年投入约 1 亿元人民币、130 人/年的支持，直到 2028 年。应当说这种制度性安排，为华晨自主开发提供了稳定的、高水平的外部支持。

2012 年 12 月 12 日，华晨与宝马签署合作项目协议，宝马授权华晨生产宝马发动机及相关零部件，为华晨宝马和华晨自主品牌配套。华晨通过与宝马合资合作，获得了宝马热销的 N20 发动机和王子系统发动机技术。①

华晨汽车 V7 的开发，在各个环节，均得到了宝马总部相关团队的相应支持。在 V7 研发过程中，从宝马引入了产品总体布置、试制流程、样车生产方面的概念。比较完整地把宝马的研发方式、生产方式、管理方式，移植到华晨相应的研发、生产、管理环节，保证了 V7 以高水平、高质量登场。

华晨汽车在生产、开发 V7 中，还细致地进行了人员培训。所有技术人员、一线工人先在合资企业生产线上实习培训，然后到 V7 生产线上正式操作。华晨 V7 生产线上的工人 90% 以上在合资企业实习过。关键岗位的操作工人，则一定要在宝马工厂实习。这类细致的操作，在中国汽车企业中逐步普及。

华晨汽车在开发运营中还全面引进了宝马的销售维修体系。按照宝马的质量检查标准（奥迪特质量检查标准）对产品质量进行检测。甚至包括在仓储、物流中的质量保障措施。产品售出后一旦出现问题，要在两天内修好。如果出现较大问题，要在两周内提出最佳解决方案。

在全面向宝马学习，引进宝马有关制度、方法的基础上，华晨汽车持续加大科技开发投入，近年来华晨汽车研究院从人员、研发设备等方面都有新的进展。

华晨汽车坚持 "自主开放" 创新模式，近年来由 V5 到 V7 持续取得进步。最新上市的 V7，作为华晨汽车最新自主开发产品，把严谨的德国制造文化与中国企业根据国情进行的创新有机结合起来，提高了华晨汽车的产品水平与质量。

---

① 《汽车人》2017 年第 4 期。

四 "自主开放"创新模式存在的主要问题

中国汽车企业在轿车开发领域以自主开放的研发模式，通过系统集成创新，掌握了整车开发的主导权，但是由于在开发进程中不得不与发达国家汽车企业、开发机构深度合作；不得不深度利用外部资源（包括人才、技术乃至产品）；因此存在着由整体依赖外部技术，转向核心领域、关键环节依赖外部技术的趋势。主要表现在：

主要汽车企业自主开发的某些轿车产品，是在跨国公司汽车产品平台基础上再开发的。例如，一汽的奔腾，是在日本马自达轿车平台基础上开发的；上汽荣威，是在罗孚平台基础上开发的；广汽传祺是在意大利罗密欧轿车平台基础上开发的。华晨汽车公司开发的轿车则与宝马轿车有着密切的关系。东风风神 A30 则脱胎于标致雪铁龙集团的 PSA 1 号平台，首款中级车风神 A60 则来自日产轩逸平台。SUV 车型风神 AX7，也来自东风本田主力车型老款 CR-V。

这种依托已有轿车底盘进行改进、重新设计的开发方式，降低了风险，减少了成本，同时赋予产品较高的品质，但是，新产品创新程度、开发深度不够，当然，对核心技术的掌握也就不够。简单地借鉴其他企业的产品平台，最大的挑战不是技术消化，而是整套移植别人的平台，自身产品的品牌特色及学习过程则无从谈起。更大的问题还在于，长期依赖外来技术平台"输血"，研发团队只能做"二次开发"，影响了开发深度和技术积累，难以培养、提高自身的研发人才。

在实际开发进程中，轿车的整体设计，往往依靠聘请来的外国大牌专家或机构。轿车新产品的调校，是轿车开发的关键环节。中国汽车企业自主开发的新产品调校，很大程度上依靠外国公司或专家。底盘和悬挂调校技术尚未掌握。例如，广汽传祺的调校，就由外国汽车公司完成。奇瑞新产品——观致的设计总监是曾任宝马 MINI 设计师的何哥特先生，车辆工程执行总监施可先生在宝马做了 30 年调校工程师。[1]

新产品开发，依赖于已有的产品开发设计、实验的数据积累。中国汽车企业乃至汽车工业在这方面严重不足，有些设计、实验要依赖外部数据库。产品开发活动缺少数据库的支持，设计、工艺、制造数据库集成度不够，导

[1] 易车网，2013 年 11 月 15 日。

致设计过程中经验成分多，最终严重影响了产品开发的进度和质量。虽然一些汽车企业已开始建立企业数据库，但彼此封闭、缺乏交流，无法建立企业间共享的基础数据库。为行业服务的数据库和中介机构尚不存在。

通过自主开放创新，系统整合资源造车虽可以做到高起点，但同时也面临其他风险，例如，在零部件配套上照搬合资伙伴，就可能失去议价权和控制权。这种控制权包括对品牌发展规划、上游零部件体系的把控等。

核心汽车零部件仍然依赖跨国公司或发达国家的汽车零部件企业。高端汽车电子技术依赖海外。在新能源汽车、智能网联汽车开发中，关键汽车零部件、关键技术的对外依赖度，又有所提高，集中体现在芯片和关键软件上。例如，高端隔膜材料、电机核心部件依赖进口。三元电池核心专利掌握在美国 3M 公司和阿拉贡实验室手中。在中兴公司受到美国政府制裁后，过于依赖美国有关公司提供芯片和软件的问题，已引起了行业议论。

高端研发人才不足，2017 年中国汽车从业人员达到 360 万人，但其中技术人才不到 49.3 万人，汽车技术人才占比不到 15%，数量严重不足。技术人才的知识结构与汽车工业技术革命不匹配。中国大学汽车工业教育机构的培养方式仍主要以机械系统的必备知识为主，适应当前互联网、智能驾驶的知识培养不足。能够从产业融合角度进行开发、管理的高端研发人员严重不足，这导致各个企业不得不在关键技术岗位不同程度的依赖外国专家。

2018 年发生了中美贸易战。随着中美关系恶化，美国对中国企业在全球的研发、购并予以严厉遏制，中国汽车企业在全球获得先进技术的路径受到很大局限，人才和技术引进遇到很多困难，这些都将对目前中国汽车企业自主开放的创新模式，产生巨大负面影响，迫使中国汽车企业不得不修改目前的自主创新模式。

中国政府在新能源汽车发展中，对纯电动汽车予以重点政策支持。在新能源汽车技术革命尚未形成被全球汽车市场接受的主流技术的情况下，过度以政策支持某一技术路线，可能导致其他技术路径被忽视，甚至可能产生技术路径选择错误。例如，目前中国汽车企业在燃料电池新能源汽车开发方面，就落后于日、韩汽车企业。

新能源汽车领域合资需慎重前行*

近日，江淮集团与大众公司合资生产电动乘用车的项目已获得政府批准，即将开始建设与投产工作。

这一合资项目引起了业内业外的重视和议论。引发热议的原因是：大众又建立一家合资企业，实际上打破了原来中国政府规定的一家跨国公司只能与两家中国汽车企业合作的规定；在新能源汽车领域出现首家合资汽车企业，开始了新能源汽车领域合资的进程。这一进程将导致何种结果，目前还看不清楚。

笔者认为，在新能源汽车领域固然不能绝对排斥合资，更不能排斥利用国际先进技术，开展对外合作。但是如果由此出现新一轮新能源汽车合资浪潮，很可能产生如下弊端：

第一，根据目前我国新能源汽车发展态势，如果再坚持几年，随着市场规模扩大，产品水平提高，中国汽车工业是可以利用这个难得的技术革命机遇，实现"弯道超车"的。如果再出现新一轮新能源汽车合资浪潮，中国汽车工业将再度成为跨国公司后面被动的追随者，白白失去这次宝贵的战略机遇。

第二，如果各家主要汽车企业竞相效法，掀起又一轮在新能源汽车领域的合资，中国汽车企业恐怕又要重走过去在传统汽车领域的老路，只作为跨国公司的加工厂存在，成为跨国公司的附属企业。跨国公司当下在新能源汽车领域相对薄弱的话语权将得到极大提高。

另外，虽然在政府支持下，我国汽车在新能源汽车领域发展迅猛，但由于跨国公司在新能源汽车领域的技术储备和实际水平仍高于我国汽车企业，

---

 * 此文原载《中国社会科学院》《要报》，摘要刊载于 2017 年《新能源汽车蓝皮书》，与倪月菊合作。

因此新能源汽车合资企业可能仅起到帮助把跨国公司整车产品推进中国的作用，难以对我国新能源汽车关键技术、原材料和零部件起到带动作用；难以使中国汽车企业已取得的研发成果得到应用，并进入市场。

第三，中国汽车工业已经面临产能过剩的潜在问题。如果再掀起一次新能源领域合资潮，将吸引更多的外部资金进入。许多原来基本不具有汽车生产条件的企业，可能通过合资进入汽车工业，这些中方伙伴缺乏基本技术能力的合资企业，只能是跨国公司产品的代工厂、组装厂。从而使新能源汽车领域很快面临产品水平不一定高，但规模、产量急剧扩大的问题。

第四，我国政府多年来通过大量财政投入，企业同样投入了大量研发资金，基本掌握了新能源汽车（包括电动汽车、燃料电池汽车）的核心技术，基本形成了新能源汽车的技术体系。如果简单地在这一领域推动合资，我国政府和企业多年努力形成的技术体系和技术积累，就可能失去继续发展的空间。

汽车企业从自身利益出发，通过合资获得利润，是一条简单易行之途，但也易于走上依赖合资的路径。这已被上一轮合资所证明。如果能够轻易地在新能源领域进行合资，可能导致相当多的汽车企业放弃自主开发新能源汽车的努力。

第五，如果对合资生产新能源汽车放任自流，将导致新能源汽车领域的市场竞争失衡，从而使自主研发新能源汽车的企业处于困境，难以坚持自主研发，最后不得不加入合资的行列，从而使中国汽车企业自主开发新能源汽车的潮流失去势头。

第六，迄今为止，我国政府通过巧妙的政策设计，不仅基本达到了支持本土企业发展新能源汽车、开拓新能源汽车市场、推动新能源汽车产业化的目标，而且实际上使跨国公司处于被动地位。同时，政府财政支持下的基础设施建设，使新能源汽车市场环境不断改善，新能源汽车市场逐步趋于成熟。现在中国新能源汽车已经成为世界数量第一（2015年，我国新能源汽车产量为37.9万辆，占全球新能源汽车产量的50%，跃居世界第一新能源汽车生产大国）。这些跨国公司急于在新能源汽车领域合资就是证明。如果新能源汽车领域成为合资企业的天下，政府的政策效果将难以体现，甚至将面临用纳税人的钱去补贴跨国公司产品的棘手问题。既往政府政策创造市场环境的努力，成了为他人作嫁。对于只是简单组装的新能源汽车产品（在跨国公司新能源汽车进入初期，这种状况出现是必然的），政府政策不仅处境尴尬，而且难以执行。

从上述分析看,新能源汽车领域合资,的确是需要慎重考虑,并且需要谨慎推进的事情。

笔者并不反对新能源汽车领域有合资企业,起到某种"鲇鱼效应",笔者认为:

首先,要根据中国新能源汽车发展的整体需要予以决策。开放新能源汽车领域合资的目标是加速我国自主研发新能源汽车的发展,不能为了开放而开放。发展新能源汽车,要坚持以我为主,有利于已有技术开发成果的应用和提高;有利于目前新能源汽车自主开发企业以自身技术体系和新产品为核心,继续前进;有利于形成具有中国特色的新能源汽车技术标准体系。

其次,在制定具体政策时,要把推动中国本土研发作为第一目标;不能把新能源汽车合资作为产业发展战略予以推动。在江淮集团与大众合资后,建议有一个相当的观察期,在观察期,暂缓审批其他新能源合资企业。通过对这一合资企业的观察,检测合资是否有利于自主研发产品的水平提高;是否有利于自身研发力量的成长;是否有利于企业既有开发成果的应用。如果在合资企业中出现了既有研发成果被废弃、合资企业成为产品组装企业的状况,就不应再审批合资企业。因为,诚如前面分析的,中国政府和企业经过多年努力,已经建立了新能源汽车的基本技术体系,掌握了核心技术,不再像当年发展传统汽车时那样,需要通过合资、合作,大量引进技术。

再次,如果政府认为新能源汽车合资企业可以推广,建议在审批合资企业时,把参与合资的中方必须是具有自主新能源汽车产品和核心技术的企业、合资企业必须从事中方为主开发的新能源汽车产品生产作为审批的必要条件。中方在合资企业中不能再充当被动的技术、产品接受者的角色。

最后,政府战略应当是以现有中国汽车企业为基础,发展新能源汽车生产,而不是再大量建立新企业。如果政府不坚持这一战略取向,地方政府及民间资金会一拥而上,出现盲目发展新能源汽车产能的局面。

总之,在新能源汽车领域搞合资,要有步骤、有条件。在新能源汽车领域要警惕再度出现当下大家所诟病的盲目合资、"交出市场却没有换来技术"的情况。在新的国际、国内市场竞争环境中,应当接受既往的经验教训。对新能源汽车领域开展合资,应慎重前行。

大科学工程的作用、特征及产业化[*]

近代科学技术诞生以来，科学技术研究从学者苦心孤诣的个体研究，在相当大程度上，在诸多领域里，逐步转变为利用高技术科学装备的"团队作战"（当然团队作战不意味着缺乏领军人物）。在这一进程中，科学技术的发现与进展，对科技装备的依赖逐步增加，以至进入 20 世纪后半期，重大科学发现往往来自拥有重大科学装备的国家、机构和实验室。

当代重大科学技术装备已不仅是单台试验研究设备，也不仅是某些关键大型研发试验装备，而且是围绕某一科学技术探索主题、专门研发的科学技术试验装备系统。在大科学工程装置体系中，既包括为完成科学技术研发而研制的核心装备，也包括为维持其运转所需的支持设备、外围设备、实验材料、维护设备、建筑工程等。例如，中国科学院高能物理研究所的高能加速器、位于贵州的 FAST 射电望远镜等。在国家中长期科技发展规划中，把这些重大科研装备系统，称为"大科学工程"。

本文在对有关大科学工程调查研究基础上，结合 20 世纪后半期以来，科技与产业发展的历史进程，对大科学工程的作用、特征及产业化，进行初步论述，以期引起相关讨论。

一　大科学工程的定义及作用

"大科学"（Megascience）是国际科技界进入 21 世纪以来出现的新概念，迄今尚无统一定义。但就研究特点看，主要表现为：政府大力支持，投资强

---

* 本文是在赵英主持的工程物理研究院委托的"大型科学工程中组织机制和产业化研究"（国家 863 计划 804 主题软课题）基础上形成的，本文由赵英完成于 2008 年 10 月，修订于 2018 年 12 月。本文吸收了刘峰、倪月菊等在课题研究中的观点。

度大，处于国际科学技术前沿，多学科交叉，需要昂贵且复杂的实验装置和设备，研究目标宏大，团队运营等。大科学研究大致分为两类：

第一类是需要跨学科合作的大规模、大尺度的前沿性科学研究项目，通常是围绕一个总体研究目标，由众多科学家有组织、有分工、有协作、相对分散地开展研究，如人类基因图谱研究、全球环境研究等，属于"分布式"的大科学研究。

第二类是为提高科技创新能力，在科学前沿领域取得原创性成果，投资巨额资金建造、运行和维护大型研究设施的"工程式"大科学研究，称为"大科学工程"。包括大科学技术装备系统的预研、设计、建设、运行、维护等一系列研究开发活动。如国际空间站计划、欧洲核子研究中心的大型强子对撞机计划（LHC）、Gemini 望远镜计划、我国的科学实验卫星、重离子加速器、神光系列高功率激光等离子体物理实验装置等。

笔者根据大科学工程的地位、特点及作用，对大科学工程予以定义，以便确定这方面研究的明确范围。

笔者认为，大科学工程是以国家重大科技、产业、军事研发项目为目标而设立的，围绕某一领域关键科学技术问题进行持续研究的科学实验装备系统。

这一定义的前半部分"大科学工程是以国家重大科技、产业、军事研发项目为目标而设立的"，意味着大科学工程是政府推动（一般也是政府财政为主进行投入的），为实现国家乃至人类需要探索和解决的重大公共科学技术的目标而存在的。大科学工程的目标是公共目标，可以是纯科学的发现与探索，也可以是推动某一产业关键技术问题、某一领域军事装备重大问题的解决。例如，惯性约束聚变装置（ICF）在国防上具有重要的应用价值，全面核禁试后，惯性约束聚变技术是从事核武器物理研究的重要手段。惯性约束聚变一旦实现热核点火、燃烧，达到高增益，将为人类提供干净、安全的新能源。

实际上，大科学工程就其涉及范围和能力而言，在很大程度上既包括了纯科学目标，也包括了实际应用目标。以实际应用目标为主的大科学工程，也可以服务于不同的领域。不同领域、不同目标的大科学工程，在设定目标上有所倾斜，存在极大差异，但均在不同程度上作为某一领域的重要研发支撑平台，服务于纯科学和实际应用目标。尽管如此，大科学工程并不直接服务于市场、服务于企业级别的开发目标。

这一定义后半部分"围绕某一领域关键科学技术问题进行持续研究实验

的科学实验装备系统",意味着大科学工程是由一系列科学技术开发设备组合成的科学技术研究装备系统,是由一系列新装备、新工艺、新设施组成的研发系统。

大科学工程在第二次世界大战中已出现。美国政府为研发原子弹,推动的"曼哈顿"工程就是由一系列化学物理实验室、加速器、试验场装备构成的,可以看成大科学工程的前奏。20世纪后半期以来,重大科学工程在科技攻关的前沿领域,在产业公共技术研发的关键领域,在军事装备研发的核心领域陆续出现,并成为这些领域科技攻关、产品研发的关键技术装备。重大科学装备在科学技术发展中的影响日益增加,意味着科学技术发展所需要的财政及其他投入越来越多。大科学工程成为国家间科技竞争、经济竞争乃至军事装备竞争的国家重器。

大科学工程在国家科学技术研究中起着重要基础作用。大科学工程,是许多学科领域开展创新研究不可缺少的技术支撑,而大科学工程本身又是科学技术高度发展的综合体现,它也成为一个国家科学技术水平和科技实力的重要标志。在21世纪的科学研究中,不具有相应大科学工程装备的国家,就难以在相关领域推动科学技术研究。例如,大型射电天文望远镜的存在与否,决定了一个国家天文研究的水平的高低;大型探空气象卫星的存在与否,决定了一个国家大气物理学的研究水平高低。大科学工程还是高水平科技人才和工程技术人才培养的基地。

正因为此,党和国家历来十分重视大科学工程的建设工作,中国已建成了一批有影响的重大科学工程,如北京正负电子对撞机、合肥托卡马克装置、清华低温核反应堆等。这些设施的建设和运行,增强了中国的科研能力,拓展了探索未知世界的能力。

大科学工程对国家产业发展,经济建设做出了战略性、基础性和前瞻性贡献,在高技术领域尤其如此。大科学工程对探索和解决高技术产业发展面临的应用基础研究问题,具有重要的推动作用,为高技术产业发展所需要的公共技术研发提供了基础平台。

大科学工程对国家重大军事装备研制、国防建设起着关键作用。当前,世界主要核国家的核武器研制,已经由核试验场转向模拟核试验。惯性约束聚变(ICF)装置、超大型计算机成为模拟核试验的主要装备。生物武器乃至气象武器的研发,同样依赖于超大型计算机。

大科学工程,对于改善社会治理水平、提高人民生活质量同样具有重要支撑作用。例如，对于环境污染的研究，就要依赖气象卫星、雷达、探测塔等探测系统；改善城市交通，则要依赖卫星定位系统及智能交通管理系统。

大科学工程的研发、运转与维护过程，同时也是众多新技术、新材料、新工艺的研发过程。大科学工程的研发、运转与维护过程，对国家科学技术、产业发展、军备研制，起到了带动和催生作用。

综上所述，大科学工程，是一个国家科学技术发展、产业水平提高、军事装备研制、社会发展等方面的关键基础设施。在信息时代，"新基建"主要指以 5G、人工智能、工业互联网、物联网为代表的新型基础设施，本质上是信息数字化的基础设施。这些基础设施很大程度上表现为大科学工程的存在。相关的大科学工程如 FAST、光源、散裂中子源等，成为推动新技术革命的核心装备，对全球新技术竞争，具有决定意义，某种程度上影响着一个国家在信息时代的地位和命运。

大科学工程是国家综合实力的体现。由于大科学工程的建设、运营，需要政府投入巨大财政资金；需要拥有门类齐全、系统完善的产业体系支撑；需要有众多科学技术领域的科学家予以设计、运营；需要有广泛的应用需求；因此能够推动大科学工程的研发、运转与维护的国家，一定是大国；能够在诸多领域同时推动大科学工程，参与所有大科学工程竞争的国家，一定是世界大国。大科学工程的研发、运转与维护，为全球大国俱乐部划出了等级、设定了门槛。能够在某些领域参与大科学工程的国家，属于区域性强国（例如，法国、日本、英国等）；能够在几乎所有领域参与大科学工程竞争的国家属于世界强国（例如，美国、中国、俄罗斯）。

大科学工程的存在与发展，迫使地区性强国及中小国家不得不联合起来，走合作之路，以获得参与大科学工程竞争的门票。这就是欧盟欧洲核子研究中心（CERN）、欧盟航天局等机构存在的原因。

二 大科学工程的特征

大科学工程具有如下特征：

大科学工程需要政府投入巨额财政资金。例如，2019 年 2 月欧洲核子研究中心（CERN）公布了建造"未来环形对撞机"（Future Circular Collider，简称 FCC）的几个初步设计。建造完成之后，未来环形对撞机将成为有史以来最强大的粒子粉碎机,不同设计方案的建造成本从 90 亿欧元到 210 亿欧元不等。

大科学工程是由政府科技管理部门、科研机构、宏观经济管理机构及部队高层确定的大型科学技术研究项目,其目的主要是公益性的,投资主体一般是政府,运营维护是有关研究开发、管理机构,但仍在不同程度上依赖政府财政投入。

大科学工程属于技术难度大、涉及范围广、建设周期比较长的大型复杂系统工程,推进实施需要政府组织多学科,多产业的机构、企业共同攻关与建设。大科学工程的推动,需要强有力的集中统一领导。

由于大科学工程取得的往往是突破性的、具有全面创新性的,甚至颠覆性的成果,大科学工程研制、运营及维护对涉及的装备、工艺、材料的水平、质量要求甚高;因此其对科学技术、产业发展影响范围甚大。从经济学角度看,大科学工程的成果有较大外部性,能够产生较大波及效果,对经济发展产生间接、直接的推动作用,对某些产业甚至起到催生作用。

大科学工程的设计、运营,需要相关领域具有最高水平的科技人员参与指导,并且往往在国际范围内开展合作。拥有大科学工程,就意味着在重要的科学技术前沿领域拥有高水平的科研实验基地,从而开辟了较广阔的国际合作交流空间。

大科学工程与一般科学研究不同,追求系统集成、体系优化、多学科协调、多产业联动。大科学工程与一般科学研究的区别如表 1 所示。

表 1　重大科学工程与一般科学研究的比较

比较内容	大科学工程（低温核反应堆为例）	科学研究（R&D）
关注重点	整个系统建设、运行,多目标	某一过程或某一目标
主要内容	科学实验,同时涉及工程建造的诸多工艺、装备、材料的研制	科学实验为主,设备多为购买已有研究实验装备、材料
实施范围	涉及诸多行政、科研机构、企业	项目组及所在机构,外协少
进度安排	按严格控制的日程安排及里程碑	可以比较机动
绩效考核	有确定的最终指标	比较弹性
工作群体	不熟悉的相关领域群体协同工作	小而熟悉的群体一起工作
最终结果	基本按照构想追求结果	允许有反结果或无结果
组织机构	较强的集中统一领导	权威科学家或集体讨论
运营特点	围绕专业领域进行持续研究	课题结束即告一段落

大科学工程既是具有某些特殊要求的基本建设工程，又是涉及多种高技术、创新性的大型科研试验装置的研究试制项目，其特殊之处在于科学技术研究试制活动贯穿于工程建设的全过程，具有工程与研制的双重性，因此建设和运营不确定性较大。大科学工程的原型装置工程，由于处于科学技术探索的最前沿，提出的技术指标基本是最先进的，所需装备几乎全是新装备，难以借鉴相关工程技术经验，难以准确匡算建设资金投入规模、运营配套资金规模，不得不陆续追加预算，因此具有所谓"四边"（"边研究、边设计、边建设、边投入"）特点，面临较多的科学技术、工程、财务风险。

首先，大科学工程可能由于最初科学构想、技术路线错误，难以达到预定目标，或难以成功完成建设。

其次，大科学工程可能由于科学技术、产业、财政支撑的局限，或难以解决的技术、工程难题，难以按预定要求进行建设，不得不半途而废。

国际科技界由于重大科学工程预制研究中某方面存在难以克服的困难被迫下马的例子为数不少。例如，美国 BNL（Brookhaven National Laboratory，布鲁克海文国家实验室）1983 年立项建设的依沙贝尔加速器，由于关键部件——大型超导磁体经预制研究不过关，经专家评估后被迫下马；美国的 SSC 超大型加速器工程经预制研究，发现工程所需经费大大超出原概算，经国会讨论决定下马。

再次，大科学工程可能由于本领域及相关领域的其他科学技术突破，而失去其存在的意义。

最后，由于参与决策、建设、运营主体过多，科学认知上存在差异，大科学工程是否立项，如何设计、推进，预算多少，都存在着复杂的博弈，有些项目则需要展开公共讨论，使大科学工程的建设往往久拖不决，甚至失去意义。例如，中国是否需要大型粒子对撞机项目，现在仍在争论之中。

鉴于大科学工程的作用与特征，在大科学工程论证、建设、运营与维护中，适度注重产业化推进就是非常必要的。在大科学工程建设、运营与维护过程中，同时推动产业化进程，不仅可降低大科学工程的建设、运营、维护成本，降低项目风险，而且可以对国民经济、国防建设、社会进步起到推动作用，使政府财政投入发挥最大效用。

三 推动大科学工程产业化的思考

(一)"产业化"还是"商业化"

笔者进行本节论述时,在"产业化"还是"商业化"之间反复思考,最后认为"产业化"更为准确。理由如下:

首先,从大科学工程目标看,虽然一些大科学工程确实能产生巨大的经济效益,如对新型能源、原材料的研究,但这种经济效益并非由大科学工程直接影响。大科学工程的成果,一般来说,同其他公共产品一样具有明显的消费非竞争、受益非排他性,其利益难以被投资者独享。因此,作为大科学工程的投资者无法,也不可能将直接的经济效益作为追求目标,它追求的是完成预定科学目标,主要体现的是科学效益或社会效益。这就是大科学工程体现的外部性。

其次,从大科学工程获得的成果,一般是以重大科技发现、专利、某些实验室中的工艺、技术创新的形态存在的,距离真正市场化、商业化尚远,要经过产业、企业予以转化,其转化路径主要有如下两条:

大科学工程建设、运营—有关科学知识及公共基础技术的突破—产业—企业—商业应用。

大科学工程建设、运营—参与大科学工程建设、运营的企业—商业应用。

这两条路径都可以推动大科学工程建设、运营中的成果,转化为市场接受的商品。但显然要经过产业、企业的中介。这一中介过程,包含了产业、企业对有关成果的接受、理解、利用(包括产品设计、市场研究、产品中试、产品制造等),显然大科学工程建设、运营的成果直接作用于产业化,亦即被产业、企业知晓、接受,其他商业化工作由产业、企业完成。

再次,就大科学工程建设、运营主体(科研机构或大科学工程建设、运营联合体)目标、机制而言,商业化也非主要目标,不可能以主要精力予以推动。通过改善大科学工程建设、运营体制、机制,使参与大科学工程建设、运营的有关产业、企业知晓、获得相关知识、专利及能力,是一个逐步向产业、企业渗透、传播的过程。尽管通过有关政策、激励机制可以使这一过程更加顺畅、更加自觉,但其抵达层面绝不是市场,而是产业、企业。从作用效果看,只是影响了产业、企业的商业化构想与能力,为产业发展前景提供了可能的方向，不是直接商业化。

最后，大科学工程建设、运营获得的科学技术成果，多数是世界上处于最前沿的知识、技术、工艺等，与当代产业、企业的接受消化能力及市场需求存在相当距离，很多成果难以立即找到市场应用领域。

综上所述，笔者还是把本节定为"大科学工程产业化的思考"。

（二）大科学工程产业化的不同视角

大科学工程的建设、运营过程，始终伴随着不同程度、不同层面的产业化。从宏观、中观、微观三个层面的不同视角，可以看到大科学工程建设、运营中具体的产业化问题及思考相关政策。

从宏观视角看，国家在确定大科学工程立项时，需要综合考量有关大科学工程对国家科学技术发展、国防建设、经济发展的意义。

从中观视角看，有关部门在确定大科学工程立项、实施时，要考虑、运作大科学工程建设、运营中，有关产业部门、相关科研机构及企业的参与、合作、组织实施的体制、机制。

从微观视角看，大科学工程建设、运营的主体机构与参与施工、攻关的科研机构、企业如何协调，分享成果与利益，关系产业化能否顺畅推进。

（三）大科学工程产业化的政策措施思考

从宏观视角看，国家在确定大科学工程立项时，既要听取有关科研机构的意见，也要听取产业部门乃至大企业的意见，甚至要听取公众意见。在项目论证、设计、立项阶段，尽可能考虑未来对于产业可能产生的积极影响，在目标设定、工程进行过程中予以兼顾，使大科学工程的作用范围尽可能扩大到相关产业。

国家可以针对大科学工程建设中出现的知识产权制定相关政策，促进军民融合、促进产业化。国家在推进大科学工程的立项、运营时，是否可以建立与推进产业化相关的操作流程和考核指标，值得研究。在以应用基础研究为主要目标的大科学工程的组织实施中，设立产业化考核目标似乎是必要的。国家还可以通过项目投资吸引外部资金，采用多种融资模式。

从中观视角看，有关政府部门在大科学工程组织实施过程中，要协调各个科研机构、产业部门的要求。在组织结构设立时，既要考虑效率、专业化，又要考虑便于科技成果向产业渗透。既往我国大科学工程的建设大多采取行政化管理方式，今后应当多尝试经济化管理方式。在形成组织机构时，采取合同制方式，把科研机构、企业组织起来。这样既便于调动积极性，又便于知识产权的利用与转移。

从微观视角看，政府应当加速科技机构（尤其是军工大型研究院所、科学院研究所）的体制、机制改革，使之具有产业化的动力机制。负责推动大科学工程组织实施的有关科研机构及参与企业，也可以通过经济机制（例如，合股成立公司分享成果转化的利益，共享有关知识产权）联合推动产业化。

负责推动大科学工程组织实施的有关科研机构及参与企业，在面对有关产业化问题时，面临着如何产业化、何种成果值得产业化的选择。

可以把大科学工程组织实施中获得的成果，按照成果市场化前景、资产专用化状况，大科学工程业主与参与企业自身需求，予以分类，做出产业化决策。

大科学工程推进中研发的新设备、新材料、新工艺，如果在大科学工程建成后，仍在有关大科学工程运营维护中有较大需求，可以由负责大科学工程推动进的业主单位予以产业化推动，或外包给企业，由于存在稳定的需求（附加值一般也较高），企业有接手的积极性。如果大科学工程建成后，需求仍存在，但需要开拓其他市场以达到产业化规模，可以由业主单位与参与企业合资推动产业化，或以有关企业为主推动产业化。如果在大科学工程建成后，需求迅速减少，则由参与企业或寻找其他企业进行知识产权转移。

由于大科学工程自身运行、维护产生较大需求，拉动新技术、新产品产业化的一个案例是：20 世纪 70 年代末，美国费米实验室（Fermi Lab）得到政府批准，使用超导技术升级粒子加速器 TEVATRON。TEVATRON 的升级建设需要数量庞大的 NbTi 超导线材，用以制作数百个超导磁体。巨大的市场需求吸引了各主要超导线材研究单位及企业的注意力，并不断加大研发力量，大幅度提高了超导线材性能，以满足 TEVATRON 建设的需要。与此同时，由于线材的性价比得到了明显提高，超导技术大规模应用的大门由此开启。[1]

成果市场化前景比较好的成果，宜于向企业转让。这时，大科学工程主要在自己干还是转让给企业间进行选择。当然，还可以采取入股、联合开发、组建产学研联盟等方式推动产业化。例如，中国科学院高能物理研究所联合

---

① 徐庆金：《大科学工程与中国高技术产业发展的关系》，2016 年 11 月 30 日，"知识分子"新媒体平台。

国内相关研究单位及企业，计划成立"实用化高温超导材料产学研合作组"，以促进国内相关大学、科研院所及企业在高温超导领域从材料、机理、制备到应用的全链条合作，推动高温超导技术的实用化和产业化进程。[1]

资产专用化强，在大科学工程运营、维护中又必须保证供应的损耗性新产品、新材料〔例如，惯性约束巨变装置（ICF）用的巨型玻璃镜片〕。如果市场需求相对不大，企业缺乏接受转化的积极性。这时要以大科学工程业主为主，在运营中继续开发、生产，逐步改进工艺降低成本，寻求产业化的路径。

近年来随着公众知识水平、消费水平的提高，大科学工程产业化又开辟了一条路径——通过对公众宣讲、传播科学技术知识，实际进入第三产业（科技服务业），推动产业化。具体形态是：科技旅游（例如，贵州的 FAST 射电望远镜已成为贵州当地的旅游名片），建设科技馆、科技博物馆等。当然，这一路径仍是着眼于科技资源的公共利用，基本属于非营利的，实际上是由科研领域转入科普旅游观光的公共服务领域，能够这样做的大科学工程装置为数不多。

总之，在微观层次，要由相关机构和企业根据自身需求、利益及市场考虑，予以决定。政府只是从政策层面予以鼓励、促进。参与大科学工程的企业出于自身利益的考虑，具有使自己看好的成果产业化的动力，只是需要有关科研机构的配合、国家政策的支持。某些前景可能很好，但在科研工程推进阶段距离产业化还有相当长的路要走的成果，则要寻找风险资本予以继续孵化。

有关科研机构往往缺乏推动产业化的动力，因此大科学工程的成果必须为公众知晓和加以利用的制度性安排就非常必要。通过必要的制度安排，能够使国家财政投入的成果为公众所知、所用。

四 从"利益束"角度进行的理论思考

笔者在从事大科学工程产业化研究及其他产业政策研究时发现，在实际推动公共工程建设、产业化、商业化时，无不存在着某种形态的"利益束"。

---

[1] 徐庆金：《大科学工程与中国高技术产业发展的关系》，2016 年 11 月 30 日，"知识分子"新媒体平台。

"利益束"的存在，决定着某种产业组织形态、某种企业组织形态、某种工程组织形态的存在态势、生存发展及演变。

所谓"利益束"，扼要地定义就是：不同利益集团围绕某一公共目标或私人目标形成的利益集合体。围绕"利益束"，有关利益集团，可以共同推动某一目标的实现，不同程度上追求共赢。当然，在推动进程中各方目标是不同的，但都能够在不同程度上实现自己的目标。例如，围绕大科学工程，政府目标是国家要在某一领域实现科学赶超；科学机构的目标是实现在本领域的科学发现；参与有关科学工程的企业的目标是通过承包工程获利及获得有关技术能力。尽管目标不同，但可以协调行动。随着大科学工程的推进，各个利益相关者的追求不同，在各个阶段利益驱动力不同，产业化的协调推进形态也必然同时改变。围绕不同阶段的"利益束"设计推动产业化的体制、机制是很关键的。

"利益束"在公共管理领域及私人竞争领域成为政府制定政策、企业及个人构建行动策略的基础。"利益束"的存在，决定了任何公共政策的形成都是一个反复博弈、讨价还价的过程；决定了政府政策只能是一个"可接受"的解，而非最优解。"利益束"的存在，决定了任何企业决策都必然把合作作为竞争中的优先选项。如果没有"利益束"的存在，任何企业都难以承受荆棘遍地的市场竞争，难以承受过大的市场博弈成本。

"利益束"的存在，使公共决策中的利益悖论得以解决。所谓"公共决策中的利益悖论"就是在公共决策中经常遇到的大量同样出于"善"的目的，但相互冲突的目标和行为。例如，汽车工业中出现的城市限购与汽车工业发展的矛盾；带来大量就业但造成污染的产业与城市环境的矛盾。

"利益束"，应当成为制定政策、制定竞争策略的重要概念及分析工具。"利益束"与所有制中的"权力束"分析相统合，不仅可以对公共政策分析有巨大帮助，也可以在产业转型层面、企业竞争战略层面发挥作用。

迈向工业强国[*]

在 21 世纪即将开始之际，我们回顾中国工业的发展历程，会不禁顿生沧海桑田的感慨。20 世纪初，孙中山等革命先行者高扬起工业救国的旗帜时，中国只有一点点近代工业，而且处于帝国主义的控制之下。20 世纪中叶，中华人民共和国的成立，标志着中国的工业化进入了一个全新阶段。到改革开放前，尽管这一段时间内工业发展存在着种种不足，发展也不够理想，但中国毕竟依靠自己的力量建立了现代意义的工业体系，这一工业体系的建立对保障中国的政治独立和国家安全，也即实现"强国"的目标产生了决定性的意义。改革开放至今，20 余年时间内中国工业迅速发展，水平迅速提高，中国工业不仅为"强国"做出了巨大贡献，而且为"富民"奠定了基础。当我们回首中国工业的百年艰辛历程时，中国已基本完成了工业化的初级阶段，向工业化的中级阶段迈进。中国工业在下一个世纪初的历史使命是什么，目标应当定在哪里？

整体上看，中国工业 21 世纪发展的战略目标是：完成由工业大国向工业强国的转变，成为居于世界工业强国前列的国家。实现这一战略目标需要完成一系列的转变，"十五"期间，就要为中国工业今后以新的姿态发展，打下基础，初步实现一系列的重大转变。

一 既要"量"的发展，更要"质"的提高

中国工业在 20 世纪八九十年代的高速发展，是靠规模的扩大，数量的增长实现的，也正因为如此，到"九五"期间出现了大多数产品供大于求，发展速度减慢，短缺与过剩并存的状况。一方面，98% 的产品供过于求；另一

* 原载《经济管理》1999 年第 12 期，该文是笔者为《经济管理》杂志撰写的新年社论。

方面，许多产品由于国内无法满足需要大量进口。"十五"期间，中国工业要以不低于 8%～9% 的年均增长速度较快发展，就必须在适当发展量的同时，把重点转向"质"的提高上来。通过产业结构升级；技术水平提高；产品竞争力提高；企业管理水平提高；来获得更高的经济效益，推动 GDP 的增长。有了"质"的提高，才有"量"的增长；"量"的增长主要通过"质"的提高，即走集约化发展的道路得以实现。弄清工业发展中的这一辩证关系，才能看清"十五"工业发展的大趋势。

我国工业面临的市场变化，也可以使我们认识到这一点。

城镇居民 80 年代购置的家用电器在"十五"时期将进入大规模更新换代期，许多新型家庭设备用品也会进入居民家庭消费内容。随着农民消费水平的提高，农村对家用电器的需求会有持续、稳定的增长。

在温饱型消费阶段，交通通信消费支出比重极低，城镇 1985 年为 2.13%，农村为 1.73%，在各类消费比重中均居末位。随着温饱型消费结构向小康型消费结构转变，1997 年城镇居民交通通信支出比重上升到 5.6%，在各类消费比重中的位次提前了两位。农村居民交通通信支出比重 1997 年虽然只提高到 3.3%，但农民对交通通信消费的收入弹性近年来不断上升，1997 年达到 1.93，即农民收入每增长 1%，农村用于交通通信的支出将增长 1.93%，这预示着农村消费结构正在向小康型加快推进。国家在前几个五年计划对交通通信基础设施的大规模投资，已经使交通通信供给约束基本解除，这将为"十五"时期城乡居民扩大交通通信消费提供便利条件。城镇居民消费结构开始由小康型向富裕型过渡，交通通信消费支出 2005 年将提高到 8.4%。农民消费结构在"十五"时期达到小康型，交通通信支出比重 2005 年将达到 5.9%。全国平均交通通信支出比重上升到 6.9%。交通通信方面的强烈需求将促进交通运输机械制造业（尤其是汽车工业）、信息产业的迅速发展。

20 世纪 90 年代末期，我国城镇已基本实现住房分配货币化和住房消费商品化的改革，"十五"时期城镇居住消费比重将稳步提高，预计到 2005 年城镇居民居住消费比重将上升到 13.4%，与农村 2005 年 13.8% 的水平基本接近。农村居民用于居住的消费比重在"十五"时期大体稳定，略有下降。

提高消费档次，实现高档消费品的更新换代，推动消费工业品的升级和产业结构的调整。中国二元化的经济结构导致的城乡之间、区域之间的不平衡发展和不平衡消费，也为各类工业消费品提供了广阔的市场。通过启动城镇居民住、行需求和进一步开拓农村市场，完全能够保证工业的迅速增长。

21 世纪的前十年，中国人民的生活水平、消费结构将实现从温饱到小康的转变。预计"十五"后期，随着人民收入的逐步提高，各项政策的逐步落实和完善，改革的进一步深入，住房、汽车等十万元级别的消费品将对经济发展、工业增长起到更加明显的推动作用。中国工业发展仍面临着一个广阔的国内市场。

中国目前正处于基本完成工业化的初级阶段，正在向工业化的中级阶段迈进，基础设施与发达国家相比还很不完善。随着居民收入水平的提高和需求结构层次的升级，企业技术改造大规模展开以及基础设施的大规模建设，中国产业结构将进一步向重化工业方向倾斜。因此，在相当长的时间内，中国有着旺盛的投资需求。这也将带动中国经济以较快速度发展。

从我国的资源供给看，注重工业发展中"质"的提高也势在必行。经过 20 世纪八九十年代的快速发展，中国经济、工业发展依托的农产品、矿产资源、能源等基本资源的成本、价格不断上升，有些已高于国际成本和价格。有些资源的短缺状况日益明显。中国已成为石油的净进口国。21 世纪，中国经济发展所需的相当一部分石油需要通过国际市场予以解决。又如中国还面临着水资源短缺的问题，在一些大中城市，由于缺水影响企业生产，甚至影响人民生活。某些资源的短缺和价格提高，使有关工业品面临成本上升的压力，影响了中国工业品的国际竞争力。东部地区的劳动力成本也上升较快。与东南亚国家相比，我国东部地区的某些产业（如轻纺工业），已丧失了劳动力成本低廉的优势。只有走集约化，即以"质"的提高为主的工业发展道路，才可能进一步优化资源配置，保证资源供给，维护国家的经济安全。

从上面的扼要论述看，中国作为一个幅员广阔的发展中大国，市场需求潜力大，增长空间和潜力更大，因此中国可以保持更长时间的工业高速增长，中国工业增长仍然有着"量"的增长空间。但是我们更应当看到，21 世纪初的中国工业面临的是一个急剧变化的国内国际市场，要满足国内国际市场的要求，更主要的是要通过"质"的提高来实现。

二 既要 GDP，又要碧水蓝天

20 世纪八九十年代，中国工业迅速发展的同时，也的确付出了很大的生态环境代价。中国面临的生态环境压力越来越大。1998 年，中国遇到的特大洪灾，不能不引起我们对中国工业发展与生态环境相互关系的深刻反思。根据有关研究，导致中国水患日益严重的根本原因之一是日益严重的水土流失。长江沿岸各省水土流失总土地面积比例，四川为45%，湖北为33%，江西为21%，湖南为20%，江苏为15%，安徽为45%。由于人为的生态破坏，仅占土地面积0.8%的中国湖泊面积日益减少，与1949年相比，对长江起到重要蓄洪作用的洞庭湖的面积减少了近49%，其蓄洪能力明显降低。生态环境遭到破坏的速度在加快，出现自然灾害的频率在提高。生态环境的破坏，不仅给中国经济发展带来重大负面影响，而且对人民生活也造成了重大负面影响。

城市工业发展速度加快，农村工业化的进程加快，相当一部分工业企业技术装备落后，受到经济利益的驱动，某些地方政府对治理环境污染认识不足。因而中国环境污染近年来已成为影响经济发展、社会稳定和人民健康的重要问题。中国的江河湖海水域受到不同程度的污染，50%以上城市的地下水受到污染。20世纪80年代酸雨只在少数几个地区出现，20世纪90年代以来已扩展到长江以南、青藏高原以西的大部分地区。全国30%的城市居民受到不同程度的噪声污染。工业垃圾和生活垃圾的处理，也成为一个比较严重的问题。

如何处理工业发展与生态环境的关系，是一个深刻的哲学问题：工业发展是为了什么？如果说工业发展是为了人民生活的改善、社会的整体进步，我们就不能再以工业发展优先作为可以忽视环境的遁词。实际上，居民日益高涨的改善生活环境的意识，已对不考虑环境污染的生产方式造成了沉重压力。如排污问题已成为制约汽车工业发展的重大瓶颈。争取工业与生态环境协调发展是每一个工业强国都予以重视的重大战略问题。是经济越发展，随着人民生活水平的提高，政府越要重视生态环境的保护。

"十五"期间，我国工业的发展既要GDP的增长，也要碧水蓝天。

三 既要对外开放，又要走向世界

"九五"期间，我国引进外资持续保持了世界第二的位置。目前世界上最大的500家跨国公司已有300余家进入中国。相对于全部外资企业来说，跨国公司更集中于资本和技术比较密集的产业，随着我国对外开放的深入，跨国公司正在由工业逐步进入金融等服务业。跨国公司已由把中国作为一个巨大的市场，逐步转变为把中国作为一个重要的海外生产、研发基地。目前，就产业分布而言，工业仍是外资进入的主要领域。1998 年，我国出口居全球第 10 位，连续 5 年吸引外资居第 2 位，机电产品已成为我国出口中占首位的产品。

在看到外资进入带来的正面影响的同时，我们也要看到外资进入带来的一些负面影响。从工业发展角度看，主要的负面影响是一些外资企业进入我国，主要是为了占领我国的市场，并未带来先进的技术，或不愿意转让先进的技术。如我国汽车工业的合资企业至今仍在不断地从外国大公司引进一个又一个车型，而自己的开发技术没有得到较大的提高。我们应当清醒地认识到，引进外资是为了提高本国工业的竞争力，是为了使中国的工业最终具有国际竞争力。因此，"十五"期间，我国工业在引进外资时，既要扩大规模，更要注重质量、要注重先进技术，尤其是高新技术的引进。

"十五"期间，我国的对外开放将进一步深入。我国加入 WTO 的问题将得到解决。这样，外资在我国工业中进入的领域将不断增多；进入的程度将不断加深，对我国工业发展的影响将进一步增大。外资的进入，既为我国工业发展带来了技术和资金，使我国可以分享经济区域化、全球化之利，也可能造成一些环境生态、甚至经济安全方面的问题，使我国工业企业面临更为严峻的挑战。

在引进外资时，我国政府可以通过某些政策促进技术转让，但也要看到，寄希望于通过外国公司转让技术来实现技术进步，尤其是关键领域的技术进步，是不现实的。外国大公司进入我国，就是要寻求利润，以中国为市场。在知识经济时代，最终决定国家经济发展、企业竞争成败的是科研开发能力。中国工业企业要获得国际竞争力必须立足于自身科研开发能力的提高。"十五"期间我国的大企业应在科研开发经费方面有较大的增长，在产品开发水平方面有较大的提高，在消化吸收引进技术的基础上形成自己的技术体系和技术优势，拥有具有自主知识产权的先进产品。我们在以足够的自信引进外资的同时，也要有足够的自信走向世界经济竞争的舞台。

四　既要发展传统产业，更要发展高技术产业

我国在"十五"期间，要实现以"质"的提高为主的增长，就必须进行产业结构的调整与升级。要进行产业结构的调整与升级，就必须在发展传统

产业与高技术产业之间进行选择。

我国"十五"期间,仍存在着传统产业发展的广阔空间。这是由我国国情决定的。正因为如此,我国已确定的支柱产业中除电子工业外,其他均为传统产业。需要指出的是:当代世界发达国家的传统产业已不再是从前的传统产业,而是用高技术重新改造和装备的传统产业。如美国政府在冷战结束后,动员原来从事国家战略武器研究的国家实验室和三大汽车公司共同进行PNGV计划,被克林顿称为"只有人类登月计划才可与之相比"。这一计划将完全改变汽车工业的面貌。我国传统产业与发达国家相比,仍存在着巨大差距。因此,发展传统产业、提高传统产业的国际竞争力和水平也意味着产业结构的升级。

在发展传统产业的同时,为了中国在21世纪的长远发展,为了中国综合国力的提高,更要大力发展高技术产业。

20世纪90年代以来,以信息产业为代表的高新技术已成为发达国家经济增长的发动机。信息产业已成为美国最大的产业,产值约占美国GDP的10%,在美国雇用的劳动力超过450万人。据统计,科学技术进步对发达国家全要素生产率增长的贡献率几乎达到80%。科学技术已成为推进经济增长、工业发展的最重要资源。发达国家科学技术、高技术产业的迅速发展,进一步拉大了与发展中国家的差距,使西方发达国家在制定国际经济、政治规则方面居于主导地位。

从北约对南斯拉夫的野蛮轰炸,可以看到西方国家越来越倾向于在国际事务中使用武力。美国凭借雄厚的经济、科技、军事力量,在处理国际事务中越来越以霸权主义行径干预他国事务。西方国家之所以在国际舞台上肆无忌惮地使用武力,依靠的就是高技术产业的发展。中国与美国之间存在着根本的意识形态方面的差异与对立。在台湾问题上也存在着美国进行干预的可能。因此,没有高技术产业的发展,就没有国家的安全,就没有中国作为一个世界大国的政治地位。

1997年,我国高技术产业(包括电子工业、军事工业)增加值在GDP中所占比重为1.7%,而1991年美国高技术产业增加值占GDP的比重为3.1%,日本为4.6%,德国为4.0%,英国为3.4%。"十五"期间我国高技术产业增加值占GDP的比重,应达到3.5%~4%。这样才与我国的大国地位相称,才能使我国的综合国力有较大的提高,才能实现产业结构升级的目标,才能使我国由一个工业大国成为工业强国,才能改善我国的国家安全态势。

我们相信只要抓住上面几个关键问题，"十五"期间经过艰苦的努力，将为中国居于世界工业强国前列铺平道路，为中国21世纪的辉煌奠定基础。

迈向汽车工业强国[*]

近日，工业和信息化部、国家发展改革委、科技部联合制定的《汽车工业中长期发展规划》（以下简称规划）正式颁布。这一文件是在未来 10 年内引导中国汽车工业迎接技术革命挑战，完成由汽车大国向汽车强国转变的指导性文件，对汽车工业转型、发展具有重要意义。笔者对规划谈一些粗浅的看法。

一 规划的指导意义

首先，规划是为应对汽车工业百年一遇的、以新能源汽车和智能网联为主要内容的技术革命，使中国汽车工业在奔涌而来的技术革命大潮中加速发展而制定的。在技术革命大潮中，有许多需要政府予以援手、引导、扶持之处，所以才有如此全面的规划出现。

正因为如此，在去年底、今年初各个产业陆续推出行业"十三五"发展规划之后，中国政府推出了《汽车产业中长期发展规划》。请注意，是中长期规划。为了应对技术革命带来的挑战，非从中长期考虑不可。也正因为如此，规划是由三个部门推出的。

其次，规划是为了推动中国由汽车工业大国向汽车工业强国转变而制定的。在"十三五"及其后一段时间，由大变强是中国汽车工业主要战略目标。规划明确提出"力争经过十年持续努力，迈入世界汽车强国行列"。

规划在总体目标下提出了战略目标：关键技术取得重大突破，全产业链实现安全可控，中国品牌汽车全面发展，新型产业生态基本形成，国际发展能力明显提升，绿色发展水平大幅提高。这 6 个战略目标，既反映了当前中

---

* 原载《中国汽车报》2017 年 5 月。

国汽车工业亟须努力之处，也反映了成为汽车强国必须跨越的门槛，同时也对汽车工业在新技术革命大潮中如何发展提出了要求。

再次，规划对汽车工业转型、发展的指导思想做出了阐述，概括起来就是"创新驱动、重点突破，协同发展、合作共赢，市场主导、政府引导，开放包容、竞合发展"。这四条原则是政府针对汽车工业目前的发展状况以及国际、国内环境提出的，对于在技术革命中制订汽车工业产业政策、引导技术创新、进一步改革开放都具有指导意义。

最后，规划对如何实现由汽车大国向汽车强国的转变提出了具体的技术路径。规划全面考虑了未来技术革命可能产生的巨大变化，对未来可能遇到的挑战提出了具体的技术路径。规划有许多新的观点和提法。例如，首次提出了智能网联汽车的推进步骤"到 2020 年，汽车 DA（驾驶辅助）、PA（部分自动驾驶）、CA（有条件自动驾驶）系统新车装配率超过 50%，网联式驾驶辅助系统装配率达到 10%，满足智慧交通城市建设需求。到 2025 年，汽车 DA、PA、CA 新车装配率达 80%，其中 PA、CA 级新车装配率达 25%，高度和完全自动驾驶汽车开始进入市场"。我想这是值得我国汽车工业乃至全球汽车工业予以高度关注的。

二 实现规划面临的挑战

我国汽车工业要在 10 年左右时间里实现规划制定的目标，面临着严峻挑战，与发达国家汽车工业相比较，我国汽车工业还存在诸多的弱点和不足。

关键技术和关键零部件仍然薄弱。在传统汽车领域，我国汽车企业及科研单位近来在发动机、变速箱等关键技术、关键零部件方面取得了可喜的突破，但是与发达国家先进水平相比仍然存在较大差距。在新能源技术领域，我国汽车工业及相关行业在电池、电机及电控系统方面取得了很大进步，但是与美、欧、日汽车企业相关产品相比仍存在较大差距。在动力电池方面差距尤其明显。与日韩动力电池相比，我国的产品成本高、能量密度低、生产工艺和自动化水平落后、一致性保障能力差。在下一代先进电池系统和材料开发方面，与国际先进水平相比差距明显。在燃料电池产业化方面与国际水平差距较大。目前中国汽车工业还没有一家具有全球影响力的企业。

全产业链安全可控性较差。由于关键技术和关键零部件比较薄弱，因此导致汽车工业在传统汽车开发、新能源汽车开发时缺乏全产业链安全可控能力。在传统汽车领域,近年来出现了可喜变化,自主开发的轿车陆续登场,并且取得了不俗的成绩,开始向中端轿车市场冲击。但是,这些成就的取得,很大程度上是借助外国汽车设计开发公司或外国专家的能力。在整车设计、调校方面,中国汽车企业仍然缺乏核心竞争力。在新能源汽车领域,某些关键零部件、原材料仍然依赖跨国公司。有些新技术掌握了,但产业化迟滞,导致近年来产业化进程中实际装车的电池等零部件还是大量使用外资企业提供的产品。

中国品牌有待全面突破。诚如规划指出的"中国品牌迅速成长,国际化发展能力逐步提升。特别是近年来在商用车和运动型多用途乘用车等细分市场形成了一定的竞争优势"。我国汽车品牌在某些领域开始显露出一定的国际竞争力,但是在轿车,尤其是中高档轿车领域仍处于艰难突破阶段,实现品牌突破任重道远。即便在国内市场上,我国自主开发的轿车产品要获得美誉度,仍要付出巨大努力。

新型产业生态有待形成。新技术革命背景下,汽车产业生态重组、形成是一个剧变过程,是一个产业链条重新充实、调整的过程。在这一剧变过程中,不仅汽车工业要及时做出回应,相关产业也要协同动作,才能占据竞争制高点。从我国目前情况看,在汽车产业之外的技术创新部分活跃而凌乱,缺乏协同。以技术标准为例,在新能源汽车领域、智能网联领域,都存在着"九龙治水"、行业分割的现象。例如,由于存在着互不协调、政策衔接不够的问题,新能源汽车的电池退役后再利用至今进展缓慢。能否及时推动这方面的工作,已经成为影响新能源汽车发展的关键问题。

国际发展能力薄弱。我国整车出口,自100万辆的峰值回落后,至今没有突破。这充分显示了我国汽车企业国际竞争力薄弱的问题。当然,近年来我国汽车企业对外投资建厂有较大进展,但这些企业很大程度上是为了绕过关税壁垒,在国外建设CKD组装厂。汽车工业发展的历史表明,凡是汽车工业强国,必然是汽车出口大国;凡是全球性汽车企业,必然是全球布局、全球销售。我国汽车工业在这方面仍然任重道远。

绿色发展水平有待提高。我国汽车工业近年来在绿色发展,注重环境友好方面取得了不俗的进展。在生产过程中,节能减排进展迅速。但是,在旧汽车产品及零部件的回收利用方面进展不大。在新能源汽车领域,回收利用旧产品则刚开始规划。

笔者提出以上几方面存在的问题，是与规划中提出的奋斗目标一一对应的，可见规划抓住了未来汽车工业努力的主要方向。

三　对实现规划提出几点建议

第一，要加强政府部门之间的政策协调。汽车工业中正在发生的技术革命大大超越了原来汽车工业的范围，因此对汽车工业政策制定也需要跨部门协调。例如，现在有关部门正在酝酿推出的《企业平均燃料消耗量与新能源汽车积分并行管理暂行办法》《新能源汽车碳配额管理办法》，关系新能源汽车的发展大局，如何具体落实需要跨部门紧密协调。再如，智能网联汽车的实验与推广，涉及面更广，更加需要跨部门协调。

第二，政府政策既要切实有力，又要适度宽松、及时调整。汽车工业新技术革命方兴未艾，是一个相当长的过程。这一过程在 10 年内难以结束。在这一过程中，技术变革层出不穷，技术路径尚不明确。这就需要政府在制定政策时，尽量集中于已看到明确趋势的公共领域，不过多、过深地介入市场进程。例如，目前何种新能源汽车将成为未来汽车主流，笔者认为尚不清楚。这就需要政府政策有充分的灵活性，根据技术、市场变化及时调整。政府要给市场留出足够的"试错空间""创新空间"，允许不同技术路径、不同技术的创新成果在市场上进行检验。

第三，要引导和鼓励形成新的产业集聚。新能源汽车、智能网联汽车的生产、运营，除了原来汽车产业范围内的企业外，还需要其他产业中相关企业的紧密合作，因此形成新的产业集聚非常重要。新的产业集聚形成，政府可以引导，但要以企业为主。新的产业集聚形态，可能区别于传统的汽车产业形态，很可能是虚拟空间与实体空间结合、网上与网下结合。

第四，要更加重视汽车关键零部件的发展。规划给予汽车零部件行业高度的关注。在新技术革命中，汽车零部件行业面临着急剧变化，最大变化是，诸多关键零部件、技术及原材料的主要提供者是汽车产业之外的企业。汽车工业面临着重组和剧变。规划提出：推进全产业链协同高效发展。构建新型"整车—零部件"合作关系，探索和优化产业技术创新联盟成本共担、利益共享合作机制，鼓励整车骨干企业与优势零部件企业在研发、采购等层面的深度合作，建立安全可控的关键零部件配套体系。提出新型"整车—零部件"合作关系，反映出政府对新技术革命的深刻认识和理解。

规划提出 "全产业链实现安全可控。突破车用传感器、车载芯片等先进汽车电子以及轻量化新材料、高端制造装备等产业链短板,培育具有国际竞争力的零部件供应商,形成从零部件到整车的完整产业体系"。全产业链可控,突出了核心汽车零部件的重要性,指出了中国成为汽车工业强国必须跨越的门槛,同时强调了作为汽车强国应该具有的产业安全体系。

笔者想强调的是,中国汽车工业发展历史上曾不止一次强调汽车零部件行业的重要性,但都缺乏具体措施予以落实。汽车零部件发展严重滞后于整车,成为我国汽车工业发展中的难题。在汽车新技术革命中,如果不能解决这一问题,汽车工业由大变强就难以实现。希望这次规划能够推动出台有关政策措施,并真正予以落实。

在规划中,对如何组织零部件的科技攻关讲得比较多,缺乏在财政税收方面的经济鼓励和保障措施,应当在这方面予以加强。

第五,要重视汽车服务业的发展。新能源汽车、智能网联汽车必然催生新的汽车服务业态,新的汽车服务业态在很大程度上决定着产业转型的成败。例如,电动车分时租赁,就为本土汽车企业提供了某种竞争优势。因此,在推动汽车工业转型发展时,一定要关注汽车服务业的同步转型与发展,鼓励新业态的出现。

第六,有序放开合资股比,进一步深化对外开放,加速处理 "僵尸" 企业。规划提出 "完善内外资投资管理制度,有序放开合资企业股比限制"。这是一个经过细心斟酌的、稳妥的提法,既对放开股比的呼声做出了呼应,顺应了规划中提出的国际化经营的要求,又根据国情和汽车工业情况予以操作。放开股比,不能简单地一放了之,而是根据需要有序放开。所谓 "有序",笔者理解,就是根据汽车工业状态,有步骤、有区别、有战略性地放开。例如,笔者一再呼吁,应当在推动混合所有制改革时,首先向国内民营资本开放国有企业股比。股比放开,首先应当体现在内资企业之间,体现在国有企业与国有企业之间、国有企业与股份制企业之间、国有企业与民营企业之间。目前,应当制定相关政策,加速推进放开股比的进程。需要强调的是,不同企业有自己的战略、利益考虑,政府不能越俎代庖。

政府要加速处理 "僵尸" 企业,以促进汽车产业组织结构调整。在新能源汽车领域,不宜再大力提倡建设合资企业,要防止在新能源汽车发展过程中再度出现合资热。

参考文献

《中国汽车工业发展战略之探讨》，中国汽车工业公司，1984。

〔日〕向坂正男、马洪等：《2000 年中国汽车工业发展战略》，中国汽车工业公司。

《中国汽车工业年鉴》（1995）（1996）（1997）（1998）。

国务院：《汽车工业产业政策》，1994。

《重要决策实践与思考》，社会科学文献出版社，1994。

王洛林主编《中国外商投资报告》，经济管理出版社，1997。

国家机械工业局：《国家汽车工业重要政策与法规》（1999）。

中国社会科学院工业经济研究所：《中国工业发展报告》（1997 ~2015），经济管理出版社。

机械部汽车司、中国汽车技术研究中心：《汽车工业规划参考材料》（1996）。

赵英主编《中国产业政策实证分析》，社会科学文献出版社，2000。

《国际经济与社会统计资料》（1950 ~ 1982）。

《国际统计年鉴》（1998）。

中国社会科学院工业经济研究所：《国家‘十五’工业发展研究”总报告》。

西蒙·库兹涅茨：《各国的经济增长》，商务印书馆，1985。

西蒙·库兹涅茨：《现代经济增长》，北京经济学院出版社，1989。

H. 钱纳里等：《工业化和经济增长的比较研究》，上海三联书店，1989。

麦迪森：《世界经济二百年回顾》，改革出版社，1997。

中国汽车技术研究中心：《世界汽车工业发展报告》（1998）。

郭克莎主编《中国工业发展质量研究》，经济管理出版社，1998。

《中国统计年鉴》（1998 ~ 2015）。

中国工程院：《我国先进制造技术发展战略学术研讨会论文集》，1998。

赵英：《大科学工程研发成果的产业化、商业化》，研究报告，2006。

赵英：《大科学工程的组织管理机制探讨》，研究报告，2005。

《光辉的成就》上册，人民出版社，1984。

《中国汽车工业公司文件汇编》，中国汽车工业公司，1988。

《我国汽车工业发展战略座谈会发言汇编》（摘要），第一汽车制造厂，1986 年 8 月。

〔日〕服部太郎等：《世界标准的形成和战略》，日本国际问题研究所，2001 年。

《中共中央关于制定国民经济和社会发展第十二个五年计划的建议》，人民出版社，2010。

赵英主编《中国产业政策变动趋势实证研究》（2000～2010），经济管理出版社，2012。

赵英：《加入 WTO 后中国商用汽车的发展》，《商用汽车》2000 年 7、8 期。

石广生主编《中国加入世界贸易组织知识读本》，人民出版社，2002。

中国工程院：《我国先进制造技术发展战略学术研讨会论文集》，1998。

《汽车蓝皮书》（2011～2014），社会科学文献出版社。

《新能源汽车蓝皮书》（2015、2016）社会科学文献出版社。

日产汽车公司：《关于中国汽车工业发展的若干建议》，1987。

中国汽车工业联合会、重庆汽车工业研究所编：《中国轿车工业发展研究参与资料》，1990。

梅赛德斯－奔驰汽车公司：《中国家用轿车概念》，1994。

张国典：《各国对汽车工业规模经济研究的结论》，研究报告，1986。

中国汽车工程学会：《汽车工业经济技术译丛》1990～1991。

周一兵：《中国汽车工业对相关工业需求预测》，《中国汽车市场》1995。

后 记

　　本书在中国社会科学院有关部门的支持下，在中国社会科学院老年基金的资助下，终于出版了。本书集中了笔者大部分研究中国汽车工业发展的文章。

　　我对汽车工业的认识与研究，有一个逐步深入的过程，但仍属偏重于实证性的研究。有些早年论著，今天看来颇为粗糙，有些地方甚至还有计划经济的痕迹。但是，毕竟是那个时代的印记，保存下来可以使后来者看到当时汽车工业发展的艰难历程，看到中国汽车人在中国汽车工业发展道路上不懈的探索。因此，笔者在编选文章时，主要看文章是否反映了当时汽车工业发展的重要问题；代表了当时对汽车工业重大问题的思考与争论；体现了汽车工业不同阶段的发展趋势与政策走向。凡不符合这几条的文章，即便是用心之作也不选入。编入书中的文章约占笔者汽车工业文章的80%。由于这些文章及其中的观点已经走入历史，笔者仅对某些技术性错误进行了订正，对某些原来囿于篇幅被删节的部分进行了必要的少许补充，完整地保持了这些文章的原貌。有些现在看来技术上存疑之处，由于找不到当时的文献，只好原样登出。读者或许可以从中看到当年人们的努力、局限及决策背景。

　　本书文章，凡公开发表过的，笔者一律注明出处。本书还收入了若干过去未公开发表的内部报告和研究文章。其中有些报告得到了当时政府相关部门的重视或得到了中央领导的批示，在本书中是第一次发表。这些文章由于是供政策制定之用的，因此在文章引用、注释等方面不完全合乎学术文章规范，尚祈读者谅解。

　　衷心感谢中国社会科学院对老年学者从事学术研究的大力支持。感谢我所老干部处黄京飞先生的服务。感谢社会科学文献出版社、吴敏、王展编辑为此付出的辛勤劳作。

最后我想以两首诗结束本书，也算对退休生活有所写照吧。

退　休

名利如浮云，
艰巨付后昆。
虚心澄如镜，
烛照万里尘。

游厦门白鹭洲

北客逐南雁，
绿意尚盎然。
晨起览碧水，
心与白鸥闲。

赵　英

2019 年 3 月 26 日京东听雨斋

图书在版编目（CIP）数据

前"车"之鉴：中国汽车工业发展道路探索／赵英
著．—北京：社会科学文献出版社，2019.12
（中国社会科学院老年学者文库）
ISBN 978 - 7 - 5201 - 4950 - 1

Ⅰ.①前… Ⅱ.①赵… Ⅲ.①汽车工业 - 产业发展 -
研究 - 中国 Ⅳ.①F426.471

中国版本图书馆 CIP 数据核字（2019）第 102207 号

·中国社会科学院老年学者文库·

前"车"之鉴
——中国汽车工业发展道路探索

著　　者／赵　英

出 版 人／谢寿光
责任编辑／王　展

出　　版／社会科学文献出版社·皮书出版分社（010）59367127
　　　　　地址：北京市北三环中路甲 29 号院华龙大厦　邮编：100029
　　　　　网址：www. ssap. com. cn
发　　行／市场营销中心（010）59367081　59367083
印　　装／三河市尚艺印装有限公司

规　　格／开　本：787mm × 1092mm　1/16
　　　　　印　张：27.75　字　数：482 千字
版　　次／2019 年 12 月第 1 版　2019 年 12 月第 1 次印刷
书　　号／ISBN 978 - 7 - 5201 - 4950 - 1
定　　价／158. 00 元